D1573520

Chili, Teufelsdreck
und Safran
Zur Kulturgeschichte der Gewürze

Schriftenreihe des Landesmuseums für Natur und Mensch, Heft 53

Herausgegeben von Mamoun Fansa, Gernot Katzer und Jonas Fansa
Landesmuseum für Natur und Mensch, Damm 38-44, D-26135 Oldenburg
Niedersächsische Landesmuseen 2007

Chili, Teufelsdreck und Safran

Zur Kulturgeschichte der Gewürze

VERLAG DIE WERKSTATT

Eine Publikation zur Sonderausstellung „Chili, Teufelsdreck und Safran. Zur Kulturgeschichte der Gewürze"

Oldenburg: vom 15. September bis 30. Dezember 2007
Berlin: Zentral- und Landesbibliothek, Februar bis März 2008
Göttingen: Städtisches Museum, Mai bis August 2008

Die Ausstellung in Oldenburg wurde unterstützt von:

NIEDERSÄCHSISCHE LOTTOSTIFTUNG

HIER ZU HAUSE. OLB Oldenburgische Landesbank

EWE STIFTUNG

Kooperationspartner:

zentral- und landesbibliothek Berlin

Raoul Rousso
Seit 1925 Lieferant für die Feinschmecker der Welt

LOKSCHUPPEN
AUSSTELLUNGSZENTRUM ROSENHEIM

WIBERG

RONCO
R. NÖTHEN & CO. GEWÜRZE GMBH VELBERT
Gewürz Import · Gegründet 1912 · Export Austausch seit 1919

Ausstellungskonzeption: Gernot Katzer, Jonas Fansa
Kulturgeschichtlicher Teil: Swantje Heuten unter Mitarbeit von Evelyn Kloos
Redaktion: Jonas Fansa, Evelyn Kloos
Umschlaggestaltung: Jonas Fansa
Layout und Gestaltung: Marion Martens
Fotoarbeit: Gernot Katzer, Jonas Fansa, Wolfgang Kehmeier
Bildbearbeitung: Torsten Schöning, Luise Haufe

Präparation: Frank Frhr. v. Wolff
Konservatorische Betreuung der Ausstellungsobjekte: Melanie Korn
Ausstellungsgestaltung: Fa. RUFUS, Berlin
Ausstellungsgrafik: Fa. RUFUS, Berlin
Umsetzung der grafischen Arbeit: Marion Martens, Elvira Spiller, Torsten Schöning, Ute Eckstein
Ausstellungstechnik: Heiko Nienstermann, Wolfgang Kehmeier, Henry Schmitt, Maria Drees
Multimedia und EDV in der Ausstellung: Touchmedia KG Oldenburg
Multimediakonzept und Öffentlichkeitsarbeit: Corinna Endlich

Bibliografische Information der Deutschen Nationalbibliothek

Die Deutsche Nationalbibliothek verzeichnet diese Publikation
in der Deutschen Nationalbibliografie; detaillierte bibliografische Daten
sind im Internet über <http://d-nb.de> abrufbar.

© Landesmuseum für Natur und Mensch, Damm 38-44, D-26135 Oldenburg
Verlag Die Werkstatt GmbH, Lotzestraße 24a, D-37083 Göttingen, www.werkstatt-verlag.de

ISBN: 978-3-89533-579-2

Gedruckt beim Druckhaus Thomas Müntzer GmbH, D-99947 Bad Langensalza/Thüringen

Inhaltsverzeichnis

Vorwort der Herausgeber 7

Elisabeth Vaupel
Der Konkurrenzkampf zwischen Vanille und Vanillin oder:
Warum sich ein Gewürz nicht vollwertig durch seinen
Hauptaromastoff ersetzen lässt 9

Bernhard Schnell
Der saffran hat die kraft zu kreftigen und zu stercken.
Gewürze in der mittelalterlichen Heilkunde 25

Gernot Katzer
Scharfstoffe in Gewürzen 41

Julian Wiethold
Exotische Gewürze aus archäologischen Ausgrabungen
als Quellen zur mittelalterlichen und frühneuzeitlichen Ernährungsgeschichte 53

Reinder Neef und René T. J. Cappers
Ausgegrabene Gewürze
Archäologische Nachweise von Gewürzen aus dem Orient 72

Christine Vögeli-Pakkala
Gegen Feinde ist ein Kraut gewachsen: Koriander 94

Karen Ermete
Gewürze und Gewürzhandel in den Nordwestprovinzen
des Römischen Reichs 103

Günther E. Thüry
mit einem Beitrag von Johannes Walter
Careum und *cuminum* –
Kümmel in der römischen Antike 114

Hansjörg Küster
Gewürze und Zivilisation: Koinzidenzen der Entwicklung **119**

Swantje Heuten
Die Reise der Nelke und Muskatnuss **125**

Franz-Christian Czygan
Ätherische Öle und Duft – Objekte der Kunst- und Kulturgeschichte **138**

Katalogteil

Vorbemerkung zum Katalogteil **149**

Weltweit **151**

Amerika **185**

Europa **203**

Fernost **235**

Indien **255**

Orient **277**

Swantje Heuten (S.H.), Karen Ermete (K.E.), Evelyn Kloos (E.K.)
Kulturgeschichte der Gewürze **291**

Vorwort

Gewürze sind stets ein interdisziplinäres Thema, denn natürlicherweise kommen bei der Betrachtung dieser kulinarischen Details sehr unterschiedliche Perspektiven zusammen. Dieser Begleitband zur Ausstellung „Chili, Teufelsdreck und Safran. Zur Kulturgeschichte der Gewürze" versammelt Beiträge aus Chemie, Paläobotanik, Medizingeschichte und Kulturgeschichte.

Die Chemie etwa kann uns, insbesondere durch die Gaschromatographie, heute Aufschluss geben über die Zusammensetzung der aromatischen Substanzen in Gewürzen. Sie hilft uns beispielsweise zu verstehen, warum Vanilleschoten sich nicht vollständig durch künstliches Vanillin ersetzen lassen und weswegen es unterschiedliche Typologien von Schärfeempfinden gibt. Darüber hinaus könnte die historisch überlieferte Verwendung bestimmter Gewürze zu Konservierungszwecken durch die Chemie eine Erklärung finden.

Die Paläobotanik erlaubt uns durch die Untersuchung von archäologisch ausgegrabenen Pflanzenresten, Fragen nach der Erstverwendung und der frühen Handelgeschichte von Gewürzen zu stellen, denn die Pflanzenteile überdauern oft Jahrtausende, ohne dabei gänzlich unkenntlich zu werden.

Die Medizingeschichte wiederum lässt erahnen, welche heilenden oder gar magischen Wirkungen Gewürzen in der Vergangenheit zugeschrieben worden sind oder sogar noch zugeschrieben werden – in manchen Fällen nicht einmal zu Unrecht.

Die Kulturgeschichte, last but not least, kann Auskunft geben über die Würz- und Essgewohnheiten unserer Vorfahren, also über die Rezeptionsgeschichte von Gewürzen.

All diese Disziplinen kommen im vorliegenden Band zu Wort: Elisabeth Vaupel erklärt, wie aus Vanillekapseln das uns vertraute Aroma erst durch Verarbeitung herausgekitzelt werden muss und wie das aufwendige Verfahren – zumindest für manche Zwecke – durch die Verwendung von synthetischem Vanillin umgangen werden kann.

Gernot Katzer stellt uns die unterschiedlichen Scharfstoffe vor, die in Gewürzen für jeweils spezielle Schärfeeindrücke sorgen, denn das Brennen von Pfeffer und Chili, die Tränenreizung durch Senf und Wasabi und das Prickeln von Sichuanpfeffer und Parakresse gehen auf jeweils unterschiedliche chemische Substanzen und physiologische Mechanismen zurück.

Bernhard Schnell verrät uns interessante Details zur medizinischen Verwendung von Gewürzen im Mittelalter, beispielsweise zur hauptsächlichen Anwendung von Safran als Augenheilmittel.

Julian Wiethold und Reinder Neef berichten von ausgegrabenen Gewürzresten, die als Quelle der mittelalterlichen und frühneuzeitlichen Ernährungsgeschichte dienen (Wiethold) sowie die antike Gewürzverwendung im Orient belegen (Neef und Cappers).

Christine Vögeli geht im Orient auf die Spurensuche nach Koriander und nutzt für ihre Fragestellung sowohl archäobotanische Funde als auch antike Kochrezepte aus altbabylonischer Zeit.

Karen Ermete klärt uns über den Gewürzhandel in den Nordwestprovinzen des Römischen Reichs auf und demonstriert damit den Stellenwert dieses Handelsguts für die römische Antike.

In dieselbe Zeit führt uns auch Günther E. Thüry. In seinem Beitrag erläutert er, ausgehend vom römischen Apicius-Kochbuch, die damals unterschiedlichen Verwendungen des uns wohlbekannten Wiesenkümmels und des heute eher nach Indien und in den Orient sortierten Kreuzkümmels.

Hansjörg Küster zeigt Zusammenhänge zwischen der Entwicklung von Zivilisationen und Gewürzhandel und -verwendung auf. Gewürze also als Motoren für und Indikatoren von gesellschaftlicher Fortentwicklung.

Swantje Heuten rollt die Kolonial-, Handels- und Kultivierungsgeschichte von Nelken und Muskat auf. Dabei erahnen wir die erhebliche wirtschaftliche und politische Bedeutung dieser speziellen Gewürze für die europäischen Kolonialmächte der Neuzeit.

Franz-Christian Czygan folgt einem vollkommen anderen Suchmuster – er nimmt uns auf einen poetisch inspirierten Streifzug mit, sein Augenmerk liegt auf der Verwertung von aromatischen Duftpflanzen als Motiv in Kunst und Literatur.

Wir hoffen, dass die anlässlich der Ausstellung in diesem Band versammelten Beiträge einen vielschichtigen Einblick in das Thema erlauben und fachlich wie kulinarisch Interessierten neue Erkenntnisse vermitteln können.

Der Katalogteil im Anhang der Begleitschrift liefert einen Großteil der Ausstellungsinhalte in kompakter Form zum Nachlesen. Regionalspezifisch werden dort einzelne Gewürzpflanzen in Bild und Text präsentiert.

Ohne die Unterstützung durch Sponsoren bei der Ausstellungsvorbereitung und der Veröffentlichung der Publikationen wären das gesamte Projekt und der hier vorliegende Begleitband nicht in diesem Umfang möglich gewesen. Daher gilt unser besonderer Dank den Sponsoren und Kooperationspartnern von „Chili, Teufelsdreck und Safran". Für die Bereitstellung der Gewürze zur Ausstellung danken wir den Firmen Raoul Rousso GmbH aus Greven und der Wiberg GmbH aus Salzburg; ohne unsere „Gewürzlieferanten" wäre das sinnliche Erleben dieses reichen Themas nicht möglich gewesen.

Weiter danken wir den Autoren des Begleitbands und allen, die an der Ausstellung mitgewirkt haben; an „Chili, Teufelsdreck und Safran" haben Kollegen aus der gesamten Republik – und gelegentlich auch darüber hinaus – mitgearbeitet. Gestalter und Kuratoren aus Berlin, Verlagskollegen aus Göttingen, das Museums-team in Oldenburg und Autoren aus dem ganzen Bundesgebiet, um nur einige zu nennen.

Die Herausgeber

Elisabeth Vaupel

Der Konkurrenzkampf zwischen Vanille und Vanillin oder: Warum sich ein Gewürz nicht vollwertig durch seinen Hauptaromastoff ersetzen lässt

Entdeckungs- und Kulturgeschichte der Vanille

Die Vanille (*Vanilla planifolia*) gehört zur großen, ungefähr 18 000 Arten umfassenden Familie der Orchideengewächse (Orchidaceae) und ist die einzige Nutzpflanze innerhalb dieser Pflanzenfamilie (FRANKE 1997, 378ff.). Ursprünglich wuchs sie ausschließlich in den tropischen Regenwäldern Mittelamerikas und Südost-Mexikos. Hernán Cortés (1485-1547), der spanische Eroberer Mexikos, war der Legende nach der erste Europäer, der 1519 die aromatische Frucht der Vanille-Orchidee kennen lernte. Angeblich wurde er vom Aztekenherrscher Montezuma mit einem „chocolatl" genannten, mit Vanille aromatisierten Kakaogetränk bewirtet, dem Vorläufer unserer Trink- und Tafelschokolade (COE, COE 1996, 1ff.).

Die ältesten Berichte über die Vanille und ihre Verwendung bei den Azteken und den von ihnen besiegten Totonaken, von denen die Azteken den Gebrauch der Vanille übernommen hatten, stammen aus der zweiten Hälfte des 16. Jahrhunderts (RAIN 1992, 35ff.). Aufschlussreiche Quellen sind vor allem die „Historia general de las cosas de Nueva España" des jahrelang als Missionar in Mexiko tätigen Franziskanerpaters Bernardino de Sahagun sowie die 1790 erschienene Madrider Ausgabe der „Opera cum edita tum inedita" des Franzisco Hernandez (1571-1677), der bei seiner Forschungsreise auch die Stammpflanze der Vanille kennen lernte (BUSSE 1899, 1ff.). Beide Werke erwähnen die Vanille als Zutat des Kakaos, den die aztekische Oberschicht als Getränk hoch schätzte. Die Vanille wurde in beiden Büchern aber auch als aztekische Arzneipflanze zur Linderung verschiedener Beschwerden und Krankheiten vorgestellt.

Abb. 1: Der spanische Eroberer Hernán Cortés wird bei Montezuma mit einem vanillearomatisierten Kakaogetränk bewirtet. Foto: Deutsches Museum München.

Die fröliche Tischzeit

Ist du dir Speiß und wein bey Tisch wohl laßen schmecken, dein Verlangen sich oft weiter noch erstrecken.

Abb. 2: „Die fröliche Tischzeit", um 1760. Vanille galt besonders in Frankreich als unwiderstehliches Aphrodisiakum, das Annäherungsversuche über ein gemeinsam verzehrtes, mit Vanille gewürztes Gericht oder durch Verwendung eines mit Vanille aromatisierten Parfüms erleichtern sollte. Wie die meisten Aphrodisiaka, so wirkte auch dieses im Wesentlichen über die Kraft der Autosuggestion. Foto: Germanisches Nationalmuseum, Nürnberg.

Zusammen mit anderen Spezereien und Kolonialwaren, vor allem dem Kakao, gelangten die raren und extrem teuren Früchte unter dem Namen „Vainilla", „Vainiglia" oder „Banillia" schon bald nach der Eroberung Mexikos an den spanischen Hof. Anfang des 17. Jahrhunderts begannen sie ihren Siegeszug an den europäischen Königs- und Fürstenhöfen, besonders in Frankreich und England. Heiße, mit Vanille aromatisierte Trinkschokolade wurde zum Modegetränk der Oberschicht.

Wie bei den Azteken blieben Kakao und Vanille auch in Europa lange Zeit ein unzertrennliches Paar. Beide Naturprodukte galten, wie viele wohlduftende Pflanzen und Früchte, auf beiden Seiten des Atlantiks als ausgezeichnete Aphrodisiaka.

Vanille als Heilmittel

Erst als sich die Heilkunde unter dem Einfluss von Franzisco Hernandez und anderer Ärzte der Vanille bemächtigte, wurde die Pflanze auch eigenständig als Arzneimittel gebraucht. Im 18. Jahrhundert fand die Vanille (*Fructus Vanillae*) Eingang in viele Pharmakopöen. Über ihre „Kräfte und Tugenden" schrieb Michael Bernhard Valentini (1657-1729) in seinem bekannten Werk „Museum museorum oder Schaubühne aller Materialien und Specereien":

> „Sehr erwärmende und zerteilende, anbei aber auch stärkende Kraft, womit sie den Magen stärken, die Winde zerteilen und dem Gehirn, der Mutter [= Gebärmutter] und anderen nervösen Gliedern sehr gut tun. Sie treiben den Harn, befördern die monatliche Reinigung, natürliche Geburt und Schwierungen: Treiben auch die Nachgeburt und tote Kinder fort und kommen also dem weiblichen Geschlecht in ihren meisten Krankheiten wohl zu pass. Ingleichen werden sie gegen die erstarrend machenden giftigen Bisse und andere dergleichen giftige Sachen gebraucht ... Am meisten aber werden die Vanillen zu Verfertigung der Chocolaten gebraucht, welche sie anmutiger und kräftiger machen. Die Tabaksbrüder brauchen sie auch, den Tabak wohlriechend zu machen"(VALENTINI 1704, 287).

Ende des 19. und Anfang des 20. Jahrhunderts hatte die Vanille ihre Rolle als Arzneimittel ausgespielt. Das ehemalige Aphrodisiakum, das auch bei weiblicher Hysterie, einem mittlerweile aus der medizinischen Literatur verschwundenen „Krankheitsbild", Menstruationsstörungen und zusammen mit Eisenmitteln bei Bleichsucht gegeben wurde, wird heute nur noch als Geschmackskorrigens genutzt. Dafür wird aus Kostengründen allerdings nicht die Vanille selbst, sondern nur ihre Hauptaromakomponente, das Vanillin, verwendet (CLARK 1990, 45ff.).

Kulturgeschichtlich interessant ist, dass eine einst apothekenübliche Darreichungsform der Vanille immer noch existiert: der Vanillezucker (*Vanilla saccharata*). Er dient heute ausschließlich als Küchen- und Backzutat, wurde früher aber vom Apotheker zubereitet und als Arzneimittel verkauft. Das gilt ebenso für die als Stärkungsmittel verabreichte Vanilletinktur (*Tinctura Vanillae*) oder die Vanille-Plätzchen (*Rotulae Vanillae*), die früher, ähnlich wie die heute immer noch beim Apotheker erhältlichen Pfefferminz-Hütchen, zur Atemerfrischung verwendet wurden.

Die Kultur der Vanille außerhalb Mexikos

Im 18. Jahrhundert versuchten europäische Pflanzenliebhaber wiederholt, die mexikanische Vanille in heimischen Gewächshäusern oder in tropischen Regionen außerhalb Mexikos zu kultivieren. Derartige Projekte scheiterten immer wieder, so dass die Vanilleproduktion bis Mitte des 19. Jahrhunderts ein unangefochtenes Monopol der Indianer Mexikos und damit der Spanier blieb.

Zu den wenigen Nicht-Spaniern, die die mexikanischen Vanille-Gebiete betreten und die Pflanzen vor Ort studieren durften, gehörten Alexander von Humboldt (1769-1859) und sein Reisegefährte Aimé Bonpland (1773-1858). In seinem 1812 veröffentlichten Werk „Versuch über den politischen Zustand des Königreichs Neu-Spanien" wunderte sich Humboldt darüber, dass die Spanier es versäumt hätten, von ihrer Monopolsituation zu profitieren und einen umfangreichen Vanilleanbau in Mexiko zu initiieren. Er schrieb: „Man muss über die Sorglosigkeit der Bewohner des spanischen Amerikas erstaunen, welche die Kultur einer Pflanze vernachlässigt, die in den Tropenländern überall, wo Hitze, Schatten und große Feuchtigkeit herrschen, von selbst vorkommt" (BECK 1991, 387).

In Europa war es immer wieder gelungen, Stecklinge großzuziehen und die Vanille in Treibhäusern zu üppiger Blüte zu bringen, doch bildeten sich zum großen Erstaunen der Gärtner nie Fruchtansätze oder gar Früchte.

Abb. 3: Karte der Ile de Bourbon, der heutigen, immer noch französischen Insel La Réunion, aus dem Jahr 1763. Nach dieser Insel wird Vanille aus den Anbaugebieten des Indischen Ozeans bis heute „Bourbon-Vanille" genannt. Ihr harmonisches Aroma macht sie zur weltweit besonders hochgeschätzten Qualität. Foto: Musée de la Compagnie des Indes, Lorient.

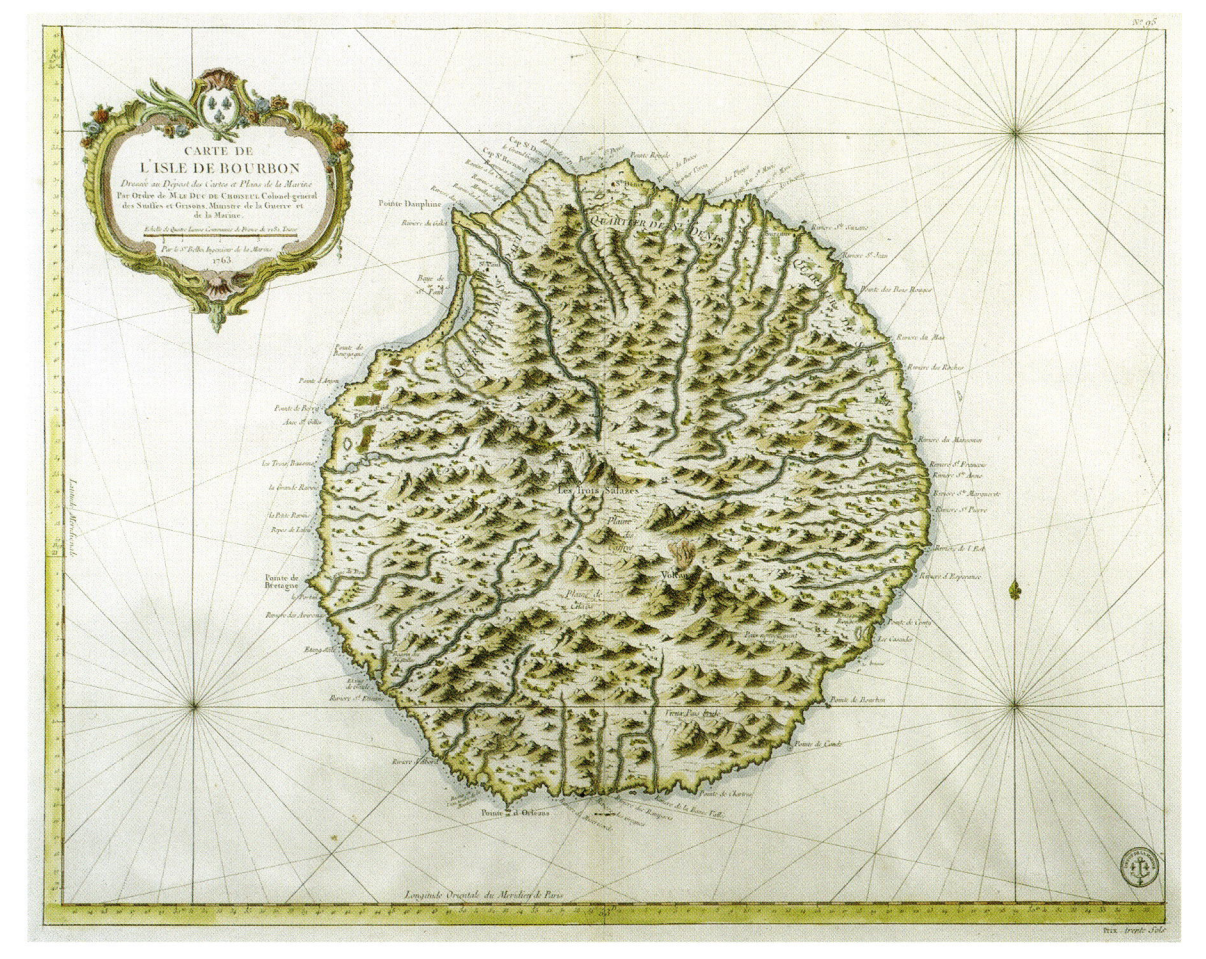

Erst im ersten Drittel des 19. Jahrhunderts kam man der Ursache auf die Spur: Nur im Ökosystem Mexikos gab es Tiere – Kolibris, bestimmte Bienen-, Ameisen- oder Schmetterlingsarten –, die die komplizierte Bestäubung der tropischen Orchidee besorgten.

1836/37 gelang es dem Lütticher Botanikprofessor Charles Morren (1807-1858), den Fortpflanzungsmechanismus der Vanille aufzuklären und eine Pflanze im Gewächshaus manuell zu befruchten. Damit war das Ende des mexikanischen Vanillemonopols eingeläutet. Allen Kolonialmächten stand nun der Weg frei, in klimatisch geeigneten überseeischen Besitzungen großflächig neue Kulturen anzulegen.

Besonders taten sich die vanillebegeisterten Franzosen hervor, die Madagaskar, die Komoren, Mauritius und die damalige Ile de Bourbon, das heutige La Réunion, zum weltweit größten Produzenten der in Europa hoch geschätzten „Bourbon-Vanille" machten (BOURIQUET 1954, 1ff.). Heute stammen 65 bis 70 Prozent der Weltproduktion aus diesen im Indischen Ozean gelegenen, ehemals französischen Gebieten. Weitere Plantagen wurden auf den französischen Karibikinseln Guadeloupe und Martinique sowie auf Tahiti, der größten Insel Französisch-Polynesiens, angelegt. Indonesien, das heute 25 bis 30 Prozent der Weltproduktion stellt, wurde in der Kolonialzeit der Niederländer zum Vanilleanbaugebiet (KINDEL o.J., 15f.).

Abb. 4: Als tropische Kletterorchidee braucht die Vanille stets eine Stützpflanze und muss schattig stehen.
Foto: Teubner Foodstudio, Füssen.

Der Vanilleanbau

Vanille ist eine mehrjährige, in den Tropen und Subtropen wachsende Kletterpflanze, die sich bis zu zehn Meter hoch an ihren Stützpflanzen empor ranken kann, in Kultur allerdings sehr viel niedriger gehalten wird. Die Pflanze gedeiht besonders gut in tropischen Küstenregionen, wo sie außer Wärme und Schatten ausreichend Feuchtigkeit hat.

Die traubenförmigen Blütenstände, die aus den Blattachseln hervortreten, bestehen aus acht bis zehn etwa fingerlangen, gelblich-grünen, intensiv duftenden typischen Orchideenblüten. Eine fünfjährige Pflanze bringt innerhalb der etwa drei Monate dauernden Blütezeit über 1000 Blüten hervor. Pro Tag blüht nie mehr als eine Blüte eines Blütenstandes, und das auch nur für wenige Vormittagsstunden. In dieser Zeit muss der Pollen des einzigen Staubblattes auf die Narbe übertragen werden. Beim Bestäubungsvorgang wird immer fremde Hilfe benötigt. Wenn nicht spezifische Insekten oder Nektar suchende Kolibris den Pollen auf die Narbe übertragen, muss die Bestäubung manuell, mit Hilfe eines dünnen Bambusstäbchens, erfolgen. Die künstliche Befruchtung wird heute auch in Mexiko praktiziert und damit im ursprünglichen Heimatland der Vanille.

Abb. 5: Die Vanilleblüte ist relativ unscheinbar. Sie blüht nur wenige Morgenstunden lang. In dieser Zeit müssen die Blüten manuell mit Hilfe eines Bambusstäbchens befruchtet werden. Geübte Arbeiterinnen schaffen 1000 bis 1500 an einem Vormittag.
Foto: Claude Stadelmann, Genf.

Abb. 6: 24 Stunden nach der Bestäubung bilden sich die ersten Fruchtansätze, die in vier bis sechs Wochen zu 10 bis 20 Zentimeter langen Schoten heranwachsen.
Foto: Teubner Foodstudio, Füssen.

Abb. 7: Bündel mit etwa 10 Vanilleschoten, einem sogenannten „Besen", an der tropischen Kletterorchidee.
Foto: Aust & Hachmann, Hamburg.

Üblicherweise führen schlecht bezahlte Frauen und Kinder die viel Geschicklichkeit erfordernde Prozedur aus, bei der eine Person 1000 bis 1500 Blüten pro Tag bestäubt. Unterbleibt die Bestäubung, fällt die Blüte ab. Im anderen Fall beginnt der Fruchtknoten zu wachsen, und schon nach etwa vier bis sechs Wochen hat die grünliche, einer Stangenbohne ähnelnde Frucht ihre endgültige Länge von 16 bis 20 cm erreicht. Erntereif sind die länglich-fleischigen Vanilleschoten aber erst etwa acht Monate nach der Befruchtung, und zwar genau dann, wenn ihre Farbe vom Grünlichen ins Gelbliche zu wechseln beginnt.
Eine Vanillepflanze soll, um nicht geschwächt zu werden, nur vier, höchstens fünf Fruchttrauben – Besen genannt – zu nicht mehr als je zehn Früchten entwickeln. Um das zu erreichen, werden immer 10 Prozent mehr Blüten als notwendig bestäubt. Dies gibt einen gewissen Spielraum, um kümmerlich entwickelte oder beschädigte Früchte während des Reifeprozesses zu entfernen (SCHRÖDER 1991, 180ff.).
Die Bestimmung des Erntezeitpunktes erfordert viel Erfahrung und entscheidet maßgeblich über Qualität und Preis. Erntet man zu früh, entwickelt die Vanille während der sich anschließenden Fermentation nicht ihr volles Aroma. Erntet man zu spät, beginnen die Schoten aufzuplatzen und die etwa 90 000 Samen freizusetzen. Geplatzte Früchte sind nur noch zur Extraktgewinnung zu gebrauchen und bringen am Markt weniger Geld. Da die Früchte zu unterschiedlichen Zeitpunkten reif werden, müssen die Schoten täglich auf ihren optimalen Reifegrad überprüft und gegebenenfalls gepflückt werden. So zieht sich nicht nur die Blütezeit, sondern auch die Ernteperiode der Vanille über drei Monate hin.

Die Verarbeitung der Vanille

Die grüne Vanilleschote (diese Bezeichnung wird hier der Gewohnheit halber beibehalten, obwohl sie falsch ist, denn im botanischen Sinne sind die Früchte keine Schoten, sondern Kapseln) ist direkt nach der Ernte völlig geschmacks- und geruchsneutral. Die für Duft und Aroma verantwortlichen Substanzen im Inneren der Fruchtschale werden erst durch einen Fermen-

Abb. 8: Die geernteten, noch geruchlosen Schoten werden in Strohkörben in ein heißes Wasserbad getaucht.
Foto: Aust & Hachmann, Hamburg.

tationsprozess freigesetzt (DIGNUM, KERLER, VERPOORTE 2001, 199ff.), der spätestens zwei Tage nach der Ernte beginnen muss.

Es gibt zwei verschiedene Aufbereitungsverfahren, das mexikanische und das madegassische, die sich allerdings nur im Detail unterscheiden. Bei beiden werden die Schoten hitzebehandelt, im einen Fall durch Tauchen in heißes Wasser, im andern durch Liegenlassen in der Sonne. Dadurch wird ein Welkprozess in Gang gesetzt, der die für die Aromaentwicklung notwendige enzymatische Fermentierung startet. Anschließend müssen die Vanilleschoten in Decken eingewickelt „schwitzen", wobei sie viel Feuchtigkeit verlieren.

Die Phasen des Trocknens und Schwitzens werden einige Tage lang im Wechsel wiederholt. Dabei schrumpfen die Schoten, verfärben sich braun und entwickeln allmählich das typische Vanillearoma. Um ein Kilogramm der braunen, fermentierten Schoten zu erhalten, braucht man vier Kilo Frischmaterial. Ziel des Aufbereitungsverfahrens ist es, unter optimalen Bedingungen einen Fermentationsprozess zu unterhalten, in dessen Verlauf die Aromastoffe der Vanille, die in den frischen Früchten an Glucosemoleküle gebunden sind, vom Zucker abgespalten und freigesetzt werden. Da diese Spaltung enzymatisch erfolgt, muss dafür gesorgt werden, dass die Enzyme bei gleich bleibend günstigen Temperaturen wirken können und dass regelmäßig Wasser verdunsten kann. Andernfalls würden die Schoten schimmeln oder verfaulen. Die Kunst besteht also darin, ein

Abb. 9: Die Vanilleschoten werden nach der Behandlung im heißen Wasserbad in der Sonne ausgebreitet, damit sie welken können. Damit sie nicht verfaulen, müssen sie regelmäßig kontrolliert und gewendet werden.
Foto: Aust & Hachmann, Hamburg.

Abb. 10: Die bereits dunkel gewordenen Vanilleschoten werden immer wieder gewendet und der Wärme ausgesetzt, damit sie Feuchtigkeit ausschwitzen können. Früchte, die schimmeln oder faulen, werden aussortiert.
Foto: Aust & Hachmann, Hamburg.

Abb. 11: Vanilleschoten werden der Wärme ausgesetzt, um kontrolliert zu welken.
Foto: Aust & Hachmann, Hamburg.

Abb. 12: Sortieren der reifen Vanilleschoten nach der Länge.
Foto: Aust & Hachmann, Hamburg.

sorgfältig kontrolliertes Welken zu erreichen, ohne die Grenze zum Verwesen zu überschreiten. Dann wird die Vanille zwei bis drei Monate in gut belüfteten Lagerräumen getrocknet, von Hand nach Längen sortiert, gebündelt, in Blechkisten gepackt und verschifft. Merkwürdigerweise gelten die längsten Schoten als die wertvollsten. Eine vernünftige Begründung für dieses Qualitätskriterium gibt es nicht, denn der qualitätsbestimmende Inhaltsstoff Vanillin ist in längeren Früchten keineswegs konzentrierter vorhanden als in kürzeren.

Vanille ist ein Gewürz mit einem sehr hohen Restfeuchtigkeitsgehalt. Er beträgt in der fertig fermentierten und getrockneten Frucht etwa 25 Prozent. Hochwertige Schoten müssen biegsam sein und speckig glänzen. Um sie vor dem Austrocknen zu bewahren, kommen sie in dicht schließenden Stöpselgläsern auf den Markt.

Abb. 13: Sortieren der Vanilleschoten nach Länge.
Foto: Aust & Hachmann, Hamburg.

Abb. 14: Bündeln der nach Länge sortierten Vanilleschoten.
Foto: Aust & Hachmann, Hamburg.

Synthetisches Vanillin

Die Kultur der Vanille erfordert in allen Phasen des Anbaus und der Aufbereitung extrem viel zeit- und personalintensive Handarbeit. Das erklärt den seit jeher hohen Preis dieses Naturproduktes: Vanille war und ist nach Safran das teuerste Gewürz der Welt.

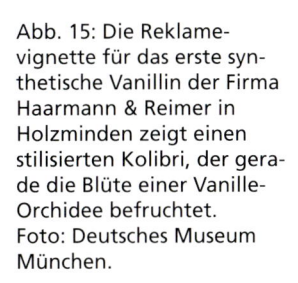

Abb. 15: Die Reklamevignette für das erste synthetische Vanillin der Firma Haarmann & Reimer in Holzminden zeigt einen stilisierten Kolibri, der gerade die Blüte einer Vanille-Orchidee befruchtet.
Foto: Deutsches Museum München.

Seit 1874 kann man Vanillin, den Hauptaromabestandteil der Vanilleschoten, auch synthetisch herstellen (TIEMANN, HAARMANN 1874, 608ff.). Diese epochemachende Synthese gelang den beiden deutschen Chemikern Wilhelm Haarmann (1847-1931) und Ferdinand Tiemann (1848-1899), Schülern des in Berlin wirkenden, wissenschaftshistorisch außerordentlich bedeutenden Chemieprofessors August Wilhelm Hofmann (1818-1892). Die technische Nutzung der im Februar 1874 patentierten Vanillinsynthese war für die seit Mitte des 19. Jahrhunderts aufstrebende europäische Schokoladenindustrie wirtschaftlich hochinteressant. Das galt besonders für alle Länder, die – wie Deutschland – keine eigenen Vanille produzierenden Kolonien besaßen. Die Vanillinsynthese wurde zum Startpunkt für die Entwicklung der Industrie synthetischer Duft- und Aromastoffe. Diese begann 1875 mit der Gründung von „Haarmann's Vanillinfabrik zu Holzminden an der Weser".
In Holzminden versuchte man zunächst, den im Labor gefundenen Syntheseweg, eine Zufallsentdeckung, in technische Dimensionen zu übertragen. Ausgangsprodukt der ersten Synthese war das Coniferin. Diese Verbindung war eine monomere Vorstufe des Lignins, jenes hochmolekularen Stoffs, der in verholzenden Pflanzen die Räume zwischen den Zellmembranen ausfüllt und schließlich zu Holz werden lässt. Wegen seines Vorkommens in Holz musste das Coniferin mühsam aus dem Kambialsaft von Nadelbäumen isoliert werden, deren Rinde angeritzt wurde, um den austretenden Saft

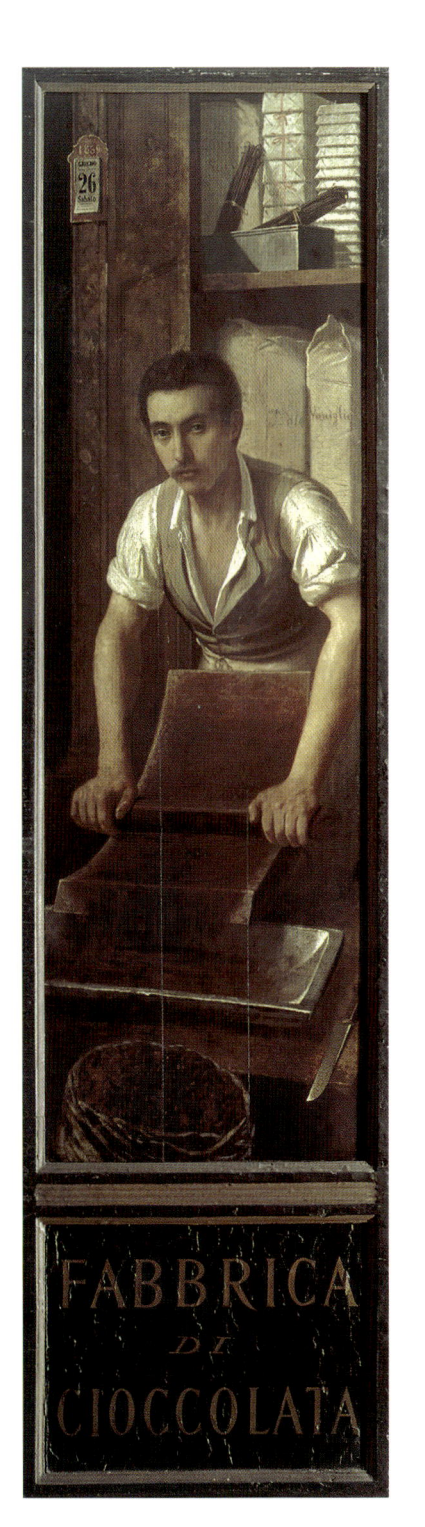

Abb. 16: Das Ladenschild eines italienischen Schokoladenmachers, Ende 19. Jahrhundert Diese Darstellung der manuellen Schokoladenherstellung kontrastiert mit der zunehmenden Industrialisierung der Schokoladenfabrikation in der zweiten Hälfte des 19. Jahrhunderts Der Arbeiter benutzt, wie bereits die alten Azteken, einen metate-Stein, um seinen Kakao zu mahlen. Auf dem Regal hinter ihm sind Bündel mit Vanillestangen zu erkennen, mit denen Schokolade traditionell aromatisiert wird. Der Umstand, dass die seit Mitte des 19. Jahrhundert aufstrebende Schokoladenindustrie großen Bedarf an teurer Naturvanille hatte, spornte die Chemiker dazu an, nach einer kostengünstigen Synthese ihres Hauptaromastoffs zu suchen.
Foto: Scala, Florenz.

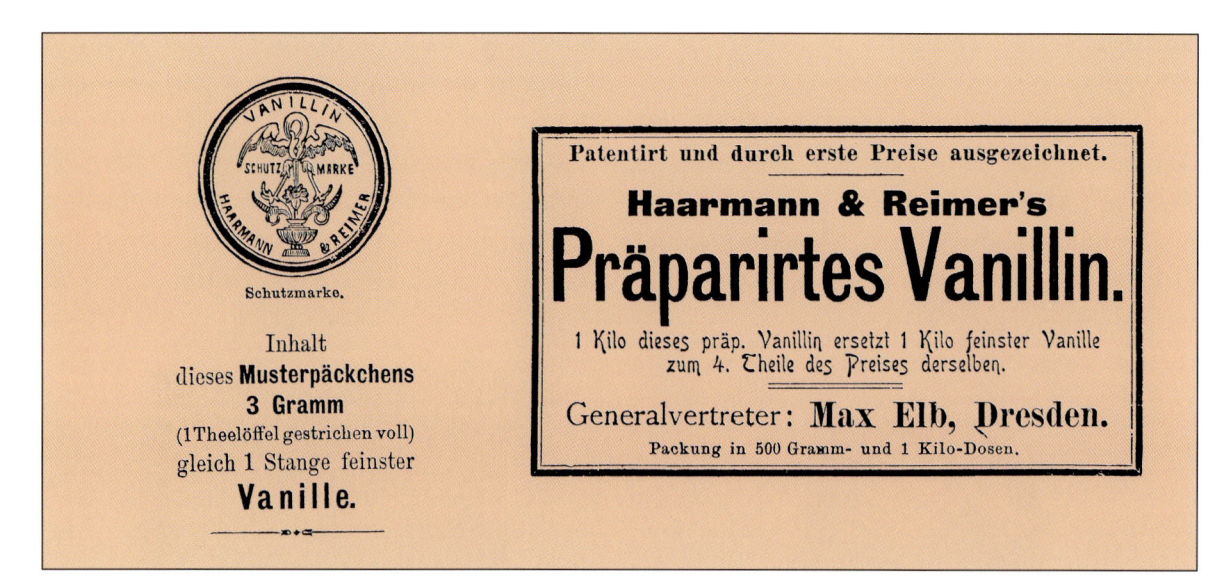

Abb. 17 und 18: Vorder- und Rückseite eines Päckchens mit synthetischem Vanillin von Haarmann & Reimer aus dem 19. Jahrhundert. Der Inhalt des Päckchens sollte genau dem Vanillin-Äquivalent einer echten Vanille-Schote entsprechen. Foto: Deutsches Museum München.

in eigens an die Bäume gebundenen Gefäßen sammeln zu können. Anschließend wurde die Verbindung zu Glucovanillin oxidiert und dann in Glucose und Vanillin gespalten.

Haarmann, der Unternehmer, kooperierte intensiv mit zwei Chemikern aus seinem alten Berliner Labor, vor allem mit Ferdinand Tiemann (WITT 1901, 4404ff.). Da Tiemann die Hochschullaufbahn anstrebte und Berlin nicht verlassen wollte, fungierte er lediglich als wissenschaftlicher Berater und stiller Gesellschafter der Holzmindener Firma. Karl Reimer (1845-1883) dagegen, der zweite ehemalige Kommilitone, trat offiziell in die in „Haarmann & Reimer" umbenannte Vanillinfabrik ein (HOFMANN 1883, 99ff.). Haarmann und Tiemann versuchten so schnell wie möglich, ihr künstliches Vanillin auch in Frankreich herstellen zu lassen, dem großen Land der Parfümerie, das wegen seiner hochentwickelten und traditionsreichen Duftstoffindustrie seit jeher sehr an der Vanille und ihrem vermeintlich aphrodisierenden Aroma interessiert war. Haarmanns und Tiemanns gemeinsamer Berliner Doktorvater August Wilhelm Hofmann knüpfte Kontakte zur Pariser Firma De Laire & Co., die das synthetische Vanillin in Lizenz zu produzieren begann. Damit hatten die Holzmindener auch den großen und wirtschaftlich so wichtigen französischen Parfümmarkt erobert (WITT 1909, 3ff.).

Dank intensiver Forschung, die schließlich zur Aufklärung der chemischen Struktur des Vanillins führte, konnte man die Synthese schließlich auf einen ganz anderen Ausgangsstoff umstellen: das zu günstigen Preisen aus Nelkenöl isolierbare Eugenol. Rentabel wurde diese Synthese aber erst, nachdem Tiemann 1891 die Entwicklung des mit sehr guten Ausbeuten arbeitenden Isoeugenol-Verfahrens gelungen war. Kostete ein Kilogramm des nach dem ursprünglichen Kambialsaft-Verfahrens hergestellten Vanillins 1876 noch 7000 Mark, so war der Preis 1890 dank des Eugenol-Verfahrens bereits auf 700 Mark gesunken und 1897, nach Einführung des Isoeugenol-Verfahrens, sogar auf 126 Mark pro Kilogramm. In den folgenden Jahrzehnten entwickelten die Chemiker weitere Vanillinsynthesen. Heute wird der weitaus größte Teil des Vanillins in der westlichen Welt aus dem Lignin und den Ligninsulfonsäuren gewonnen, die in den Sulfit-Ablaugen der Zellstoff- und Papierfabrikation enthalten sind. Lignin ist in der Holzsubstanz vieler Pflanzen enthalten, so dass die bei der Zellstoff- und Papierherstellung anfallende Sulfitablauge durchaus rentabel auf Vanillin aufgearbeitet werden kann. In fernöstlichen Ländern wie China, wo Nelkenöl billig verfügbar ist, wird dagegen überwiegend nach dem Eugenol- und dem Isoeugenol-Verfahren gearbeitet.

Vorbehalte gegen den synthetischen Aromastoff

Neben technischen Problemen waren in der Frühzeit des synthetischen Vanillins aber auch psychologische Hürden zu überwinden. Ein künstlicher Aromastoff war damals etwas völlig Neues. Viele Menschen reagierten misstrauisch oder ablehnend. Zeitweise gab es sogar Presseberichte über vermeintliche Vergiftungen durch Eiscreme, die mit künstlichem Vanillin zubereitet worden war. Vermutlich war eine bakterielle Kontamination der verwendeten Zutaten die eigentliche Ursache der beobachteten Krankheitsfälle. Die durch einschlägige Presseberichte geschürten Vorbehalte prägten jahrelang das öffentliche Bild vom künstlichen Vanillin (HAGER 1913, 1107). Die tendenziösen Berichte bestärkten in den Lesern jedenfalls den Argwohn, dass ein Naturprodukt wie die echte Vanille und dessen natürlicher Aromastoff niemals gleichwertig durch ein Industrieprodukt ersetzt werden könnten.

Derartige Befürchtungen konnten trotz geschickt inszenierter Gegenmaßnahmen, z. B. der Publikation eines kleinen, etwa auf das Jahr 1900 zu datierenden „Vanillin-Kochbüchleins", das die bekannte Kochbuchautorin Lina Morgenstern (1830-1909) im Auftrag der Holzmindener Firma schrieb, nie völlig ausgeräumt werden. Im Vorwort ihrer „Kochrezepte mit Anwendung von Haarmann & Reimer's Vanillin", in dem jedes Rezept den für die Firma überaus verkaufsfördernden Zusatz eines Päckchens Vanillin erforderte, hieß es:

„Dieser Vanillinzucker in Päckchen hat den Vorteil der Billigkeit, der Haltbarkeit, der Zeitersparnis, der leichten Anwendung und gewährt gegenüber den Vanilleschoten ... eine außerordentliche Sicherheit, sowie die Annehmlichkeit, dass er in den Speisen nicht die störenden schwarzen Punkte – die Samenkapseln der Vanilleschote – hinterlässt. Endlich ist der Geschmack noch wesentlich feiner als der durch Vanille hervorgerufene, weil in den Schoten

Abb. 20: Die Firma Haarmann & Reimer beauftragte die populäre Kochbuchautorin Lina Morgenstern (1830-1909), Gründerin des Hausfrauenvereins und der ersten Volksküchen sowie Herausgeberin der Deutschen Hausfrauenzeitung, ein kleines Vanillin-Kochbüchlein zu schreiben. Damit sollten die weit verbreiteten Vorbehalte gegen den ersten synthetischen Aromastoff gebrochen werden.
Foto: Deutsches Museum München.

noch Harze und Fette enthalten sind, die das feine Vanillearoma ungünstig beeinflussen. Diesen Nebenbestandteilen der Vanille wohnt auch die mit Recht gefürchtete nervenerregende Wirkung der Vanille bei, während reines Vanillin ... eine derartige Einwirkung auf den menschlichen Organismus nicht besitzt. So können wir denn in der Tat das Haarmann'sche Vanillin zu unseren heimischen Gewürzen zählen. Das prächtige, edle Gewürz ist selbst einfacheren Haushaltungen zugänglich geworden ..." (MORGENSTERN O. J., 1f.).

In unserer Zeit, in der sich Meldungen über Allergien häufen, die durch Lebensmittelinhaltsstoffe ausgelöst sein sollen, erhielten die alten Vorbehalte reichlich neue Nahrung. Wie viele Aldehyde kann Vanillin bei empfindlichen Personen tatsächlich sensibilisierend wirken und Hautausschläge hervorrufen. Solche Kontaktdermatitiden, die bei Arbeitern und Arbeiterinnen, die Vanille sortieren und verpacken, häufiger auftreten, sind in der medizinischen Literatur als „Vanillekrätze" oder „Vanillismus" bekannt.

Das Aromaprofil der Vanille

Vanillin ist nur eine von etwa 400 Komponenten, die im Vanillearoma vorkommen. Es ist mit circa zwei Prozent die mengenmäßig bedeutendste und wertbestimmende Komponente des Aromas. Weitere, allerdings in geringeren Konzentrationen vorkommende Aromabestandteile sind beispielsweise p-Hydroxybenzaldehyd (0,2 Prozent), p-Hydroxybenzylmethylether (0,02 Prozent), Essigsäure (0,02 Prozent), Vanillinsäure, Vanillylalkohol, Protocatechualdehyd und Protocatechusäure. Sensorisch außerordentlich bedeutend sind einige Begleitstoffe, die nur in sehr geringen Mengen in der Vanilleschote enthalten sind. Beispiele sind das rauchig riechende Guajakol, dessen Gehalt in den Schoten nur 1/2000 des Vanillingehaltes beträgt, sowie Anissäure und Anisaldehyd (EMBERGER O. J., 3ff.).

Gerade weil der komplexe Gesamteindruck des Vanillearomas signifikant von diesen vielen Begleitstoffen mitbeeinflusst wird, lässt es sich durch Vanillin allein nur in grober Näherung ersetzen. Um das gesamte Vanillearoma genießen zu können, wird ein wirklicher Feinschmecker nur echte Vanille verwenden. Hochwertige Lebensmittel und Parfüms werden ebenfalls nur mit echten Vanilleextrakten aromatisiert. Kenntlich ist das an der Aufschrift „mit echter Vanille". Das Label „mit natürlichem Vanillearoma" bedeutet dagegen lediglich, dass der Hauptteil des Aromas aus echten Vanilleschoten extrahiert wurde, ein geringer Rest jedoch aus anderen vanillinhaltigen Naturprodukten wie beispielsweise Kakaoextrakt oder Mandelöl.

Biotechnologische Herstellung

Synthetisches Vanillin ist im lebensmittelrechtlichen Sinn ein naturidentischer Aromastoff. Solche Stoffe gleichen den natürlichen hinsichtlich ihres chemischen Aufbaus bis ins kleinste Detail, werden aber synthetisch gewonnen. Naturidentische Aromastoffe, erst recht aber künstliche, in der Natur nicht vorkommende Aromastoffe, waren und sind nie besonders beliebt gewesen. Das gilt, trotz aller historischer Versuche, diesen Vorbehalten entgegenzutreten, ganz besonders für Deutschland. Die allgemein verbreitete Skepsis brachte die Industrie, die Vanillin gegenwärtig in Mengen von mehr als 9000 Tonnen pro Jahr verwendet, in große Bedrängnis. Der Einsatz von Vanillin, das aus echten Vanilleschoten isoliert wurde, könnte diesen riesigen Bedarf, der nach allen Prognosen sogar noch zunehmen soll, gar nicht mehr decken und wäre auch viel zu teuer.

Aus diesem Dilemma wies die Biotechnologie einen Weg. Als „natürlicher Aromastoff" wird nach unserer Gesetzgebung nämlich jede Substanz oder Zubereitung bezeichnet, die für den menschlichen Verzehr geeignet ist und ausschließlich durch physikalische, mikrobiologische und enzymatische Prozesse aus pflanzlichem oder tierischem, d. h. also natürlichem Ausgangsmaterial gewonnen wird. Nach dieser Definition muss „natürliches" Vanillin nicht unbedingt aus „echten" Vanilleschoten stammen, sondern kann durchaus auch biotechnologisch hergestellt sein (GATFIELD 1999, 211ff.).

Biotechnologische Verfahren der Vanillinsynthese wurden in den späten siebziger Jahren entwickelt (RAMACHANDRA RAO, RAVISHANKAR 2000, 289ff.) und sind seit Anfang der neunziger Jahre des 20. Jahrhunderts technisch einsatzbereit: in Deutschland bei der traditionsreichen Firma Haarmann & Reimer, in der Schweiz bei der Roche-Tochter Givaudan. Die theoretisch gegebene Möglichkeit, Vanillin durch Zellkulturen von Vanilla planifolia produzieren zu lassen, wird in der Praxis nicht genutzt, da pflanzliche Zellkulturen zu langsam wachsen und zu anfällig für Kontaminationen mit Fremdorganismen sind. Aus diesen Gründen werden Methoden bevorzugt, bei denen strukturell verwandte, leicht zugängliche Vorläufermoleküle als Substrat dienen und mikrobiell oder enzymatisch zu Vanillin umgesetzt werden.

Das bei Haarmann & Reimer angewandte biotechnologische Verfahren geht, ähnlich wie eine schon im 19. Jahrhundert entwickelte, rein chemische Vanillinsynthese, vom Nelkeninhaltsstoff Eugenol aus, das ein bestimmter, von der Firma allerdings geheim gehaltener Stamm der Bakteriengattung *Pseudomonas* in Ferulasäure umwandelt. Wegen der antimikrobiellen Wirkung des nach Nelken duftenden Eugenols, das übrigens Bestandteil zahlreicher ätherischer Öle ist und wegen seiner desinfizierenden Eigenschaften bis heute in der Zahnheilkunde verwendet wird, mussten Mikroorganismen gefunden werden, die von den relativ hohen Eugenol-Konzentrationen, die bei der Synthese zum Einsatz kommen, nicht selbst abgetötet wurden. Man fand sie in Bodenproben, die in der unmittelbaren Umgebung von Nelkenbäumen gezogen wurden: Die dort lebenden Mikroorganismen hatten, um überleben zu können, im Laufe der Evolution zwangsläufig eine höhere Toleranz gegenüber dem von den Nelkenbäumen auch in den Boden abgesonderten Eugenol entwickelt. Die Ferulasäure, die bei dem biotechnologischen Verfahren ein so wichtiges Schlüsselprodukt ist, kann aber auch aus anderen Quellen stammen. Da sie in Pflanzen häufig vorkommt, kann man diese chemische Verbindung auch aus Reiskleie isolieren, einem im Tonnenmaßstab erhältlichen billigen Abfallprodukt, das die Ferulasäure in großen Mengen enthält.

In einem zweiten Schritt wird die Ferulasäure, die entweder von Bakterien aus Eugenol hergestellt wird oder auch aus Reiskleie isoliert sein kann, mikrobiell zu Vanillin umgesetzt. Dazu eignen sich verschiedene Bakterien, wobei es das Geheimnis des jeweiligen Herstellers bleibt, welcher Stamm und welche Mutante für diesen Syntheseschritt eingesetzt werden. Nach etwa zweitägiger Fermentation werden die Bakterienzellen von der Nährlösung abgetrennt. Das in der Nährlösung enthaltene Rohvanillin, das je nach Prozessführung mit Ausbeuten zwischen 2 und 20 % und damit weit konzentrierter als in einer Vanilleschote anfällt, wird isoliert und aufwändig gereinigt, so dass alle unerwünschten Spurenkomponenten im Endprodukt abgetrennt sind.

Kosten und Nutzen

Biotechnologisch hergestelltes Vanillin ist fünfzig- bis hundertmal so teuer wie Vanillin, das durch chemische Synthese hergestellt wird, aber es ist nur halb so teuer wie Vanillin aus echten Vanilleschoten. Dass das im Vergleich zum synthetischen Produkt relativ teure biotechnologisch gewonnene Vanillin überhaupt hergestellt wird, liegt ausschließlich daran, dass man es als „natürliches Vanillin" deklarieren und deswegen gewinnbringend vermarkten kann. Das biotechnologische Verfahren lohnt sich also nur wegen des ständig zunehmenden Bedarfs an Aromastoffen, die sich laut Gesetz „natürlich" nennen dürfen und den positiven Assoziationen, den dieser zumindest für den naturwissenschaftlich nicht vorgebildeten Laien eher missverständlich definierte Begriff auslöst.

Wer sicher sein will, dass er „natürliches Vanillin" konsumiert, das tatsächlich aus einer realen Vanilleschote stammt und nicht das Ausscheidungsprodukt eines Bakteriums ist, muss nach wie vor echte Vanille kaufen. Ein solcher Kunde ist trotz des hohen Preises des Naturprodukts gut mit seiner Kaufentscheidung bedient, denn nur die echte Vanilleschote liefert das volle, sehr komplex zusammengesetzte Vanillearoma. Das Naturprodukt Vanille ist trotz der hochentwickelten Fertigkeiten von Chemikern und Biotechnologen, die wir in vielen Bereichen des Alltagslebens nicht mehr missen können und wollen, immer noch nicht vollwertig zu ersetzen. Allerdings muss betont werden, dass chemisch synthetisiertes, biotechnologisch gewonnenes und aus der Vanilleschote isoliertes Vanillin physikalisch-chemisch absolut identisch sind, so dass es, nüchtern betrachtet, letztlich egal ist, auf welchem Herstellungswege die Substanz gewonnen wurde. Man muss sich als Konsument nur darüber im Klaren sein, dass Vanillin lediglich eine von etwa 400 Aromakomponenten der Vanille ist und deshalb niemals ein vollwertiger Ersatz für die echte Naturvanille sein kann und sein wird.

Literaturverzeichnis

Beck, H. (Hrsg.) 1991: Alexander von Humboldt Studienausgabe in sieben Bänden, ibid. Bd. 4 (Mexiko-Werk), Wissenschaftliche Buchgesellschaft. Darmstadt 1991.

Bouriquet, G. 1954: Le vanillier et la vanille dans le monde. Encyclopédie biologique XLVI, Paris 1954.

Busse, W. 1899: Ueber Gewuerze. IV: Vanille. In: Arbeiten aus dem Kaiserlichen Gesundheitsamte, Bd. 15, Beihefte zu den Veröffentlichungen des Kaiserlichen Gesundheitsamtes. Berlin 1899.

Clark, G.S. 1990: A Profile: An Aroma Chemical. Vanillin. In: Perfumer & Flavorist 15, Nr. 2 (1990).

Coe, S., Coe, M. 1996: The True History of Chocolate. London 1996.

Dignum, M.J.W., Kerler, J, Verpoorte, R. 2001: Vanilla Production: Technical, Chemical and Biosynthetic Aspects. In: Food Reviews International 17 (2001), Nr. 2, 199-219.

Emberger, R. o.J.: Das Vanillearoma als Forschungsaufgabe. In: Contact. Magazin der Haarmann & Reimer GmbH Holzminden, Nr. 60, 3-8.

Franke, F. 1997: Nutzpflanzenkunde. Nutzbare Gewächse der gemäßigten Breiten, Subtropen und Tropen. Stuttgart, New York 1997.

Gatfield, I.L. 1999: Biotechnological Production of Natural Flavor Materials. In: Flavor Chemistry: 30 Years of Progress. New York 1999.

Hager, H. 1913: Handbuch der pharmaceutischen Praxis, Bd. 2. Berlin 1913.

Hofmann, A.W. 1883: Dr. Karl Ludwig Reimer. In: Berichte der Deutschen Chemischen Gesellschaft 16 (1883), 99-102.

Kindel, G. o.J.: Vanilla. Königin der Gewürze. In: Contact. Magazin der Haarmann & Reimer GmbH Holzminden, Nr. 59, 15-19.

Morgenstern, L. o.J.: Kochrezepte mit Anwendung von Haarmann & Reimer's Vanillin [o. O.]. Ein Exemplar dieser raren Broschüre besitzt das Deutsche Museum München unter der Signatur 2005-369.

Rain, P. 1992: Nectar of the Gods. In: Foster, N., Cordell, L.S. (Hrsg.): Chillies to Chocolate. Food the Americas gave the World. Tucson/London 1992.

Ramachandra Rao, S., Ravishankar, G.A. 2000: Review. Vanilla flavour: Production by conventional and biotechnological routes. In: Journal of the Science of Food and Agriculture 80 (2000), 289-304.

Schröder, R. 1991: Kaffee, Tee und Kardamom. Tropische Genussmittel und Gewürze. Geschichte, Verbreitung, Anbau, Ernte, Aufbereitung. Stuttgart 1991.

Tiemann, F., Haarmann, W. 1874: Ueber das Coniferin und seine Umwandlung in das aromatische Princip der Vanille. In: Berichte der Deutschen Chemischen Gesellschaft 7 (1874), 608-623.

Valentini, M. B. 1704: Museum Museorum oder vollständige Schau-Bühne aller Materialien und Specereÿen, Franckfurt am Mayn: Johann David Zunners 1704.

Witt, O.N. 1901: Ferdinand Tiemann. Ein Lebensbild. In: Berichte der Deutschen Chemischen Gesellschaft 34 (1901), 4404-4455.

Witt, O.N. 1909: Georges de Laire. In: Berichte der Deutschen Chemischen Gesellschaft 42 (1909), 3-6.

Anschrift der Autorin

Priv.-Doz. Dr. Elisabeth Vaupel
Deutsches Museum München, Abt. Forschung
Museumsinsel 1
D – 80306 München
e.vaupel@deutsches-museum.de

Bernhard Schnell

Der saffran hat die Kraft zu kreftigen und zu stercken.
Gewürze in der mittelalterlichen Heilkunde

Als im dritten Viertel des 11. Jahrhunderts ein unbekannter Dichter bei seiner Übertragung des alttestamentlichen Buches Genesis ins Deutsche dem adeligen Publikum in den Kärntner Bergen das Paradies beschrieb, stellte er es zunächst gänzlich traditionell als einen vom Duft wohlriechender Kräuter[1] erfüllten himmlischen Garten dar. Dann aber wich er bei der Schilderung des Gartens Eden von seiner Vorlage ab und bot geradezu einen Gewürzkatalog, der einzigartig zu sein scheint: „Zimt und Zitwerwurzel,/ Galgant und Pfeffer,/ Balsam und Weihrauch,/ auch Thymian wächst dort/ und so viel Myrrhe, wie man nur zu pflücken vermag,/ Safran und Ringelblume,/ Dill sowie Quendel,/ mit dem Fenchel/ der liebliche Lavendel,/ die stattliche Pfingstrose,/ Salbei und Weinraute,/ Narde und Balsamminze,/ deren Duft breitete sich weit aus,/ Minze und Sellerie,/ Kresse und Lattich,/ Kaiserwurz und (Zimt)kassie/ haben ebenfalls einen süßen Duft".[2] Was Auswahl und Reihenfolge der 25 Kräuter anbelangt, so gibt es keine schriftlichen Quellen oder sonstige Dokumente, die Hinweise auf eine mögliche Vorlage liefern könnten. Auffällig ist nur die eindeutige Zweiteilung der Anordnung: Zuerst werden neun exotische Pflanzen angeführt, dann folgen die einheimischen. Woher der Autor sein Wissen unmittelbar hatte, entzieht sich ebenso unserer Kenntnis. Ob nun der lateinkundige Verfasser der ‚Altdeutschen Genesis' die von ihm angeführten Gewürze aus der Küche (beispielsweise Zimt, Pfeffer, Safran oder Sellerie) kannte, oder ihre Kenntnis der Bibel, vor allem dem Hohenlied (u. a. Safran, Narde, Balsam, Rose) und den Evangelien (Myrrhe und Weihrauch als Gaben der Heiligen Drei Könige) verdankte, oder ob er auf einschlägige medizinische Schriften zurückgriff, lässt sich freilich nicht klären. In jedem Fall bezeugt der Katalog, dass das Wissen um die Gewürze noch vor dem Zeitalter der Kreuzzüge dem mittelalterlichen Menschen, mindestens den gebildeten Kreisen bzw. der herrschenden Oberschicht, auf vielfältige Weise bekannt, vermutlich sogar vertraut war. Anders als heute war die Verwendung der Gewürze im Mittelalter nicht nur auf die Küche reduziert, sondern sie spielten, wie ich in diesem Beitrag zeigen möchte, auch eine wichtige Rolle für die Heilkunde.

Während in unserer Zeit nahezu alle Medikamente in der modernen Medizin synthetisch hergestellt werden, bezog man in früheren Jahrhunderten die Arzneimittel ausschließlich aus dem Naturreich. Neben Mineralien und Animalia (Lieferanten sind Mensch und Tier) dominieren nicht nur rein quantitativ die Pflanzen den mittelalterlichen Arzneischatz. Die Pflanzen wurden entweder allein oder in Kombination mit anderen genutzt und zu verschiedenen Arzneipräparaten weiter verarbeitet. Im gesamten medizinischen Schrifttum des Mittelalters begegnet uns die *materia medica vegetabilis*: Bei der Heilung wie bei der Verhütung von Krankheiten oder in der Ernährungslehre: Stets war man auf die Verwendung von Heilpflanzen angewiesen und hat dies auch in der Theorie entsprechend berücksichtigt. Für die medizinische Versorgung waren sie von zentraler Bedeutung und wurden sowohl von lateinisch gebildeten Medizinern als auch von Laien benutzt.

In der Forschung hat man sich, wie eine kritische Sichtung der einschlägigen Literatur ergibt, mit der Rolle der Gewürzpflanzen in der mittelalterlichen Medizin überraschenderweise bislang kaum beschäftigt, obwohl sie, selbst aus heutiger Sicht, mit Erfolg als Heilmittel eingesetzt werden.[3] So ist nachgewiesen, dass Gewürze bei Magen- und Darmleiden wirksam eingesetzt werden, da sie zum einen eine karminative Wirkung (z.B. Anis, Fenchel, Kümmel) ausüben bzw. eine appetitanregende, verdauungs- und sekretionsfördernde Wirkung (z.B. Basilikum, Beifuß, Ingwer, Wermut) besitzen. Gewürze finden ebenso Verwendung bei Schwächezuständen und Hypotonien (z.B. Rosmarin), wie auch als Expectorantia bzw. Antitussiva (z.B. Fenchel, Tymian) und als Diuretika (z.B. Petersilie). Bekannt ist ferner ihre sedative Wirkung (z.B. Baldrian, Nelkenwurz, Safran), ihr Einsatz als blutdrucksenkendes Mittel (z.B. Knoblauch) und insbesondere ihre antiseptische und desinfizierende Wirkung (z.B. Kapuzinerkresse, Meerrettich, Schwarzer Senf). Im Folgenden werde ich also der Frage nachgehen, wie die Gewürzpflanzen in der mittelalterlichen Medizin eingesetzt werden.

Zunächst möchte ich jedoch einige wenige Hinweise zum methodischen Vorgehen vorausschicken. Da es bislang keine eigene Untersuchung zu diesem Thema gibt, habe ich mich für diesen ersten, vorläufigen Überblick exemplarisch auf den Safran beschränkt. Von ihm, der heute in der Medizin kaum noch Verwendung findet, nahm ich an, dass er in einer überschaubaren Anzahl an Texten vorkommen würde und es daher leichter sei, einen Überblick über seine Verwendung zu bieten als bei anderen Gewürzen, beispielsweise dem Pfeffer. In allen untersuchten Texten werden außer dem Safran auch zahlreiche andere Gewürze erwähnt. Der Safran nimmt demnach keine Sonderstellung unter den Gewürzen in der Heilkunde ein. Eine zweite Einschränkung gilt für das Textkorpus. Ausgewertet habe ich ausschließlich lateinische und deutsche Texte aus dem deutschsprachigen Raum, die in modernen, wissenschaftlichen Ausgaben vorliegen. Eine große Hilfe war, dass mir ein Großteil dieser Texte maschinenlesbar zur Verfügung steht, so dass insbesondere bei Textausgaben, die kein Register aufweisen, die betreffenden Textstellen dennoch relativ leicht gefunden werden konnten. Herangezogen habe ich nur Texte aus den beiden Hauptgattungen der mittelalterlichen Medizinliteratur, aus den Arzneibüchern bzw. Rezeptsammlungen und den Kräuterbüchern. Texte aus der dritten Hauptgattung, dem diätetischen Schrifttum (‚Regimen sanitatis'), habe ich dagegen ausgeblendet, da sich aus ihnen keine neuen Aspekte für die Verwendung des Safrans ergeben. Was schließlich die Auswahl der Texte anbelangt, so habe ich bei den Arzneibüchern bzw. Rezeptsammlungen versucht, den gesamten Zeitraum, d.h. die Zeit vom 8. Jahrhundert bis um 1500, zu dokumentieren. Bei den Kräuterbüchern habe ich mich dagegen auf zwei Beispiele, die freilich sehr typisch sind, beschränkt.

Abb. 1: Safranblüte. Foto: Gernot Katzer

Safran in Arzneibüchern

Das wohl umfangreichste Schrifttum weist die Gattung des Arzneibuchs auf, das nach Keil in der Regel ein umfangreiches heilkundliches Kompendium darstellt, welches sich gattungsmäßig aus verschiedenen kürzeren Traktaten und Rezepten zusammensetzt und vielfältige Themen aus dem Bereich der theoretischen und praktischen Medizin zum Gegenstand hat.[4] Texte zur Diagnose und Prognose sind hier ebenso integriert wie solche zur Behandlung und Verhütung von Krankheiten. In einigen Fällen ist jedoch der Übergang von Arzneibuch zu Rezeptsammlung, in der Rezepte zu den einzelnen Krankheiten meist nach dem bekannten anatomischen Schema „vom Kopf bis zum Fuß" angeordnet sind, fließend. Einen repräsentativen Querschnitt durch die frühmittelalterlichen Heilmittel weist das ‚Lorscher Arzneibuch' auf, das nach dem Herausgeber Stoll[5] im ausgehenden 8. Jahrhundert wohl im Benediktinerkloster Lorsch in lateinischer Sprache entstanden ist. In diesem Arzneibuch, das weit über 500 einzelne Rezepte enthält, wird der Safran sehr häufig eingesetzt. In über 80 Rezepten wird er als Zutat verwendet. Da in nahezu allen Rezepturen der Safran zusammen mit vielen anderen Bestandteilen vorkommt, lässt sich heute kaum noch entscheiden, ob er in den einzelnen Rezepten der entscheidende Wirkstoff war, oder ob er nur etwa wegen seiner Farbe oder auf Grund seiner humoralpathologischen Einstufung[6] beigemischt wurde. In einer Reihe von Rezepten wird überdies die Indikation nur sehr vage angegeben, wie beispielsweise „Heilmittel für viele Krankheiten".[7] Aus der Vielzahl der Rezepte im ‚Lorscher Arzneibuch' möchte ich nur zwei herausgreifen, die mir typisch für die Verwendung des Safrans zu sein scheinen, und die darüber hinaus einen Einblick in die Gattung der frühmittelalterlichen Rezepte vermitteln mögen. Dabei handelt es sich gleich um das allererste Rezept, das ich nach der Übersetzung von Stoll anführe:

„Das erprobte ‚undankbare' Antidot: Es hilft denen, welche die Speise nicht bei sich halten, gegen Schmerzen in der Seite, Seitenstechen, Erbrechen von Blut, gegen jede Art von Husten, Atemnot, Dysenterie, Schlaflosigkeit, gegen Darmschmerzen, Koliken. Wenn du für dieses Heilmittel nicht im Voraus entlohnt wirst, sieh zu, dass du es ihm gibst [...]. Es enthält: 1 Unze Myrrhe, 2 Unzen Safran, 1 Unze Bibergeil, 4 Unzen langer Pfeffer, 1 Unze Pfeffer, 4 Unzen Kostwurz, 4 Unzen Styrax, 1 Unze Zimtkassie, 1 Unze Mutterharz, genügend attischen Honig".[8]

Beim zweiten Rezept wird der Safran „gegen Blut in den Augen" verwendet: „Laß Safran in altem Wein ziehen, reib ihn, damit er dickflüssig wird, und streich ihn mit einer Feder in die Augen".[9]

Wenn auch die unmittelbaren Vorlagen dieser beiden Rezepte nicht bekannt sind, so lässt sich doch relativ leicht die Quelle bestimmen, aus der dieses Wissen stammt. Es handelt sich um die ‚Naturalis Historia', eine in 37 Bücher gegliederte Enzyklopädie, in der Plinius der Ältere (23-79 n. Chr.) das gesamte naturkundliche Wissen des Altertums zusammenfasste. In sieben Büchern ist er ausführlich auf die Heilpflanzen eingegangen und hat dabei auch die Heilwirkung des Safrans beschrieben.[10] Danach hilft Safran u. a. bei Entzündungen, insbesondere der Augen, bei Geschwüren des Magens, der Brust und der Nieren, bei Husten und Seitenstechen, und er kann den Schlaf herbeiführen. Dass darüber hinaus nach Plinius der Safran, vor einem Trinkgelage eingenommen, Trunkenheit verhindert und den Geschlechtstrieb auslöst, wurde von den Benediktinern aus Lorsch freilich nicht aufgegriffen. Wohl aus einer anderen Quelle dürften die Rezepte stammen, in denen der Safran bei „schadhaften und hohlen Zähnen"[11] sowie bei Rachenschmerzen[12] und als fiebersenkendes Mittel[13] zur Anwendung kam. Etwa eine Generation später, im 9. Jahrhundert, wurde in der Benediktinerabtei St. Gallen eine lateinische Rezeptsammlung (Codex 217) aufgezeichnet, die KÖPP herausgab.¹⁴ Sie ist zwar weniger umfangreich als das ‚Lorscher Arzneibuch', aber auch in ihr werden an zahlreichen Stellen Gewürze, insbesondere der Safran, als Medikamente verwendet. Bemerkenswert bei diesem Rezeptar ist, dass zum einen der Safran sehr häufig eingesetzt wird, und zum anderen, dass mit ihm nahezu die gleichen Erkrankungen wie im ‚Lorscher Arzneibuch' behandelt werden, nämlich Augenkrankheiten, Zahnschmerz, Erkrankungen im Rachen, Magenschmerzen, Koliken, Leberschwäche oder fiebrige Zustände. Daher dürfte auch dieser Text auf antiken bzw. spätantiken Quellen beruhen. Dabei handelt es sich wohl um Plinius und dessen Rezeption, insbesondere die im 4. Jahrhundert entstandene sogenannte ‚Medicina Plinii' und deren erweiterte Fassungen.¹⁵

Ein anderes Bild ergibt sich aus den Arzneibüchern bzw. Rezeptsammlungen, die ein paar Jahrhunderte später im Hochmittelalter erschienen und deren Quellen im Salernitanischen Schrifttum liegen.¹⁶

Die Ursache für die Entstehung der deutschen Medizinliteratur im 12. und 13. Jahrhundert hängt eng mit dem Aufstieg der abendländischen Medizin zusammen, der Ende des 11. Jahrhunderts mit der Rezeption der antiken-arabischen Medizin in der Schule von Salerno einsetzte.¹⁷ Bekanntlich sind die Schriften der antiken Autoren, allen voran Hippokrates und Galen, dem Abendland, von wenigen Ausnahmen abgesehen, durch arabische Bearbeitungen bekannt geworden. Die Aufnahme dieser Werke und ihre Übertragung ins Lateinische und damit die Integration antiken und arabischen Wissens im lateinischen Christentum ist das herausragende Verdienst der Schule von Salerno. Constantinus Africanus, im ersten oder zweiten Jahrzehnt des 11. Jahrhunderts in Karthago geboren, gilt als Leitfigur dieser ersten "Rezeptionswelle".¹⁸ Nicht ohne Grund zählt er zu den Ahnherren der modernen Medizin. Für die Durchsetzung und Verbreitung seiner Schriften war von entscheidender Bedeutung, dass Constantinus in das Kloster Montecassino eintrat. Hier, in der Keimzelle des Benediktinerordens, schuf er während der letzten Lebensjahre sein Lebenswerk, die Bearbeitung und Übersetzung zentraler Werke der griechisch-arabischen Medizinliteratur ins Lateinische. Salerno und Montecassino, jedes in seiner Art ein "Schmelztiegel" der verschiedensten Kulturen, waren der ideale Nährboden für sein Wirken. Nicht minder nachhaltig war die zweite Rezeptionsphase, die sich ein Jahrhundert später in Toledo, einem weiteren Schnittpunkt der arabischen, jüdischen und abendländischen Welt, mit Gerhard von Cremona an der Spitze vollzog.¹⁹

Das erste umfangreiche medizinische Werk in deutscher Sprache ist der ‚Bartholomäus', den man als Prototyp eines Arzneibuchs ansehen kann.²⁰ Das Werk, das um 1200 entstanden sein dürfte, gehört zu den zentralen Texten der deutschen Medizinliteratur des Mittelalters. Kontinuierlich bis ins 16. Jahrhundert wird dieser Text vollständig oder in Auszügen abgeschrieben. Nach dem Prolog des Werks handelt es sich um eine deutsche Übersetzung der lateinischen Schrift ‚Introductiones magistri Bartholomei in practicam", die Magister Bartholomäus aus dem Griechischen, aus den Schriften von Hippokrates, Galen und Constantinus Africanus ins Lateinische übertragen hat. Wie die Forschung gezeigt hat, stützt sich der deutsche Bearbeiter, der sich – wie üblich – nicht nennt, auf Salerner Schriften des 11. und 12. Jahrhunderts. Obwohl der Text, der von PFEIFFER herausgegeben wurde²¹, wesentlich umfangreicher als das St. Galler Rezeptar ist, kommt hier der Safran kein einziges Mal vor, während der Pfeffer immerhin in zehn Rezepten verwendet wird.

Nicht viel anders ist der Befund im ‚Deutschen Salernitanischen Arzneibuch', dem zweiten großen Arzneibuch des 13. Jahrhunderts in deutscher Sprache. Dieses Werk, das KÜLZ und KÜLZ-TROSSE edierten,²² stellt ebenfalls eine Bearbeitung von lateinischen Schriften dar. Vom Umfang her mit dem ‚Lorscher Arzneibuch' vergleichbar, bietet das Werk eine Summe des damaligen universitären Medizinwissens. Mit Ausnahme der Chirurgie werden alle medizinischen Bereiche abgedeckt: die theoretische Medizin, die medizinische Prophylaxe u.a. mit einer Diätetik, die Therapie mit einem umfangreichen Traktat über die Behandlung von Krankheiten, die Verwendung von Arzneimitteln und schließlich das Gebiet der Diagnose. Nur in einem einzigen Rezept[23] wird Safran unter vielen anderen Bestandteilen verwendet, und zwar bei der Behandlung der Erkrankungen von Leber und Milz. Ansonsten wird der Safran nur noch einmal angeführt, um die Farbe des Harns zu beschreiben. Andere Gewürze hingegen werden durchaus eingesetzt, so beispielsweise der Pfeffer, der in 27 Rezepten verwendet wird.

Dass diese beiden Texte in Hinsicht auf die Verwendung des Safrans als Heilmittel keinen Einzelfall darstellen, unterstreichen auch zwei kleinere Arzneibücher aus dem 12. Jahrhundert. Weder im ‚Innsbrucker Arzneibuch'[24] noch im ‚Züricher Arzneibuch'[25] wird der Safran, wohl aber anderes Gewürz wie etwa der Pfeffer, verwendet.

Um die Wende vom 13. und 14. Jahrhundert verfasst der Würzburger Wundarzt Ortolf von Baierland ein medizinisches Lehrbuch, das neben dem oben angeführten ‚Bartholomäus' zum zentralen Werk in der deutschen Medizinliteratur des Mittelalters wird. In seinem ‚Arzneibuch'[26] bereitet er, wie RIHA aufgezeigt hat,[27] die gelehrte lateinische Hochschulmedizin für ein deutschsprachiges Publikum auf. Sein Bestreben war es, Theorie und Praxis miteinander zu verbinden und das medizinische Wissen unter dem Gesichtspunkt der "Praxisorientiertheit" sachlich zu vermitteln. Eingehend werden dabei nach dem anatomischen Schema *a capite ad calcem* die einzelnen Krankheiten und deren Behandlung vorgestellt. Im Gegensatz zu den vorangegangenen Schriften des 12. und 13. Jahrhunderts hat der Safran bei Ortolf wieder einen festen Platz als Medikament. Er empfiehlt ihn bei der Behandlung von Zahnfleischfäule (Kap. 97), bei Erkrankungen des Magens (Kap. 116), bei Stuhlzwang (Kap. 120) und schließlich als Bestandteil einer Augensalbe (Kap. 157).

Aus der Vielzahl der im 15. Jahrhundert entstandenen Arzneibücher bzw. Rezeptsammlungen, die freilich zum überwiegenden Teil noch nicht erschlossen sind, möchte ich zwei herausgreifen, die indes für diese Zeit exemplarisch sein dürften. Im ersten Viertel des 15. Jahrhunderts verfasste Peter von Ulm, der von 1420-1423 als Stadtarzt von Ulm bezeugt ist, ein wundärztliches Handbuch.[28] Insgesamt erscheint der Safran in sechs Rezepten, die durchweg auf lateinischen Vorlagen beruhen. In drei verschiedenen Medikamenten wird er, wohl auf Grund seiner antiseptischen und desinfizierenden Eigenschaften, bei der Herstellung von Wundsalben verwendet (Nr. 15, 29, 65) und ferner einmal bei einer Salbe gegen Erkrankung der Leber und der Milz (Nr. 20). Die beiden restlichen Erwähnungen, bei einer Augensalbe (Nr. 97) und einem Rezept gegen Stuhlzwang (Nr. 213), hat er unmittelbar aus Ortolfs von Baierland ‚Arzneibuch' übernommen.

Von einem Praktiker stammt auch der letzte Text, der über die Verwendung des Safrans in der mittelalterlichen Heilkunde Auskunft geben soll. Heinrich von Pfalzpaint, der 1454 bis 1457 bei der Belagerung der Marienburg als Ordensritter und Arzt tätig war, schrieb 1460 ein umfangreiches medizinisches Lehrbuch, das überwiegend von der Medikamentenherstellung handelt. Im Vordergrund seiner ‚Wundarznei' steht aber die Behandlung von kriegstypischen Verletzungen. Berühmt geworden ist Heinrich jedoch durch seine Beschreibung der ersten plastischen Operation im Abendland, einer Nasenersatzplastik. Er kann daher zu Recht als ein Ahnherr der Plastischen Chirurgie gelten.[29] Dank der grundlegenden pharmaziegeschichtlichen Arbeit von RICHTER sind wir über die in seiner ‚Wundarznei' vorkommenden pflanzlichen Drogen und ihre medizinische Verwendung bestens unterrichtet.[30] Demnach verwandte auch Heinrich den Safran. Er setzte ihn bei „geronnenem Blut", d.h. bei Hämatomen[31] und, wie schon aus anderen Texten bekannt, als Augensalbe[32] ein. Eine wichtige Rolle spielte der Safran als Bestandteil einer Gewürzmischung, die „Beinpflastern" beigegeben wurde, mit denen er insbesondere Knochenbrüche und krankhafte Knochen- und Hautveränderungen (Gicht und Atrophie) behandelte.[33] Die Gewürzmischung bestand dabei aus „Safran, Langem Pfeffer, Zimtstangen, Muskat, Muskatblumen, Gewürznelken, Zitwer-, Galgant-, Ingwerrhizom, Paradieskörnern, Seidelbastfrüchten, Mastix, Weißem Weihrauch, Kampfer, Brennnesselsamen, Anis, Galbanharz (je ein Lot) und Alaun (2 Lot) zusammen".[34] Zwei Pestrezepte, in denen ebenfalls der Safran als Bestandteil vorkommt, dürften dagegen nicht mehr von Heinrich selbst stammen, sondern erst später der ‚Wundarznei' angefügt worden sein.

Dieser knappe Überblick über die medizinische Verwendung der Gewürze am Beispiel des Safrans in den mittelalterlichen Arzneibüchern bzw. Rezeptsammlungen hat zweierlei gezeigt. Erstens: Der Safran wurde, wenn auch deutlich seltener als etwa der Pfeffer, nahezu in der gesamten mittelalterlichen Heilkunde als Medikament eingesetzt. Dabei sind aber zwei Schübe, die unterschiedliche Ursachen haben, deutlich abzugrenzen, zum einen die Antiken-Rezeption im 8. und 9. Jahrhundert und zum anderen der Neubeginn, der mit der Salernitanischen Medizin im 11. Jahrhundert einsetzt. Bevorzugt wurde der Safran anscheinend stets als Medikament gegen Erkrankungen im Bereich des Magens, der Leber und der Milz, gegen Zahnschmerzen und Augenkrankheiten, sowie als fiebersenkendes Mittel und als Wundsalbe verwendet. Zweitens zeigt sich, dass sich in den Schriften, die unmittelbar auf antiken bzw. spätantiken Werken beruhen, wie etwa im ‚Lorscher Arzneibuch' oder im ‚St. Galler Rezeptar', der Safran überaus häufig eingesetzt wurde. Im Hoch- und Spätmittelalter nimmt die Beliebtheit des Safrans dann jedoch ab. Die medizinische Verwendung bleibt aber im Großen und Ganzen die gleiche. Das Fehlen des Safrans im deutschen medizinischen Schrifttum des 11. und 12. Jahrhunderts bedarf einer Erklärung. Eine mögliche Ursache dürfte, so meine These, die nachlassende Wirkung der antiken Schriften, insbesondere der des Plinius, sein; die lateinischen Kräuterbücher, die in der zweiten Hälfte des 11. Jahrhunderts durch die Begegnung mit arabischen Schriften entstehen und für einen Neueinsatz sorgen, waren dagegen im deutschsprachigen medizinischen Schrifttum noch nicht rezipiert.

Safran in Kräuterbüchern

Dieser Befund soll nun in einem zweiten Schritt mit dem Bild, das sich aus den mittelalterlichen Kräuterbüchern ergibt, kontrastiert werden. Neben den Arzneibüchern bzw. Rezeptaren stellen die Kräuterbücher bzw. Herbare die wichtigste Quelle für die Verwendung der Gewürze in der Heilkunde dar. Unter einem „Kräuterbuch" versteht man einen Text, in dem die einzelnen Pflanzen jeweils in einem Kapitel vorgestellt werden. Dabei steht nicht so sehr die naturwissenschaftliche, botanische

Abb. 2: Frisch geerntete Safranfäden.
Foto: Firma Nöthen

Beschreibung der einzelnen Pflanze, sondern ihre medizinische Verwertbarkeit, ihre Anwendung bei der Behandlung von Krankheiten im Vordergrund. Nicht die Form, das Aussehen der Pflanze finden das Interesse der Autoren, sondern ihre Heilkraft, ihre *vires* und *virtutes*. Es gilt also grundsätzlich festzuhalten: Mittelalterliche Kräuterbücher sind Werke der Medizin und nicht der Botanik.[35]

Diese Zielsetzung prägt das Anordnungsprinzip, nach dem die einzelnen Heilpflanzen abfolgen. In den meisten Texten geschieht das nach einem medizinischen Prinzip, nämlich dem aus der Antike stammenden humoralpathologischen System, in dem alle Arzneimittel mit unterschiedlichen Qualitäten „heiß" oder „kalt" bzw. „feucht" oder „trocken" ausgestattet sind. Ein alternatives Anordnungsprinzip war vor allem die schlichte alphabetische Anordnung der Pflanzennamen. In einigen Fällen gab es auch eine grobe Gliederung nach Wuchsformen, also etwa: Bäume, Sträucher, Kräuter. Von Ausnahmen abgesehen gibt es daher keine Kräuterbücher, in denen beispielsweise die Gewürze als Gruppe erscheinen.[36]

Da die Darstellung des Safrans in den mittelalterlichen Kräuterbüchern eine eigene, umfangreiche Untersuchung erfordern würde, die im Rahmen dieses Beitrags freilich nicht geleistet werden kann, beschränke ich mich auf zwei exemplarische Texte. Ein kurzer Abriss der Geschichte der mittelalterlichen Kräuterbücher sei vorausgeschickt, um diese beiden Texte zu situieren.[37]

In den beiden grundlegenden Schriften der Antike zur Materia medica vegetabilis, in Dioskurides' ‚De materia medica' (60-78 n. Chr.) und in der bereits genannten ‚Naturalis historia' (vor 79 n. Chr.) von Plinius, wird der Safran jeweils in einem eigenen Kapitel mit seinem Vorkommen und seiner medizinischen Verwendung vorgestellt. Nach Dioskurides kann Safran ein tödliches Gift, harntreibend und adstringierend sein.[38] Daher wirkt er gegen Wundrose und gegen Augen- und Ohrenflüsse. Ferner wird er Ohren- und Mundsalben beigefügt und wirkt gegen Trunkenheit. Ausführlicher war dagegen die Vorstellung des Safrans bei Plinius, wie bereits oben in Stichpunkten ausgeführt wurde. In den frühmittelalterlichen Kräuterbüchern, im ‚Botanicus' (frühes 9. Jahrhundert)[39], in Walahfrid Strabos ‚Hortulus' (um 840) und in Hrabanus Maurus' ‚De rerum naturis' (um 842)[40] spielte der Safran dagegen kaum eine Rolle. So kommt er sowohl beim ‚Botanicus' als auch bei Strabo nicht vor, und auch bei Hrabanus sind ihm nur wenige Sätze gewidmet. Im in der ersten Hälfte des 11. Jahrhunderts entstandenen Herbar ‚De virtutibus herbarum' des Odo von Meung, das zu den wohl am weitesten verbreiteten Kräuterbüchern des abendländischen Mittelalters zählt, kommt der Safran ebenfalls nicht vor. Auch nicht in der frühestens Ende des 11. Jahrhunderts entstandenen Erweiterung auf Grund des ‚Liber de gradibus' des Constantinus Africanus (4. Viertel 11. Jahrhundert), bei der ein Abschnitt über Gewürze inseriert wurde.[41]

Einen festen Platz in der Geschichte der Kräuterbücher bekam der Safran erst wieder im 12. Jahrhundert, als in Salerno und Toledo die arabische Medizin rezipiert wurde. Zwei Werke stehen hier im Vordergrund, das ‚Circa instans' und die Arzneimittellehre im ‚Canon' Avicennas.

Das ‚Circa instans', benannt nach seinem Initium „Circa instans negotium in (de) simplicibus medicinis nostris' ist eines der Standardwerke der Salernitanischen Drogenkunde.[42] Allgemein nimmt man an, dass das Werk um 1150 vermutlich in Salerno entstanden ist. Ungeklärt ist bis heute die Verfasserfrage, insbesondere, ob das Werk von einem Mitglied der Salerner Ärztefamilie Platearius stammt, wie dies schon Vinzenz von Beauvais und andere Autoren des 13. Jahrhunderts berichten. Das Werk, das in mehreren Fassungen überliefert ist, gehört neben dem ‚Macer' zu den im Mittelalter am breitesten überlieferten Kräuterbüchern. Je nach Redaktion weist es zwischen 250 und 500 Kapitel auf, die alphabetisch angeordnet sind. Jedes

Drogenkapitel enthält Angaben zu den Primärqualitäten und weitere Synonyme, beschreibt die zur Drogenherstellung verwendbaren Teile der Pflanze und ihre pharmazeutische Zubereitung, gibt Auskunft über die Verwendbarkeit als Arzneimittel und bietet schließlich Hinweise für das Sammeln und Aufbewahren sowie über die Haltbarkeit.

Nur wenige Jahre später wurde in Toledo von Gerhard von Cremona der in persischer Sprache abgefasste ‚Canon medicinae' des Abu Ali al-Husain ibn Abdallah ibn Sina, im Abendland Avicenna genannt, ins Lateinische übertragen. Dieses Lehrbuch, eine systematisierende Zusammenfassung der griechisch-arabischen Medizin, wurde bald in den sich entwickelnden Universitäten zum Standardwerk des Medizinstudiums. Bis weit ins 16. Jahrhundert stellte es die Pflichtlektüre jedes angehenden Arztes dar. Der ‚Canon' besteht aus fünf Büchern. Das erste Buch bietet einen allgemeinen Teil, der nach einer Definition der Medizin die allgemeinen Grundsätze der Krankheitslehre sowie die Prinzipien der Therapie enthält. Das zweite und für unseren Zusammenhang wichtigste Buch hat die Lehre von den einfachen Heilmitteln zum Inhalt. Dabei werden weit über 700 einzelne Heilpflanzen beschrieben.[43] Die Anordnung erfolgt nach dem Alphabet und es werden jeweils ihre Kräfte, Wirkungsweisen und medizinischen Anwendungen vorgestellt. Das dritte Buch befasst sich mit der speziellen Anatomie und Physiologie der einzelnen Organe sowie der speziellen Pathologie und Therapie. Dabei werden eingehend die einzelnen Krankheiten nach dem anatomischen Schema „a capite ad calcem" behandelt. Das vierte Buch beschäftigt sich mit den Krankheiten, die nicht auf ein bestimmtes Organ beschränkt bleiben, wie etwa Fieber, Geschwüre und dergleichen. Das fünfte und letzte Buch behandelt die zusammengesetzten Heilmittel.

Diese beiden zentralen Werke, der ‚Circa instans' und der ‚Canon', werden in den folgenden Jahrhunderten von zahlreichen Autoren aufgegriffen und bearbeitet. Sie bilden zusammen mit dem ‚Macer' bis ins 16. Jahrhundert die Grundlage für das Wissen um die Heilkraft der Pflanzen. Aus der langen Reihe dieser Rezeption habe ich exemplarisch zwei deutschsprachige Kräuterbücher aus dem 15. Jahrhundert ausgewählt: Johannes Hartliebs ‚Kräuterbuch', das in seiner Endquelle auf Avicenna beruht, und eine deutsche Bearbeitung des ‚Circa instans'. Bei beiden Texten stelle ich jeweils das Kapitel über den Safran vor.

Der Münchner Arzt und Literat Johannes Hartlieb, der 1439 in Padua, an der damals wohl berühmtesten medizinischen Fakultät im Abendland, den medizinischen Doktorgrad erwarb, ist der Verfasser des nach ihm benannten Kräuterbuchs. Von 1440 bis zu seinem Tod 1468 war er Leibarzt am Wittelsbacher Hof in München.[44] Vermutlich schrieb Hartlieb, der sowohl medizinische als auch poetische Werke verfasste, sein Kräuterbuch zwischen 1440 und 1450. Dabei behandelt er knapp 170 Pflanzen, darunter auch eine Reihe von Gewürzen wie Basilikum, Ingwer, Kardamon, Muskat oder Zimt.

Die Bedeutung seines Werkes liegt darin, dass es das einzige durchgehend illustrierte, selbständige Kräuterbuch in deutscher Sprache vor der Inkunabelzeit ist. Wie die einheitliche Überlieferung zeigt, sind die großformatigen Illustrationen sämtlicher Pflanzen ein integraler Bestandteil des Werkes. Sie sind wohl auf den Autor selbst zurückzuführen. Bild und Text bilden eine feste Einheit: Bei aufgeschlagenem Codex findet der Leser auf der einen Seite den Text und auf der gegenüberliegenden Seite die dazugehörige Abbildung.[45]

Die folgende Übersetzung des Safran-Kapitels stammt aus der noch nicht veröffentlichten kritischen Ausgabe[46], die ich zusammen mit Gerold Hayer aus Salzburg vorbereite und die im Manuskript abgeschlossen ist:

> [1] Crocus heißt "Safran". [2] Das ist ein sehr wohlschmeckendes Kraut. Seine Blüte heißt auf lateinisch "crocus". Sie ist in gleicher Weise „heiß" und „trocken". [3] Der Safran hat die Wirkung, zu kräfti-

Abb. 3: Foto: Berlin, SBB-PK
Ms. germ. quart. 2021.

gen und zu stärken und darum wirkt er gegen Schwäche des Magens und gegen die Ohnmacht des Menschen, die auf Latein "sincopis" heißt. Er ist auch gut gegen die Rötung der Augen, die von dem Blut oder von der Cholera kommt. *4* Man soll den Safran in einem Tontopf erhitzen und ihn dann pulverisieren. Dieses Pulver soll man in einer fetten Brühe auflösen. Diese Medizin wirkt abführend; sie ist auch gut gegen viele Krankheiten, die vorhin genannt wurden. *5* Aber man soll den Safran nicht Menschen geben, die „heiß" und „trocken" sind und die auf Latein "Choleriker" genannt werden, weil er bei vielen von ihnen Übelkeit hervorruft und sie zum Erbrechen bringt. *6* Wer aber die Augen damit behandeln will, der mische das Pulver mit Eiweiß, tauche einen Baumwolllappen darin ein und lege ihn dann auf die Augen.

7 Die Baumwolle heißt auf Latein "pombax", davon abgeleitet ist das Wort „bombasium".

8 Wenn man den Safran in Wein trinkt, so macht er betrunken und bringt die Leute zum Lachen, ohne dass sie wissen warum. Dies kommt daher, dass der Safran das Herz stärkt, sie fröhlich macht und sie in Freuden schweben läßt. *9* Einige Gelehrte sprechen auch davon, dass der Safran der Milz gut sei, ferner dass er den Geschlechtstrieb anregt und den Harn austreibt. *10* Einige berichten auch davon, wenn man ihn mit Flüssigkeit einnimmt, so treibt er die Geburt aus dem Mutterleib und, dass er die Gebärmutter öffnet, wenn sie hart geworden ist und sich zusammengezogen hat.

Die Bochumer Medizinhistorikerin I. MÜLLER, die sich vor einiger Zeit mit diesem Kräuterbuch eingehend beschäftigte, hat mit Recht darauf hingewiesen, dass man die medizinischen Aussagen des Kräuterbuchs nicht als „kurioses Gemisch", als „Spekulation unaufgeklärter Naturforscher und Ärzte" betrachten darf, sondern dass sie als „Spiegelbild eines realen Wissens vor dem Hintergrund der zeitgenössischen und tradierten Lehrmeinung" zu verstehen sind, „daß hier innerhalb der Grenzen der Zeit mit den damals verfügbaren Mitteln durchaus vernünftige symptomatische Therapie betrieben wurde, die einer in sich schlüssigen, konsequenten Krankheitslehre von überzeugender Einheitlichkeit des Denkens folgte".[47]

Den Schlüssel zum Verständnis des Textes, ja des gesamten mittelalterlichen medizinischen Schrifttums, liefert die damalige medizinische Theorie, die sogenannte Humoralpathologie oder Viersäftelehre.[48] Dieses im 5. Jahrhundert v. Chr. in Griechenland entwickelte Modell, das bis ins 19. Jahrhundert dominierte, besagt, dass die Zusammensetzung der Körpersäfte das Wohl des Menschen bestimmt: Die richtige Mischung, die Harmonie der vier Säfte (*humores*) – Blut (*sanguis*), gelbe (*cholera*) und schwarze Galle (*melancholia*) und Schleim (*phlegma*) – ist die Grundlage für die Gesundheit. Die Störung dieses Gleichgewichtes, etwa wenn ein Saft dominant oder verdorben wird, verursacht Beschwerden und führt zur Krankheit. Das humoralpathologische Beschreibungsmodell, das seinen Ausgang von der empedokleischen Elementenlehre nahm, nach der sich alle Materie aus den vier Grundelementen, Luft, Feuer, Erde und Wasser, zusammensetzt, wurde schließlich auf verschiedene andere Vierergruppen ausgeweitet. So wurden den Säften die Jahreszeiten, die Lebensalter und Herkunftsorgane (Herz, Leber, Milz und Gehirn) zugeordnet. Von entscheidender Bedeutung war die Verknüpfung der Säftelehre mit den vier Elementar- und Primärqualitäten feucht/trocken und warm/kalt. Dadurch konnten die Säfte eindeutig definiert, aber auch verändert werden. Dieses Modell bestimmte schließlich den gesamten Makro- und Mikrokosmos. Es war daher auf die Temperamente, Planeten, Tierkreiszeichen wie auch etwa auf die Himmelsrichtungen übertragbar. Durch Analogieschluss der vier Körpersäfte auf die vier Elemente und ihre Primärqualitäten ergab sich folgendes Schema: Demnach ist Blut (*sanguis*) feucht und warm (ihm zugeordnet ist etwa Herz/Frühling/Kindheit), die gelbe Galle (*cholera*) warm und trocken (Leber/Sommer/Jugend), die schwarze Galle (*melancholia*) trocken und kalt (Milz/Herbst/Mannesalter) und schließlich der Schleim (*phlegma*) kalt und feucht (Gehirn/Winter/Alter).

Nach dieser Lehre waren auch die aus natürlichen Rohstoffen hergestellten Arzneimittel, wie alle Elemente, mit den vier unterschiedlichen Primärqualitäten „warm" und „kalt", bzw. „feucht" und „trocken" ausgestattet, wobei jede dieser Primärqualitäten vier verschiedene Intensitätsgrade aufweisen konnte, von „sehr schwach" bis „stark wirkend". Wenn nun die natürliche Säftemischung des Menschen gestört wurde und es daher zu einer Krankheit kam, wurden die Heilpflanzen nach dem Prinzip *contraria contrariis*, je nach ihren Eigenschaften zur Gegensteuerung eingesetzt, um den Mangel bzw. das Übermaß von Qualitäten zu kompensieren, um auf diese Weise wieder die ursprüngliche Harmonie der Säfte, die Heilung zu erreichen.

Drei Beispiele aus dem Safran-Kapitel mögen die Anwendung dieses Modells verdeutlichen. Die „Schwäche des Magens" (Nr. 3), eine Umschreibung für mangelhafte Verdauungstätigkeit, wird durch zu große Kälte und Feuchtigkeit hervorgerufen. Hier lässt sich das Gleichgewicht der Säfte wieder erreichen, wenn zur Gegensteuerung ein warmes und trockenes Präparat, wie etwa der Safran, eingenommen wird. Überdies sind Gewürze ohnehin in der Regel appetitanregend und verdauungsfördernd. Der Safran wird ferner bei Herzleiden (Nr. 3 und 8) eingesetzt. Er hilft „gegen die Ohnmacht des Menschen, die auf Latein „sincopis" heißt". Damit ist eine plötzliche Ohnmacht (Synkope) gemeint, die u. a. bei Herzschwäche und Herzrhythmusstörungen eintreten kann. Als Ursache für die Herzschwäche sah man die Abnahme der Wärme in diesem Organ an, das als Zentrum der „eingeborenen Wärme" angesehen wurde. Zur Gegensteuerung wurden daher Heilmittel von warmer und trockener Natur, wie etwa der Safran, eingesetzt, da diese in der Lage sind, den vermeintlichen Wärmeverlust des Herzens wieder auszugleichen. Dagegen soll der Safran bei einem Choleriker, d.h. bei einem Menschen, bei dem die gelbe Galle (lat. *cholera*) dominant ist, nicht eingesetzt werden (Nr. 5). Der Grund dafür ist, daß die gelbe Galle als warm und trocken gilt und damit die gleiche Qualität wie der Safran aufweist. Der Safran könnte deshalb nicht die Harmonie der Säfte herbeiführen, sondern das Ungleichgewicht nur verstärken.

Bei der zentralen Bedeutung, die der Humoralpathologie bei der Behandlung von Krankheiten zukam, gehörte die Kenntnis der Qualitäten und Intensitätsgrade zum pharmakologischen Grundwissen des mittelalterlichen Arztes. Ihre Verzeichnung war daher in allen Kräuterbüchern ein unverzichtbarer Bestandteil und wurde in der Regel gleich nach dem Pflanzennamen angeführt: „Crocus heißt ‚Safran'. […] ist in gleicher Weise ‚heiß' und ‚trocken'."

Neben dieser charakteristischen Eigenheit ist es vor allem die strikte Ausrichtung auf die medizinische Anwendung der einzelnen Pflanzen, die bei den mittelalterlichen Kräuterbüchern im Zentrum steht. Über die Pflanze selbst, ihr Aussehen, Vorkommen, Standort oder Sammelzeit oder deren verwertbare Teile wird in der Regel nichts mitgeteilt. Die botanische Kenntnis der Pflanze wird schlicht vorausgesetzt. Typisch ist ferner, dass bei den Rezepten, auch dies gilt für alle Kräuterbücher, jegliche Maßangaben fehlen. Die Rezepte sind überdies sehr vage und eigentlich nur Stichwörter, die lediglich für den Kundigen verständlich waren. Als Anleitung zur Selbsttherapie für medizinische Laien waren sie daher untauglich.

Woher hat nun Hartlieb sein Wissen? Im Allgemeinen werden in weiten Teilen der medizinhistorischen Forschung, selbst in den gängigen medizinischen Lehrbüchern, die mittelalterlichen Kräuterbücher, und vor allem die volkssprachlichen, überwiegend negativ eingestuft. In der Regel wird aus Unkenntnis der Texte das vermittelte Wissen als "volkstümlich", unwissenschaftlich, als ein Produkt der "Volksmedizin" und Kräutersammler eingestuft und damit abgewertet, ganz im Gegensatz zu den lateinischen Herbaren, die (meist mit „großen Namen" verbunden) eine viel größere Wertschätzung erfahren haben.

Die Antwort auf die Frage, woher Hartlieb sein Wissen über den Safran hat, ist verblüffend einfach: Er hat das gesamte Kapitel aus einem älteren Werk, aus Konrad von Megenbergs ‚Buch der Natur' Wort für Wort abgeschrieben. Gemessen an den heute erhaltenen Handschriften war das um 1350 entstandene 'Buch der Natur' des Regensburger Domherren Konrad von Megenberg (1309-1374) die erfolgreichste deutschsprachige Enzyklopädie des Mittelalters, welche die gesamte Natur umfasst.[49] Sie hat die Darstellung des Kosmos, der Erde und ihrer Geschöpfe bis hin zu den Bäumen, Kräutern und Steinen zum Gegenstand. Im vierten und fünften Buch, das den Pflanzen gewidmet ist, stellt Konrad etwa 80 Bäume und 90 Heilpflanzen vor, die in alphabetischer Reihenfolge nach den lateinischen Bezeichnungen angeordnet sind. Im Gegensatz zu den rein medizinisch ausgerichteten Kräuterbüchern, wie z.B. dem deutschen 'Macer', die sich nahezu ausschließlich auf die medizinische Verwendung der jeweiligen Pflanzen konzentrierten, berichtet Konrad besonders bei den exotischen Bäumen bzw. Pflanzen über ihr Vorkommen und ihr Aussehen.

Konrad, der lange Jahre zuvor an der Sorbonne in Paris unterrichtete, fasste hier auf der Basis eines Werkes, von dem er glaubte, dass es Albertus Magnus verfasste habe, das lateinisch geprägte Wissen seiner Zeit zusammen und bereitete es für ein deutschsprachiges Publikum auf. Tatsächlich fußt aber seine Bearbeitung im wesentlichen auf den betreffenden Kapiteln der Enzyklopädie ‚Liber de natura rerum' des Thomas von Cantimpré (1201 um 1270). In den Pflanzenabschnitten hat Konrad jedoch als Hauptquelle Alberts (1193-1280) Schrift ‚De vegetabilibus' eingearbeitet und erst an zweiter Stelle den Text aus Thomas genommen. Dabei zeigt sich bei den beiden Autoren ein grundlegender Unterschied: Während bei Thomas an erster Stelle die Primärqualitäten genannt werden und damit das medizinische Grundprinzip am Anfang steht, bietet Albert an erster Stelle Beschreibungen des Aussehens der Pflanzen, die ohne Parallelen in der mittelalterlichen Literatur sind.[50] Diese Innovation Alberts, die das biologische Beschreibungsprinzip in den Vordergrund rückt, gerät in den folgenden Jahrhunderten freilich wieder in Vergessenheit. Ein zweiter grundlegender Unterschied zwischen Albert und seinem Schüler Thomas besteht darin, dass Thomas in weiten Teilen das ‚Circa instans' rezipierte. Dabei hat er für seine Bearbeitung vor allem die medizinischen Anwendungen und weniger die pharmazeutischen Daten ausgewählt. Albert dagegen hat bei den medizinischen Indikationen in hohem Maß auf Avicenna zurückgegriffen.[51] Das hier vorgestellte Safran-Kapitel ist etwas atypisch, da hier im Gegensatz zu vielen anderen Kapiteln der überwiegende Teil des Textes auf Thomas beruht. Die Abschnitte 1-6 stammen daher aus der Bearbeitung des Thomas, während die Abschnitte 8-10 Alberts Werk zur Vorlage haben. Dessen Pflanzenbeschreibung hat Konrad dabei diesmal nicht übernommen.

Mein zweites Beispiel ist in der Literatur unter dem Namen ‚Speyrer Kräuterbuch' in der Literatur bekannt und stammt ebenfalls aus dem 15. Jahrhundert.[52] Bei diesem Text handelt es sich um eine Kompilation des deutschen ‚Macer' mit einer deutschen Übersetzung von Hildegard von Bingens ‚Liber de herbis', wobei gelegentlich Kapitel einer deutschen ‚Circa instans' Bearbeitung inseriert wurden. Das Safran-Kapitel, das weder bei Hildegard noch im ‚Macer' vorkommt, stammt dabei aus dem ‚Circa instans':

Crocus heißt Safran: der ist gleichermaßen heißer und trockener Natur. Vom Safran gibt es zwei Arten [eine heimische und eine orientalische...]. Der orientalische ist gut und kräftig und hat die Fähigkeit zu stärken. Dieser Safran in Speise oder in Brühe getan, ist sehr gut gegen die Schwäche des Magens. Auch ist er gut für die Rötung der Augen, die vom Blut her kommt. Safran getrocknet, gepulvert und in einer fetten Brühe eingenommen, wirkt abführend. Safranpulver gemischt mit Eidotter, auf Baumwolle gelegt heilt die kranken Augen über Nacht, heilt sie rasch, dass sie schnell gesund werden.[53]

Wie der Vergleich mit den Abschnitten 1 bis 6 von Hartliebs ‚Kräuterbuch' zeigt, weist der Text große Übereinstimmungen mit diesem auf, so dass sich ein näheres Eingehen auf dieses Werk erübrigt.

Diese beiden Beispiele, die typisch für die mittelalterlichen Kräuterbücher sind, mögen hier genügen. Die beiden deutschen Texte, die zwar erst etwa in der Mitte des 15. Jahrhunderts entstanden sind, beruhen indes, wie aufgezeigt wurde, auf den grundlegenden arabisches Wissen tradierenden lateinischen Werken des 11. Jahrhunderts. Sie belegen ferner, dass der Safran seit dem 11. Jahrhundert wieder einen festen Platz in den Kräuterbüchern einnahm. Die in ihnen vermittelten medizinischen Anwendungen des Safrans sind schließlich, so mein Resümee, nahezu deckungsgleich mit denen der Arzneibücher und Rezeptsammlungen.

Diesen Befund, der allein aus den uns überlieferten heilkundlichen Schriften gewonnen werden konnte, müsste man nun anhand von Dokumenten aus dem medizinischen Alltag überprüfen, um ganz sicher zu gehen, dass die Texte medizinische Praxis widerspiegeln und nicht reines Buchwissen tradieren. Leider schweigen dazu die Quellen, oder vorsichtiger formuliert: Solche Quellen sind uns nicht bekannt. Eine allerdings markante Spur sei erwähnt. Von Hartmann Schedel (1440-1514), dem Verfasser der nach ihm benannten ‚Schedelschen Weltchronik' und dem berühmten Arzt, sind mehrere eigenhändig geschriebene Rezeptsammlungen erhalten, die man etwas zugespitzt als „Patientenkartei" bezeichnen kann. Allein die Auswertung der Rezepte, die er während seiner Tätigkeit als Stadtarzt von Nördlingen (1470-1477) verschrieb,[54] belegt, dass er den Safran als Medikament anwandte, da er in einer Reihe von Rezepten vorkommt. Dies ist darüber hinaus ein weiteres Indiz dafür, dass die in den medizinischen Handschriften tradierten Texte für die Bewertung des medizinischen Alltags eine wichtige Quelle darstellen können.

Resümee

Aus unserer heutigen Sicht erstaunt freilich dieser Befund einer breit gefächerten Anwendung des Safrans in der mittelalterlichen Heilkunst. Der Safran, so unser modernes naturwissenschaftliches Wissen, enthält ätherische Öle (Safranal, Cineol, Pinen) und als Bitterstoff Picrocrocin, ein Glykosid, das mit zunehmender Lagerung und Trocknung in Safranal und Zucker gespalten wird. Der charakteristische Farbstoff ist Crocin, ein Carotinoid.[55] Auf Grund seiner Wirkstoffe, insbesondere der Bitterstoffe, wird der Safran daher heute noch als Arzneimittel bei Magenbeschwerden (Stomachikum) eingesetzt. Andere Anwendungen sind nicht belegbar. Wie erklärt sich also der Erfolg des Safrans in der älteren Medizin? Ganz sicher hat dabei das humoralpathologische Denken eine große Rolle gespielt und die Verwendung des Safrans als Arzneimittel geleitet. So waren wohl seine Primärqualitäten ‚warm' und ‚trocken' der Grund, warum er etwa bei Herzschwäche, bei Erkrankung der Leber oder der Milz bzw. bei alten Menschen eingesetzt wurde. Die Verwendung bei Magenbeschwerden könnte ebenso darauf beruhen, allerdings ist hier auch Erfahrungswissen nicht auszuschließen. Was den Einsatz des Safrans bei „blutigen

Erkrankungen", etwa bei der Wundbehandlung, als blutstillendes Mittel, bei Blut im Auge bis hin zu einer Augensalbe betrifft, so könnte hier eine Erklärung in der uns zwar befremdlichen, indes im Mittelalter höchst verbreiteten Vorstellung der Singularitätsmagie und der Similemagie liegen, die in der medizinischen Diagnose und Therapie eine nicht unbedeutende Rolle spielten und die hier nur noch angedeutet werden können.[56] So war die Vorstellung weit verbreitet, dass besondere Kräfte in seltenen, außerordentlichen oder wertvollen Dingen (Singularitätsmagie) enthalten sind, und dass diese daher eine besondere Heilwirkung besitzen. Bei dem überaus hohen Preis des Safrans war es daher nicht verwunderlich, dass man ihn als wirksames Heilmittel einstufte. Die Similemagie dagegen beruht auf der Anschauung, dass eine Heilung durch die magische Kraft des Ähnlichen (Analogie) erreicht werden kann. Beispielsweise glaubte man, dass die Heilwirkung durch die Kräfte des gleichen Organs, durch die Ähnlichkeit der Form oder Gestalt oder durch die Ähnlichkeit der Farbe zustande kommt. Aus diesem Grund ist der Safran wegen der roten Farbe seiner Narbenschenkel geradezu prädestiniert, Blutungen aller Art zu heilen. Welche Motivation den vielfältigen Einsatz des Safrans in der mittelalterlichen Heilkunde letztlich bestimmte, entzieht sich unserer Kenntnis, da die uns erhaltenen Quellen darüber keine Auskunft geben.

Am Beispiel des Safrans kann man sehen, welche Bedeutung die Gewürze in der gesamten mittelalterlichen Heilkunde besaßen. Das medizinische Schrifttum stützte sich dabei zuerst auf antikes, in einem zweiten Schub auch auf arabisches Wissen, das bis in die frühe Neuzeit tradiert wurde. Typisch für die medizinische Nutzung der Gewürze ist dabei das breite Spektrum der Anwendungen, wie es in diesem Beitrag für den Safran aufgezeigt werden konnte. An diesem Fallbeispiel lässt sich schließlich auch der große Unterschied zwischen dem damaligen und dem heutigen medizinischen Weltbild ablesen.

Anmerkungen

1. Eine terminologische Abgrenzung der Begriffe „Kräuter" und „Gewürze" ist für das Mittelalter nicht sinnvoll. Bis zum Ende des 15. Jahrhunderts kennt die deutsche Sprache das Wort „Gewürz" nicht in unserem heutigen Verständnis. Unser heutiges Wort „Gewürz" ist eine Bildung der Neuzeit, eine mit der Vorsilbe „Ge-" erzeugte Kollektivbildung zu dem alten Wort „wurz" gleich ‚Pflanze', wie etwa „Gebirge" zu „Berg" oder „Gehölz" zu „Holz". Dabei ist ähnlich wie bei „Gewitter" zu „Wetter" eine Bedeutungsverengung eingetreten. Bei „Gewürz" handelt es sich nicht um eine große Ansammlung von Pflanzen, sondern, wie es in der deutschen Lebensmittelgesetzgebung lautet, „um Teile einer bestimmten Pflanzenart, die wegen ihres natürlichen Gehaltes an Geschmacks- und Geruchsstoffen als würzende und geschmacksgebende Zutaten zum Verzehr geeignet und bestimmt sind".
2. Der mittelhochdeutsche Text ist herausgegeben von P. Dollmayr, 1932, V. 487-504; die Übersetzung von mir.
3. Vgl. etwa A. Hussam, 1988.
4. Zur Gattung der Arzneibücher vgl. G. Keil, 1980, Sp. 1091-1094, bes. Sp. 1091.
5. U. Stoll, 1992, hier S. 11f.
6. Dazu unten mehr.
7. Stoll (wie Anm. 5), S. 253 Nr. 22 (ich zitiere stets nach Stolls Übersetzung; der lateinische Text ist jeweils auf der gegenüberliegenden Seite abgedruckt).
8. Ebd. S. 109 Nr. 1.
9. Ebd. S. 279 Nr. 60.
10. R. König/G. Winkler. München 1985, 103f.
11. Stoll (wie Anm. 5), S. 147 Nr. 38.
12. Ebd. S. 149 Nr. 46 u. ö.
13. Ebd. S. 295 Nr. 63.
14. P. Köpp, 1980.
15. Vgl. dazu A. Önnerfors, 1977, 9-18 und 312-315 (Anm.).
16. Eine umfassende Darstellung der mittelalterlichen Medizingeschichte, die auch das deutschsprachige Schrifttum einbezieht, fehlt. Die Medizinliteratur des 12. und 13. Jahrhunderts ist zusammengestellt von B. Schnell, 1994, S. 90-97 sowie Ders., 2003, 249-265.
17. Zur Rezeption der antiken-arabischen Medizin im lateinischen Schrifttum siehe die grundlegende Arbeit von H. Schipperges, 1964.
18. Zu seiner Biographie siehe zuletzt H. Bloch, 1986, bes. Bd. 1, S. 101-110; ferner Ch. Burnett und D. Jacquart (Hrsg.), 1994.
19. Zu Gerhard von Cremona und zur Schule von Toledo siehe Schipperges (wie Anm. 17), bes. S. 85-103.
20. Zum 'Bartholomäus' vgl. G. Keil, 1978ff., hier Bd. 1 (1977/78), Sp. 609-615.
21. F. Pfeiffer (Hrsg.) 1863.
22. C. Külz und E. Külz-Trosse (Hrsg.) 1908.
23. Ebd. S. 97.
24. Hrsg. von F. Wilhelm, 1914, 39-42.
25. Ebd. S. 53-64.
26. Hrsg. von J. Follan, 1963.
27. O. Riha, 1992.
28. Hrsg. von G. Keil, 1961.
29. Zu Heinrich von Pfalzpaint siehe B. Schnell, 1994ff., 1-33, hier S. 6f.
30. C. Richter, 2004.
31. Der Text ist bislang nur in einer überaus ungenügenden Ausgabe zugänglich: H. Haeser und A. Middeldorpf (Hrsg.). Berlin 1868; das Rezept gegen „geronnenes Blut" S. 18, 25-33.
32. Ebd. S. 151, 12-25.
33. Ebd. S. 99,27-101, 12.

34 Zitiert nach Richter (wie Anm. 30), S. 95.
35 Zur Gattung der Kräuterbücher vgl. den konzisen Überblick von G. Keil und P. Dilg, 1991, Sp. 1476-1480.
36 So enthält etwa der ‚Macer' einen Abschnitt über die Gewürze. Er enthält allerdings kein Crocus-Kapitel. Im deutschsprachigen Raum werden seit der zweiten Hälfte des 14. Jahrhunderts zwei anonyme Kräuterbücher überliefert, die eine deutliche Akzentuierung der Gewürze aufweisen. Auf Grund ihrer signifikanten ersten Droge, Muskat bzw. Galgant, habe ich sie ‚Galgant-Gewürztraktat' bzw. ‚Muskat-Gewürztraktat' genannt; vgl. dazu B. Schnell, 2005, 116-131, hier S. 122f.
37 Für die Literaturangaben verweise ich auf meine Darstellung im Rahmen der ‚Macer'-Ausgabe, Schnell 2003, 17-50 bes. S. 5-8.
38 Vgl. die deutsche Übersetzung von J. Berendes, Stuttgart 1902, Nachdruck Wiesbaden 1970, 53f Kap. 25; diese Übersetzung ist heute leicht über das Internet zugänglich.
39 Hrsg. von M. Niederer, 2005.
40 Zu Walahfrid Strabos ‚Hortulus' und zu Hrabanus Maurus' ‚De rerum naturalis' siehe meinen Abschnitt in der ‚Macer' Ausgabe (wie Anm. 37), S. 17-21 (mit weiterer Literatur).
41 In Constantinus Africanus' ‚Liber de gradibus' wird der Crocus nur mit einem einzigen Satz erwähnt.
42 Zum Forschungsstand vgl. N. Palmer, 1990, 41-120, bes. S. 43-48.
43 Eine eingehende Würdigung dieses Textes steht immer noch aus. Erste Hinweise bei R. Schmitz, 1998, bes. S. 237-240.
44 Zu Leben und Werk des Münchner Arztes vgl. K. Grubmüller, 1981, Sp. 480-496.
45 Vgl. B. Schnell, Pflanzen in Bild und Text. 2003, 442-461, hier S. 449.
46 Der Text einer Handschrift, der Anholt-Moyländschen, liegt jetzt als Faksimile-Druck vor und wurde in einem Begleitband vorbildlich transkribiert, übersetzt und kommentiert von I. Müller, M. Martin und P. Wiehl, 2004.
47 I. Müller, 2004, 27-38, hier S. 38.
48 Einen knappen, informativen Überblick zur Humoralpathologie bieten: K. Bergdolt und G. Keil, 1991, Sp. 211f. und D. Goltz, 1992, Sp. 1119-1126.
49 Der Text wurde jüngst neu herausgegeben von R. Luff und G. Steer, 2003. Zur Überlieferung grundlegend: G. Hayer, 1998.
50 Vgl. B. Schnell (wie Anm. 36), S. 121f.
51 Grundlegend dazu K. Biewer, 1992, bes. S. 12f. und 148-150.
52 Zu diesem Werk siehe die Einleitung zur Ausgabe von B. Fehringer, 1994.
53 Die deutsche Übersetzung stammt von mir und wurde nach der Ausgabe von Fehringer (wie Anm. 52), S.132 angefertigt.
54 Siehe dazu K. Fischer, 1996. Danach beginnt jedes Rezept mit der Nennung des Patienten (gelegentlich wird auch sein sozialer Stand angegeben), es folgen die Verordnung der Arzneimittel und in vielen Fällen Herstellungsvorschriften. Angaben zur Anwendung fehlen jedoch, so dass leider nicht ersichtlich wird, welche Krankheiten Schedel mit diesen Medikamenten behandelte.
55 Vgl. Richter (Anm. 30), S. 318.
56 Zur Singularitäts- und Similemagie in den vergangenen Jahrhunderten siehe die grundlegende Darstellung bei K. Rothschuh, 1978, bes. S. 18-30 und jüngst O. Riha, 2005, S. 64-72, bes. 67f. (mit weiterer Literatur).

Literaturverzeichnis

Berendes, J. 1970: ‚Des Pedanios Dioskurides' aus Anazarbos Arzneimittellehre in fünf Büchern übersetzt und erläutert. Stuttgart 1902, Nachdruck Wiesbaden 1970.

Bergdolt, K., Keil, G. 1991: Humoralpathologie. In: Lexikon des Mittelalters. Bd. 5. München/Zürich 1991, Sp. 211f.

Biewer, K. 1992: Albertus Magnus ‚De vegetabilibus', Buch VI, Traktat 2. Lateinisch und deutsch. Übersetzung und Kommentar, Stuttgart 1992.

Bloch, H. 1986: Monte Cassino in the Middle Ages, 3 Bde. Cambridge MA 1986.

Burnett, Ch., Jacquart, D. (Hrsg.) 1994: Constantine the African and 'Ali ibn al-' abbas al-magusi. The 'Pantegni' and Related Texts. Leiden/New York/Köln 1994.

Dollmayr, P. 1932: Die altdeutsche Genesis nach der Wiener Handschrift. Halle 1932.

Fehringer, B. 1994: Das Speyerer Kräuterbuch mit den Heilpflanzen Hildegard von Bingens. Eine Studie zur mittelhochdeutschen Physica-Rezeption mit kritischer Ausgabe des Textes. Würzburg 1994.

Fischer, K. 1996: Hartmann Schedel in Nördlingen. Das pharmazeutisch-soziale Profil eines spätmittelalterlichen Stadtarztes (Mit Edition von Hartmann Schedels Nördlinger Apotheken-Manual ‚receptarius'). Würzburg 1996.

Follan, J. (Hrsg.) 1963: Das Arzneibuch Ortolf von Baierlands. Stuttgart 1963.

Goltz, D. 1992: Säfte, Säftelehre. In: Historisches Wörterbuch der Philosophie. Hrsg. von J. Ritter und K. Gründer. Bd. 8. Basel 1992, Sp. 1119-1126.

Grubmüller, K. 1981: Johannes Hartlieb. In: Die deutsche Literatur des Mittelalters. Verfasserlexikon. Zweite, völlig neu bearb. Aufl. unter Mitarbeit zahlreicher Fachgelehrter, hrsg. von K. Ruh zusammen mit G. Keil, W. Schröder, B. Wachinger [Hauptherausgeber ab Bd. 9], F. J. Worstbrock, Redaktion Ch. Stöllinger-Löser. Berlin/New York 1978ff., Bd. 3 (1981)

Haeser, H., Middeldorpf, A. (Hrsg.) 1868: Buch der Bündth-Ertznei. Von Heinrich von Pfolsprundt, Bruder des deutschen Ordens. 1460. Berlin 1868.

Hayer, G. 1998: Konrad von Megenburg. ‚Das Buch der Natur'. Untersuchungen zu seiner Text- und Überlieferungsgeschichte. Tübingen 1998.

Hussam, A. 1988: Gewürze als Arzneimittel. Diss. Med. Würzburg 1988.

Keil, G. 1961: Die ‚Cirurgia' Peter von Ulms. Untersuchungen zu einem Denkmal altdeutscher Fachprosa mit kritischer Ausgabe des Textes. Ulm 1961.

Keil, G. 1978: 'Bartholomäus'. In: Die deutsche Literatur des Mittelalters. Verfasserlexikon. Zweite, völlig neu bearb. Aufl. unter Mitarbeit zahlreicher Fachgelehrter, hrsg. von K. Ruh zusammen mit G. Keil, W. Schröder, B. Wachinger [Hauptherausgeber ab Bd. 9], F. J. Worstbrock, Redaktion Ch. Stöllinger-Löser. Berlin/New York 1978ff., Bd. 1 (1977/78), Sp. 609-615.

KEIL, G. 1980: Arzneibücher. In: Lexikon des Mittelalters. Bd. 1. München/Zürich 1980, Sp. 1091-1094.

KEIL, G., DILG, P. 1991: Kräuterbücher. In: Lexikon des Mittelalters. Bd. 5. München/Zürich 1991, Sp. 1476-1480.

KÖNIG, R., WINKLER, G. (Hrsg.) 1985: Plinius der Ältere, Naturkunde, lateinisch-deutsch, Bücher XXI/XXII. Medizin und Pharmakologie: Heilmittel aus dem Pflanzenbereich. München 1985.

KÖPP, P. 1980: Vademecum eines frühmittelalterlichen Arztes. Die gefaltete lateinische Handschrift medizinischen Inhalts im Cod. 217 und der Fragmentensammlung 1396 der Stiftsbibliothek St. Gallen. Aarau/Frankfurt a.M./Salzburg 1980.

KÜLZ, C., KÜLZ-TROSSE, E. (Hrsg.) 1908: Das Breslauer Arzneibuch R. 291 der Stadtbibliothek. 1. Teil: Text. Dresden 1908.

LUFF, R., STEER, G. 2003: Konrad von Megenburg. Das ‚Buch der Natur'. Bd. 2: Kritischer Text nach den Handschriften. Tübingen 2003.

MÜLLER, I. 2004: Krankheit und Heilmittel im Anholter-Moyländer Kräuterbuch. In: Pflanzenkunde im Mittelalter. Das Kräuterbuch von 1470 der Wasserburgen Anholt und Moyland. Moyland 2004, 27-38.

MÜLLER, I., MARTIN, M., WIEHL, P. (Hrsg.) 2004: Anholter-Moyländer Kräuterbuch. Das Kräuterbuch von Johannes Hartlieb in einer um 1470 entstandenen Abschrift aus der Fürstlich Salm-Salm'schen Bibliothek der Wasserburg Anhalt (Ms. 46). Wissenschaftlicher Begleitband zur Faksimile-Ausgabe. Bedburg-Hau 2004.

NIEDERER, M. (Hrsg.) 2005: Der St. Galler ‚Botanicus'. Ein frühmittelalterliches Herbar. Bern u. a. 2005.

ÖNNERFORS, A. 1977: Die mittelalterlichen Fassungen der Medicina Plinii, in: A. Ö., Mediaevalia. Abhandlungen und Aufsätze. Frankfurt a.M./Bern/Las Vegas 1977, 9-18 und 312-315.

PALMER, N. 1990: Das Petroneller Kräuterbuch, in: N. Palmer u. K. Speckenbach: Träume und Kräuter. Studien zur Petroneller 'Circa instans'-Handschrift und zu den deutschen Traumbüchern des Mittelalters. Köln/Wien 1990.

PFEIFFER, F. (Hrsg.)1863: Zwei deutsche Arzneibücher aus dem 12. und 13. Jahrhundert. Wien 1863.

RIHA, O. 1992: Ortolf von Baierland und seine lateinischen Quellen. Wiesbaden 1992.

RIHA, O. 2005: Medizin und Magie im Mittelalter. In: Heilkunde im Mittelalter. Zeitschrift des Mediävistenverbandes 10 (2005) 64-72.

RICHTER, C. 2004: Phytopharmaka und Pharmazeutika in Heinrich von Pfalzpaints ‚Wündärznei' (1460): Untersuchungen zur traumatologischen Pharmakobotanik des Mittelalters. Würzburg 2004.

ROTHSCHUH, K. 1978: Iatromagie: Begriff, Merkmale, Motive, Systematik. Opladen 1978.

SCHIPPERGES, H. 1964: Die Assimilation der arabischen Medizin durch das lateinische Mittelalter. Wiesbaden 1964.

SCHMITZ, R. 1998: Geschichte der Pharmazie. Bd. 1: Von den Anfängen bis zum Ausgang des Mittelalters. Eschborn 1998.

SCHNELL, B. 1994: Geschichte der Plastischen Chirurgie. in: S. KRUPP (Hrsg.), Plastische Chirurgie. Klinik und Praxis. ecomed 1994 ff., S. 1-33.

SCHNELL, B. 1994: Vorüberlegungen zu einer "Geschichte der deutschen Medizinliteratur des Mittelalters" am Beispiel des 12. Jahrhunderts. In: Sudhoffs Archiv 78 (1994), 90-97.

SCHNELL, B. 2003: Die deutsche Medizinliteratur im 13. Jahrhundert. Ein erster Überblick. In: Eine Epoche im Umbruch. Volkssprachliche Literalität von 1200-1300, hrsg. von Ch. BERTELSMEIER-KIRST und Ch. YOUNG. Tübingen 2003, 249-265.

SCHNELL, B. 2003: Der deutsche ‚Macer'. Vulgatfassung. Mit einem Abdruck des lateinischen Macer Floridus ‚De viribus herbarum'. Kritisch hg. von B. SCHNELL in Zusammenarbeit mit W. CROSSGROVE. Tübingen 2003.

SCHNELL, B. 2003: Pflanzen in Bild und Text. Zum Naturverständnis in den deutschsprachigen illustrierten Kräuterbüchern des Spätmittelalters. In. P. DILG (Hrsg.), Natur im Mittelalter. Konzeption – Erfahrung – Wirkungen. Berlin 2003, S. 442-461.

SCHNELL, B. 2005: Die deutschen Kräuterbücher des Mittelalters. In: Heilkunde des Mittelalters, hrsg. von O. RIHA. Zeitschrift des Mediävistenverbandes 10 (2005), 116-131.

STOLL, U. 1992: Das ‚Lorscher Arzneibuch'. Ein medizinisches Kompendium des 8. Jahrhunderts (Codex Bambergensis Medicinalis 1). Text, Übersetzung und Fachglossar. Stuttgart 1992.

WILHELM, F. (Hrsg.) 1914: Denkmäler deutscher Prosa des 11. und 12. Jahrhunderts. A: Text. München 1914.

Anschrift des Autors

Priv.-Doz. Dr. Bernhard Schnell
Mittelhochdeutsches Wörterbuch
Akademie der Wissenschaften zu Göttingen
Papendiek 14
D – 37070 Göttingen
BSCHNEL1@gwdg.de

Gernot Katzer

Scharfstoffe in Gewürzen

Einleitung

Pflanzen mit scharfem Geschmack faszinieren die Menschen seit Jahrtausenden und wurden bereits in vor- und frühgeschichtlicher Zeit als Gewürze verwendet, etwa Senf in Indien (3. Jahrtausend), Ingwer in China (5. Jahrtausend) und Chili in Peru (4. Jahrtausend).

Anders als flüchtige Duftstoffe, die auf die Geruchsrezeptoren der Nasenschleimhaut wirken und dabei einen Sinneseindruck hervorrufen, wirken die meisten Scharfstoffe vorwiegend auf der Zunge und erzeugen dort Nervensignale von Schmerz und Hitze. Eine Ausnahme davon bilden manche Schwefelverbindungen, die infolge ihrer Flüchtigkeit sowohl in der Nase als auch im Mund ein Schärfegefühl hervorrufen. Der Begriff „Scharfstoffe" ist nicht chemisch, sondern lediglich phänomenologisch durch den Geschmack definiert. Es gibt kein einfaches chemisches Merkmal, das scharf schmeckende Stoffe von anderen Chemikalien unterscheidet. Einige Scharfstoffe schließen in ihrer Struktur an andere Naturstoffe an und enthalten kein Strukturelement, das ihren scharfen Geschmack unmittelbar erklärt; andere lassen sich dagegen zu Gruppen zusammenfassen, in denen jeweils ein bestimmtes strukturelles Merkmal für den scharfen Geschmack verantwortlich zu sein scheint.

Scharfstoffe mit CHO-Zusammensetzung

In diesem Abschnitt werden diejenigen Scharfstoffe betrachtet, die nur aus Kohlenstoff (C), Wasserstoff (H) und Sauerstoff (O) bestehen. Diese Scharfstoffe stehen in einer engen Beziehung zu den Naturstoffklassen der Terpene bzw. Phenylpropane, die die Mehrzahl aller duftenden Inhaltsstoffe in Pflanzen stellen; an den Scharfstoffen haben diese beiden Substanzklassen aber nur einen geringen Anteil.

Terpene

Terpene sind eine große und variantenreiche Substanzklasse; sie stellen die wichtigsten Bestandteile der meisten ätherischen Öle und sind damit für die meisten Pflanzenaromen überhaupt verantwortlich. Viele Terpene haben auch einen leicht brennenden Geschmack, der manchmal als „scharf" bezeichnet wird, aber dieser Eindruck tritt nur bei hohen Konzentrationen auf und ist in der Küche kaum von Bedeutung.

Einen echt scharfen Geschmack zeigen dagegen einige Diterpene, die als Scharfstoffe in ungenießbaren Pilzen der Gattung *Russula* (Täubling) vorkommen; allerdings sind sie wegen ihres bitteren Nebengeschmacks und ihrer magenreizenden Eigenschaften ohne kulinarische Bedeutung.

[Polygodial Strukturformel]

Das einzige kulinarisch bedeutende scharfe Terpen ist das Polygodial oder Tadaeonal, ein geruchloser aber beißend-scharf schmeckender Sesquiterpen-Dialdehyd. Er wird im heimischen Wasserpfeffer (*Polygonum hydropiper*) gefunden und tritt auch im Tasmanischen Pfefferstrauch (*Tasmannia lanceolata*) und in einigen verwandten Arten auf. Die scharfschmeckenden Blätter und Samen bzw. Früchte dieser Pflanzen können als Pfefferersatz dienen. Frische Wasserpfefferblätter verwendet man in Japan, und in Australien wird der Tasmanische Pfeffer als neuer Eckpfeiler einer nationalen Küche beliebt („*bush tucker food*").

Phenylpropane

Die Phenylpropane sind ebenfalls eine Verbindungsklasse, deren Vertreter häufig in ätherischen Ölen gefunden werden. Davon abgeleitete Moleküle mit verlängerter Seitenkette oder zwei aromatischen Ringen haben häufig scharfen oder bitteren Geschmack.
In der Familie der Ingwergewächse (*Zingiberaceae*) findet man sehr häufig langkettige aromatische Ketone, die durch Kettenverlängerung aus Phenylpropanoiden entstehen. Diese Verbindungen sind nichtflüchtig und tragen daher nichts zum Aroma der jeweiligen Gewürze bei, verleihen ihnen jedoch einen scharfen Geschmack und in Einzelfällen auch Farbe.
Unter den einkernigen Verbindungen dominieren Paradole, Shoagole und Gingerole; die homologen Vertreter dieser Reihen werden durch Zahlen gekennzeichnet, die der Kettenlänge minus vier entsprechen.
Gingerole und Shoagole sind partiell für den scharfen Geschmack von Ingwer (*Zingiber officinale*) verantwortlich. Da sich die schärferen Gingerole bei der Lagerung teilweise in die milderen Shoagole umwandeln, stellt das Gingerol/Shoagol-Verhältnis ein Maß für die Schärfe, Frische und damit Qualität des Ingwers dar.
Paradole – neben Gingerolen und Shoagolen – findet man in einem Gewürz aus Westafrika: den Paradieskörnern (*Aframomum melegueta*). Im 15. und 16. Jahrhundert hatten Paradieskörner in Europa eine bedeutende Rolle als Pfefferersatz.

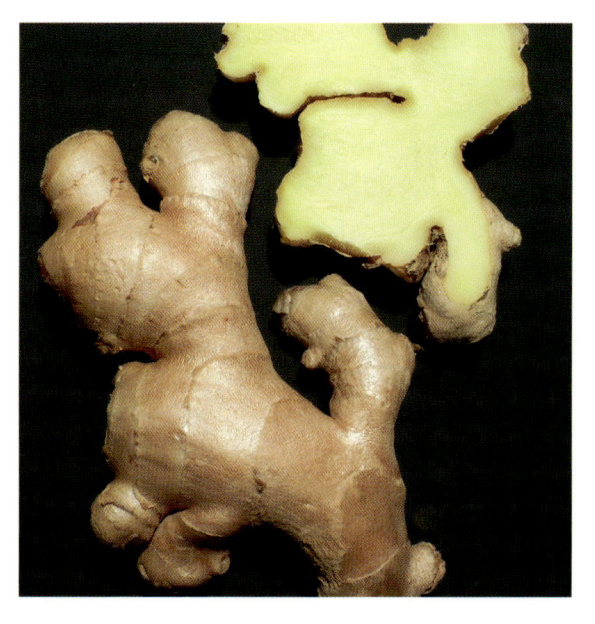

Abb. 1: Ingwerrhizome. Foto: Jonas Fansa.

[Strukturformeln: (6)-Paradol, (6)-Ginerol, (6)-Shoagol]

Gingeron A — **Hexahydrocurcumin** — **Curcumin**

Abb. 2: Galgantrhizome. Foto: Jonas Fansa.

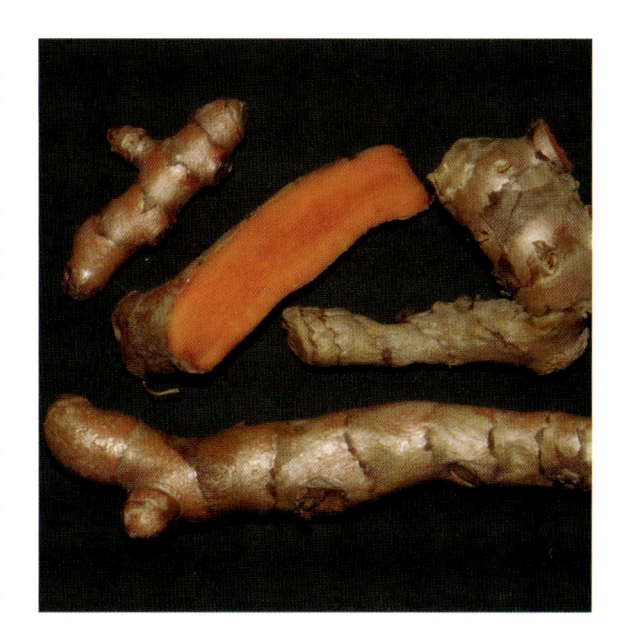

Abb. 3: Kurkumarhizome. Foto: Jonas Fansa.

Bei den Ingwergewächsen findet man auch zweikernige aromatische Ketone, die sich durchwegs von 1,7-Diarylheptanen herleiten und daher als Diarylheptanoide bezeichnet werden; vielfach handelt es sich dabei um β-Diketone. Hierher gehören Scharfstoffe aus Ingwer, Galgant (*Alpinia galanga*) und Kurkuma (Gelbwurzel, *Curcuma longa*). Der gelbe Farbstoff der Curcuma, Curcumin, ist ein mehrfach ungesättigtes Diarylheptanoid; es ist in der EU als Lebensmittelzusatzstoff E 100 zugelassen. Dimere Phenylpropanoide heißen Lignane; sie kommen in vielen Pflanzen vor, sind jedoch wegen ihres zumeist herb-bitteren Geschmacks kulinarisch eher uninteressant. Im Kubebenpfeffer (*Piper cubeba*), einem Verwandten des Schwarzen Pfeffers, wurde ein bitter-scharf schmeckendes Lignan namens Cubebin gefunden. Kubebenpfeffer stammt von Java (Indonesien), wird aber heute vor allem in Nordafrika benutzt. Seine etwas bittere Schärfe und das starke, terpentinartige Aroma verleihen den Hammel- und Gemüseeintöpfen der Region eine besondere Note (*couscous*).

Cubebin

Schwefelverbindungen

Schwefelhaltige Verbindungen finden sich bei einigen Gruppen von meist botanisch eng verwandten Gewürzen. Nicht alle dieser Schwefelverbindungen haben scharfen Geschmack; dieser Abschnitt beschäftigt sich allerdings auch mit schwefelhaltigen Aromastoffen ohne Scharfstofffunktion, weil diese oft (insbesondere bei den lauchartigen Gewürzen) aus scharfen Ausgangsverbindungen gebildet werden.

Sinigrin →(Myrosinase + H$_2$O, − HSO$_4^-$) Allylisothiocyanat + Glucose ($C_6H_{12}O_6$)

Glucosinolate

Glucosinolate sind spezielle schwefelhaltige Verbindungen, aus denen durch pflanzeneigene Enzyme (Myrosinasen) freie Isothiocyanate gebildet werden. Ähnlich wie bei der Bildung von Blausäure aus Amygdalin in den Kernen von Pfirsichen oder Bittermandeln handelt es sich dabei um einen pflanzlichen Verteidigungsmechanismus; Isothiocyanate sind äußerst aggressive, gefährliche Chemikalien mit intensiv keimtötender Wirkung, die Fressfeinde abwehren und verletztes Gewebe gegen Bakterien absichern können. Glucosinolate sind im wesentlichen auf die eng verwandten Familien Capparidaceae (Kaperngewächse) und Brassicaceae (Kreuzblütengewächse) beschränkt. Überraschenderweise treten sie jedoch auch in der botanisch kaum verwandten Familie Tropaeolaceae (Kapuzinerkressengewächse) auf.

Das bekannteste Glucosinolat ist Sinigrin, das in den Samen des Schwarzen Senfs (*Brassica nigra*) und im Meerrettich (*Armoracia rusticana*) in Mengen von ca. 1% vorkommt. Bei der Spaltung entsteht dann freies Allylisothiocyanat, das für die Schärfe dieser Gewürze verantwortlich ist. Alle Isothiocyanate werden, besonders bei höherer Temperatur, von Wasser zerstört (Hydrolyse); durch Zugabe von Säure kann dieser Prozess jedoch verlangsamt werden. Deshalb sind industriell abgepackter Meerrettich oder auf schwarzem Senf beruhende Senfpasten stets mehr oder minder stark gesäuert. Vielfach wurde der Schwarze Senf in den letzten Jahrzehnten vom Braunen oder Sarepta-Senf (*B. juncea*) verdrängt, da letzterer sich einfacher maschinell ernten lässt. Seine Schärfe beruht auf Allylisothiocyanat und Crotonylisothiocyanat.

Aus reinem Schwarzen bzw. Braunem Senf zubereiteter Speisesenf hat eine klare, reine Schärfe und wird besonders zu gegrilltem Fleisch und anderen starkschmeckenden Speisen gegessen. Der bekannteste Senf dieses Typs stammt aus Frankreich (Dijon), aber auch in Deutschland

Abb. 4: Getrocknete Schwarze Senfkörner. Foto: Gernot Katzer.

Abb. 5: Getrocknete Weiße Senfkörner. Foto: Gernot Katzer.

Allylisothiocyanat | Crotonylisothiocyanat | ρ-Hydroxybenzylisothiocyanat | 2-Phenylethylisothiocyanat | Benzylisothiocyanat | Isoproylisothiocyanat | 2-Butylisothiocyanat

Abb. 6: Wasabirhizomimitat.
Foto: Wolfgang Kehmeier.

Abb. 7: Meerrettichwurzeln.
Foto: Wolfgang Kehmeier.

(Düsseldorf) gibt es Senffabrikation aus schwarzer Senfsaat. Schließlich ist noch der englische *Colman*-Senf zu erwähnen, der sein Aroma durch ein spezielles Mahlverfahren erhält.

Im Weißen Senf (*Sinapis alba*) liegt mit dem Sinalbin ein anderes Glucosinolat vor. Bei der Spaltung entsteht p-Hydroxybenzylisothiocyanat, das eine bessere Hydrolysebeständigkeit als Allylisothiocyanat zeigt und außerdem milder schmeckt. Speisesenf aus weißer Senfsaat, oft mit Honig gesüßt und mit Kräutern verfeinert, wird vor allem im Süden Deutschlands und in Österreich bevorzugt (bayerischer Senf); viele mittelscharfe Senfsorten werden aus Mischungen von Schwarzem und Weißem Senf hergestellt.

Weitere glucosinolathaltige Gewürze sind Gartenkresse (*Lepidium sativum*) und Brunnenkresse (*Nasturtium officinale*); beide enthalten das Gluconasturtiin, das beim enzymatischen Abbau 2-Phenylethylisothiocyanat liefert. In Kapern, den eingelegten Blütenknospen eines im Mittelmeergebiet verbreiteten Strauches (*Capparis spinosa*) wurde Glucocapparin gefunden, das letztlich zu Methylisothiocyanat abgebaut wird. Auch die botanisch nicht verwandte Kapuzinerkresse (*Tropaeolum majus*) verdankt ihren scharfen Geschmack Isothiocyanaten: Ihre schildförmigen Blätter enthalten Glucotropaeolin und ihre unreifen Samen Glucoputranjivin, die entsprechenden Isothiocyanate sind das Benzylisothiocyanat und das Isopropylisothiocyanat. Dem scharfen Geschmack der Parakresse (*Spilanthes acmella*) liegt jedoch eine ganz andere Klasse von Inhaltsstoffen zugrunde.

Ein weiteres Gewürz mit Isothiocyanatcharakter ist der so genannte Japanische Meerrettich oder Wasabi, im umgangssprachlichen Japanisch auch treffend *namida* („Tränen") genannt. Man verwendet die unteren Stengelteile und Wurzeln, am besten frisch, und zerreibt sie zu einer blassgrünen Paste. Diese wird in Japan entweder mit Sojasauce gemischt zu rohem Fisch (*sashimi*) gegessen oder zur Herstellung von Reisbissen (*sushi*) verwendet. Offenbar kommt hier der überragenden keimtötenden Kraft von Isothiocyanaten in Zusammenhang mit dem besonders heiklen rohen Fisch eine tragende Rolle zu. Wasabi enthält neben Sinigrin auch noch Glucocochlearin; allerdings wurden bei einer Analyse der flüchtigen Isothiocyanaten außer den direkten Zerfallsprodukten Allylisothiocyanat und 2-Butylisothiocyanat auch noch Spuren von ω-Methylthioalkyl-isothiocyanaten gefunden (6-Methylthiohexyl-isothiocyanat bis 8-Methylthiooctyl-isothiocyanat). Der Geschmacksunterschied zwischen Wasabi und dem europäischen Meerrettich wird einerseits

6-Methylthiohexyl-isothiocyanat

auf diese Verbindungen zurückgeführt, andererseits fehlt im Wasabiaroma das im Meerrettich als Nebenbestandteil vorkommende 2-Phenylethyl-isothiocyanat.

Cysteinverbindungen

In der Gattung *Allium* (Familie Lauchgewächse, Alliaceae) findet man einen sehr vielfältigen Schwefelstoffwechsel. Die Pflanzen enthalten inaktive Vorstufen, die sich von der Aminosäure Cystein ableiten. Durch einen speziellen chemischen Mechanismus werden bei Zellverletzung daraus primär aggressive Schwefelverbindungen gebildet, die dann sekundär miteinander und mit anderen Komponenten (z. B. Luftsauerstoff) reagieren. Als Endprodukte dieser Reaktionskette entstehen schließlich vor allem Di- und Polysulfide („Lauchöle"), die das charakteristische Aroma von Knoblauch (*Allium sativum*), Schnittlauch (*A. schoenoprasum*), Porree (*A. porrum*) und anderen Gemüsen und Gewürzen dieser Gattung bedingen. Die genaue Zusammensetzung dieser Lauchöle hängt außer von der Pflanzenart auch von den Umgebungsbedingungen ab; deshalb kann der Koch mit Zwiebel oder Knoblauch durch geschickte Wahl von Temperatur und Dauer der Zubereitung ganz unterschiedliche Geschmacksnuancen erzeugen.

Im Knoblauch wird durch diese Reaktionskaskade primär das scharfe Allicin (Diallyldisulfidoxid, Diallylthiosulfinat) gebildet, das antibiotisch und antimykotisch wirkt. Allicin ist instabil und reagiert dann weiter zu einem komplexen Cocktail aus Diallyldisulfid (60 %), Diallyltrisulfid (20 %) und Spuren von Vinyldithiin, Z-Ajoen, E-Ajoen und weiteren Tri- und Polysulfiden.

In der Zwiebel (*Allium cepa*) bildet sich durch einen ähnlichen Mechanismus primär Thiopropanal-S-oxid, eine aggressive und tränenreizende Chemikalie, die sofort zu verschiedenen Thiosulfinaten mit 1-Propenylgruppen weiterreagiert. Beim Garen entstehen daraus verschiedene Typen von Disulfiden (Cepaene, Di-1-propenyl-disulfid, 1-Propenyl-propyl-disulfid, Dipropyldisulfid), heterocyclischen Schwefel-

Abb. 8: Knoblauchknolle. Foto: Jonas Fansa.

Abb. 9: Verschiedene Zwiebeln und Schalotten. Foto: Jonas Fansa.

verbindungen (alkylsubstituierte 1,3,4-Trithile und Thiophene), Sulfide, Thiole sowie Alkyl-thiaalkane. Auch Aldehyde (Propanal, 2-Methyl-2-pentenal) und Ketone (2-Butanon, 2-Tridecanon) wurden nachgewiesen. So ist 3,4-Dimethylthiophen eine Hauptaromakomponente gerösteter Zwiebeln, und der süßliche Geschmack gekochter Zwiebeln soll auf 1-Propenthiol zurückgehen.

Ein weiteres Gewürz aus dieser Familie verdient genauere Betrachtung: Der Bärlauch (*Allium ursinum*). Diese Wildpflanze mit sehr beschränkter Saison und einem Aroma zwischen Knoblauch und Schnittlauch erfuhr in den letzten Jahren eine enorme Bekanntheit und stellt besonders im deutschsprachigen Raum eine der beliebtesten kulinarisch genutzten Wildpflanzen dar. Um der Empfindlichkeit seines Aromas Rechnung zu tragen, sollte man jedoch lange Kochzeiten vermeiden oder den Bärlauch als Füllung von *ravioli*-artigen Nudeln verwenden: Seine Inhaltsstoffe (bisher wurden Divinylsulfid, Dimethyldisulfid, Methylallyldisulfid und Methanthiol gefunden) sind nämlich sehr flüchtig, und daher schmeckt Bärlauch roh oder ganz kurz gedämpft am besten.

Sonstige

Di- und Polysulfide als Bestandteile von ätherischen Ölen treten außerhalb der Familie der Lauchgewächse nur sehr selten auf, sind aber in jedem Fall von kulinarischem Interesse. Die Biosynthese verläuft in diesen Fällen nicht über S-Alkyl-cysteine.

Die heimische, aber vor allem in Osteuropa und Zentralasien kulinarisch genutzte Knoblauchsrauke (*Alliaria petiolata*) mit ihren nach Knoblauch duftenden Blättern gehört in die Familie der Kreuzblütengewächse (Brassicaceae), deren Mitglieder durchwegs einen extensiven Schwefelstoffwechsel aufweisen. Andere Vertreter der Familie produzieren als charakteristische Geruchsstoffe Monosulfide (z. B. Kohl, *Brassica oleracea*) oder Isothiocyanate; letztere werden auch in den Samen der Knoblauchsrauke gefunden.

Wesentlich überraschender ist das Vorkommen von Polysulfiden in einem Gewürz aus der Familie der Doldenblütengewächse (Apiaceae), da deren Vertreter sonst eher durch terpenreiche ätherische Öle Würzwert erlangen. Der

| Thiopropanal-S-oxid | 1-Propenylmethan-thiosulfinat | 1-Propenylpropan-thiosulfinat | Methyl-1-propen-thiosulfinat | Propyl-1-propen-thiosulfinat |

| Cepaen | Di-1-Propenyl-disulfid | 1-Propenyl-propyl-disulfid | Di-propyl-disulfid | 3,5-Diethyl-1,3,4-trithiolan | 3,4-Dimethyl-thiophen | 1-Propen-thiol |

2-Butyl-1-propenyl-disulfid

1-(1-Methylthiopropyl)-1-propenyldisulfid

2-Butyl-3-methylthioallyl-disulfid

Di-2-butyl-tetrasulfid

Stinkasant (*Ferula assa-foetida*, Asant) stammt aus den Steppen und Halbwüsten Pakistans und Afghanistans. Man verwendet ein Harz, das durch Anritzen der Wurzel bzw. des tiefsten Teiles der Stengel gewonnen wird. Dieses Harz besteht im wesentlichen aus Estern der Ferulasäure (60 %) und polymeren Kohlenhydraten (30 %). In den flüchtigen Anteilen (10 %) findet sich eine Vielfalt an Schwefelverbindungen, von denen 2-Butyl-1-propeny-disulfid (50 %), 1-(1-Methylthiopropyl)-1-propenyl-disulfid und 2-Butyl-3-methylthioallyl-disulfid dominieren; außerdem wurden Tri- und Tetrasulfide (Di-2-butyl-tetrasulfid) gefunden.

Trotz seines eher unangenehm-beißenden Geruchs wird Stinkasant in Indien, Zentralasien und der arabischen Welt gerne zum Würzen von Gemüse, besonders getrockneten Hülsenfrüchten, und Reis verwendet. Dazu löst man einen winzigen Brocken des Harzes in etwas heißer Butter (oder heißem Pflanzenfett) auf und rührt das Fett unter die Speise. In der Hitze mildert sich das extreme Asantaroma und weicht einem angenehmen Duft, der an geröstete Zwiebeln oder Knoblauch erinnert. Diese Würzmethode („parfümierte Butter", *tadka*) wird in Indien und Zentralasien auch für andere Gewürze angewendet (Kreuzkümmel, Ajowan, Chili, Ingwer, Schwarzkümmel, Curryblätter, Senfkörner). In Europa war Stinkasant von der Antike bis zur frühen Neuzeit wohlbekannt, geriet aber seither in Vergessenheit.

Amidartige Scharfstoffe

In diese Klasse gehören einige der bekanntesten und in der Küche wichtigsten Scharfstoffe, die die Schärfe von archetypisch scharfen Gewürzen wie Chili und Pfeffer bedingen. Ihrem chemischen Aufbau nach stehen insbesondere die Chili-Scharfstoffe den Alkaloiden nahe, aber sie zeigen nicht die für Alkaloide typische hohe Giftigkeit.

Piperin und analoge Verbindungen

Piperin ist die Substanz, die dem Pfeffer seinen scharfen Geschmack verleiht. Pfeffer als der Prototyp eines scharfen Gewürzes ist seit dem

Piperin — **Isopiperin** — **Isochavicin** — **Chavicin**

Piperlongumin — **Petrofractimid A** — **Retrofractimid D (Pipericid)**

Abb. 10: Reifende Pfefferfrüchte.
Foto: Gernot Katzer.

frühen Hellenismus in Europa bekannt und war zu allen Zeiten teuer und hochgeschätzt; der steigende Pfefferbedarf des späten Mittelalters war ein Motiv für die großen Entdeckungsfahrten des 15. und 16. Jahrhunderts und trug damit indirekt zur Überwindung des mittelalterlichen Weltbildes bei.

Pfeffer kommt in verschiedenen Formen mit verschiedenem Schärfegrad und Aroma auf den Markt. Schwarzer Pfeffer ist die üblichste und traditionelle Form, für die die Pfefferbeeren knapp vor der Reife geerntet und einer Fermentation unterzogen werden, durch die sie sich schwarz färben. Weißer Pfeffer wird bei Vollreife geerntet und durch eine Wasserbehandlung von seinem Mesocarp (Fruchtfleisch) befreit; es verbleibt dann nur der Kern, der beim Trocknen seine cremeweiße Farbe behält. Grüner Pfeffer wird schließlich lange vor der Reife gepflückt und in Salzlake oder Essig eingelegt, um eine Fermentation zu verhindern. Reife Pfefferbeeren haben eine rote Farbe und sind ebenfalls eingelegt und neuerdings auch getrocknet im Handel.

Piperin ist das Amid der Piperinsäure mit dem sekundären Amin Piperidin; daneben treten im Pfeffer noch verwandte Amide auf, die in unterschiedlichem Maße zur Schärfe beitragen. Alle Pfeffertypen enthalten Piperin, aber der Gehalt an Piperin und piperinanalogen Verbindungen ist im weißen und schwarzen Pfeffer mit 5–9% wesentlich höher als im grünen Pfeffer. Da sich Piperin unter Lichteinfluss teilweise zu seinen weniger scharfen Stereoisomeren Chavicin, Isopiperin und Isochavicin umwandelt, muss Pfeffer lichtgeschützt gelagert werden.

Ähnliche Carbonsäureamide findet man auch im Langen Pfeffer, von dem es zwei Arten gibt: *P. longum* aus Indien und *P. refrofractum* aus Südostasien (Thailand, Indonesien). Langer Pfeffer kam mit dem Indienfeldzug Alexanders des Großen nach Europa und war in der Antike noch beliebter und auch teurer als der etwas später eingeführte schwarze Pfeffer; heute spielt er aber nur noch in der indischen und äthiopischen Küche eine Rolle. Der verwandte Kubebenpfeffer dagegen verdankt seine etwas bittere Schärfe einem Lignan.

Capsaicinoide

Capsaicinoide sind die Scharfstoffe in Paprika und Chili (*Capsicum* spp.). Diese beiden Gewürze sind schwer voneinander zu trennen, weil die Grenzen fließend sind und jeder Versuch einer systematischen Klassifikation angesichts der vielen hundert weltweit kultivierten Sorten aussichtslos bleibt.

Abb. 11: Reifer Tabasco-Chili (*C. frutescens*).
Foto: Gernot Katzer.

Die überwältigende Mehrzahl aller Sorten stammt von einer einzigen Art: *Capsicum annuum*. Zu dieser Art gehören alle milden bis mittelscharfen Früchte, der größte Teil der scharfen Chilis außerhalb Lateinamerikas und fast alle mexikanischen Typen. Die beiden Arten *C. pubescens* (*rocoto* in Peru, *locoto* in Bolivien) und *C. baccatum* (*ají* in Südamerika, vor allem Peru) dominieren die südamerikanischen Küchen, allerdings gibt es von *C. baccatum* auch in Europa und Asien einige Kultivare. Die Art *C. frutescens* wird weltweit nur sehr verstreut kultiviert und hat geringe Bedeutung; der einzige weithin bekannte Vertreter ist der Tabasco-Chili, aus dem die berühmte rote Tabasco-Sauce hergestellt wird.

Die Art *C. chinense* ist kulinarisch besonders interessant, weil ihre Früchte durch einen besonderen, blütenartigen Duft auffallen. Diese Chilis sind heute trotz ihres peruanischen Ursprunges vor allem in der Karibik anzutreffen (*habanero*, *Scotch bonnet*, *Jamaican hot*), einige auch in Afrika (*fatalii*). Der schärfste bekannte Chili ist der *naga jolokia* oder *bhut jolokia* aus Assam, der erst im Jahr 2006 den bisherigen Rekordhalter *red savina* ablöste.

Alle *Capsicum*-Arten enthalten in ihren Früchten Capsaicinoide, von denen Capsaicin (60 %) vor Dihydrocapsaicin (30 %) am bedeutendsten ist; *nor*-Dihydrocapsaicin, *homo*-Dihydrocapsaicin und *homo*-Capsaicin treten meist nur in Spuren auf. In der Analyse wird zwischen den einzelnen Capsaicinoiden nicht unterschieden; da diese aber im Geschmack nicht ganz äquivalent sind und auch wegen wechselnder Begleitstoffe steht der analytisch ermittelte Capsaicingehalt nicht immer in einer klaren Relation zur physiologisch empfundenen Schärfe.

Der Gesamtcapsaicinoidgehalt von getrocknetem Paprika liegt bei 0-0,005 %; scharfe Chilis können 1 % und mehr enthalten. Die schärfsten *chinense*-Arten übertreffen diese Werte aber mühelos; typische Werte liegen um 2,0 %, und der *naga jolokia* bringt es auf knapp 7 %. Allerdings treten bei allen Arten große Schwankungen in der Schärfe auf.

Aus historischen Gründen gibt man die Schärfe von Chilis auch oft in Scoville-Einheiten an, die nach dem Pharmazeuten Wilbur Scoville benannt sind. Ein Chili mit 100 000 Scoville-Einheiten Schärfe schmeckt, in der 100 000-fachen Menge Wasser aufgelöst, gerade noch erkennbar scharf; das entspricht etwa den schärfsten asiatischen Sorten. Typische südeuropäische scharfe Sorten bringen es auf 20 000 Scoville-Einheiten, und der *naga jolokia* wurde mit einem Wert von einer Million Scoville getestet. Reines Capsaicin wird in dieser Skala mit 16 Millionen eingestuft.

Die brennende Schärfe von Chilis ist in allen Kontinenten, mit der alleinigen Ausnahme von Europa, beliebt. Nach der Entdeckung Amerikas verbreiteten sich die Chilis binnen eines knappen Jahrhunderts über die ganze Welt und

Abb. 12: Links: reife Sichuanpfefferkapseln aus dem Vorjahr, rechts: diesjährige, unreife Kapseln.
Foto: Gernot Katzer.

wurden ein nicht wegzudenkender Bestandteil in den Küchen Asiens, Afrikas und Ozeaniens. Die schärfsten Küchen der Alten Welt findet man in Zentralafrika, Südindien und Sri Lanka, Thailand, Zentralchina (Sichuan, Yunnan) und Korea – es ist heute fast unvorstellbar, dass diese Küchen noch vor 500 Jahren völlig chilifrei waren.

In Europa erfolgte die Rezeption dagegen nur zögerlich und blieb zuerst auf die Mittelmeerländer beschränkt; hätten nicht die Türken auf ihren Kriegszügen Chilis in Zentralasien kennengelernt und nach Ungarn und in andere Teile Osteuropas eingeführt, dann gäbe es heute wohl kein Gulasch.

Amide ungesättigter aliphatischer Säuren

In der Gattung *Zanthoxylum* (Familie Rautengewächse, Rutaceae), deren zahlreiche Arten in Asien, Nordamerika und Afrika verbreitet sind, findet man eine große Anzahl von scharf und betäubend schmeckenden Säureamiden mehrfach ungesättigter Carbonsäuren mit Isobutylamin (Sanshoole) oder 2-Hydroxyisobutylamin (Hydroxysanshoole). Verschiedene Arten der Gattung werden in den Himalayaländern, Indien, Indonesien und in Festlandsüdostasien zum Kochen verwendet; am bekanntesten ist jedoch die Verwendung der Art *Z. piperitum*, die als chinesischer oder Sichuan-Pfeffer (*huājiāo*) bzw. japanischer Pfeffer (*sanshō*) bekannt ist. Neben den Scharfstoffen enthalten die *Zanthoxylum*-Arten auch noch ein monoterpenreiches ätherisches Öl, zumeist mit angenehm frischem Zitronenaroma (Citral, Citronellal); die nepalesische Art (*timur, Z. alatum*) zeigt aber ein einzigartiges, pikant-blumiges Aroma, das auf Linalool und Zimtsäureester zurückgeht.

Die Sanshoole und Hydroxysanshoole üben auf die Zunge eine eigenartige, etwas betäubende Wirkung aus, die in der chinesischen Küche besonders geschätzt und in der chinesischen Kochtheorie neben süß, sauer, salzig und scharf als fünfter Geschmack (*mà*) betrachtet wird. Die Sichuan-Küche ist für viele Kreationen bekannt, in der die gewöhnliche Chilischärfe (*là*) mit der

α-Sanshool   β-Sanshool   γ-Sanshool

α-Hydroxysanshool   β-Hydroxysanshool   γ-Hydroxysanshool

má-Schärfe des Sichuanpfeffers zu einzigartiger Wirkung kombiniert wird. Dazu wird der Sichuanpfeffer gewöhnlich geröstet und gemahlen verwendet, oft auch in Mischung mit Salz als Tischwürze.

Ähnliche Scharfstoffe kommen auch in einer botanisch überhaupt nicht verwandten Art, der Parakresse oder Husarenblume (*Spilanthes acmella*) aus der Familie der Korbblütengewächse

Spilanthol

(Asteraceae) vor, z. B. Spilanthol. Die Parakresse wird bei uns nur als Zierpflanze gehalten, aber in ihrer Heimat, der brasilianischen Provinz Pará, dienen besonders die jungen Blütenköpfe als Gewürz für Fischsuppen. Geschmacklich hat Parakresse wenig mit anderen als „Kresse" bezeichneten Kräutern gemeinsam.

Literaturverzeichnis

Andrews, J. 1995: Peppers – the Domesticated Capsicums. Austin 1995.
DeWitt, D., Bosland, P. 1997: Peppers of the World. An Identification Guide. Berkeley 1997.
Frohne, D., Jensen, U. 1992: Systematik des Pflanzenreiches. Stuttgart 1992.
McGee, H. 1997: On Food and Cooking. The Science and Lore of the Kitchen. New York 1997.
Melchior, H., Kastner, H. 1974: Gewürze. Berlin 1974.
Miller, M. 1991: The Great Chile Book. Berkeley 1991.
Prosea Handbook 1999: Plant Ressources of South East Asia. Vol. 12 (Medical and poisonous plants). Vol. 13 (Spices) und Vol. 19 (Essential-oil plants). Leiden 1999.
Fugmann, B. (Hrsg.) 1997: Römpp Lexikon Naturstoffe. Stuttgart 1997.
Seidemann, J. 1991: Würzmittel-Lexikon. Hamburg 1991.
Siewek, F. 1990: Exotische Gewürze. Basel 1990.
Small, E. 1997: Culinary Herbs. Ottawa 1997.
Stobart, T. 1998: Herbs, Spices and Flavourings. London 1998.
Gernot Katzers Gewürzseiten, http://www.uni-graz.at/katzer/germ/index.html und die darin angegebenen Online-Quellen (Juli 2007).

Anschrift des Autors

Dr. Gernot Katzer
Krossener Straße 7
D – 10245 Berlin

JULIAN WIETHOLD

Exotische Gewürze aus archäologischen Ausgrabungen als Quellen zur mittelalterlichen und frühneuzeitlichen Ernährungsgeschichte

Einleitung

Die naturwissenschaftliche Disziplin, die begleitend zu archäologischen Untersuchungen pflanzliche Makro- und Mikroreste analysiert und so die Umwelt- und Ernährungsbedingungen vergangener Jahrhunderte rekonstruiert, wird als Archäobotanik bezeichnet (JACOMET, KREUZ 1999, WIETHOLD 2003a). Als pflanzliche Makroreste werden dabei mit bloßem Auge kenntliche Pflanzenreste wie Samen, Früchte, Fruchtsteine, Blätter und Moose, als so genannte Mikroreste die nur mikroskopisch sichtbaren Reste wie Pollenkörner und Sporen eingestuft. Neben den Bild- und Schriftquellen ist es insbesondere die botanische Makrorestanalyse, der wir detaillierte Erkenntnisse zu den mittelalterlichen und frühneuzeitlichen Ernährungsgewohnheiten verdanken. Als wichtigstes Arbeitsmaterial des Archäobotanikers dienen dabei die im Rahmen von archäologischen Ausgrabungen entnommenen Erdproben, eine umfangreiche Vergleichssammlung rezenter Samen und Früchte sowie die Bestimmungsliteratur zu Samen, Früchten und weiteren Pflanzenresten (u. a. BEIJERINCK 1947, CAPPERS, BEKKER, JANS 2006).

Zu den Erhaltungs- und Überlieferungsbedingungen für Gewürze in archäobotanischem Fundmaterial

Insbesondere Brunnen und Latrinen bieten bei Ausgrabungen in den mittelalterlichen und frühneuzeitlichen Schichten der Stadtkerne nord- und nordostdeutscher Hansestädte reiches archäobotanisches Fundmaterial, in dem auch exotische Gewürze vereinzelt vertreten sind (Abb. 1 und Tab. 1 mit Fundnachweisen und Literatur). Diese Funde lassen sich überwiegend als grobe Bestandteile der Fäkalien und teilweise auch als Küchenabfälle interpretieren. Latrinen und Kloakenanlagen, die insbesondere seit dem Spätmittelalter in vielen Städten zur Entsorgung der Fäkalien errichtet worden sind, wurden jedoch meist nicht wahllos mit Abfällen verfüllt (ARNDT 1999). Sowohl ihre Errichtung wie auch die hin- und wieder festzustellende Leerung war eine kostspielige und unangenehme Angelegenheit (DIRLMEIER 1981), so dass man in der Benutzungsphase oft darauf achtete, dass überwiegend nur Fäkalien und andere abbaubare organische Abfälle dort entsorgt wurden. Erst nach Aufgabe wurden sie dann mit Abraum und weiteren Abfällen verfüllt. Die heterogene Zusammensetzung der in Kloakenanlagen angetroffenen Ablagerungen erschwert jedoch die Interpretation und präzise Datierung der Funde (Abb. 2).

Eingebettet in die Kloakensedimente und unter ständigem Luftabschluss gelagert haben auch kleine und zartwandige unverkohlte Pflanzenreste die Jahrhunderte überdauert. Diese Funde werden als subfossile Pflanzenreste bezeichnet. Sie geben Aufschluss über die damals üblichen pflanzlichen Handelsgüter und die Ernährungsgewohnheiten der verschiedenen Bevölkerungsgruppen in den Städten (WIETHOLD

Abb. 1: Göttingen, Rote Straße 34 (Fundstelle 02/07). Flache Bruchsteinkloake (2,20 x 1,60 m) mit einer Füllung aus der Zeit des 17. Jahrhunderts. Foto: B. Arndt, Stadtarchäologie Göttingen.

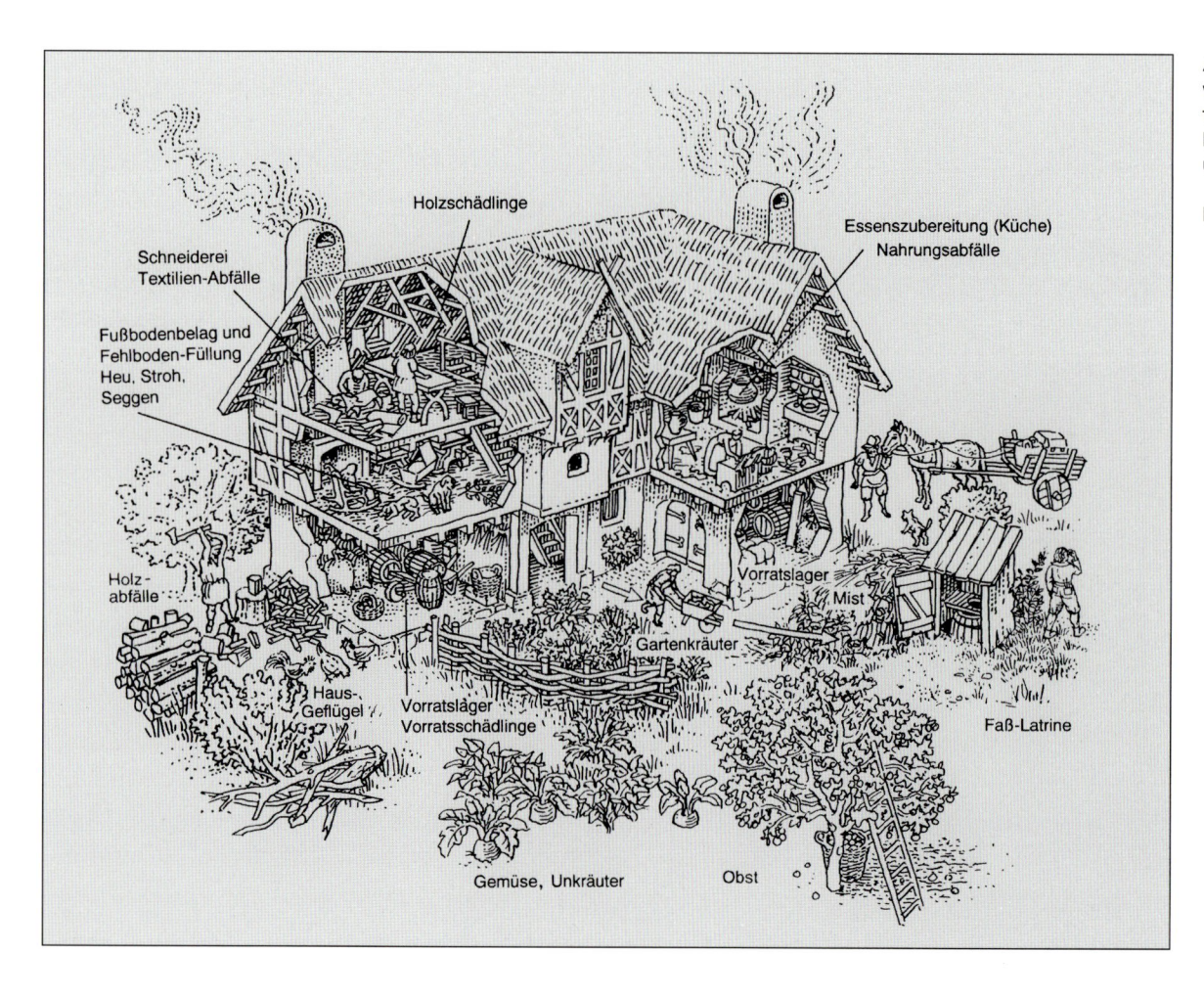

Abb. 2: Mögliche Eintragswege pflanzlicher und tierischer Reste in eine Faßkloake (nach GREIG 1981 u. 1993, aus JACOMET, KREUZ 1999, Abb. 4.13, Eugen Ulmer KG, Stuttgart).

Tabelle 1: Nachweise exotischer Gewürze aus Kloaken und Abfallschichten nord- und nordostdeutscher Städte. Auflösung der Literaturzitate siehe Literaturverzeichnis.

Fundort	Archäologischer Kontext	Datierung	Probenvolumen in ml	Importgewürze	Literaturzitat
Stadt Kiel	Klosterkirchhof/Haßstr. LA 23, Bef. 79, Latrine	spätes 14. Jh.	3900	Piper nigrum Aframomum melegueta	Wiethold 1995c
Stadt Kiel	Klosterkirchhof/Haßstr. LA 23, Bef. 76, Latrine	spätes 15. Jh.	800	Piper nigrum Aframomum melegueta	Wiethold 1995c
Stadt Kiel	Klosterkirchhof/Haßstr. LA 23, Bef. 4, Latrine	16. Jh.	13500	Piper nigrum Aframomum melegueta	Wiethold, Schulz 1991
Stadt Kiel	Klosterkirchhof/Haßstr. LA 23, Bef. 77, Latrine	16. Jh.	13500	Piper nigrum	Wiethold 1995c
Stadt Kiel	Klosterkirchhof/Haßstr. LA 23, Bef. 20, Latrine	17. Jh.	2000	Piper nigrum	Wiethold 1995c, 1996b
Hansestadt Lübeck	Alfstraße, Schlüsselbuden Kloake	16. Jh. und später	?	Piper nigrum Aframomum melegueta Elettaria cardamomum	Alsleben 1991
Mölln, Lauenburg	Mühlengang Kloake 15. Jh.	16./17. Jh.	1600	Piper nigrum	Wiethold 1992
Hansestadt Bremen	Böttcherstraße/ Wachtstraße	frühes 13. Jh.	?	Piper nigrum	Behre 1991
Oldenburg/ Oldenbg.	Markthallenviertel Kloake 15. Jh.	15.-17. Jh.	?	Piper nigrum Aframomum melegueta	Kučan 1998
Hansestadt Lüneburg	Auf dem Wüstenort Kloake Bef. 4	16./17. Jh.	4750	Piper nigrum Aframomum melegueta	Wiethold 1995a, 1995b
Hansestadt Lüneburg	Auf der Altstadt 29 Kloake	16./17. Jh.	8000	Piper nigrum	Wiethold 1995a, 1996a
Hansestadt Lüneburg	Große Bäckerstr. 27 Kloake Patrizierhaushalt	16./17. Jh.	5550	Piper nigrum Aframomum melegueta Elettaria cardamomum	Wiethold 1995a
Hansestadt Lüneburg	Baumstr. 17 (31:2) Kloake 1	17. Jh.	6500	Piper nigrum Aframomum melegueta Elettaria cardamomum	Wiethold unpubl.
Hansestadt Lüneburg	Baumstr. 17 (31:2) Kloake 2	17. Jh.	3500	Piper nigrum Elettaria cardamomum	Wiethold unpubl.
Einbeck	Marktplatz 20 Fst. 190, Bef. 553	2. Hälfte 13./ 14. Jh.	1500	Piper nigrum Aframomum melegueta	Wiethold, unpubl.
Einbeck	Knochenhauerstr. 19-21 Fst. 190, Kloake	um 1300/ Mitte 14. Jh.	19100	Piper nigrum	Wiethold 2002
Hildesheim	Bernwardsmauer Küchenabfälle ? Kloakeninhalte ?	16. Jh.	?	Elettaria cardamomum	Willerding 1990
Braunschweig	Gördelingerstr. 42 Kloake	13. Jh.	2170	Elettaria cardamomum	Hellwig 1990
Braunschweig	Turnierstraße Ass. 636 Kloake	2. Hälfte 13. Jh.	1990	Elettaria cardamomum	Hellwig 1990
Braunschweig	Turnierstraße Ass. 631 Kloake	13./14. Jh.	5290	Elettaria major	Hellwig 1990
Göttingen	Johannisstraße 28 Kloake	16./17. Jh.	20300	Piper nigrum Aframomum melegueta Elettaria cardamomum	Hellwig 1997
Göttingen	Obere Karspüle 21 Brunnen/Kloake	15. Jh.	?	Piper nigrum Aframomum melegueta	Arndt, Wiethold 2001
Hannoversch-Münden	Am Plan/Jüdenstr. 16 Bruchsteinkloake	16.-18. Jh.	>4000	Piper nigrum Elettaria cardamomum	Wolf 1997, 1998
Hansestadt Wismar	Dankwartstr. 43 Ziegelschacht 3	16./17. Jh.	2000	Piper nigrum	Wiethold 2005e
Hansestadt Rostock	Kröpeliner Str. 34-36/ Kl. Katthagen (HRO-407) Faßkloake Bef. 130	2. Hälfte 13. Jh.	5500	Piper nigrum	Wiethold 1999
Hansestadt Rostock	Kröpeliner Str. 34-36/ Kl. Katthagen (HRO-407) Kloake Bef. 165	16. Jh.	3500	Piper nigrum Aframomum melegueta Elettaria cardamomum	Wiethold 1999
Hansestadt Stralsund	Mühlenstr. 10 (HST-112) Bef. 32	16./17. Jh.	5500	Piper nigrum	Wiethold 2000
Hansestadt Stralsund	Mühlenstr. 17 (HST-112) Bef. 333	spätes 16. Jh.	12000	Piper nigrum	Wiethold 2001
Hansestadt Stralsund	Apollonienmarkt 6 (HST-84) Kloake 47	spätes 16./ frühes 17. Jh.	1500	Piper nigrum	Fries, Wiethold 2003
Hansestadt Stralsund	Neuer Markt 14 (HST-234) Schicht 2b	18. Jh.	12000	Piper nigrum	Wiethold 2003e
Hansestadt Greifswald	Domstr. 21 (HGW-117)	spätes 18. Jh.	6000	Piper nigrum Elettaria cardamomum Pimenta dioica	Ansorge, Wiethold 2005
Eberswalde	Töpferstraße/Breite Straße Kloake	Mitte/2. Hälfte 14. Jh.	1500	Piper nigrum	Wiethold 2005a

Abb. 3: Pfeffer (*Piper nigrum* L.) ist ein tropischer Kletterstrauch aus Südostasien. Darstellung. Aus: Franz Eugen Köhler, Köhlers Medizinal-Pflanzen in naturgetreuen Abbildungen und kurz erläuterndem Texte (Gera-Untermhaus 1883-1914).

2003a). Küstennahe oder an Flüssen gelegene Handelsstädte wie beispielsweise Lübeck, Wismar, Rostock, Lüneburg und Kiel bieten dabei aufgrund ihres allgemein hohen Grundwasserstandes besonders günstige Erhaltungsbedingungen für unverkohlte Pflanzenreste, insbesondere auch für Gewürze (WIETHOLD 2005b), sofern diese nicht vermahlen wurden. Je nach Grundwasser- und Lagerungsbedingungen können verschiedene Erhaltungsstufen für organische Reste unterschieden werden (KNÖRZER 1984). Bei schlechten Erhaltungsbedingungen, meist ausgelöst durch stark schwankende Grundwasserstände oder die hin und wieder zu beobachtende Kalkung von Latrinen zur Geruchsminderung und zum verbesserten Abbau der Fäkalien, bleiben in der Regel nur Fruchtsteine und besonders hartwandige oder verholzte Samen und Früchte subfossil oder mineralisiert erhalten. Eine Mineralisierung erfolgt dabei in der Regel durch Kalziumphosphat. Sie setzt das Vorhandensein stark organischer Abfälle und kalkhaltigen Materials voraus. Bei guten Erhaltungsbedingungen können dagegen auch Getreidekornhäute, ganze Johannisbeeren oder zerbissene Fruchtwände vom Pfeffer oder anderen Gewürzen nachgewiesen werden. Der Nachweis exotischer Gewürze wird daher einerseits durch die Ernährungs- und Küchengewohnheiten bestimmt, anderseits durch die Überlieferungsbedingungen in der jeweiligen Latrinen- oder Kloakenanlage. Nur in seltenen Fällen bleiben die als Gewürze genutzten Pflanzenteile auch verkohlt gut erhalten. Viele Gewürze verbrennen aufgrund ihres Gehaltes an ätherischen Ölen bis zur Unkenntlichkeit. In verkohlten Pflanzenfunden aus dem Mittelalter und der frühen Neuzeit dominieren daher meist Getreide und Hülsenfrüchte (z. B. WIETHOLD, SCHÄFER 2001, PREISS, WIETHOLD, SCHÄFER 2002). Nur in seltenen Ausnahmefällen sind auch Ölpflanzen oder Massenfunde von Gemüsepflanzen wie beispielsweise von Gebautem Lein *Linum usitatissimum* (MULSOW, WIETHOLD 2004), Rübe *Beta vulgaris* (KARG 1996) oder Raps *Brassica napus* (KROLL 1994) überliefert, die möglicherweise als Saatgut interpretiert werden dürfen.

Abb. 4: Darstellung von Früchten des Melegueta-Pfeffers (*Aframomum melegueta*. [Roscoe] K. Schum.) und des Kardamom *Elettaria cardamomum*. Aus: Kräuterbuch des Lonicerus (1679).

Archäobotanische Funde von importierten Gewürzen

Die ältesten heimischen Funde eines exotischen Gewürzes sind die Pfefferfunde aus dem Legionslager von Oberaden an der Lippe. Hier konnte Dusanka Kučan mehrere Pfefferkörner nachweisen, die Pfeffer als Gewürz der dort stationierten römischen Legionäre belegen (KUČAN 1984, 1992). Ein weiterer römischer Pfefferfund stammt aus dem römischen Hafen von Straubing-Azlburg (KÜSTER 1995, 137 u. Taf 7, F-H). In den dortigen römerzeitlichen Schichten wurde auch Kreuzkümmel *Cuminum cyminum* gefunden (KÜSTER 1995, 137 u. Taf. 1, K). In der Germania libera fehlen derartige Importfunde, die römischen Lebensstil und römische Ernährungsgewohnheiten dokumentieren (vgl. zur Verwendung von Gewürzen in der römischen Küche: ANDRÉ 1998, THÜRY, WALTER 1997).

An diesem Beitrag sollen jedoch die als Fernhandelsprodukte zu bezeichnenden exotischen Gewürze und ihr Vorkommen in archäobotanischen Fundkomplexen aus nord- und nordostdeutschen Städten im Mittelpunkt der Betrachtungen stehen. Importierte exotische Gewürze sind im Vergleich zu den im heimischen Kräutergarten angebauten Gewürzpflanzen wie beispielsweise Bohnenkraut *Satureja hortensis*, Dill *Anethum graveolens*, Fenchel *Foeniculum vulgare*, Koriander *Coriandrum sativum*, Kümmel *Carum carvi*, Petersilie *Petroselinum crispum*, Sellerie *Apium graveolens* sehr viel seltener im organischen Fundmaterial vertreten. Sie waren teuer und zumindest im Mittelalter nur für begüterte Bevölkerungsgruppen erhältlich. Erst mit dem Aufkommen des portugiesischen und spanischen Seehandels wurden beispielsweise echter Pfeffer *Piper nigrum* (Abb. 3) und Kardamom *Elettaria cardamomum*, *Elettaria major* (Abb. 4 u. 5,

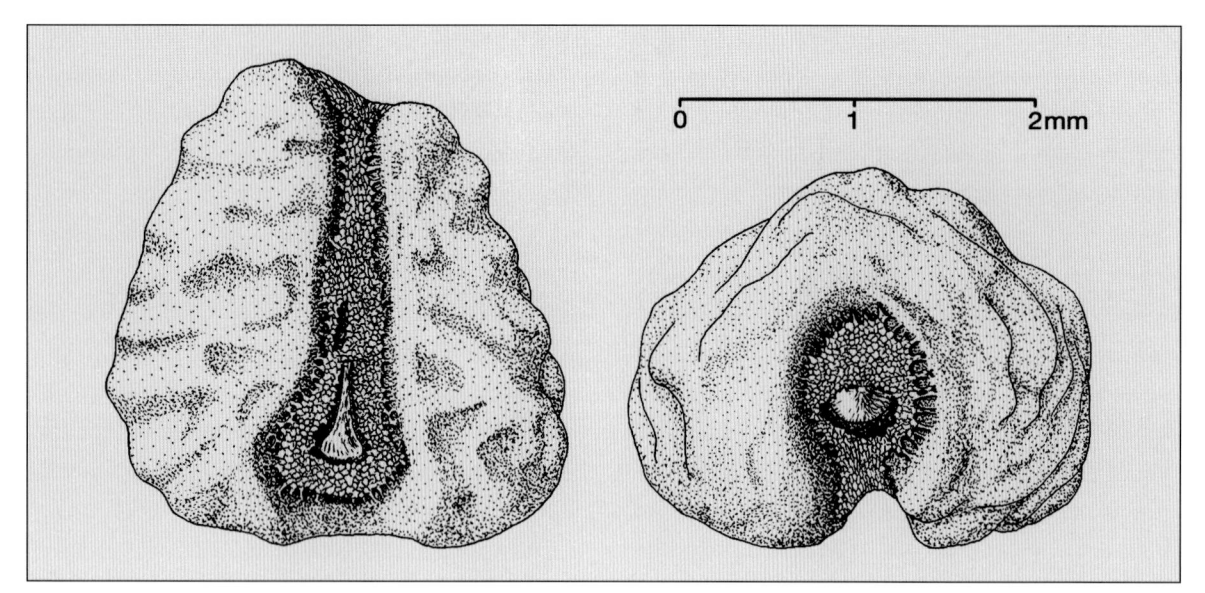

Abb. 5: Kardamom (*Elettaria cardamomum* (L.) Maton. Same aus einer Kloake des 13. Jahrhunderts aus Braunschweig, Turnierstraße (Fnr. 85:1/14106)), Links Ventralansicht, rechts von oben.
Aus: MATTHIES (1989), www.borntraeger-cramer.de.

MATTHIES 1989) aus Südostindien, Muskatnuss *Myristica fragrans* und Nelken *Syzygium aromaticum* von den Molukken sowie der pfefferig schmeckende Melegueta-Pfeffer *Aframomum melegueta* aus dem westlichen Afrika (Abb. 6-7, HELLWIG 1995) in größeren Mengen nach Mitteleuropa gebracht. Sie waren dann wohl auch günstiger zu erwerben als dies zu Zeiten überwiegenden Landtransports der Fall war.

Pfeffer ist ein tropischer Kletterstrauch aus der Familie der Pfeffergewächse (Piperaceae), der an Bäumen und Stützpfählen in Indien und heute auch in weiteren tropischen Regionen gezogen wird (Abb. 3). Erntet man die grünen Pfefferbeeren vor der Vollreife bei beginnender Rötung und trocknet sie anschließend, so erhält man schwarzen Pfeffer, der sich durch seine äußere schwarze schrumpelige Fruchtwand auszeichnet. Weißen Pfeffer gewinnt man dagegen, indem man die roten vollreifen Pfefferbeeren erntet und sie einige Tage in Wasser aufweicht. Dann wird das äußere Fruchtfleisch abgerieben, so dass der weißliche Steinkern der Pfefferbeere zum Vorschein kommt. Weißer Pfeffer ist allgemein milder im Geschmack als der Schwarze Pfeffer. Noch 1682 hält Johannes Elsholtz in seinem Di-aeteticon schwarzen und weißen Pfeffer fälschlicherweise für zwei verschiedene Arten.

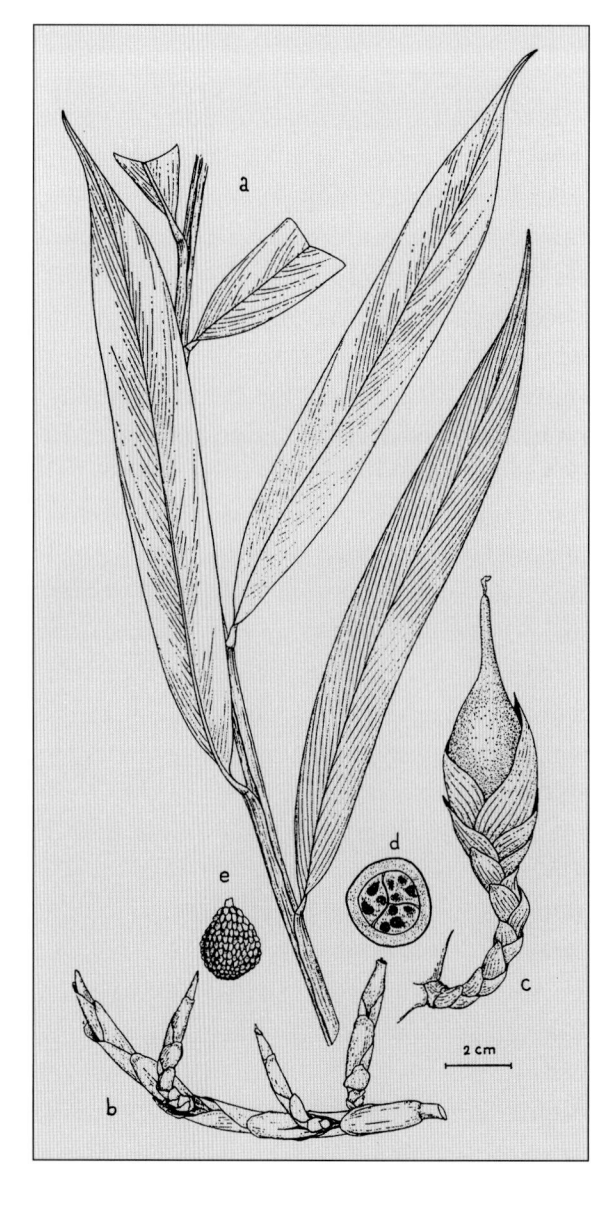

Abb. 6: Melegueta-Pfeffer (*Aframomum melegueta* [Roscoe] K. Schum.). a Stängel mit Blättern. b Teil des Rhizoms (Dm ca. 2 cm). c Frucht (Dm ca. 3 cm). d Samen (Dm ca. 0,35 cm).
Nach VAN HARTEN (1970).

Abb. 7: Melegueta-Pfeffer oder Paradieskorn (*Aframomum melegueta* [Roscoe] K. Schum.). Rezenter Samen. (Nach HELLWIG 1995).

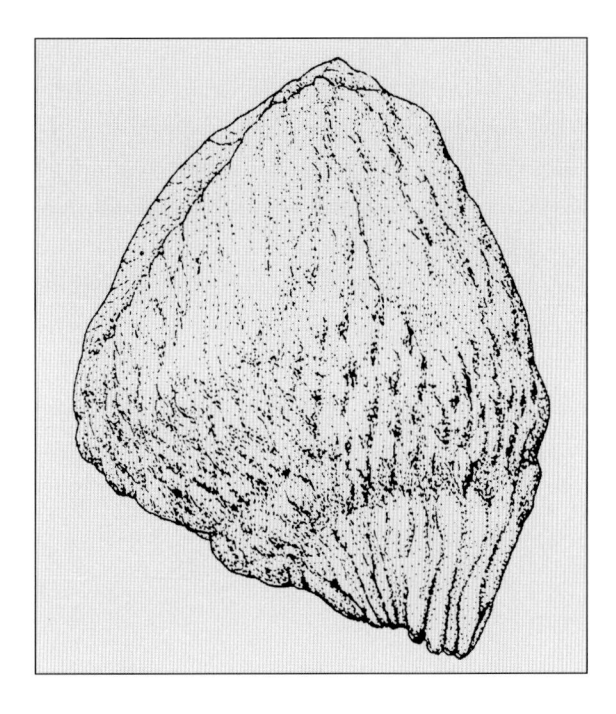

Nach seinen Angaben findet sich weißer Pfeffer „*aber öffters unter den Schwartzen vermenget / da ihn dan die Materialisten auslesen / und desto tewrer verkaufen*". Die beißende Schärfe des Pfeffers geht auf seinen Gehalt an ätherischem Öl mit Sesquiterpenen und die Alkaloide Piperin und Chavicin zurück.

Melegueta-Pfeffer oder Paradieskorn, ein Ingwergewächs aus dem tropischen Westafrika, wurde schriftlichen Quellen zufolge erstmals im frühen 13. Jahrhundert nach Europa eingeführt (VAN HARTEN 1970). Paläo-ethnobotanische Funde beschränken sich jedoch meist auf die frühe Neuzeit, nur wenige Nachweise gehören dem Spätmittelalter an (Tab. 1). Trotz der mehrfachen Erwähnungen in frühneuzeitlichen Kochbüchern und anderen Schriftquellen sind paläo-ethnobotanische Funde aus Norddeutschland im Vergleich zu Nachweisen des echten Pfeffers immer noch recht selten. Funde stammen aus Kiel, Lübeck, Rostock, Greifswald, Oldenburg und Göttingen. Weitere Nachweise liegen aus den benachbarten Niederlanden (u. a. CAPPERS 1995, BRINKKEMPER 2003), aus Belgien (DE GROOTE u. a. 2003, ERVYNCK, COOREMANS, VAN NEER 1996) und England (GREIG 2002) vor. In Lüneburg wurde *Aframomum melegueta* bereits im späten Mittelalter als Gewürz und Heilmittel verwendet, wie das Inventurverzeichnis der Lüneburger Ratsapotheke belegt (ARENDS, HICKEL, SCHNEIDER 1960).

Schriftquellen im Vergleich zu den archäobotanischen Funden von Gewürzen

In den mittelalterlichen und frühneuzeitlichen Schriftquellen, zu denen insbesondere spätmittelalterliche und renaissancezeitliche Kräuterbücher (vgl. zusammenfassend HEILMANN 1966 sowie die Übersicht im Literaturverzeichnis) sowie Kochbücher und Rezeptsammlungen gehören (vgl. u. a. WISWE 1956, 1958, 1970 sowie die Quellenübersicht im Literaturverzeichnis), werden importierte Gewürze häufig und als Zutat zu zahlreichen Rezepten angeführt. Einige überlieferte Apothekenregister dokumentieren, dass viele Gewürze auch als Heilmittel oder als Zutat zu heilkundlichen Zubereitungen dienten (ARENDS, SCHNEIDER 1960, ARENDS, HICKEL, SCHNEIDER 1960). 1475 erwirbt der Rat der Stadt Lüneburg die Apotheke des Mathias van der Most als Ratsapotheke. Das beim Kauf erstellte spätmittelalterliche Inventar dokumentiert den damaligen Bestand an Heilpflanzen, Arzneien und Zubereitungen (confectiones und Latwergen) in großer Detailfülle. So werden beispielsweise drei verschiedene Pfeffer *Piper album*, *Piper commune* und *Piper nigrum*, vermutlich alles Zubereitungsformen von Pfeffer (*Piper nigrum*), genannt. Ferner sind dort *cinnamomum* Zeylonzimt (*Cinnamomum ceylanicum*), *cassia lignea* Rinde der Zimtkassie (*Cinnamonum cassia*), *anthophylli* Mutternelken (*Syzygium aromaticum*), *nux moschata* Muskatnuss (*Myristica fragrans*), *cardamomum* Kardamom (*Elettaria cardamomum*, *Elettaria major*), *grana paradisi* Paradieskorn oder Melegueta-Pfeffer (*Aframomum melegueta*), Kreuzkümmel (*Cuminum cyminum*) und *semen agni casti*, Samen des Mönchspfeffers (*Vitex agnus-castus*) neben exotischen Harzen, Sandelholz, Tamarinde und weiteren exotischen Pflanzenteilen aufgeführt. Importierte Gewürze wie Zimt, Kardamom und Kubebenpfeffer dienten auch süßen Zubereitungen, den so genannten *confectiones*, süßen Latwergen, die vorwiegend zum Genuss dienten (ARENDS, SCHNEIDER 1960, 57). So führt das Lüneburger Apothekenregister auch *confectio cinnamomi*, *confectio cardamomi* und *confectio cubebi* auf. In den überlieferten „blauen Büchlein" der Braunschweiger Ratsapotheke sind unter den Lieferungen, die auf Veranlassung des Rates der Stadt geleistet wurden, wiederholt Pfeffer, Ingber [Ingwer], Negelen [Nelken] und Saffran [Safran] angeführt (ARENDS, SCHNEIDER 1960).

Im Vergleich mit den Schriftquellen wird deutlich, dass exotische Gewürze als archäobotanische Funde nur überliefert werden, wenn sie in Form von Samen, Teilfrüchten oder Früchten

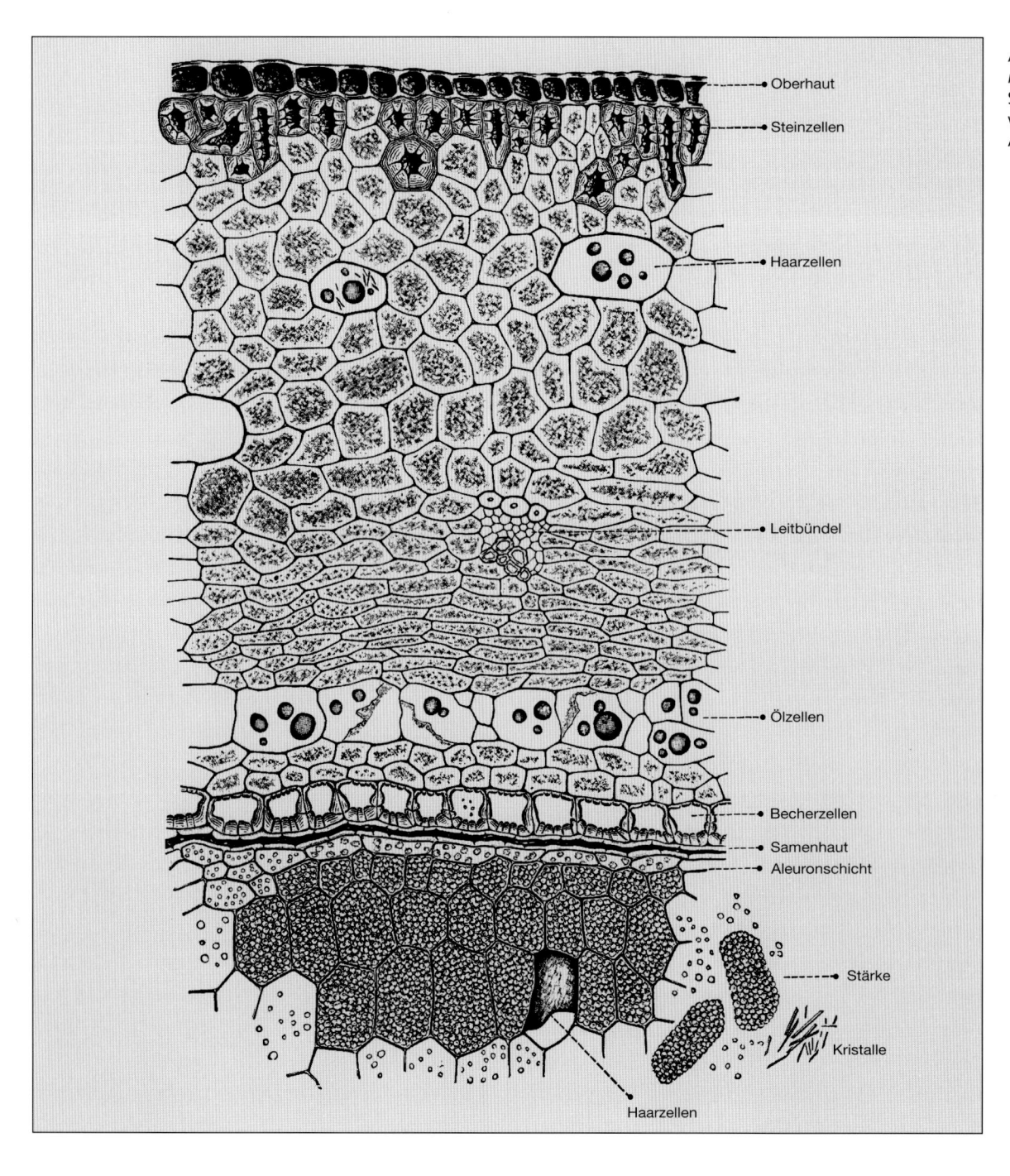

Abb. 8: Pfeffer (*Piper nigrum* L.). Mikroskopischer Schnitt durch die Fruchtwand der Pfefferbeere. Aus: MÖLLER, GRIEBEL (1928).

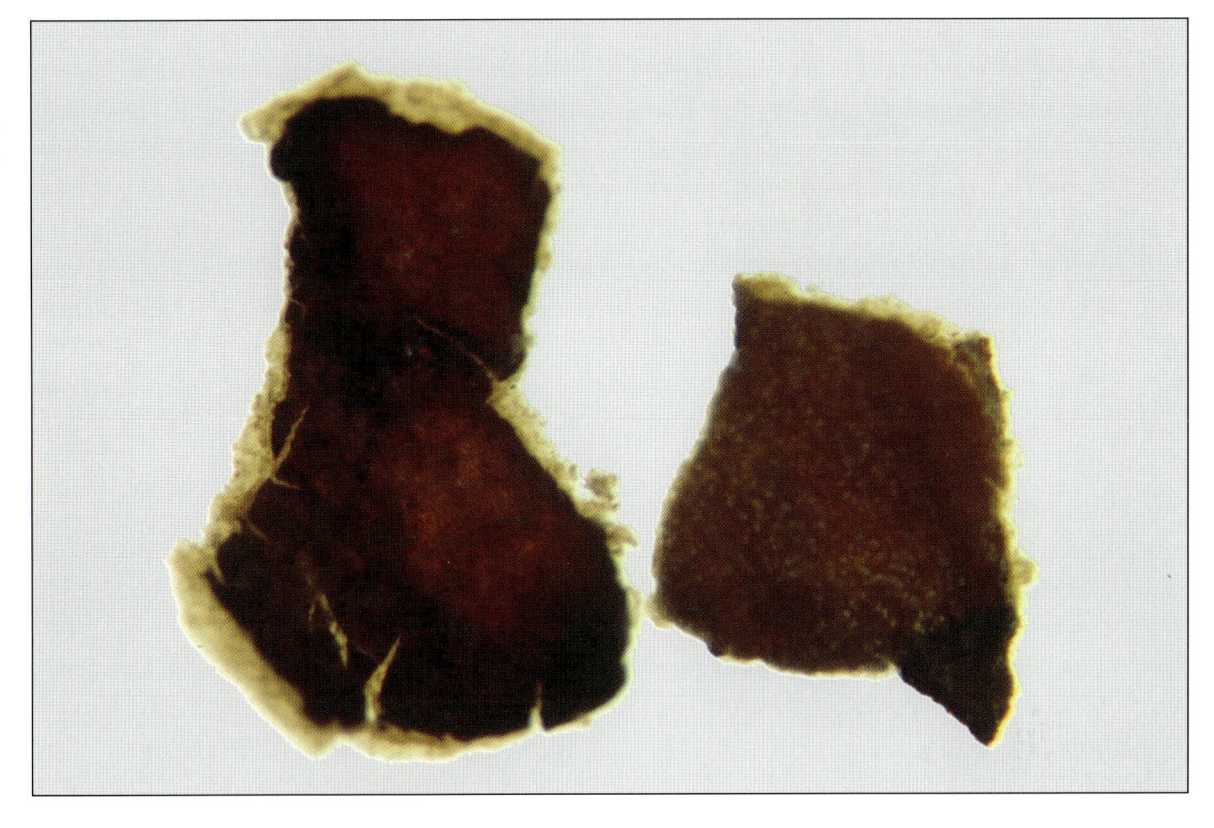

Abb. 9: Pfeffer (*Piper nigrum* L.). Zerbissene Fragmente der Pfefferbeere aus der Kloake des 17. Jahrhunderts. Hansestadt Lüneburg, Baumstraße 17, Kloake 1. Die Länge des größten Fragments beträgt 3,8 mm.
Foto: J. Wiethold, Metz.

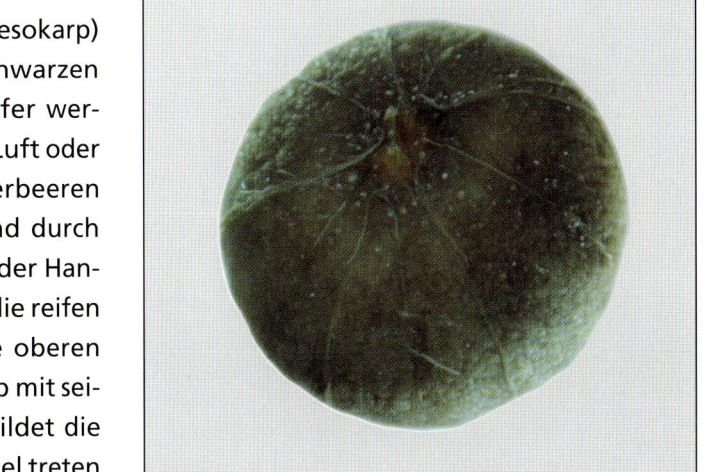

Abb. 10: Hansestadt Lüneburg, Auf dem Wüstenort 4. Pfeffer (*Piper nigrum*) aus der Kloake 4 des 16. Jahrhunderts. Die äußere Fruchtwand fehlt, so dass die Leitbündel des inneren Mesokarps sichtbar sind.
Foto: J. Wiethold, Metz.

vollständig oder nur grob zerkleinert bei der Speisenbereitung eingesetzt wurden. Die sichere Bestimmung der Pflanzenreste setzt dabei Erfahrung, eine gut ausgestattete Vergleichssammlung sowie teilweise die Analyse mit dem Durchlichtmikroskop voraus, um anatomisch signifikante Details von Fruchtwandfragmenten sicher ansprechen zu können (Abb. 8). Selbst kleine Fragmente der Pfefferbeere („Pfefferkörner") lassen sich nur mikroskopisch sicher bestimmen (Abb. 9). Die Oberhaut der Pfefferbeere und das äußere Fruchtfleisch (Mesokarp) sind nur bei der Handelsform des Schwarzen Pfeffers erhalten. Als schwarzer Pfeffer werden die unreif geernteten und an der Luft oder über dem Feuer getrockneten Pfefferbeeren bezeichnet, deren äußere Fruchtwand durch Schrumpfung stark runzelig wird. Bei der Handelsform des weißen Pfeffers werden die reifen Pfefferkörner geschält, so dass diese oberen Schichten fehlen. Das untere Mesokarp mit seinen charakteristischen Leitbündeln bildet die äußere erhaltene Schicht. Die Leitbündel treten als zarte Äderung auf der Oberseite des Pfefferkorns hervor (Abb. 10). Bei archäobotanischen Funden ist häufig nicht zu entscheiden, ob sich die äußere Fruchtwand durch die Lagerung in den aggressiven Latrinensedimenten und die nachfolgende Probenbehandlung abgelöst hat oder ob tatsächlich die Handelsform ‚Weißer Pfeffer' vorliegt.

Tabelle 1 gibt einen Überblick über die in nord- und nordostdeutschen Städten archäobotanisch nachgewiesenen exotischen Importgewürze und ihre Datierung. Fast alle Funde stammen aus Latrinen und Kloakenanlagen. Es wird deutlich, dass mit Pfeffer, Kardamom, Paradieskorn und Piment bisher erst vier Importgewürze in norddeutschen Städten archäobotanisch nachgewiesen wurden. Darunter überwiegen die Pfeffernachweise. Pfeffer war in der Küche als Gewürz von überragender Bedeutung, und auch den Schriftquellen nach ist Pfeffer ganz sicher das wichtigste Importgewürz. Kardamom ist deutlich seltener vertreten. Paradieskorn oder Melegueta-Pfeffer dient insbesondere im 15.-17. Jahrhundert als Pfefferersatz, jedoch stammen älteste Funde aus der zweiten Hälfte des 13. und aus dem 14. Jahrhundert.

Wo konnten Gewürze erworben werden?

Viele Gewürze waren im Mittelalter und in der Frühen Neuzeit Arznei- und Heilpflanzen. Deshalb hatten die meisten Apotheken ein gut sortiertes Spektrum von Gewürzen und anderen Pflanzenteilen sowie den zum Teil daraus hergestellten confectiones und Latwergen vorrätig. Bei diesen handelt es sich um süße, mit Rohrzucker oder Fruchtmark hergestellte Zubereitungen von Gewürzen, Heilkräutern und anderen Zutaten. Zu den wichtigen Importgewürzen, die in jeder gut sortierten Apotheke vorrätig waren, gehören insbesondere Pfeffer, Kardamom, Paradieskorn, Zimt, Muskatnuss und Safran (ARENDS, SCHNEIDER 1960, ARENDS, HICKEL, SCHNEIDER 1960). Für die Weiterverteilung der Fernhandelsprodukte sorgten im Mittelalter die Gewürzhändler, die beispielsweise besonders in Nürnberg und Augsburg ansässig waren (Abb. 11).

In der Frühen Neuzeit, als Gewürze mehr oder weniger bereits zum täglichen Bedarf zählten, wurden sie vom Gewürzkrämer verkauft. So führt beispielsweise die Schwedische Landesaufnahme von Vorpommern von 1692-1709 nicht nur detailliert die Grundstücke der Hansestadt Greifswald, sondern auch die dort ansässigen Berufe auf. Für die Hausreihe K im Mühlentorviertel finden wir unter anderem „Caspar Trelenborg sen. Gewürzkrämer" verzeichnet (LANDESAUFNAHME 2002, 104f.).

Gewürzfälschungen

Der hohe Preis und die deutliche Nachfrage nach exotischen Gewürzen führten rasch zu vielerlei Fälschungen, insbesondere von Pfeffer und Safran. So behauptet Sebastian BRANT (1445-1521) in seinem satirischen Narrenschiff „Müsdreck man under den Pfeffer myst". Die Literatur belegt Pfefferverfälschungen mit Buchweizenfruchtklappen, Hirsespelzen, Nussschalen von Walnuss, Mandel und Kokosnuss, den Zusatz von Stärke, Getreide- und Leguminosenmehl, Brot, Wacholderbeeren, Olivenkernen, Ölkuchen und Mineralstoffen, um nur einige zu nennen, sowie für die Moderne die Herstellung von Kunstpfeffer aus einem synthetisch gewonnenen Piperidid, Steinnussmehle etwas Pfefferpulver und Spelzmehl (MÖLLER, GRIEBEL 1928, 191). Auch in der Nachkriegszeit sei dieses Erzeugnis vielfach noch als Pfeffer verkauft oder zur Verfälschung von Pfeffer verwendet worden. Als Streckungsmittel für Pfeffer dienten nach seinen Angaben auch weitere Gewürze wie Paprika, Koriander, Anis, Piment, Nelken, Thymian, Kurkuma und Ingwer. Als Pfefferverfälschung und Imitate dienten ferner unreife Wacholderbeeren, in Pfeffermehl gekochte schwarze Wicken und Blutrutenkörner oder sogar gemahlenes morsches Weidenholz. In den wichtigen Handelszentren des Gewürzhandels ging man hart gegen Fälscher vor: So ließ der Nürnberger Rat 1499 dem Safranfälscher Hannes Bock beide Augen ausstechen.

Abb. 11: *„Perchthold Kromer, Gewürzkrämer"*. Darstellung eines Gewürzhändlers im Hausbuch der Mendelschen Zwölfbrüderbücher von 1453. (Stadtbibliothek Nürnberg, Amb. 317.2°, f. 75r).

Piment und andere Gewürze der Neuen Welt

Piment *Pimentum dioica* (syn. *Pimentum officinalis* Berg) ist bisher das einzige Gewürz der neuen Welt, das im norddeutschen Raum archäobotanisch nachgewiesen wurde. Drei Früchte wurden in den Ablagerungen einer kuppelförmigen Backsteinlatrine nachgewiesen, die im Frühjahr 2002 auf dem Grundstück Domstraße 21 in der Hansestadt Greifswald freigelegt wurde (Abb. 12). Vom Pfeffer, dem wichtigsten Gewürz der mittelalterlichen und frühneuzeitlichen Küche, wurden dort ferner meist zerbissene Fragmente der Fruchtwand gefunden. Wir verfügen über die zuverlässige Angabe, dass der berühmte Greifswalder Universitätsprofessor Carl Dähnert (1719-1785) in dem auf diesem Grundstück befindlichen Gebäude von 1750 bis zu seinem Tode lebte. Das Gewürz ist deshalb möglicherweise seinem Haushalt zuzuweisen. Die Gewürzfunde werfen damit nicht nur ein Schlaglicht auf die Ernährungssituation im späten 18. Jahrhundert, sondern auch auf die Konsumgewohnheiten eines speziellen Haushaltes der Greifswalder Oberschicht im 18. Jahrhundert.

Piment gelangte wohl erst im späten 16. Jahrhundert nach Europa. Es handelt sich um die unreif geernteten, dunklen und schnell getrockneten Früchte eines zweihäusigen, 6-12 m hohen Baumes der Myrtengewächse (Myrtaceae) aus Mittelamerika (Abb. 13), die als Piment, Jamaika- oder Nelkenpfeffer oder als Lebkuchengewürz gehandelt werden. Die Frucht ist eine 0,5 – 0,8 mm große, zweisamige Beere. Der Baum gedeiht in trockenen wie auch feuchten Wäldern Mittelamerikas. Piment trägt den englischen Namen ‚allspice', weil sein Geruch und Geschmack an eine Mischung aus Nelken, Zimt und Muskatnuss erinnert. Neben den Früchten wird aus der Pflanze auch Pimentöl gewonnen, das in der Kosmetikindustrie zur Herstellung von Seifen und Parfüms Verwendung findet.

Piment wurde erstmals von Carolus Clusius, einem niederländischen Botaniker und Arzt im Jahr 1601 beschrieben, als dieser ein Exemplar des Baumes für seine botanische Sammlung erhielt. Möglicherweise begann die Nutzung als Gewürz jedoch bereits mit den spanischen Eroberungen in Mittelamerika im 16. Jahrhundert. In der frühen Neuzeit, besonders im 17. und 18. Jahrhundert, war Piment beliebt. Seefahrer nutzten das Gewürz, um eingelagertes Fleisch länger haltbar zu machen. Im 17. und 18. Jahrhundert wurde auch die damals in Mitteleuropa neue Schokolade mit Piment aromatisiert. Johann Elsholtz schreibt über die Schokolade und ihre Herstellung in seinem 1682 in Cölln an der Spree erschienenen Diaeteticon:

> *„...selbige ist ein Compositum, oder aus etlichen Stücken zusammengesetzte Massa / welche doch diese mexikanische*

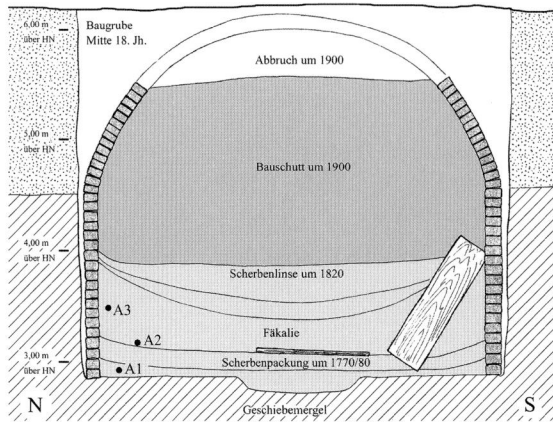

Abb. 12: Hansestadt Greifswald, Domstraße 21. Kuppelüberwölbte Ziegellatrine aus der Mitte des 18. Jahrhunderts mit Lage der Entnahmepunkte der archäobotanischen Proben A1-A3.
Foto und Grafik: J. Ansorge, Horst.

Abb. 13: Hansestadt Greifswald, Domstraße 21, Ziegellatrine des 18. Jahrhunderts. Die braunroten Beeren des Piment (*Pimentum dioica*) weisen eine warzig-papillöse Oberfläche auf. Maße: 4,7 x 3,5 mm. Foto: J. Wiethold, Metz.

Mandelfrucht Cacao zum grunde hat. Der Zusatz geschiehet / nach Inhalt eines in Amsterdam gedruckten Patents / mit Canarien-zucker / Zimmet [Zimt] / Neglein [Nelken] Anies / Pomerantzen-Blüht / Americanischem Pfeffer [Piment] / und dergleichen. Die gemeine succolade wird in Schachteln gegossen / ist roht von Farben / und gut kauff. Die beste aber wird in Kugeln oder Cylindern fornieret / ist braun-roht / und graw eingesprengt / viel lieblicher von Geruch und Geschmack / weil sie unter anderen edlen Stücken auch mit Ambra versetzet / und deßwegen wol viermahl so thewer ist...".

Heute ist Piment aufgrund von Züchtung und Kultur großfrüchtiger als die Funde des 18. Jahrhunderts. Piment wird vor allem als Gewürz in Weihnachtsgebäck und Lebkuchen sowie in Würsten und Pasteten, in Wildgerichten und als Zutat zu Pickles verwendet. In vielen Gewürzmischungen ist auch Piment enthalten. Obwohl Piment in der Frühen Neuzeit allgemein bekannt und beliebt war, sind archäobotanische Funde des Gewürzes ausgesprochen selten, möglicherweise weil die Beeren zum Teil zerkleinert wurden und kleine Fragmente der Fruchtwand vielleicht bei den Analysen nicht erkannt wurden. Die warzig-papillöse Oberflächenstruktur der Beeren ist jedoch sehr charakteristisch, so dass mit einiger Erfahrung auch zerbissene Fragmente eindeutig identifiziert werden können. Weitere Funde von Piment, die ebenfalls in das 18. Jahrhundert datieren, liegen neben der Hansestadt Greifswald auch aus London und Gdańsk/Danzig vor (GIORGI 1997, BADURA 2003).

Zur Bedeutung von Importgewürzen in der mittelalterlichen und frühneuzeitlichen Küche

Zahlreiche weitere Gewürze wie beispielsweise Gewürznelke *Syzygium aromaticum*, Zimt *Cinnamomum ceylanicum* bzw. Kassie *Cinnamomum cassia* sowie Ingwer *Zingiber officinalis* und Safran *Crocus sativus* werden in den frühen Kochbüchern und Rezeptsammlungen häufig genannt. Sie sind in ihrer Bedeutung jedoch hinter dem Pfeffer einzureihen. Zu den wichtigsten Quellen gehören das Kochbuch von Marx Rumpolt, kurfürstlich-meintzischer Mundtkoch, von 1581, die Münchener Kochbuchhandschriften sowie das mittelniederdeutsche Kochbuch aus dem Bereich von Helmstedt (WISWE 1956, 1958). Bei der Betrachtung der Kochbücher, insbesondere des opulenten und allumfassenden Werkes von Rumpolt, ist jedoch zu berücksichtigen, dass es sich um die herausgehobene Küche geistlicher und weltlicher Würdenträger und gehobener Stände handelt. Rumpolts Werk sollte als Lehr- und Rezeptbuch zur Unterrichtung der Jungköche dienen. Daher finden sich auch zahlreiche ausgefallene Speisen, die üppig mit exotischen Gewürzen gewürzt wurden. Auf den hohen Preis brauchte bei der Darstellung keine Rücksicht genommen zu werden. Teure, exotische Gewürze dienten auch dem Sozialprestige des Einladenden, so dass sie bei vornehmen Festessen üppig verwendet wurden.

Von Zimt, Nelken, Muskatnuss, Safran und weiteren Arten fehlen Nachweise von Makroresten aus Norddeutschland sowie aus anderen europäischen Städten. Das ist sicherlich darauf

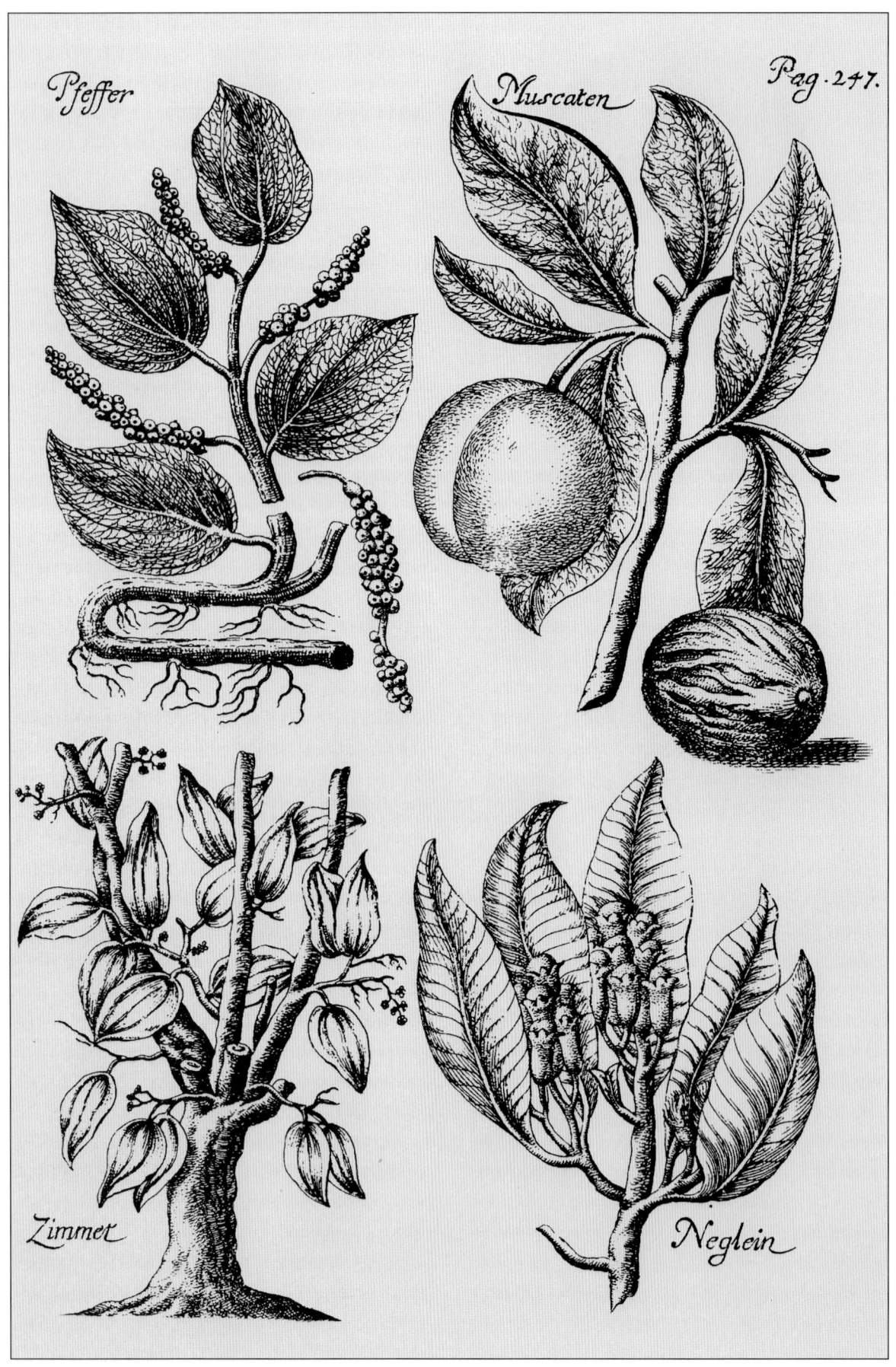

Abb. 14: Darstellung von Pfeffer (*Piper nigrum*), Muskatnuss (*Myrista fragrans*), Nelken (*Syzygium aromaticum*) und Zimt (*Cinnamomum ceylanicum*). Aus: Elsholtz, Johan Sigismund: „Diaeteticon", Cölln an der Spree 1682/Nachdr. Leipzig 1984. Signatur der ULB Halle: 85 A 6170.

zurückzuführen, dass diese Gewürze überwiegend zerkleinert bzw. gerieben und in verhältnismäßig kleinen Mengen eingesetzt wurden oder dass besonders zartwandige Pflanzenteile als Gewürz dienten. Darüber hinaus scheinen Safran, Gewürznelken und Ingwer generell nicht oder nur sehr schlecht als subfossile Makroreste erhaltungsfähig zu sein (GREIG 1996). Eine Nachweischance besteht ausschließlich bei trocken überlieferten Pflanzenresten aus Gebäudehohlräumen, die jedoch häufig nur sehr ungenau datiert werden können. Beispielsweise wurden Paradieskorn bzw. Melegueta-Pfeffer *Aframomum melegueta*, Kardamom *Elettaria cardamomum* und Kreuzkümmel *Cuminum cyminum* in Hohlräumen unter dem Nonnengestühl des Klarissinnenklosters von Ribnitz, Kr. Nordvorpommern nachgewiesen (WIETHOLD 2003b, 2005d). Diese Funde lassen sich jedoch nur allgemein in einen Zeitraum von 1400-1600 AD datieren. Trocken erhaltene Funde von Pfeffer *Piper nigrum*, Ceylonzimt oder Kassie *Cinnamomum ceylanicum/C. cassia*, Gewürznelken *Syzygium aromaticum* (Abb. 14) und Piment *Pimentum dioica* stammen aus Zwischendecken und weiteren Hohlräumen eines Speichergebäudes im Stralsunder Hafen, dem heutigen Museumshaus Mönchstr. 38. Sie stammen aus dem äußersten nördlichen Dielenbereich und dort aus dem Zwischenraum zwischen der barocken Dielendecke und der neuzeitlichen Verkleidung vom Ende des 19. Jahrhunderts. Sehr wahrscheinlich können diese gut erhaltenen Funde dem 19. Jahrhundert zugewiesen werden (WIETHOLD 2005d, 145f. Tab. 2).

Die Gewürznelke kann – mit Einschränkungen – pollenanalytisch nachgewiesen werden. Ihre tricolporat-syncolpaten Pollenkörner gehören zum so genannten *Myrtus*-Typ, jedoch können Gewürznelke *Syzygium aromaticum* und Myrte *Myrtus communis* pollenanalytisch nicht sicher getrennt werden (JANKOVSKÁ 1995). Bei Pollenfunden vom *Myrtus*-Typ in Latrinensedimenten ist es jedoch wahrscheinlicher, dass es sich um Pollenkörner der Gewürznelke gehandelt hat.

Andere Arten, die in den spätmittelalterlichen und frühneuzeitlichen Kochbüchern und Rezeptsammlungen hin und wieder genannt werden, fehlen in unserem Untersuchungsgebiet ebenfalls, jedoch müssen wir von einer Erhaltungs- und Nachweismöglichkeit in archäobotanischem Material ausgehen. Dazu gehören die als Langpfeffer bezeichneten Pfefferarten *Piper longum* und *Piper retrofractum*, der Kubebenpfeffer *Piper cubeba* sowie die Muskatnuss *Myristica fragrans*. Langpfeffer und Kubebenpfeffer waren sicherlich allgemein rare und teure Fernhandelsgüter. Dagegen war Muskatnuss eine wichtige Zutat für zahlreiche Gerichte. Sie wurde jedoch in der Regel vermahlen und in geringer Menge eingesetzt, so dass der Fund einer ganzen Muskatnuss zu den ausgesprochenen Raritäten gehört. Die einzigen bisher belegten Funde stammen aus einer Kloake aus dem mittelalterlichen Beroun in der Tschechischen Republik (ČULIKOVÁ 1994 sowie aus Gdańsk, Polen (LATAŁOWA u. a. 2007). Unter der Bezeichnung „Muskatblüte" dient auch der gelblich-orange Samenmantel als Gewürz, der die eigentliche Muskatnuss umgibt und der eine etwas schwächer würzende Note besitzt. Reste von Muskatblüte wurden in Latrinensedimenten des 15. Jahrhunderts von Paisley Abbey in Schottland nachgewiesen (DICKSON 1996), fehlen jedoch bisher aus dem norddeutschen Raum.

Die fehlenden archäobotanischen Nachweise verschiedener, in den Schriftquellen vielfältig belegter importierter Gewürze zeigen, dass weitere Entdeckungen bei zukünftigen Untersuchungen möglich sind. Insbesondere sind mehr Latrinen und Kloakenanlagen des späten 17. und 18. Jahrhunderts archäobotanisch zu untersuchen, um Aufkommen und Verbreitung von Gewürz- und Gemüsepflanzen der Neuen Welt zu verfolgen. Neben Piment gehören dazu auch die verschiedenen Paprika- und Chili (Cayennepfeffer-) Arten *Capsicum annuum*, *Capsicum frutescens* sowie als Zierpflanze und späteres Gemüse die Tomate *Lycopersicon esculentum*, jeweils aus der Familie der Nachtschattengewächse (Solanaceae).

Literaturverzeichnis
A Historische Quellen

Bock, Hieronymus 1539: New Kreütterbuch, von Underscheydt, Würckung, und Namen der Kreütter, so in Deutschen Landen wachsen. Straßburg 1577, Reprint Grünwald bei München 1964.

Brant, Sebastian 1494: Das Narrenschiff. [Nach der Erstausgabe (Basel 1494) mit den Zusätzen der Ausgaben von 1495 und 1499 sowie den Holzschnitten der deutschen Originalausgaben hrsg. von Manfred Lemmer. 4. erweiterte Aufl. (Tübingen 2004)].

De Rontzier, F. 1598: Kunstbuch von mancherley Essen. Wolfenbüttel, Reprint München 1979.

Elsholtz, Johan Sigismund, Diaeteticon. Das ist Newes Tisch-Buch oder Unterricht von der Erhaltung guter Gesundheit durch eine ordentliche Diät. Cölln an der Spree 1682.

Fuchs, Leonhardt, New Kreüterbuch. Basel 1543, Reprint Köln 2001.

Fuchs, Leonhart, 1545: Läbliche abbildung und contrafaytung aller kreütter so der hochgelertherz Leonhart Fuchs der artzney Doctor / in dem ersten Theyl seines neüwen Kreüterbuchs hat begriffen / in ein kleinere form auff das aller artlichest gezogen / damit sie füglich von allen mögen hin und wider zur noturfft getragen und gefürt werden. Basel 1545, Reprint München 1969.

Lonicerus, Adamus [Adam Lonitzer] 1679: Kreuterbuch, künstliche Conterfeytunge der Bäume/Stauden/Hecken/Kräuter/Getreyd/Gewürtze. Mit eigentlicher Beschreibung derselben nahmen in sechserley Sprachen....Ulm 1679, Reprint Grünwald 1962.

Matthiolus, P. A. 1626, Kreutterbuch. Frankfurt a. Main, Reprint Grünwald bei München o.J.

Meister Hanns: Meister Hanns, *des von wirtenberg koch* (Faksimile der Handschrift A.N.V, 12 der Universitätsbibliothek Basel). Transkription, Übersetzung, Glossar und kulturhistorischer Kommentar von Trude Ehlert. Donauwörth 1996.

Münchner Kochbuchhandschriften: Münchner Kochbuchhandschriften aus dem 15. Jahrhundert (Cgm 349, 384, 467, 725, 811 und Clm 15632 der Bayerischen Staatsbibliothek), herausgegeben von T. Ehlert. Frankfurt 1999.

Rheinfränkisches Kochbuch: Rheinfränkisches Kochbuch um 1445. Text, Übersetzung, Anmerkungen und Glossar von Thomas Gloning. Kulturhistorische Würdigung von Trude Ehlert. Frankfurt/Main 1998.

Rumpolt, Marxen 1581: Ein new Kochbuch in Druck gegeben Durch M. Marxen Rumpolt Churf. Meintzischen Mundtkoch. Franckfort am Mayn. Nachdruck Hildesheim 1980.

Uffenbach, Pietro 1610: Kräuterbuch deß uralten und in aller Welt berühmtesten Griechischen Scribenten Pedacii Dioscoridis Anazarbæi [.....]. Frankfurt a. M. 1610, Reprint Grünwald 1964.

B Weitere Literatur

Alsleben, A. 1991: Archäobotanische Untersuchungen in der Hansestadt Lübeck. Landschaftsentwicklung im städtischen Umfeld und Nahrungswirtschaft während des Mittelalters bis in die frühe Neuzeit. Offa 48, 1991, 329-362.

André, J. 1998: Essen und Trinken im alten Rom. Deutsche Übersetzung der franz. Originalausgabe von 1961: L'alimentation et la cuisine à Rome. Stuttgart 1998.

Ansorge, J., Wiethold, J. 2005: Reis, Pfeffer und Piment – Pflanzenreste des späten 18. Jahrhunderts aus der Latrine eines Greifswalder Universitätsprofessors. Archäologische Berichte aus Mecklenburg-Vorpommern 12, 2005, 144-162.

Ansorge, J., Igel, K., Schäfer, H., Wiethold, J. 2003: Ein Holzschacht aus der Baderstr.1 in Greifswald. Aus der materiellen Alltagskultur der sozialen Oberschicht einer Hansestadt in der 2. Hälfte des 14. Jahrhunderts. Bodendenkmalpflege in Mecklenburg-Vorpommern, Jahrbuch 50, 2002, 119-157.

Arends, D., Schneider, W. 1960: Braunschweiger Apothekenregister 1506-1673. Braunschweiger Werkstücke 25. Braunschweig 1960.

Arends, D., Hickel, E., Schneider, W. 1960: Das Warenlager einer mittelalterlichen Apotheke (Ratsapotheke Lüneburg 1475). Veröffentlichung aus dem Pharmaziegeschichtlichen Seminar der Technischen Hochschule Braunschweig 4. Braunschweig 1960.

Arndt, B. 1999: Abfallbeseitigung in der mittelalterlichen Stadt: Aspekte aus archäologischer Sicht. In: M. Heinzelmann (Hrsg.): Umweltgeschichtliche Erkundungen in Göttingen. Ein Stadtlesebuch rund um den Müll. Göttingen 1999, 47-63.

Arndt, B., Wiethold, J. 2001: Pflaume, Pfeffer, Paradieskorn. Archäologische Nachrichten aus Niedersachsen 4, 2001, 35-39.

Badura, M. 2003: *Pimenta officinalis* Lindl. (pimento, myrtle pepper) from early modern latrines in Gdansk. Vegetation History and Archaeobotany 12, 2003, 249-252

Behre, K.-E. 1991: Die ersten Funde von Nahrungspflanzen aus dem Mittelalter Bremens. Bremisches Jahrbuch 70, 1991, 207-227.

Beijerinck, W. 1947: Zadenatlas der Nederlandsche Flora ten behoeve van de botanie, palaeontologie, bodemcultuur en warenkennis. Mededeeling van het Biologisch Institut te Wijster 30. Wageningen 1947, reprint Backhuis and Meesters, Amsterdam 1976.

Brinkkemper, O. 2003: Plantenresten uit beerputten aangetroffen op een bouwlocatie aan het Spaarne te Haarlem. Een ‚rijke' informatiesbron! Haarlems Bodemonderzoek 36, 2002 (2003) 104-132.

Cappers, R. T. J. 1995: Botanical macro-remains of vascular plants of the Heveskesklooster terp (The Netherlands) as tools to characterize the past environment. Palaeohistoria 35/36, 1993/1994 (1995), 107-167.

Cappers, R. T. J., Bekker, R. M., Jans J. E. A. 2006: Digitale Zadenatlas van Nederland. Groningen Archaeological Studies, 4. Groningen 2006.

Čuliková, V. 1994: Nález zbytku plodu muskátoniku vonného (Myristica fragrans Houtt.) v Berouné. Archeologicke rozhledy 46, 1994, 252-254.

De Groote, K., Moens, J., Caluwé, D., Cooremans, B., Deforce, K., Ervynck, A., Lentacker, A., Rijmenants, E., Van Neer, W., Vernaeve, W., Zeebroek, I. 2003: De Valcke, de Slotele en de Lelye, burgerwoningen op de grote Markt te Aalst (prov. Oost-Vlaanderen): onderzoek naar de bewoners, analyse van een vroeg-16de-eeuwse beerputvulling en de evolutie tot stadhuis. Archeologie in Vlaanderen 8, 2001/2002 (2003) 281-408.

Dickson, C. 1996: Food, medicinal and other plants from the 15th century drains of Paisley Abbey, Scotland. Vegetation History and Archaeobotany 5, 1-2, 1996, 25-31.

Dirlmeier, U. 1981: Die kommunalpolitischen Zuständigkeiten und Leistungen süddeutscher Städte im Spätmittelalter. In: J. Sydow: Städtische Versorgung und Entsorgung im Wandel der Geschichte. Stadt in der Geschichte. Veröffentlichungen des Südwestdeutschen Arbeitskreises für Stadtgeschichtsforschung 8. Sigmaringen 1981, 113-150.

Ervynck, A., Cooremans, B., Van Neer, W. 1996: De voedselvoorziening in de Sint-Salvatorsabdij te Ename (Oudenaarde, prov. Oost-Vlaanderen). 4. Eeen beer- en afvalput uit het gastenkwartier (1350-1450 AD). Archeologie in Vlaanderen 5, 1995/1996 (1996).

Fries, H., Wiethold, J. 2003: Bemerkenswertes aus Stralsunds Altstadt – die Grabung Apollonienmarkt 6 und ihre Ergebnisse. Archäologische Berichte aus Mecklenburg-Vorpommern 10, 2003, 220-247.

Giorgi, J. 1997: Diet in Late Medieval and early Modern London: the archaeobotanical evidence. In: D. Gaimster, P. Stamper (Hrsg.): The Age of Transition. The Archaeology of English Culture 1400-1600. Proceedings of a conference hosted by the Society for Medieval Archaeology and the Society for Post-Medieval Archaeology at the British Museum, London, 14th-15th November 1996. Oxbow Monographs 98. London 1997, 197-213.

Greig, J. R. A. 1981: The investigation of a medieval barrel-latrine from Worcester. Journal of Archaeological Science 8, 1981, 265-282.

Greig, J. R. A. 1993: Römische und mittelalterliche Pflanzenreste aus Lincoln, England. In: A. J. Kalis, J. Meurers-Balke, (Hrsg.): 7000 Jahre bäuerliche Landschaft: Entstehung, Erforschung, Erhaltung. 20 Aufsätze zu Ehren von Karl-Heinz Knörzer. Archaeo-Physika 13. Köln, Bonn 1993, 139-148.

Greig, J. R. A. 1996: Archaeobotanical and historical records compared – a new look at the taphonomy of edible and other useful plants from the 11th to the 18th centuries A.D. Circaea 12 (2), 1996, 211-247.

Greig, J. R. A. 2002: The 13th - 18th-century plant remains. In: N. Baker, Shrewsbury Abbey. Studies in the Archaeology and history of an urban abbey. Shropshire Archaeological and Historical Society, Monograph Series 1. Shrewsbury, 2002, 161-175.

Heilmann, K.-E. 1966: Kräuterbücher in Bild und Geschichte. München-Allach 1966.

Hellwig, M. 1990: Paläoethnobotanische Untersuchungen an mittelalterlichen und frühneuzeitlichen Pflanzenresten aus Braunschweig. Dissertationes Botanicae 156. Berlin, Stuttgart 1990.

Hellwig, M. 1995: Paradieskörner *Aframomum melegueta* (Roscoe) K. Schum. Ein Gewürz aus Westafrika im frühneuzeitlichen Göttingen. In: H. Kroll, R. Pasternak (Hrsg.): Res archaeobotanicae. Proceedings of the 9th international symposium of the IWGP [Kongreß Kiel 1992]. Kiel 1995, 39-47.

Hellwig, M. 1997: Plant remains from two cesspits (15th and 16th century) and a pond (13th century) from Göttingen, southern Lower Saxony. Vegetation History and Archaeobotany 6, 1997, 105-116.

Jacomet, S., Kreuz, A. 1999: Archäobotanik. Aufgaben, Methoden und Ergebnisse vegetations- und agrargeschichtlicher Forschung. UTB für Wissenschaft 8158. Stuttgart 1999.

Jankovská, V. 1995: Gewürznelke oder Myrte? Pollenanalytische Befunde eines Gewürzes aus dem Mittelalter. Archeologické rozhledy 47, 1995, 481-485.

Karg, S. 1996: Ernährung und Agrarwirtschaft in der spätmittelalterlichen Stadt Laufen (Schweiz). Dissertationes Botanicae 262. Stuttgart 1996.

Knörzer, K.-H. 1984, Aussagemöglichkeiten von paläoethno-botanischen Latrinenuntersuchungen. In: W. van Zeist u. W. A. Casparie (Hrsg.): Plants and Ancient Man. Studies in Palaeoethnobotany [Symposium Groningen 1983]. Rotterdam, Boston 1984, 331-338.

Kroll, H. 1994: Ein archäologischer Rapsfund des 16. Jahrhunderts, entdeckt in Heide in Holstein, Norddeutschland. Journal of Agronomy and Crop Science 173, 1994, 17-21.

Kučan, D. 1984: Der erste römerzeitliche Pfefferfund - nachgewiesen im Legionslager Oberaden (Stadt Bergkamen). Ausgrabungen und Funde in Westfalen-Lippe 2, 1984, 51-56.

Kučan, D. 1992: Die Pflanzenreste aus dem römischen Militärlager Oberaden. In. S. Kühlborn: Das Römerlager in Oberaden III. Die Ausgrabungen im nordwestlichen Lagerbereich und weitere Baustellenuntersuchungen der Jahre 1962-1988. Bodenaltertümer in Westfalen 27. Münster 1992, 237-265.

Kučan, D. 1998: Zur Ernährungsgeschichte des Spätmittelalters und der frühen Neuzeit in Oldenburg anhand der botanischen Untersuchungen der Altstadtgrabungen. Probleme der Küstenforschung im südlichen Nordseegebiet 25, 1998, 243-279.

Küster, H. 1987: Wo der Pfeffer wächst. Ein Lexikon zur Kulturgeschichte der Gewürze. München 1987.

Küster, H. 1995: Postglaziale Vegetationsgeschichte Südbayerns. Geobotanische Studien zur Prähistorischen Landschaftskunde. Berlin 1995.

Landesaufnahme 2002: Die schwedische Landesaufnahme von Vorpommern 1692-1709. Karten und Texte. Herausgegeben von der Historischen Kommission für Pommern und dem Landesarchiv Greifswald in Verbindung mit der Gesellschaft für pommersche Geschichte, Altertumskunde und Kunst e.V. Städte Bd. 2 Greifswald. Greifswald 2002.

Latałowa, M., Badura, M., Jarosińska, J., Święta-Musznicka, J. 2007: Useful plants in medieval and post-medieval archaeobotanical material from the Hanseatic towns of Northern Poland (Kołobrzeg, Gdańsk and Elbąg). In: S. Karg (Hrsg.), Medieval food traditions in northern Europe. Publications from the National Museum. Studies in Archaeology & History 12 (Copenhagen 2007/39-72.

Matthies, M. 1989: Kardamom (*Elettaria cardamomum* (L.) Maton u. *Elettaria major* Smith) – Ein indisches Gewürz aus dem Mittelalter Braunschweigs. In: U. Körber-Grohne, H. Küster (Hrsg.): Archäobotanik. Symposium an der Universität Hohenheim (Stuttgart) vom 11.-16. Juli 1988. Dissertationes Botanicae 133. Berlin, Stuttgart, 1989, 191-200.

Moeller, J., Griebel C. 1928: Mikroskopie der Nahrungs- und Genußmittel aus dem Pflanzenreiche, 3. Aufl. [Neubearbeitet von C. Griebel]. Berlin 1928.

Mulsow, R., Wiethold J. 2004: „...so zu des Menschen Nahrung und Lebens Unterhaltung eine höchstnöthige Speise ist" – Verkohlte Vorräte von Getreide und Leinsamen vom Alten Markt 18 in der Hansestadt Rostock. Archäologische Berichte aus Mecklenburg-Vorpommern 11, 2004, 175-193.

Preiss, S., Wiethold, J., Schäfer 2002: Ein hochmittelalterlicher Roggenfund vom Grundstück Schuhhagen 1 in Greifswald. Ein Beitrag zur frühen Wirtschaftsgeschichte in einer pommerschen Hansestadt. Baltische Studien, Neue Folge 88, 2002, 43-55.

Thüry, G. E., Walter, J. 1997: Condimenta. Gewürzpflanzen in Koch- und Backrezepten aus der römischen Antike. Begleitbuch zur Pflanzenschau „Altrömische Gewürze" im Botanischen Garten der Universität Wien. Wien 1997.

Van Harten, A. M. 1970: Melegueta-Pepper. Economic Botany 24, 1970, 208-216.

Wiethold, J., Schulz, F. 1991: Pflanzliche Großreste aus einer Kloake des 16. Jahrhunderts der Grabung Klosterkirchhof/Haßstraße (LA 23). Archäologische Nachrichten aus Schleswig-Holstein. 2, 1991, 44-77.

Wiethold, J. 1992: Pflanzenreste aus einem Brunnen von Mölln, Kreis Herzogtum Lauenburg. Archäologische Nachrichten aus Schleswig-Holstein. Mitteilungen der Archäologischen Gesellschaft Schleswig-Holstein e.V. 3, 1992, 47-66.

Wiethold, J. 1995a: Ein Blick auf den Speisezettel Lüneburger Patrizierfamilien im 16. und 17. Jahrhundert: Archäobotanische Untersuchungen in Lüneburg. Aufrisse. Mitteilungen des Arbeitskreises Lüneburger Altstadt 11, 1995, 65-74.

Wiethold, J. 1995b: Reis, Pfeffer und Paradieskorn: Pflanzenreste des 16. und 17. Jahrhunderts aus der Kloake der Patrizierfamilie von Dassel aus Lüneburg. Archäologie und Bauforschung in Lüneburg 1. Lüneburg 1995, 129-166.

Wiethold, J. 1995c: Plant remains from town-moats and cesspits of medieval and post-medieval Kiel (Schleswig-Holstein, Germany). In: H. Kroll, R. Pasternak (Hrsg.): Res archaeobotanicae. Proceedings of the nineth Symposium of the International Workgroup for Palaeoethnobotany Kiel 1992. Kiel 1995, 359-384.

Wiethold, J. 1996a: „Wyltu maken en gud moes van brambeeren...". Ein Blick auf den Speisezettel eines Lüneburger Handwerkerhaushaltes im 16. und 17. Jahrhundert. In: F. Andraschko, H. Lamschus, Ch. Lamschus, E. Ring (Hrsg.): Ton, Steine, Scherben - Ausgegraben in der Lüneburger Altstadt [Kat. Lüneburg 1996]. De Sulte 6. Lüneburg, 113-125.

Wiethold, J. 1996b: Johannisbeeren, Gurkenkerne und Miesmuscheln: Ein mit Küchenabfällen gefüllter Waschzuber des 17. Jahrhunderts als Zeugnis früherer Ernährungsgewohnheiten. In: U. Albrecht u. A. Feiler (Hrsg.): Stadtarchäologie in Kiel. Ausgrabungen nach 1945 in Wort und Bild. Neumünster 1996, 47-50.

Wiethold, J. 1999: Pflanzenreste des Mittelalters und der Frühen Neuzeit aus zwei Rostocker Kloaken der Ausgrabung Kröpeliner Straße 34-36/Kleiner Katthagen 4. Bodendenkmalpflege in Mecklenburg-Vorpommern 1998, Jahrbuch 46, 1999, 409-432.

Wiethold, J. 2000: "So nym dat ryß unde wasche id reyne unde wriff de hulsen alle wech.....". Botanische Ergebnisse zu Ernährung und Umwelt im frühneuzeitlichen Stralsund am Beispiel der Kloake Mühlenstraße 10. Archäologische Berichte aus Mecklenburg-Vorpommern 7, 2000, 221-239.

Wiethold, J. 2001: Von Heidenkorn und Mandelmilch. Botanische Analysen an einem frühneuzeitlichen Kloakeninhalt von der Mühlenstraße 17 in Stralsund. In: U. Schoknecht (Hrsg.): Wargentin und Stralsund. Eine Wüstung bei Basedow, Lkrs. Demmin, und ein Ziegelschacht in der Mühlenstraße in Stralsund. Archäologische Berichte aus Mecklenburg-Vorpommern, Beiheft 5. Waren 2001, 104-131.

Wiethold, J., 2002: Giff in de schottele. Strowe dar peper up ...Botanische Funde als Quellen zur mittelalterlichen Ernährungs- und Umweltgeschichte in Einbeck. In: A. Heege (Hrsg.): Einbeck im Mittelalter: eine archäologisch-historische Spurensuche. Studien zur Einbecker Geschichte 17. Oldenburg 2002, 240-246.

Wiethold, J. 2003a: Archäobotanische Untersuchungen zur Ernährungs- und Wirtschaftsgeschichte des Mittelalters und der Frühen Neuzeit. In: R. Noël, I. Paquay, J.-P. Sosson (éds.): Au-delà de l'écrit. Les hommes et leurs vécus matériels au Moyen Âge à la lumière des sciences et des techniques. Nouvelles perspectives. Actes du colloque international de Marche-en-Famenne, 16-20 octobre 2002. Typologie de sources du moyen age occidental, hors-série. Louvain-la-Neuve 2003, 461-499.

WIETHOLD, J. 2003b: „Nonnenstaub" – Pflanzenreste des späten Mittelalters und der frühen Neuzeit aus dem Fußbodenhohlraum unter dem Nonnengestühl des Klarissenklosters von Ribnitz. In: C. KIMMINUS-SCHNEIDER, M. SCHNEIDER (Hrsg.): Klöster und monastische Kultur in den Hansestädten. Beiträge des 4. wissenschaftlichen Kolloquiums Stralsund 12.-15. Dezember 2001. Stralsunder Beiträge zur Archäologie, Kunst und Volkskunde in Vorpommern 4. Rhaden/Westf. 2003, 277-288.

WIETHOLD, J. 2003c: Kohl, Kümmel und Kornblume: Pflanzenreste des 18. Jahrhunderts aus einer Ziegellatrine vom Neuen Markt 14 in der Hansestadt Stralsund. Archäologische Berichte aus Mecklenburg-Vorpommern 10, 2003, 297-309.

WIETHOLD, J. 2005a: Archäobotanische Untersuchungen: Botanische Analysen zur mittelalterlichen Ernährungs- und Umweltgeschichte in Eberswalde. In: Eberswalder Ausgrabungsgeschichten. Archäologie und Geschichte einer märkischen Stadt [Begleitheft Ausstellung Eberswalde 2005]. Eberswalde 2005, 47-54.

WIETHOLD, J. 2005b: Verzehrt, verloren, verkohlt. Pflanzenreste aus Kloaken und Brandhorizonten als archäobotanische Quellen zur Ernährungs- und Umweltgeschichte des Mittelalters und der Frühen Neuzeit. In: H. JÖNS, F. LÜTH, H. SCHÄFER: Archäologie unter dem Straßenpflaster. 15 Jahre Stadtkernarchäologie in Mecklenburg-Vorpommern [Katalog Landesausstellung Wismar 2005]. Beitr. Ur- und Frühgeschichte Mecklenburg-Vorpommerns 39. Schwerin 2005, 47-50.

WIETHOLD, J. 2005c: Reis, Pfeffer und Paradieskorn – Pflanzenreste als Quellen zur mittelalterlichen und frühneuzeitlichen Handelsgeschichte. In: H. JÖNS, F. LÜTH, H. SCHÄFER: Archäologie unter dem Straßenpflaster. 15 Jahre Stadtkernarchäologie in Mecklenburg-Vorpommern [Katalog Landesausstellung Wismar 2005]. Beitr. Ur- und Frühgeschichte Mecklenburg-Vorpommerns 39. Schwerin 2005, 119-122.

WIETHOLD, J. 2005d: Botanische Funde aus der Nonnenempore des Klarissenklosters von Ribnitz, Krs. Nordvorpommern, und aus dem Haus Mönchstr. 38, Hansestadt Stralsund. Zwei Beispiele für die Auswertung und Interpretation von botanischen Funden aus Gebäuden. In: I. ERICSON, R. ATZBACH (Hrsg.): Depotfunde aus Gebäuden in Zentraleuropa – Concealed finds from buildings in Central Europe [Kolloquium Bamberg 2003]. Bamberger Kolloquien zur Archäologie des Mittelalters und der Neuzeit 1 [= Archäologische Quellen zum Mittelalter 2]. Berlin 2005, 131-146.

WIETHOLD, J. 2005e: „So ist zu wissen, daß man insgemein sich des Korns bedienet...". Verkohlte Getreidevorräte und Roggenstroh sowie Pflanzenreste aus einer Ziegellatrine der frühen Neuzeit vom Grundstück Dankwartstr. 43 in der Hansestadt Wismar. In: U. SCHOKNECHT (Hrsg.): Von Marktbuden und Ziegelschächten. Archäologische, archäobotanische und kulturhistorische Forschungen in den Hansestädten Greifswald und Wismar. Archäologische Berichte aus Mecklenburg-Vorpommern, Beiheft 9, 2005, 90-111.

WIETHOLD, J., SCHÄFER, H. 2001: Ein 1263/64 verkohlter Roggenvorrat vom Markt 10 in Greifswald. Archäologische Berichte aus Mecklenburg-Vorpommern 8, 2001, 180-193.

WILLERDING, U. 1990: Botanische Befunde aus der Kloake Domhof 15/16 in Hildesheim. In: K.-B. KRUSE (Hrsg.): Küche – Keller – Kemenate. Alltagsleben auf dem Domhof um 1600. Ergebnisse der Grabungen an der Bernwardsmauer [Katalog Ausstellung Hildesheim 1990]. Hildesheim 1990, 96-106.

WISWE, H. 1956: Ein mittelniederdeutsches Kochbuch des 15. Jahrhunderts. Braunschweigisches Jahrbuch 37, 1956, 19-55.

WISWE, H. 1958: Nachlese zum ältesten mittelniederdeutschen Kochbuch. Braunschweigisches Jahrbuch 39, 1958, 103-121.

WISWE, H. 1970: Kulturgeschichte der Kochkunst. Kochbücher und Rezepte aus zwei Jahrtausenden mit einem lexikalischen Anhang zur Fachsprache von Eva Hepp. München 1970.

WOLF, G. 1997: Nutzpflanzen aus einer Kloake in Hann. Münden. Göttinger Jahrbuch 45, 1997, 45-53.

WOLF, G. 1998: Kürbis und Tatarenkorn. Nutzpflanzen aus einer Kloake der frühen Neuzeit in Hann. Münden. In: I. D. VON PEZOLD (Hrsg.): Gegraben – Gefunden – Geborgen. Begleitband zur Ausstellung Hannoversch-Münden, 5.9.1998 – 24.1.1999. Sydekum – Schriften zur Geschichte der Stadt Münden 29. Hannoversch-Münden 1998, 85-94.

Anschrift des Autors

Dr. Julian Wiethold
Institut national de recherches archéologiques préventives (INRAP)
Direction interrégionale Grand-est Nord
12, rue de Méric
CS 80005
F – 57063 Metz
Frankreich
julian.wiethold@inrap.fr

Reinder Neef und René T. J. Cappers

Ausgegrabene Gewürze
Archäologische Nachweise von Gewürzen aus dem Orient

Einführung

Die Langlebigkeit von Pflanzenresten ist oft erstaunlich – sogar in mehr als 10 000 Jahre alten, archäologisch ausgegrabenen Siedlungs- und Lagerplätzen, können noch bestimmbare Samen, Früchte und Holz entdeckt werden. Mit solchen botanischen Resten kann es gelingen, Fragen zur Landwirtschaft und Ernährung zu beantworten, um ein Bild vom alltäglichen Leben der Menschen zu erhalten. Das Fundmaterial erlaubt vielfach sogar einen Blick in die damalige Umgebung der Siedlung: Lag sie z. B. inmitten einer Steppe oder etwa in einem Wald? Auch ehemalige Handelswege lassen sich anhand der Überreste importierter Hölzer oder Gewürze zurückverfolgen, wie im nachfolgenden Beispiel der römischen Hafenstadt Berenike in Ägypten gezeigt wird.

Schon seit dem frühen Bauerntum im Nahen Osten vor ca. 10 000 Jahren wurde eine breite Palette an Kulturpflanzen angebaut: Getreide wie Gerste, Einkorn und Emmer, Hülsenfrüchte wie Erbsen, Linsen, Kichererbsen, Kleine Ackerbohne und Linsenwicke sowie Flachs. Gesammelt wurden vor allem wilde Pistazien, aber auch Mandeln und Feigen. Was wir bisher nicht wissen, ist, in welcher Form sie zu Speisen weiterverarbeitet wurden. Und schon gar nicht, ob und wie diese Speisen gewürzt wurden. Es gab bei den frühen Jäger- und Sammlerkulturen und in der ersten Phase des frühen Bauerntums, im so genannten präkeramischen Neolithikum, zum Kochen weder metallene noch keramische Gefäße; Holz- oder Steingefäße sind dazu ungeeignet. Was bleibt, sind natürlich offene Feuerstellen und z. B. heiße Steine als „Backplatten", Glutöfen sowie Lederbeutel, in die Wasser, Gemüse, Fleisch und Fett gefüllt wurden und deren Inhalt dann mit zugefügten heißen Steinen zum Garen gebracht wurde (Tauchsieder-Prinzip). Mit der vor allem seit der Kupferzeit massenhaften Benutzung von Keramikgefäßen, beispielsweise zum Kochen und zur Aufbewahrung von Nahrung, ist wohl die Möglichkeit entstanden, die kulinarischen Gepflogenheiten weiter zu entwickeln.

Gewürze zur Verbesserung von Geschmack und Verdaulichkeit von Grundnahrungsmitteln sind wahrscheinlich immer vorhanden gewesen, aber nur selten belegt. Früheste Nachweise für den Anbau von Gewürzen im Nahen Osten betreffen jene Pflanzen, die in diesem Gebiet oder Zentralasien heimisch sind und damit direkt zur Verfügung standen. Die Abgrenzung vieler Arten, die zu den Gewürzen gerechnet werden, ist manchmal eher willkürlich, vor allem gegenüber den Heil- und Gemüsepflanzen. Das hängt nicht alleine mit dem verwendeten Pflanzenteil zusammen, sondern auch mit der gepflegten Tradition oder kurzzeitigen Modeerscheinungen bei der Nutzung der jeweiligen Pflanze. Der Gebrauch von Oliven- und anderen Obstbäumen kann seit der Kupferzeit, Mitte des 4. bis 3. Jahrtausend v. Chr., nachgewiesen werden. Im Laufe der Kupferzeit und zum Beginn der Bronzezeit (um 3000 v. Chr.) entwickelten sich weitere Obstbaumkulturen wie Dattel und

Granatapfel. Aus bronzezeitlichen Siedlungen stammen auch die ersten, aus archäobotanischer Sicht zweifelsfreien Funde von, wie auch immer genutzten, Gewürzen wie Bockshornklee und Sesam. Insbesondere ab der späten Bronzezeit bzw. frühen Eisenzeit konnten die Speisen nachweislich u. a. mit Schwarzkümmel, Kreuzkümmel, Gartenkresse und Koriander verfeinert werden. In der griechisch-römischen Zeit breitete sich der Handel mit Gewürzen aus und neue, bis dahin unbekannte Gewürze wie Pfeffer kamen auf.

Erhaltung von botanischen Pflanzenresten

Die Erhaltung botanischer Großreste spielt bei dem Nachweis von Gewürzen eine entscheidende Rolle. Im Allgemeinen wird Pflanzenmaterial von (Boden-)Organismen wie Pilzen, Bakterien und Regenwürmern zersetzt. Man braucht dabei nur an Laub oder abgestorbene Äste zu denken, die im Wald zu Humus werden. Es gibt aber Bedingungen, unter denen diese Organismen nicht zum Zuge kommen, und das Pflanzenmaterial bleibt erhalten. Dies tritt überall dort ein, wo die biologische Aktivität gegen Null geht, beispielsweise unter extrem trockenen Bedingungen. Eines der bekanntesten Beispiele ist das Grab von Tutanchamun, in welchem sogar Blumenschmuck und Pflanzengirlanden erhalten blieben. Diese optimale Art der Erhaltung erklärt auch die vielen frühen und besonderen Nutzpflanzennachweise, vor allem aus Ägypten. Dort, wo extremes Wüstenklima oder sonstige Extremtrockenbedingungen herrschen, können botanische Reste in einem völlig ausgetrockneten Zustand die Zeiten überdauern.

Am häufigsten erhält sich, zumindest im Orient, botanisches Material in verkohlter Form, und zwar immer dann, wenn Pflanzenreste mit Feuer in Kontakt kommen und dabei unvollständig – also nicht zu Asche – verbrennen. Durch die Verkohlung (Anreicherung des reinen Kohlenstoffgehalts) werden die Pflanzenreste als Nahrung

Abb. 1: Verkohltes Getreide in einem Silo eines Vorratsgebäudes in Boğazköy (Türkei).
Foto: Reinder Neef.

für die (Boden-)Organismen untauglich. Ein Verlust von Material hat dann nur noch rein mechanische Ursachen, bspw. Bodenverlagerung oder -bewegung. Ganz allgemein sind die Voraussetzungen für die Entstehung von verkohltem botanischen Material entweder normale, häufig auftretende menschliche Aktivitäten in der Siedlung oder aber eine Katastrophe. Da ist zunächst natürlich das Feuer zum Heizen oder Kochen. Es wurde mit Holz beschickt oder – in holzarmen Gebieten – mit getrocknetem Dung. Oder aber das Schicksal schlug zu und ein Haus oder ein ganzes Dorf brannten ab. Alles wurde unter Schutt und Asche begraben, so auch die Pflanzenreste. Diese verkohlten und überdauerten, auf diese Weise konserviert, die Jahrtausende. Ein solches Unglück für die damaligen Bewohner wird dann zum Glücksfall für die Archäobotaniker und Archäologen (Abb. 1). Was bei der Verkohlung übrig bleibt, sind im Allgemeinen nur bestimmte Teile einer Pflanze, etwa Früchte und Samen, Druschreste von Getreide und vor allem Holz; Blätter und Blüten sind fast nie in verkohlter Form erhalten. Für den Nachweis von Gewürzen aus archäologischen Befunden bedeutet dies, dass vor allem diejenigen nachgewiesen werden, von denen die robusteren Pflanzenteile zur Würzung verwendet wurden, zum Beispiel die Samen des Bockshornklees; bei den kleinen Blättern der Minze oder den Narben des Safrans ist die Erhaltungschance für Trockenmaterial jedoch sehr gering und bei Verkohlung gleich null. Bei den Samen vieler Gewürze, z. B. von Sesam, stellt sich ein anderes Problem. Sie sind stark ölhaltig und fallen deshalb bei Erhitzung schnell zu Unkenntlichkeit auseinander. Der Nachweis von Kräutern in archäologischem Fundmaterial wird weiter dadurch erschwert, dass es sich hier nicht um als Massengut angebaute Pflanzen, wie für die Grundernährung wichtige Getreidearten oder Hülsenfrüchte, handelt. Vielmehr geht es vor allem um sehr kleinflächig angebaute oder um in relativ kleinem Rahmen gesammelte Nutzpflanzen. Diese hinterlassen viel seltener ihre Spuren.

Schriftliche Quellen

Schriftliche Quellen als Nachweis des Gebrauchs von Nutzpflanzen sind im Prinzip schon mit den frühesten bekannten schriftlichen Aufzeichnungen aus dem 4. Jahrtausend vor Chr. in Uruk in Mesopotamien vorhanden. Diese Texte befassen sich insbesondere sogar mit landwirtschaftlichen Listen und Tabellen. Die Verwendung von Gewürzen in Mesopotamien muss, gemäß diesen Texten, schon früh sehr verbreitet gewesen sein. In keilschriftlichen Quellen wurden schon viele Gewürze dokumentiert, sogar mit der Erklärung ihrer Nutzung und teils auch ihres Anbaus (BOTTERO 1971). Es hat sich aber herausgestellt, dass die meisten in den Texten erwähnten Pflanzennamen mehrdeutig sind. Äußerst seltene Glücksfälle zur Entschlüsselung der Wortbedeutung sind z. B. Grabbeigaben aus dem Grab von Tutanchamun in Ägypten, in dem pflanzliche Produkte in Töpfen teils noch eine Aufschrift bezüglich des Inhaltes trugen.
Erst in der Antike sind mehrere in griechisch/römischen Texten erwähnte Nutzpflanzen freilich genauer zu deuten (siehe HONDELMANN 2002), aber auch dann bleibt die richtige Bezeichnung manchmal problematisch. Eindeutige, moderne, wissenschaftliche (lateinische) Pflanzennamen werden erst seit Linnaeus' Publikation *Species Plantarum* (1753) angewendet. Linnaeus ersetzte die bis dahin üblichen, häufig umständlichen Bezeichnungen konsequent durch systematische, heute noch gebräuchliche Doppelnamen. Die Zuweisung dieser wissenschaftlichen Namen unterliegt genauen Vorschriften, und meistens wird im Falle einer taxonomischen Überarbeitung einer bestimmten Art ein zusätzlicher wissenschaftlicher Pflanzenname zugeteilt. Demzufolge kennen recht viele Pflanzen neben ihren jüngeren Pflanzennamen noch einen oder auch mehrere frühere Pflanzennamen (Synonyme). So kann ein lateinischer oder griechischer Pflanzenname in einem alten Dokument nicht ohne weiteres mit jener Pflanze in Zusammenhang gebracht werden,

die heutzutage einen wissenschaftlichen lateinischen Namen trägt, der von diesem alten Namen abgeleitet wurde.

Die ersten archäobotanisch nachgewiesenen Gewürze

In botanischen Proben aus archäologischen Ausgrabungen finden sich oft Nachweise von Pflanzen, die – kultiviert oder gesammelt – als Gemüse, Küchen- oder Heilkräuter benutzt worden sein könnten: z. B. *Gezähnter Feldsalat* (*Valerianella dentata*), Schwarzer Senf (*Brassica nigra*), Weißer Gänsefuß (*Chenopodium album*), Gemüse-Portulak (*Portulaca oleracea*), Wilde Malve (*Malva sylvestris*), Mangold (*Beta vulgaris*), Schwarzer Nachtschatten (*Solanum nigrum*) oder Spitz-Wegerich (*Plantago lanceolata*). Alle Gewürze sind zuerst als Wildpflanze gesammelt worden, und erst später wurden mehrere von ihnen in Kultur genommen. Eine gezielte Nutzung durch Sammeltätigkeit oder Anpflanzung lässt sich jedoch meistens nur schwer nachweisen. Dazu kommt, dass all diese Pflanzenarten heutzutage auch als Wildpflanzen im Orient vorkommen, und meistens schon weit vor dem frühen Bauerntum. Für einen definitiven Beleg der Nutzung einer Pflanze erweisen sich folgende Faktoren als aufschlussreich: Funde von gespeicherten Vorräten, Domestikationsmerkmale am gefundenen Pflanzenmaterial oder das Vorhandensein von ursprünglich nicht lokal vorkommenden Nutzpflanzen, die importiert und eventuell später lokal angebaut wurden. Von den im Folgenden aufgeführten frühesten archäobotanischen Nachweisen von Gewürzen im Orient sind nur jene in Betracht gezogen, die einem oder mehreren dieser Kriterien gerecht werden, und deren Bestimmung oder Datierung sicher ist. Möglicherweise ist die Nutzungsgeschichte dieser Gewürze in Form gezielter Sammeltätigkeit oder direkten Anbaus in einigen Fällen aber länger, als aus

Abb. 2: Karte mit einigen wichtigen archäologischen Fundstellen von Gewürzen.

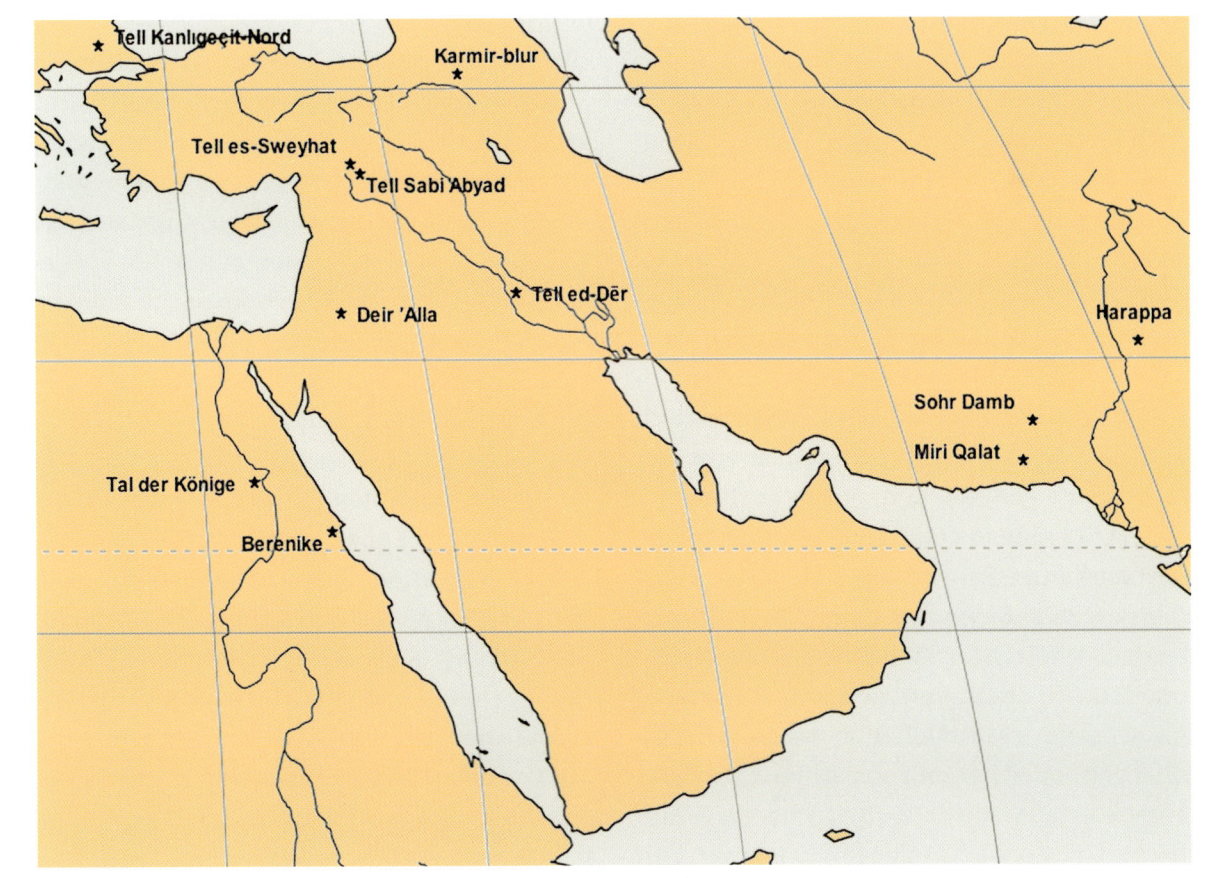

diesen archäobotanischen Quellen hervorgeht. Die wichtigsten archäologischen Fundorte sind in Abbildung 2 angegeben. Allgemein benutzte Quellen zur Gewürzlehre sind FRANKE (1976), MANSFELD (1986), KÜSTER (1987), ZOHARY und HOPF (2000), MURRAY (2000) und CAPPERS (2006).

Kapern (*Capparis spinosa*)

Viele der von uns in der Küche als Gewürz verwendeten Kräuter wurden früher auch als Heilpflanzen eingesetzt; Kenntnisse, die uns heutzutage immer mehr abhanden kommen. Es ist gar nicht lange her, dass der Verkauf von Heilkräutern und Gewürzen in Drogerien oder Apotheken üblich war. Viele Anwendungen sind in Vergessenheit geraten. Als Beispiel könnte der Kapernstrauch dienen. Diese genetisch heterogene Pflanzenart kommt vom Mittelmeerraum bis nach Südostasien vor. Uns ist dieser Strauch wegen seiner noch nicht geöffneten Blütenknospen, den Kapern, bekannt, die ähnlich der Gewürznelke zum Würzen genutzt werden. Nicht nur die Blütenknospen werden in Öl oder Essig eingelegt, sondern auch die Früchte (Abb. 3), Blütenblätter und sogar die jungen Triebe des Kapernstrauches. Im Kaukasus oder in Jordanien wurden die reifen Früchte früher wohl für den Winter getrocknet. Die Samen wurden auch für die Herstellung von Öl genutzt. Wegen seiner Blütenknospen (Kapern) und Früchte wird dieser Strauch heutzutage vor allem in Italien und Frankreich kultiviert. Die Wurzelrinde wurde im Altertum medizinisch genutzt, und im Irak und in Indien gilt der Kapernstrauch auch heute noch als Arzneipflanze. So wird die Rinde u.a. gegen rheumatische Beschwerden eingesetzt. Auch Ziegen, Schafe oder Kamele essen die Blätter und Früchte dieses stark gedornten Strauches gerne, wenn das Angebot an anderen Futterpflanzen in der Trockenzeit nachlässt. Nach der Ernte können wilde Kapernsträucher die Ackerflächen massenhaft besiedeln, womit sie auch

Abb. 3: Kapernstrauch mit reifen, aufgeplatzten Früchten bei Bagdad (Irak). Foto: Reinder Neef.

dem Menschen eine leicht zu beschaffende Zusatzkost boten. Deswegen ist es auch nicht verwunderlich, dass hin und wieder Samen vom Kaperstrauch in den Abfallsedimenten von archäologischen Grabungen auftauchen. Auf dem frühneolithischen Fundplatz Jerf el Ahmar (Syrien) sind in einem so genannten Küchenbereich einige Samen von einer nicht weiter bestimmten Kapernstrauch-Art gefunden worden. Ob das ein Zufall ist oder ob es sich um das Zeugnis einer Nutzung handelt, ist nicht zu entscheiden. Es gibt mehrere Funde von einzelnen Kapernstrauchsamen seit dem Neolithikum aus dem Irak, aus Syrien und Jordanien. Aber nur in einem einzigen Fall konnte die Nutzung des Kapernstrauches tatsächlich nachgewiesen werden: Aus späten frühbronzezeitlichen Schichten (22.-21. Jahrhundert v. Chr.) in Tell es-Sweyhat in Syrien wurden viele verkohlte Knospen und unreife Früchte von Kapern aus einem Keramikgefäß geborgen (VAN

Abb. 4: Fund verkohlter und verklumpter Samen von Gartenkresse aus Tell Kanlıgeçit-Nord (Türkei). Foto: Reinder Neef.

ZEIST & BAKKER-HEERES 1988). Unklar ist allerdings ob diese in Wasser, Öl oder in irgendeiner anderen Flüssigkeit eingelegt waren. Aber wie schon aus dem Vorangegangenen klar sein sollte: Wer könnte aus dem Fundmaterial von Grabungen herauslesen, wie z. B. Königsberger Klopse hergestellt werden? Für einen ausgesuchten Geschmack bei der Zubereitung von Speisen sprechen die archäobotanischen Funde allemal.

Gartenkresse (*Lepidium sativum*)

Auch die Nachweise einer direkten Verwendung von Gartenkresse sind eher dürftig. Es gibt schon frühe Belege von einzelnen Samen der Gartenkresse aus Ägypten. Diese Samen stammen aus Abfallschichten von Hierakonpolis, einer prädynastischen Siedlung aus dem 4. Jahrtausend v. Chr. in Ägypten (FAHMY 2003). Der Fundzusammenhang deutet aber eher auf Gartenkresse als Ackerunkraut im Getreide hin. Gartenkresse kommt als Wildpflanze in Westasien und Nordostafrika vor. Direkte Belege für Anbau und Nutzung von Gartenkresse gibt es erst in der späten Frühbronzezeit in Tell Kanlıgeçit-Nord im europäischen Teil der Türkei. Aus einem nicht eindeutigen Kontext konnte fast ein Kilo an verkohlten, miteinander verklumpten Samen von Gartenkresse geborgen worden (NEEF unpubl., Abb. 4). Eine solche Masse an Samen ist im Freien nicht einfach zu sammeln und mag wohl als der früheste Beleg für den Anbau dieses Gewürzes gelten. Eine Radiokarbondatierung stellte diese Samen zeitlich in das 22.-21. Jh. v. Chr. In Syrien in Tell Sabi Abyad sind aus mittelbronzezeitlichen Schichten Hunderte von Samen der Gartenkresse geborgen worden (CAPPERS unpubl.). In der frühen Eisenzeit konnte Gartenkresse in Deir 'Alla (Jordanien) regelmäßig in jeweils verschiedenem Kontext nachgewiesen werden (NEEF 1989).
Auch die Griechen und Römer kannten Gartenkresse bereits als würzige Salatpflanze, nutzten aber vor allem die Samen zu medizinischen Zwecken, wie z. B. heutzutage noch in Äthiopien praktiziert. Sie wurden in dieser Zeit u.a. im römischen Mons Claudianus nachgewiesen (Ägypten, VAN DER VEEN 2001). Auffällig große Mengen der Gartenkresse sind im spätantiken Krivina gefunden worden, einem Reiterkastell an dem römischen Limes an der Donau in Bulgarien. Es handelt sich dabei um mehr als 17 500 Samen dieser Art (NEEF im Druck). Heutzutage wird Gartenkresse weltweit vor allem als Gartenkultur, seltener als Feldkultur angebaut. Die Blätter dieser weißblühenden, etwa 60 cm hohen Pflanze können als Salat gegessen werden, vor allem aber die jungen, etwas scharf schmeckenden Keimpflänzchen werden als Salat verzehrt. Aus den Samen kann auch ein kräftiges, würziges Öl hergestellt werden; der große bronzezeitliche Samenbefund aus Tell Kanlıgeçit-Nord deutet eher auf eine solche Verwendung hin, könnte aber ebenso als Saatgutvorrat interpretiert werden.

Schwarzkümmel (*Nigella sativa*)

Schwarzkümmel ist ein einjähriges Kraut der Familie der Hahnenfußgewächse mit schmalen gefiederten Blättern und auffälligen weißen bis weißblauen Blüten, die der nahverwandten, aber ungenießbaren Zierpflanze Jungfer im Grünen (*Nigella damascena*) sehr ähneln. Die Samen werden im Orient als Gewürz auf Brot

Abb. 5: Ölgewinnung aus Schwarzkümmelsamen in Ägypten.
Foto: René Cappers.

Sesam (*Sesamum indicum*)

Sesam ist eine bis zu einem Meter hohe, einjährige Pflanze aus der tropischen Pflanzenfamilie der Pedaliaceae. Die länglichen Fruchtkapseln enthalten viele der kleinen, je nach Sorte gelbweißen, braunen oder schwarzen Samen. Bei Bewässerung und guten Böden können Ernten bis über 2 t/ha an Samen erzielt werden (Abb. 6 a/b). Der Anbau von Sesam kann aber auch auf ärmeren Böden in Trockengebieten erfolgen. Die Erträge sind dann mit 350-500 kg/ha entsprechend niedriger. Die Samen haben einen Ölgehalt um die 50 %. Dieses sehr gut haltbare und wohlschmeckende Öl ist eines der teuersten Speiseöle. Der Presskuchen ist durch seinen hohen Eiweißgehalt ein wertvolles Viehfutter. Die geschälten Samen werden in der arabischen Küche als Grundmasse für „Tehinah", einer Paste, die zu Fladenbrot gegessen wird, oder für die süße Delikatesse „Halva" eingesetzt. Brot und Gebäck werden vor allem mit gerösteten Samen gewürzt. Aber auch der Rest der Pflanze wird verwendet. Wenn der Sesam gedro-

und andere Backwaren gestreut. Das aus diesen Samen gepresste, etwas bitter schmeckende Öl soll angeblich ein längeres Leben gewährleisten (Abb. 5). Schwarzkümmel wird heutzutage vor allem in einem Gebiet von Nordafrika bis nach Indien angebaut. Wilde Formen von Schwarzkümmel kommen in Südwestasien vor; daher ist dieses Gewürz wahrscheinlich auch hier in Kultur genommen worden. Aber archäobotanische Nachweise dieses Gewürzes sind eher selten. In dem an Beigaben sehr reichen Grab von Tutanchamun aus dem 14 Jh. v. Chr. gab es einen Tontopf mit Samen von Schwarzkümmel (GERMER 1989). Wenige Samen wurden in eisenzeitlichen Schichten (9/8 Jh. v. Chr.) von Deir 'Alla in Jordanien (NEEF 1989), im römischen Mons Claudianus (VAN DER VEEN 2001) und Karanis (CAPPERS 2005) in Ägypten gefunden.

Abb. 6a: Sesamernte: Das Herausziehen („uprooting") der Pflanzen.
Foto: Reinder Neef.

Abb. 6b: Sesamernte: Das Trocknen der Pflanzen auf dem Feld.
Foto: Reinder Neef.

schen ist, werden die Stängel usw. gerne als Brennstoff genommen. In Westafrika werden die jungen Triebe und Blätter auch als Gemüse verwendet. Die Ursprünge von Sesam waren lange unklar, weil es wilde Arten des Sesams sowohl in Afrika als auch auf dem indischen Subkontinent gibt. Neue genetische Studien deuten wohl auf letztere Herkunft für erstmals in Kultur genommenen Sesam (BEDIGIAN 2003). Dies wird auch durch die archäobotanischen Funde bestätigt. Frühe Funde von kultiviertem Sesam stammen aus Harappa, einer wichtigen Stadt am Oberlauf des Indus in Pakistan, aus leider nicht eindeutig datierten Schichten, die aber wahrscheinlich in die zweite Hälfte des 3. Jahrtausend vor Chr. datieren. Frühere und sicher datierte Funde von Sesam kommen aus Sohr Damb (Mitte 3. Jahrtausend v. Chr., BENECKE u. NEEF 2005) und Miri Qalat (spätes 3. Jahrtausend v. Chr., TENGBERG 1999) in Pakistan. Seither wird Sesam auch im Nahen Osten regelmäßig, aber fast immer in kleinen Mengen (teils bedingt durch die Erhaltungschancen, siehe auch Erhaltung von botanischen Pflanzenresten), nachgewiesen. Der Anbau von Sesam geschah im ehemaligen Königreich von Urartu (erste Hälfte 1. Jahrtausend v. Chr.) im größeren Umfang, wie vier große Gefäße mit verkohlten Sesamsamen und Pressinstallationen, die in Karmir Blur (Armenien) gefunden wurden, bezeugen. Auch im urartäischen Bastam (NW-Iran) wurde Sesam nachgewiesen (BEDIGIAN 2003, ZOHARY u. HOPF 2000).

jedermann geschätzt, wie auch sein altdeutscher Name „Wanzendill" nahe legt. Koriander ist ein niedriger, einjähriger Doldenblütler. Die Pflanze benötigt viel Feuchtigkeit in ihrer Jugendentwicklung, deswegen wird sie gerne auf im Frühling bewässerten Feldern gesät (Abb. 7). Sonst ist die Pflanze eher anspruchslos. Sowohl Samen als auch Früchte werden bei uns häufig für Gebäck oder Likör, aber z. B. auch bei der Parfümherstellung eingesetzt. Auch die Gewürzmischung für unsere sauren Gurken enthält manchmal Koriandersamen. Koriander ist eine der Basiszutaten von Currypulvern, und zwar nicht nur die Samen, sondern auch die Blätter. Es scheint, dass die Wildbestände von Koriander in den Steppenwäldern des Nahen Ostens natürlich sind, aber wilde, verwilderte oder kultivierte Formen von Koriander lassen sich schwierig voneinander trennen. Schon im akeramischen Material einer Höhle in Israel (Nahal Hemar Cave) wurden Samen nachgewiesen (KISLEV 1988). Seitdem treten einzelne Funde von Koriandersamen regelmäßig im Orient, auf Zypern und in Griechenland auf. Ein großer Korianderfund wurde im Grab von Tutanchamun aus dem 14. Jh. v. Chr. (GERMER 1989) gemacht. Mehrere Gefäße, mit Korianderfrüchten als Grabbeigabe gefüllt, zeugen erstmals von einem existierenden Anbau der Pflanze. Noch eindrücklicher wird dieser Beleg, wenn man bedenkt, dass es in Ägypten keinen wilden Koriander gibt. Ca. 62 Korianderfrüchte wurden zusammen mit Knoblauch und Kreuzkümmel in

Abb. 7: Bewässerte Felder mit Koriander bei Hama (Syrien).
Foto: Reinder Neef.

Koriander (*Coriandrum sativum*)

Koriander kennen wir eigentlich nur noch als Gewürz, er wurde aber früher auch oft als Heilpflanze eingesetzt. Der Geschmack der reifen Samen und der feingefiederten Blätter ist sehr unterschiedlich. In Südostasien wird auch die Wurzel des Korianders zum Würzen unter anderem von Suppen eingesetzt. Der typische Geruch vom frischen Koriander wird nicht von

Tell ed-Dēr (17. Jh. v. Chr., Irak) gefunden (VAN ZEIST u. VYNCKIER 1984). Vor allem für die griechisch-römische Zeit wird Koriander bei vielen Grabungen regelmäßig nachgewiesen.

Kreuz- oder Römischer Kümmel (*Cuminum cyminum*)

Kreuzkümmel ist ein einjähriger Doldenblütler von 5 bis 40 cm Höhe. Verwendet werden die länglichen Spaltfrüchte. Der Anbau wird in Nordafrika, dem Nahen Osten und Südostasien relativ großflächig betrieben (Abb. 8). Wilde Formen des Kreuzkümmels kommen nur in Zentralasien vor. Dieses Gewürz ist ebenso wie Koriander ein wichtiger Bestandteil von Currypulvern und verleiht auch Likören und Parfüms ihr Aroma. Einige klassische niederländische Käsesorten werden mit Kreuzkümmel gewürzt.

Der erste sichere Fund von Kreuzkümmel stammt aus dem Archivgebäude in Tell ed-Dēr (17. Jh. v. Chr.), wo die ca. 145 Früchte zusammen mit Knoblauch und Koriander gefunden wurden (VAN ZEIST and VYNCKIER 1984). Die frühesten Funde in Ägypten sind aus der 18. Dynastie, wo u.a. ein Korb mit Kreuzkümmel aus dem Grab des Kha geborgen wurde (GERMER 1985). Kreuzkümmel ist ein früher und selten nachgewiesener Beleg dafür, dass viele Gewürze wegen ihrer ätherischen Öle auch als Heilmittel dienten. In der altägyptischen Medizin spielte z. B. der sprachlich als solcher identifizierte Kreuzkümmel eine wichtige Rolle (GERMER 1979). Eine richtige „Gewürzmischung" wurde zum ersten Mal im früheisenzeitlichen Deir 'Alla (Jordanien) nachgewiesen. In einem Keramikgefäß erhielten sich mehr als 25 000 Früchte zusammen mit Bockshornklee und Traubenkernen (siehe auch Bockshornklee). Auch sonst wurde Kreuzkümmel in diesem Wohnhügel häufig nachgewiesen (NEEF 1989).

Abb. 8: Bewässerte Felder mit Kreuzkümmel bei Hama (Syrien).
Foto: Reinder Neef.

Abb. 9: Grabungsschnitt im früheisenzeitlichen Küchen- bzw. Vorratsbereich in Deir 'Alla (Jordanien).
Foto: Reinder Neef.

Bockshornklee (*Trigonella foenum-graecum*)

Bockshornklee ist ein einjähriger, gelbblühender Schmetterlingsblütler mit langen, geschnabelten Hülsen. Angebaut wird diese Pflanze in allen Mittelmeerländern, in Nordostafrika und Südasien. Die abgeflachten, viereckigen, aromatischen, farbstoffhaltigen Samen werden gekocht oder geröstet gegessen. In Ägypten wird der sogenannte Helba-Tee getrunken, für den Bockshornkleesamen aufgebrüht werden. In gemahlener Form sind die Samen ein wichtiger Bestandteil vieler Curries oder werden als Zusatz bestimmten Brot- und Käsesorten beigefügt. Junge Pflanzen werden in Indien als Gemüse gegessen. Bis in die Neuzeit wurde diese Pflanze auch bei uns kleinflächig angebaut, vor allem als Heilpflanze und als Futtermittel.

Die frühesten Belege für einen gezielten Anbau von Bockshornklee stammen aus Ägypten. In mehreren Tontöpfen im Grab von Tutanchamun aus dem 14. Jh. v. Chr. fanden sich Samen dieser Pflanze (GERMER 1989). Ein früher Nachweis eines bewusst bereiteten Gemisches aus Samen und Früchten stammt aus der Frühen Eisenzeit (9./8. Jh. v. Chr.) in Deir 'Alla, einem großen Wohnhügel im Jordantal (Jordanien). Aus einem Bereich mit vielen unterschiedlichen Keramikgefäßen (Abb. 9), den man als Küchenbereich deuten könnte, fanden sich über 3350 Samen des Bockshornklees zusammen mit ca. 25 000 Früchten von Kreuzkümmel in einem Tongefäß mit einem Inhalt von ca. 3 Litern. Nur schwer zu deuten sind die 80 Traubenkerne in dem Material. Die Erhaltung von dem verkohlten Material schließt eine Flüssigkeit in dem Gefäß aus, damit handelt es sich wohl um die Reste von Rosinen. Haben wir es hier mit einer Art frühem Currygemisch zu tun? Nicht auszuschließen ist natürlich eine Anwendung als Arznei- statt als Gewürzmischung. Auch sonst wurde Bockshornklee in Deir 'Alla regelmäßig nachgewiesen (NEEF 1989).

Knoblauch (*Allium sativum*)

Knoblauch ist ein ausdauerndes Gewächs, das die Reserven für jede nachfolgende Vegetationsperiode in den Zwiebeln speichert. Diese Knoblauchzehen enthalten ätherisches Öl mit antiseptischen und antibiotischen Eigenschaften. So können sie beispielsweise als Heilmittel gegen Infektionen der Atemwegs- und Verdauungsorgane oder Darmparasiten Anwendung finden. Insbesondere aber wird Knoblauch zum Würzen genutzt, was in allen Zeiten wohl kontroverse Reaktionen hervorgerufen haben wird.

Knoblauch wird vor allem in der Bewässerungslandwirtschaft viel angebaut. Unter idealen klimatischen Bedingungen und bei optimaler Bewässerung, wie in Ägypten und im Irak, kann es zu Rekordernten von ca. 48 t/ha kommen, wobei der mittlere Ertrag nur ca. ein Zehntel davon beträgt (Abb. 10).

Wilder Knoblauch stammt wahrscheinlich aus Zentralasien. Die frühesten, archäobotanischen Indizien für einen gezielten Anbau von Knoblauch stammen aus dem 17. Jahrhundert v. Chr. Ca. 350 relativ kleine verkohlte Zehen des Knoblauchs wurden, u.a. zusammen mit Koriander und Kreuzkümmel, in den Archivräumen eines Mannes namens Ur-dutu in Tell ed-Dēr (Irak) gefunden. Dieses Gebäude war durch ein Feuer zerstört worden und zusammengefallen, was wohl die Ursache dafür ist, dass die Gewürze nicht direkt in einem Küchenbereich oder Vorratsraum aufgefunden wurden, sondern in den Archiven. Anhand von den im Archiv gefundenen Tontafeln konnte die Zerstörung des Gebäudes ziemlich genau auf ca. 1630 v. Chr. datiert werden (VAN ZEIST u. VYNCKIER 1984). In den gleichen mittelbronzezeitlichen Schichten im syrischen Tell Sabi Abyad, wo auch die Gartenkresse nachgewiesen wurde (s. o.), fanden sind auch mehrere verkohlte Knoblauchzehen (CAPPERS unpubl., Abb. 11). Ab dieser Zeit wird Knoblauch auch in Ägypten, vor allem in den Tumben, regelmäßig nachgewiesen. Vollständig erhaltenen Knoblauch, sogar samt seinen

Abb. 10: Knoblauchernte bei Hama (Syrien).
Foto: Reinder Neef.

Abb. 11: Verkohlte Knoblauchzehe aus der Mittelbronzezeit (Tell Sabi Abyad, Syrien).
Foto: René Cappers.

Blättern, gab es aus dem Grab von Tutanchamun aus dem 14. Jh. v. Chr. (GERMER 1989). Frühere Befunde aus prädynastischen Gräbern mit Tonmodellen, die als Knoblauch gedeutet wurden, können sicherlich nicht als direkter Beleg für eine frühe Knoblauchkultivierung gelten, da archäobotanische Nachweise, auch aus den Grabkammern, völlig fehlen. Außerhalb von Ägypten sind auch spätere Funde von Knoblauch selten, da die Erhaltungsbedingungen von botanischem Material sonst generell schlechter sind. Zwiebelgewächse wie Zwiebeln und Knoblauch sind aber wahrscheinlich viel wichtiger gewesen, als aus den archäobotanischen Funden hervorgeht.

Viele dieser Gewürze stammen ursprünglich aus dem Mittelmeerraum oder aus Zentral- und Südwestasien. Erst in griechisch-römischer Zeit nimmt durch Handel die Zahl von verfügbaren exotischen Gewürzen dramatisch zu. Als Beispiel dafür werden die archäobotanischen Ergebnisse aus der Grabung in der griechisch-römischen Hafenstadt Berenike in Ägypten genommen.

Der Handel mit Gewürzen im Alten Ägypten am Beispiel der griechisch-römischen Hafenstadt Berenike

Wer Kairo kennenlernen möchte, sollte unbedingt dem Khan al-Khalili einen Besuch abstatten. Dieser Basar, der sich über zahllose Straßen und Gassen ausdehnt, befindet sich an der Ostseite der Innenstadt zwischen dem Islamischen Museum und der Zitadelle. In der Mitte des Basars werden Gewürze feilgeboten. An der Straßenseite sind große Säcke ausgestellt, gefüllt mit Pfeffer (*Piper nigrum*), Koriander (*Coriandrum sativum*), Kardamom (*Elettaria cardamomum*), Kreuzkümmel (*Cuminum cyminum*), Fenchel (*Foeniculum vulgare*), Piment (*Pimenta dioica*), Schwarzkümmel (*Nigella sativa*), getrocknetem Ingwer (*Zingiber officinale*), Nelken (*Syzygium aromaticum*) – und auch Saflor (*Carthamus tinctoris*), der dem ahnungslosen Touristen in großen Mengen als teurer Safran (*Crocus sativus*) verkauft wird. Hinten in den Läden gibt es Regale mit Töpfen, in denen die ausgefalleneren Gewürze aufbewahrt werden, z.B. Langer Pfeffer (*Piper longum*), Chebula-Myrobalana (*Terminalia chebula*), Amla-Frucht (*Phyllanthus emblica*), Paradieskorn (*Aframomum melegueta*), Süßholz (*Glycerrhina glabra*) und Sumach (*Rhus coriaria*) (Abb. 12).

Das Warenangebot an Gewürzen wird von den Gewächsen bestimmt, die regional angebaut und gesammelt beziehungsweise über Handelswege eingeführt werden können. Die Entwicklung des Angebots im Laufe der Zeit lässt sich durch Studium der Schriftquellen und Erforschung der auf Grabungen aufgefundenen subfossilen Reste rekonstruieren. Obwohl schriftliche Quellen nur beschränkt vorhanden sind, vermitteln sie dennoch ein ziemlich detailliertes Bild des früheren Handels mit bestimmten Gewürzen. So sind aus der römischen Zeit für Ägypten die Zolllisten aus Alexandria am Ende des 2. Jahrhunderts n. Chr. und der sogenannte ‚Periplus Maris Erythraei' (‚Küstenfahrt des Roten Meeres') aus dem 1. Jahrhundert n. Chr. bekannt. Die Zolllisten aus Alexandria

Abb.12: Warenangebot von Gewürzen in Khan al-Khalili (Kairo).
Foto: René Cappers.

Tabelle 1: Handelsgüter botanischer Herkunft, die in den Zolllisten aus Alexandria (ZA) und im *Periplus Maris Erythraei* (PME) erwähnt werden.

Handelsgut	Lit. Quelle ZA	PME	Wissenschaftlicher Pflanzenname
Wurzeln/Gräser			
costus	X	X	*Saussurea costus* (Falc.) Lipsch.
cyperus		X	Zwei Arten werden vorgeschlagen: *Cyperus longus* L. *Cyperus rotundus* L.
Ingwer	X		*Zingiber officinale* Roscoe
Holz			
Ebenholz		X	*Diospyros ebenum* Koenig
Ostindisches Rosenholz		X	*Dalbergia sissoo* Roxburgh ex DC.
Teakholz		X	*Tectona grandis* L.f.
Rinde			
cassia	X	X	*Cinnamomum aromaticum* Nees *Cinnamomum burmannii* (Nees & T. Nees) Blume *Cinnamomum loureirii* Nees *Cinnamomum tamala* (Buch.-Ham) Nees & Eberm.
cinnamon	X		*Cinnamomum verum* Presl
makeir		X	*Holarrhena pubescens* (Buch.-Ham.) Wallich ex G. Don
Press-Säfte von Stamm, Blatt oder Wurzel (z.B. Harz, Gummi oder Öl)			
aloe(-holz)	X	X	Harz: *Aloe perryi* Baker *Aloe vera* (L.) Burm. f. Holz: *Aquilaria malaccensis* Lam.
assafoetida/laser	X		Drei Arten werden vorgeschlagen: *Ferula assa-foetida* L. *Ferula foetida* (Bunge) Regel *Ferula narthex* Boiss.
bdellium		X	*Commiphora wightii* (Arn.) Bhandari
cinnabar		X	*Dracaena cinnabari* Balf. f.
duaka		X	Zwei Pflanzengattungen werden vorgeschlagen: *Cinnamomum* Arten *Commiphora playfairii* (Hook. f.) Engl.
Weihrauchbaum		X	*Boswellia sacra* Flueck.
galbanum	X		*Ferula gummosa* Boiss.
indigo		X	*Indigofera* Arten
kankamon		X	Möglich *Commiphora erythraea* (Ehrenb.) Engl.
lykion/lycium	X	X	Verschiedene Vorschläge, u.a.: *Acacia catechu* (L.f.) Willd. *Berberis aristata* DC. *Berberis asiatica* Roxburgh *Berberis lycium* Royle
mokrotu		X	-
myrrh	X	X	*Commiphora myrrha* (Nees) Engl. (?)

sarcocolla	X		Verschiedene Vorschläge, u.a.: *Astragalus fasciculifolius* Boiss. *Saltera* Arten
storax		X	Zwei Arten werden vorgeschlagen: *Styrax officinalis* L. *Liquidambar orientalis* Miller
Zuckerrohr		X	*Saccharum officinarum* L.
Blätter			
barbaricum	X		?
malabathron	X	X	Zwei Arten werden vorgeschlagen: *Cinnamomum tamala* (Buch.-Ham) Nees & Eberm. *Cinnamomum bejolghota* (Ham.) Sweet
pentasphaerum	X		? (bezugnehmend auf Warmington handelt es sich wahrscheinlich um malabathron)
Blüte			
Safran		X	*Crocus sativus* L.
Samen oder Frucht (sowie aus Samen und Früchten gewonnene Säfte)			
amomum	X		Zwei Arten werden vorgeschlagen: *Amomum compactum* Soland. ex Maton *Amomum subulatum* Roxburgh
cardamom	X		*Elettaria cardamomum* (L.) Maton
Datteln		X	*Phoenix dactylifera* L.
Trauben/Oliven		X	*Vitis vinifera* L./*Olea europaea* L.
Olivenöl		X	*Olea europaea* L.
Pfeffer (schwarz)		X	*Piper nigrum* L.
Pfeffer (weiß)	X		*Piper nigrum* L.
Pfeffer (lang)	X	X	*Piper longum* L.
Reis		X	*Oryza sativa* L.
Sesamöl		X	*Sesamum indicum* L.
Weizen/Getreide		X	*Triticum* sp./Gramineae tribe Triticeae
Wein		X	*Vitis vinifera* L.
Komplette Pflanzen			
Klee (gelb)		X	*Melilotus officinalis* (L.) Pallas
nard	X	X	Narde: *Cymbopogon schoenanthus* (L.) Spreng. Indische Narde: *Nardostachys grandiflora* DC.
Nicht spezifisch oder unbekannt			
aroma indica/Aromastoffe	X	X	-
costamomum	X		?
Gewürze		X	-

sind ein Steuerverzeichnis, das eine Liste von 54 Waren für den Transit nach Rom enthält. Der Periplus stellt einen ausführlichen Bericht des Handels dar, den die Römer von Berenike aus, einer Stadt am Roten Meer, mit Arabien, Indien und Afrika südlich der Sahara seit dem ersten Jahrhundert bis zum Anfang des 6. Jahrhunderts n. Chr. betrieben haben. In diesem Bericht wird aufgeführt, welche Güter in welchen Gebieten verkauft und eingekauft werden können. Im Periplus sind insgesamt 34 pflanzliche Produkte aufgelistet (Tabelle 1). Manchmal sind die Bezeichnungen allgemeiner Art, und es ist zum Beispiel die Rede von ‚Gewürzen' oder ‚aromatischen Stoffen', und auch wenn ein bestimmter Name genannt wird, lässt dieser nicht unbedingt eindeutig auf eine bestimmte Pflanze schließen (siehe auch schriftliche Quellen). Die aktuelle Grabung der griechisch-römischen Hafenstadt Berenike ist ein gutes Beispiel dafür, wie archäobotanische Untersuchungen unsere Kenntnisse über den früheren Handel mit Gewürzen erweitern können. Berenike war eine große Hafenstadt am Roten Meer, die ebenso wie der Hafen Myos Hormos als Umschlagplatz für den internationalen Handel fungiert hat. Obwohl der ungefähre Standort Berenikes aufgrund der Auskünfte des Periplus schon länger bekannt war, wurde die Stadt erst 1818 durch den italienischen Ausgräber, Entdeckungsreisenden und Abenteurer Giovanni Battista Belzoni entdeckt (BIERBRIER 1995). Die isolierte Lage am Wüstenufer hat es seinerzeit jedoch nicht erlaubt, eine Grabung anzulegen. Die Bedeutung der Siedlung Berenike geht zum Beispiel aus der Schilderung hervor, die der deutsche Botaniker und Entdeckungsreisende Dr. Georg Schweinfurth während eines Kurzbesuchs in der Hafenstadt 1865 geschrieben hat:

"Am nächsten Morgen stieß ein auf einer Eierreise begriffener Ababde halb verhungert zu uns und erbot sich, mich zu den Ueberbleibseln der alten Stadt zu geleiten. (...) Nicht die vorhandenen Fundamente der Häuser, denn diese bedecken etwa nur den vierten Theil des heutigen Kossêr, wohl aber die Unzahl von Thonscherben, verschiedenfarbigen Glasstücke, zum Theil kunstvoll geschliffener, kupferner Zierrathen, Münzen, Glasperlen, Agatstücken etc., die den Vielfach durchwühlten Boden bedecken, geben uns Zeugniss davon, dass wir uns an der Stelle befinden, wo vor Zeiten eine nicht unbedeutende Stadt gestanden hat."

Obwohl Berenike bereits ca. 275 v. Chr. von den Griechen gegründet wurde, entwickelte es sich erst in der römischen Zeit zu einer wirklich wichtigen Hafenstadt. Im ersten Jahrhundert n. Chr. machten sich die Römer das System der Monsunwinde zunutze, das ihnen ermöglichte, auf geradem Weg nach Indien zu segeln. Damit machten sich die Römer unabhängig vom Zwischenhandel und konnten die Gewürze billiger erwerben. Da die Ware in Form großer Schiffsladungen verfrachtet wurde, war die Beförderung zudem vergleichsweise preiswert. Wenn man den Transport schwarzen Pfeffers aus Muzuris in Südwestindien zu den Gewürzlagerhäusern (*Horrea piperataria*) in Ostia unweit Roms verfolgt, dann fällt auf, dass nur die Strecke zwischen Berenike und Koptos (= Qift) über Land führte. Dieser Abschnitt zwischen dem Roten Meer und dem Nil wurde mit Karawanen durchquert und machte nur 5 % der gesamten Strecke aus.

In Berenike ist von 1994 bis 2001 archäologische Forschung betrieben worden. Weil die Siedlung von den Römern aufgegeben worden war, sind in den Bauten eher wenige Pflanzenreste gefunden worden. Aus den Abfallschichten zwischen den Bauten und am Rande der Siedlung konnten dagegen größere Mengen von Pflanzenresten geborgen werden. Im Rahmen der archäobotanischen Untersuchungen dieser Abfallschichten wurden insgesamt 68 verschiedene Kulturpflanzen ans Licht gebracht, unter denen sich recht viele Gewürze befinden (Tabelle 2).

		Prädynastische Zeit	Pharaonische Zeit					Griechisch-Römische Zeit	Islamische Zeit
			Altes Reich	Erste Zwischenzeit	Mittleres Reich	Zweite Zwischenzeit	Neues Reich		
Zwiebel	*Allium cepa*				●		●	●	●
Knoblauch	*Allium sativum*						●	■	●
Mandel	*Amygdalus communis*							●	■
Dill	*Anethum graveolens*							●	■
Sellerie	*Apium graveolens*							●	●
Senf	*Brassica nigra*							●	
Kapern	*Capparis spinosa*								■
Saflor, Färberdistel	*Carthamus tinctorius*				●			●	■	●
Koloquintenkürbis	*Citrullus colocynthis*	●						●	■	●
Koriander	*Coriandrum sativum*							●	■	●
Haselnuss	*Corylus avellana*								■
Kreuzkümmel	*Cuminum cyminum*							●	●
Erdmandel	*Cyperus esculentus*	●	●	●	●	●	●	●	
Fenchel	*Foeniculum vulgare*								■
Walnuss	*Juglans regia*								■
Wacholder	*Juniperus*	●			●		●		■
Myrte	*Myrtus communis*							●	
Schwarzkümmel	*Nigella sativa*				●			●	●
Olive	*Olea europaea*				●		●	●	■
Nelli, Amblabaum	*Phyllanthus emblica*								■
Pinie	*Pinus pinea*				●				■
Pfeffer, Schwarzer	*Piper nigrum*							●	■
Granatapfelbaum	*Punica granatum*							●	■
Sesam	*Sesamum indicum*							●	■
Tamarinde	*Tamarindus indica*								■
Ajowan	*Trachyspermum ammi*							●	■
Bockshornklee	*Trigonella foenum-graecum*							●	■	●

Tabelle 2: Gewürze, von denen Reste bei den archäobotanischen Untersuchungen in Ägypten gefunden sind.

In den Abfallschichten von Berenike wurden u.a. einige tausend Pfefferkörner gefunden. Während in den Zolllisten aus Alexandria und im Periplus auch weißer und langer Pfeffer erwähnt werden, ist in Berenike allerdings nur schwarzer Pfeffer nachgewiesen worden. Weißer Pfeffer ist botanisch mit schwarzem Pfeffer identisch, aber beim weißen Pfeffer werden die Früchte erst geerntet, wenn sie reif sind, so dass hier die Außenschicht der Fruchthülle fehlt. Nur bei einer geringen Zahl der Pfefferkörner aus Berenike war die charakteristische gerunzelte Außenschicht der Fruchthülle des schwarzen Pfeffers nicht vorhanden. Wahrscheinlich handelt es sich in diesen Einzelfällen um Exemplare, von denen die leicht gelockerte Außenschicht der Fruchthülle während der Konservierung verloren gegangen ist. Langer Pfeffer ist eine andere Art und unterscheidet sich deutlich dadurch von schwarzem und weißem Pfeffer, dass seine Früchte klein sind und am Fruchtstiel fest sitzen bleiben. Langer Pfeffer wächst in Nordwestindien, während schwarzer Pfeffer in Südwestindien vorkommt. Möglicherweise waren die Römer insbesondere an schwarzem Pfeffer interessiert und haben vor allem südwestindische Häfen angesteuert, in denen dieser gehandelt wurde.

Während die meisten Pflanzenreste aus Berenike in vertrocknetem Zustand erhalten geblieben sind, fällt es auf, dass ungefähr 40 % der aufgefundenen schwarzen Pfefferkörner verkohlt sind. Allem Anschein nach wurde dieser Pfeffer als Opfergabe dargebracht. Ein deutlicher Hinweis darauf sind die verkohlten Pfefferkörner, die in der Nähe von Miniaturtempeln vorgefunden sind, an denen geopfert wurde. Neben den vielen einzelnen Pfefferkörnern, die in den Abfallschichten angetroffen wurden, hat die Grabung auch ein indisches Gefäß (dolium) zu Tage gebracht, das 7,5 kg schwarzen Pfeffer enthielt (Abb. 13). Diese Menge Pfeffer hat

Abb. 13: Die Archäologin Hendrikje Nouwens entfernt den schwarzen Pfeffer aus dem Dolium.
Foto: René Cappers.

einem Marktwert entsprochen, von dem sich ein erwachsener Römer über zwei Jahre hätte ernähren können. Möglicherweise ist dieses große Gefäß in Berenike zurückgeblieben, weil es nicht mehr mit dem letzten Karawanentransport in das Niltal mitgeführt werden konnte. Da nur ein geringes Volumen der Abfallschichten in Berenike untersucht worden ist, lässt sich vermuten, dass die Gesamtmenge von Pfefferkörnern, die als Opfergabe dargebracht oder auch einfach verschüttet wurde, beträchtlich gewesen ist. Diese großen Mengen Pfeffer in Berenike lassen auf eine enorme Einfuhr schwarzen Pfeffers schließen und heben sich

Land	Grabungsort	Anzahl
Ägypten	Berenike[1]	ca. 3000 einzelne Pfefferkörner und ein Dolium gefüllt mit 7,5 kg Pfefferkörnern
	Shenshef[1]	16
	Myos Hormos[2]	1
	Mons Claudianus[3]	2
	Qasr Ibrim[4]	1
Deutschland	Straubing[5]	52
	Hanau (Hessen)[6]	12
	Oberaden[7]	8
Frankreich	Biesheim-Kunheim[8]	1
Großbritannien	Bath[9]	1

Tabelle 3: Mengen des schwarzen Pfeffers, die auf Grabungen römischer Siedlungen gefunden wurden (1 = CAPPERS [2006]; 2 = WETTERSTROM [1982 & o.J.]; 3 = VAN DER VEEN & HAMILTON-DYER [1998]; 4 = CLAPHAM & ROWLEY-CONWY [2007]; 5 = KÜSTER [1995]; 6 = KREUZ [1995]; 7 = KUČAN [1984]; 8 = JACOMET & SCHIBLER [2001]; 9 = DURRANI [2004]).

stark von den spärlichen Pfefferfunden an anderen Stellen im Römischen Reich ab (Tabelle 3). Der Umschlag von Schiffsladungen Pfeffer in Berenike erlaubte offenbar einen beachtlichen Verbrauch vor Ort, wobei auch Verluste des Gewürzes anscheinend billigend in Kauf genommen wurden. Sobald der Pfeffer aber auf seinem Weg nach Rom war, hat er an Wert gewonnen, und so hat dieses exotische Gewürz dort nur wenige Spuren im archäobotanischen Archiv zurückgelassen.

Archäobotanische Untersuchungen zu Luxusgütern wie Gewürzen lohnen offensichtlich besonders in Siedlungen, in denen Handelsware umgeschlagen wurde. Deswegen ist zu erwarten, dass auch Forschungen auf anderen Umschlagplätzen an den Handelswegen von Indien nach Rom wichtige Erkenntnisse über den früheren Handel mit Gewürzen bringen könnten. Interessante Siedlungen wären zum Beispiel Arikamedu und Muziris in Indien; mehrere Küstenorte auf der Insel Sokrota südlich des Jemen und die Handelsstädte entlang des Bab al-Mandab; Edfu, Koptos und Alexandria in Ägypten sowie Ostia und Puteoli in der Nähe von Rom. Archäobotanische Untersuchungen sind bisher nur in Berenike und Myos Hormos (das heutige Quseir al-Qadim) durchgeführt worden (CAPPERS 2006; VAN DER VEEN 2003 und 2004). Auch in Rom ist noch kaum archäobotanische Forschung betrieben worden. Zu den wenigen Pflanzen, die hier gefunden wurden, gehören Koriander (Coriandrum sativum), Fenchel (*Foeniculum vulgare*), Walnuss (*Juglans regia*), Olive (*Olea europaea*), Anis (*Pimpinella anisum*) und Pinie (*Pinus pinea*) (FOLLIERI 1975).

Die größte Bandbreite an Gewürzen ist in Berenike für die Zeit des Neuen Reichs und die anschließende griechisch-römische Zeit nachgewiesen worden. Zum Teil lässt sich diese Vielfalt durch die ausführlichen Untersuchungen zu Pflanzenresten aus jüngeren Grabungen beider Zeiträume erklären. Auch spielt die Entwicklung des Handelsnetzwerkes eine bedeutende Rolle. Vermutlich gab es schon seit der frühpharaonischen Zeit Expeditionen vom Niltal zum Land Punt – dieses Land nun soll dem gegenwärtigen Somalia entsprechen. Somit wären den frühen Ägyptern Märkte zugänglich gewesen, auf denen Handelsware eingekauft werden konnte, die unter anderem aus Arabien, Indien und aus dem Afrika südlich der Sahara gekommen war. Das Handelsnetzwerk über den Indischen Ozean, an dem beispielsweise Araber, Perser, Inder und ostafrikanische Völker beteiligt waren, hat bereits funktioniert, als die Römer noch keine Kenntnisse von den Monsunwinden und Meeresströmungen hatten (RAY 1994).

Der indirekte Handel über Siedlungen an der Küste des Horns von Afrika macht es plausibel, dass exotische Handelsware wie Gewürze den frühen Ägyptern bereits vor dem Eintreffen der

Griechen und Römer bekannt war. Über diesen indirekten Handel könnten zum Beispiel diejenigen Pfefferkörner antransportiert worden sein, die mit Hilfe der Röntgenuntersuchung in der Mumie von Ramses II. aus der 19. Dynastie (1290-1224 v. Chr.) entdeckt wurden. Es gibt aber auch Gewürze, die dem Vernehmen nach aus dem alten Ägypten stammen, wahrscheinlich jedoch jüngeren Datums sind. So befinden sich im Agrarischen Museum in Kairo einige Zitronatzitronen (Citrus medica) und mehrere Nelken (Syzygium aromaticum), die einem Antiquitätenhändler in Luxor abgekauft wurden. Nach neuester Bestandsaufnahme der Pflanzen im Besitz des Agrarischen Museums wurde ungefähr ein Viertel seiner Pflanzen bei Antiquitätenhändlern in Luxor angekauft (CAPPERS U. HAMDI 2007). Zusammen mit Schenkungen von Ausgräbern und Teilbeständen anderer Sammlungen stellt dies die Grundsammlung des Agrarischen Museums dar, die in der Zeit 1932-1938 zusammengetragen wurde.

In diesem Zeitraum wurde auch in großem Umfang illegal ausgegraben, und es konnten vielerlei Antiquitäten legal sowie illegal erworben werden. Wahrscheinlich sind zu jener Zeit auch auffällige pflanzliche Funde wie Opfergaben in Umlauf gekommen. Es ist aber nicht auszuschließen, dass sich die Nachfrage auf das Angebot ausgewirkt hat und Früchte und Gewürze jüngeren Datums als antik verkauft worden sind. Wegen der herausragenden Konservierung im äußerst trockenen Klima in Ägypten sind solche Reste, wenn sie einige Jahre alt sind, häufig nur schwer von antiken Pflanzenresten zu unterscheiden. Eine Datierung der oben erwähnten Nelken in die Antike lässt sich auf alle Fälle anzweifeln. Dieses Gewürz stammt von fünf kleinen südmolukkischen Inseln, die zu einem Archipel gehören, der sich aus Tausenden von Inseln zusammensetzt. Erst im 16. Jahrhundert haben die Portugiesen diese kleine Inselgruppe entdeckt, und seitdem gibt es einen lebhaften Handel mit diesem Gewürz. Obwohl die Möglichkeit vorerst offen bleiben soll, dass die

Nelke bereits vorher über lange Handelswege nach Ägypten gekommen sein könnte, liegt die Annahme näher, dass es sich hier um jüngere Exemplare handelt, die als antik verkauft worden sind – eine Annahme, die durch eine C^{14} Datierung bestätigt werden könnte.

Es ist nicht auszuschließen, dass die Römer über Handelsbeziehungen mit Indien auch mit Gewürzen aus dem Fernen Osten bekannt waren. Solche exotischen Waren wurden möglicherweise über Abzweigungen der Seidenroute transportiert. So könnten über Handel mit Barbarikon und Broach in Nordwestindien – Häfen, die im Periplus erwähnt werden – diese weit entfernten Märkte zugänglich gemacht worden sein. Zum Nachweis dieses indirekten Handels mit Fernost müssten Gewürze gefunden werden, die für dieses Gebiet kennzeichnend sind (CAPPERS 2003). Bisher sind solche Gewürze innerhalb des Römischen Reiches nicht angetroffen worden. Allerdings wäre es möglich, dass sich unter den noch unbestimmten Pflanzenresten aus Berenike eines oder mehrere dieser Gewürze befinden. Zur Rekonstruktion des Handels mit Gewürzen ist es wichtig, die Herkunftsgebiete der Gewürze zu kennen. Dabei stellt sich das Problem, dass die Züchtung von Gewürzen außerhalb ihrer ursprünglichen Verbreitungsgebiete bereits früh ihren Anfang genommen hat. Durch die Züchtung vor Ort wurden Handelsmonopole durchbrochen und Gewürze waren billiger zu haben. Die Griechen und Römer mit ihrem Interesse an exotischen Pflanzen haben bestimmt ihren Beitrag hier-

Abb. 14: Früchte des Korianders (Coriandrum sativum) aus Ägypten (links), Indien (mittig) und China (rechts).
Foto: René Cappers.

zu geleistet. Selbstverständlich haben Händler immer versucht, Informationen über die Standorte der Pflanzen für sich zu behalten. Hierfür sprechen auch die vielen fantastischen Einzelheiten, die in Umlauf gebracht wurden, und die sich in den klassischen Texten wiederfinden.

Viele Gewürze sind klimagebunden, sodass sich das ursprüngliche Herkunftsgebiet eindeutig feststellen lässt. Aus diesem Grund sind die alten Handelsrouten der Gewürze in der Regel leicht zu rekonstruieren. Manchmal ist es sogar möglich, anhand der Morphologie der Samen und Früchte ein bestimmtes Herkunftsgebiet zu benennen, so beim Koriander. Das Studium der Früchte, die in den letzten Jahren für die Vergleichssammlung des Groninger Instituts für Archäologie (GIA) (Niederlande) zusammengebracht worden sind, hat ausgewiesen, dass ägyptischer Koriander verhältnismäßig groß und kugelförmig ist. Koriander aus dem indischen und nepalesischen Raum zeigt sich länglich, während Koriander aus China wiederum ziemlich klein und kugelförmig ist (Abb. 14).

Die zunehmende Globalisierung prägt inzwischen leider auch immer mehr das Angebot an Gewürzen in Ägypten. Wenn ein Sohn den Laden vom Vater übernimmt, bringt er ihn auf den neuesten Stand. Töpfe mit exotischen Waren werden durch eine eher standardisierte Auswahl ersetzt. Aber zum Glück gibt es immer noch Fachgeschäfte wie die Kräuterapotheke von Ahmed Harraz, die eine reiche Auswahl an Gewürzen bieten (Ahmed et al 1979). Solche Läden spiegeln immer noch das vielseitige Angebot wider, das jahrhundertelang über alte Handelsrouten in die Basare gelangte – und ein Besuch in diesen Läden ist allemal wie eine Reise durch die Zeit.

Literaturverzeichnis

Ahmed, M.S. u. G. Honda et al., 1979: Herb drugs and herbalists in the Middle East. Studia Culturae Islamicae 8, 1979, 1-208.

Bedigian, D., 2003: Sesame in Africa, origin and dispersals. In: Neumann, K. / Butler, A. / Kahlheber, S. (eds.): Food, fuel and fields, Progress in African archaeobotany, Acta Praehist 15, Köln 2003, 17-36.

Benecke, N. u. R. Neef, 2005: Faunal and plant remains from Sohr Damb/Nal: A prehistoric site (c. 3500-2000 BC) in Central Balochistan (Pakistan). In: U. Franke-Vogt u. H.-J. Weisshaar: South Asian Archaeology 2003. Proceedings of the Seventeenth International Conference of the European Association of South Asian Archaeologists (7-11 July 2003, Bonn), Aachen 2005, 81-91.

Bierbrier, M. L., 1995: Who was who in Egyptology, 3rd Revised edition, The Egyptian Exploration Society, London 1995.

Bottero, J., 1971: Gewürze. In: Reallexikon der Assyriologie und Vorderasiatische Archäologie Band 3, D.O. Edzard et al. (Hrsg.), München 1971, 340-344.

Cappers, R. T. J., 2003: Exotic Imports of the Roman Empire, An Exploratory Study of Potential Vegetal Products from Asia. In: Food, Fuel and Fields, Progress in African Archaeobotany, K. Neumann, A. Butler, S. Kahlheber (Hrsg.), Heinrich Barth Institut, Köln 2003, 197–206.

Cappers, R. T. J., 2005: Onderzoek aan plantenresten uit Grieks-Romeins Karanis (Fayum, Egypte): een doorstart na 70 jaar. Paleo-Aktueel 16, 2005, 89-95.

Cappers, R. T. J., 2006: Roman foodprints at Berenike, Archaeobotanical evidence of subsistence and trade in the Eastern Desert of Egypt. Monograph 55, Cotsen Institute of Archaeology, UCLA, 2006.

Cappers, R. T. J. u. R. Hamdi, 2007: Ancient Egyptian plant remains in the Agricultural Museum (Dokki, Cairo). In: R. T. J. Cappers (ed.): Fields of change. Progress in African Archaeobotany, Eelde 2007.

Clapham, A. J. und P. A. Rowley-Conwy, 2007: New discoveries at Qasr Ibrim, Lower Nubia. In: R. T. J. Cappers (ed.): Fields of Change, Progress in African Archaeobotany, Groningen Archaeological Studies 5, Barkhuis Publishing, Eelde 2007, 157-167.

Durrani, N., 2004: Luxury Bath. Current Archaeology 195, 2004, 105.

Fahmy, A. G., 2003: Palaeoethnobotanical studies of Egyptian Predynastic cemeteries, new dimensions and contributions. In: Neumann, K./Butler, A./Kahlheber, S. (eds.): Food, fuel and fields, Progress in African archaeobotany, Acta Praehist 15, Köln 2003, 95-106.

Follieri, M., 1975: Resti vegetali macroscopici nel collettore ovest del Colosseo, Annali di Botanica, 1975, 123-141.

Franke, W., 1976: Nutzpflanzenkunde, Nutzbare Gewächse der gemäßigten Breiten, Subtropen und Tropen, Stuttgart 1976.

Germer, R., 1979: Untersuchung über Arzneimittelpflanzen im alten Ägypten, Hamburg 1979.

Germer, R., 1985: Flora des pharaonischen Ägypten. Deutsches Archäologisches Institut, Abteilung Kairo, Sonderschrift 14, Mainz am Rhein 1985.

Germer, R., 1989: Die Pflanzenmaterialien aus dem Grab des Tutanchamun. Hildesheimer Ägyptologische Beiträge 28, Pelizaeus-Museum Hildesheim, Hildesheim 1989.

Hondelmann, W., 2002: Kulturpflanzen der griechisch-römischen Welt. Pflanzliche Ressourcen der Antike, Berlin – Stuttgart 2002.

Jacomet, S. u. J. Schibler, 2001: Les contributions de l'archéobotanique et de l'archéozoologie à la connaissance de l'agriculture et de l'alimentation du site romain de Biesheim-Kunheim. In: S. Plouin et al. (Hrsg.): La frontière romaine sur le Rhin supérieur, À propos des fouilles récentes de Biesheim-Kunheim, Ville de Biesheim, Biesheim, France 2001, 60-68.

Kislev, M. E., 1988: Nahal Hemar cave: dessicated plant remains, an interim report. 'Atiqot 38 1988, 76-81.

Kreuz, A., 1995: Landwirtschaft und ihre ökologischen Grundlagen in den Jahrhunderten um Christi Geburt, zum Stand der naturwissenschaftlichen Untersuchungen in Hessen. Berichte der Kommission für Archäologische Landesforschung in Hessen 3, 1995, 59–91.

Kučan, D., 1984: Der erste römerzeitliche Pfefferfund – nachgewiesen im Legionslager Oberaden (Stadt Bergkamen). Ausgrabungen und Funde in Westfalen Lippe 2, 1984, 51–56.

Küster, H., 2003: Kleine Kulturgeschichte der Gewürze, München 2003.

Küster, H., 1995: Postglaziale Vegetationsgeschichte Südbayerns. Geobotanische Studien zur Prähistorischen Landschaftskunde, Berlin 1995.

Mansfeld, R., 1986: Verzeichnis landwirtschaftlicher und gärtnerischer Kulturpflanzen, Berlin 1986.

Murray, M. A., 2000: Fruits, vegetables, pulses and condiments. In: Ancient Egyptian materials and technology, P. T. Nicholson und I. Shaw (Hrsg.), Cambridge University Press 2000, 609-655.

Neef, R., 1989: III.a Plants. In: van der Kooij u. M.M. Ibrahim (Hrsg.): Picking up the Threats... A continuing review of excavations at Deir Alla, Jordan, Leiden 1989, 30-37.

Ray, H. P., 1994: The Winds of Change, Buddhism and the Maritime Links of Early South Asia. Oxford University Press, Delhi, India 1994.

Schweinfurth, G., 1865: Reise an der Küste des Rothen Meeres von Kosser bis Suakin. Zeitschrift für Allgemeine Erdkunde 18, 1865, 131–150, 283–313, 321–384.

Tengberg, M., 1999: Crop husbandry at Miri Qalat, Makran, SW Pakistan (4000-2000 B.C.). Vegetation History and Archaeobotany 8, 1999, 3–12.

van der Veen, M., 2001: Chapter 8, The botanical evidence. In: Maxfield VA / Peacock DPS, Mons Claudianus, Survey and excavation 1987-1993, Vol 2. Excavations, Part 1, Fouilles IFAO [Inst Franç Archéol Orientale] 43, Paris 2001, 174-222, appendix 1-2; fig 8.1-8.13.

van der Veen, M., 2003: Trade and diet at Roman and medieval Quseir al-Qadim, Egypt. In: Neumann, K./Butler, A./Kahlheber, S. (eds.): Food, fuel and fields, Progress in African archaeobotany, Acta Praehist 15, Köln 2003, 207-212.

van der Veen, M., 2004: The Merchants' Diet, Food Remains from Roman and Medieval Quseir al-Qadim. In: Trade and Travel in the Red Sea Region, Proceedings of Red Sea Project, P. Lunde und A. Porter (Hrsg.), BAR International Series 1269, British Archaeological Reports, Oxford 2004, 123-130.

van der Veen, M. u. S. Hamilton-Dyer, 1998: A Life of Luxury in the Desert? The Food and Fodder Supply to Mons Claudianus. Journal of Roman Archaeology 11, 1998, 101–116.

van Zeist, W. u. J. A. H. Bakker-Heeres, 1988: Archaeobotanical Studies in the Levant, 4. Bronze Age Sites on the North Syrian Euphrates. Palaeohistoria 27, 1988, 247-316.

van Zeist, W. u. J. Vynckier, 1984: Palaeobotanical investigations of Tell ed-Der. In: L. de Meyer (ed.): Tell ed-Der, Progress reports 2nd series, Leuven 1984, 119-143.

Wetterstrom, W., 1982: Plant Remains from Quseir al Qadim, The 1982 Campaign. Preprint (o. J.).

Wetterstrom, W., 1982: Plant Remains. In: Quseir Al Qadim 1980: American Research Center in Egypt Reports, D. S. Whitcomb und J. H. Johnson (Hrsg.) 1982, 355–377.

Willcox, G., 2002: Charred plant remains from a 10th millennium BP kitchen at Jerf el Ahmar (Syria), Vegetation History and Archaeobotany 11, 2002, 55-60.

Zohary, D. u. M. Hopf, 2000: Domestication of Plants in the Old World, New York 2000.

Aus dem Niederländischen von Janneke Panders.

Anschrift der Autoren

Prof. Dr. René T. J. Cappers
Groningen Institut für Archäologie
Universität Groningen
Poststraat 6
NL – 9712 ER Groningen

Drs. Reinder Neef
Zentrale, Referat Naturwissenschaften
Deutsches Archäologisches Institut
Im Dol 2-6
D – 14195 Berlin

Christine Vögeli-Pakkala

Gegen Feinde ist ein Kraut gewachsen: Koriander

*Šumma amēlu bēl dabābi-ka
ina pu(!)-u‹-ri› ša damqari
la it-‹a-a an-na (teppuš)
ŠE.LÚ.SAR kanūnu zi-pa-a
an-ta‹-šum-e zi-zu ta-sak
a-na libbi šikari tanadi(di) ki-am taqabi
ilu ù (il)ištar ana-ku annanna apil annanna
mār ili-šú bēl dabābi-ia šá mu‹‹i-ia
e-mu-qa ra-šu-ú
[...]*

(Zur) Vertreibung deines Feindes – in der Versammlung der Kaufleute soll er nicht nahen – [tue] folgendes: **Koriander**, Kümmel, Schwarzkümmel, *antahašum*, Emmer sollst du zerreiben, in Bier tun, also sprechen: Gott und Göttin, ich, NN., Sohn des NN., der Sohn seines Gottes, (bin es). Mein Feind, der mehr als ich Kraft hat, mich täglich bedrückt, hat einen Sieg über mich erfochten.
[Das sollst du sagen, eine Kugel aus Ton machen, seinen Namen schreiben, da hinein legen, um Mitternacht (sie) in den Fluss werfen, dein Feind wird sich dir unterwerfen.
Am 29. ... sollst du (es) machen.]
In: Ebeling, 1931, 24-27.

Diese Anweisung eines Zauberpriesters aus dem 7. Jahrhundert v. Chr. zeigt, dass im Alten Orient Gewürze und Kräuter ihren Platz nicht nur in der Küche hatten. Ihnen wurde auch magische Wirkung gegen Feinde nachgesagt. Der Zauber der Gewürze diente zur eigenen Stärkung, war aber auch gegen bedrohliche Konkurrenz im Handelsgeschäft wirksam. Durch ihn sollte es offenbar gelingen, einen Geschäftsrivalen – mit unlauteren Methoden – aus dem Rennen zu werfen.

Die Quellen legen nahe, dass schon in altorientalischer Zeit mit Gewürzen ein reger Handel betrieben wurde, wie er für die klassische Antike und das Mittelalter sowie zu Beginn der Neuzeit nachweisbar ist. Archäologische Funde zeigen, dass Geschäftsbeziehungen und Kontakte zu weit entfernten Gegenden existiert haben müssen. In diesem Beitrag möchte ich die im Lauf der Zeit stattfindende geographische Verbreitung des Korianders sowie seine vielfältige Verwendung in Mesopotamien zeigen. Als Grundlage dienen mir die schriftlichen Hinterlassenschaften in sumerischer und akkadischer Sprache sowie die archäobotanischen Funde.

Koriander (*Coriandrum sativum* L.) ist ein Doldenblütengewächs (Apiaceae oder Umbelliferae) mit hellgrünen, feingefiederten Blättern. Aus den kleinen, weißen bis hellrosa gefärbten Blüten entwickeln sich pfefferkorngroße, gelbliche bis bräunliche Früchte (Spaltfrüchte). Alles ist genießbar: die reifen Früchte, die Blätter und die Wurzeln. Die kugelförmigen getrockneten Korianderkörner enthalten ätherische Öle und werden ganz oder gemahlen verwendet. Die frischen Korianderblätter sind besonders im fernen Orient ein beliebtes Gewürz; die Wurzeln werden heute ausschließlich in der thailändischen Küche verwendet. Als Heilmittel

Abb. 1: Blühender Koriander.
Foto: Gernot Katzer.

Abb. 2: Reifende Korianderfrüchte.
Foto: Gernot Katzer.

wird Koriander gegen Appetitlosigkeit, Verdauungsbeschwerden mit leichten Krämpfen im Magen- und Darmbereich, Völlegefühl und Blähungen eingesetzt. Gesundheitsfördernd sind die ätherischen Öle, die sowohl in den Blättern als auch in den Früchten der Pflanzen zu finden sind. Außerdem hat Korianderöl eine antibakterielle und pilztötende Wirkung (HEGI, 1975, 1072-73; KÜSTER, 1997[2], 110-114; www.uni-graz.at/~katzer/germ/).

Zur Herkunft und Verbreitung des Korianders

Archäologischer Befund

Die ältesten Funde, bei denen es sich immer um die Korianderfrüchte handelt (siehe detaillierte Liste im Anhang), stammen aus dem heutigen Israel (9. Jahrtausend v. Chr.), aus dem Süden Griechenlands (7. Jahrtausend v. Chr.) und der Ägäis (Jungsteinzeit 5./4. Jahrtausend v. Chr.) sowie aus Syrien (2. Jahrtausend v. Chr.). Diese Fundorte decken sich mit der Annahme der Botaniker, dass die Heimat des Korianders im östlichen Mittelmeerraum, insbesondere in Vorderasien liegt. Dafür kommen sowohl die Levante als auch die Ägäis sowie das griechische Festland in Frage.

Bei Ausgrabungen in Amaïda (Nildelta) hat man Korianderfrüchte gefunden, die ins 4. Jahrtausend v. Chr. zu datieren, und vermutlich mit der ersten Welle der Kulturpflanzen nach Ägypten gekommen sind (GERMER, 2002, 45-46). Im Grab des Tutanchamun (ca. 1325 v. Chr.) und in Deir-el-Bahari, Ägypten (ca. 1000 v. Chr.), wurden ebenfalls Korianderfrüchte gefunden (GERMER, 2002, 45-46).
Bei Ausgrabungen in Pazyrik im Altaigebirge hat man in einem Skythengrab aus dem 5. Jahrhundert v. Chr. eine Anzahl von kultivierten Korianderfrüchten gefunden (RUDENKO, 1970, 76-77, 325).

Wörter für Koriander

Die früheste Erwähnung von Koriander in Mesopotamien stammt aus einer sumerischen Wirtschaftsurkunde, die in die Mitte des 3. Jahrtausends v. Chr. zu datieren ist. Beim sumerischen Wort für Koriander – še-lú – handelt es sich um eine typische sumerische Wortbildung, die mit den Zeichen für „Getreide" und „Mensch" geschrieben wird. In lexikalischen Listen (LANDSBERGER, 1957, 304; LANDSBERGER/GURNEY, 1957, 81f.) wird še-lú mit dem akkadischen kisibirru (kusibirru, kissibirru, kisibarru) gleichgesetzt, das wiederum aufgrund semitischer Äquivalente – kus/zbura (arabisch), kusbār(t)ā (aramäisch)

Abb. 3: Frisches Korianderkraut.
Foto: Jonas Fansa.

Abb. 4: Getrocknete Korianderfrüchte.
Foto: Jonas Fansa.

und *kusbar(a)* (hebräisch) – als Koriander (*Coriandrum sativum L.*) übersetzt werden kann. *kisibirru* mit seinen Schreibvarianten ist seit der altbabylonischen Zeit (19.-16. Jahrhundert v. Chr.) belegt und könnte aus dem westsemitischen Sprachraum – vermutlich aus dem Ugaritischen – entlehnt worden sein. Einer Sprache, die mit dem Akkadischen verwandt ist. Es ist eine alphabetische – nicht eine syllabische – Keilschriftsprache (ca. 1400 v. Chr.), deren Name von der gleichnamigen Küsten- und Handelsstadt Ugarit am östlichen Mittelmeer stammt. Es handelt sich möglicherweise um ein zusammengesetztes Wort *kisi* (*ks*) und *piru* (*pr*) (*ks* kann als – *kusi* oder *kusu*, *kisu*, *kisi*, etc. – gelesen werden und steht für Tasse oder Pokal bzw. Kelchglas, in: OLMO LETE, 2003, 459; *pr* kann als – *piru* oder *puri*, *puru*, *piri* – gelesen werden und steht für Frucht, in: OLMO LETE, 2003, 678). Der Name würde den Koriander in seiner botanischen Beschaffenheit als Spaltfrucht umschreiben (literarisch: Tasse(Topf)-Frucht). Ein weiterer Hinweis für eine Entlehnung ist die Verwendung der männlichen und weiblichen Schreibform. Letztere ist für die Archive von Mari und Nuzi sowie für die Texte der altassyrischen und altbabylonischen Zeit belegt. Die Verwendung beider Formen weist auf mögliche Unsicherheiten bei der Adaption des Wortes hin.

Das ägyptische Wort š3w, das mit dem koptischen bērē šēi (Frucht des Korianders) in Verbindung gebracht werden kann, wird als Koriander übersetzt. š3w ist im Ägyptischen vor allem in medizinischen Texten belegt (GERMER, 1979, 316-317). Ein Text aus dem Mittleren Reich (ca. 2010-1793 v. Chr.) nennt eine Schiffsladung aus dem Libanon, die auch pr.t š3w (Korianderfrüchte) enthält (EDER, 1995, 179/183). Daraus kann entnommen werden, dass Ägypten einen Teil seines Korianders aus der Levante bezogen hat. Auch die ärztlichen Papyri Ebers erwähnen eine asiatische Sorte (HEGI, 1975, 1073). Nach neueren Erkenntnissen in der ägyptischen Lautlehre kann das 3-Zeichen als r oder l gelesen werden – also šl/rw. Gelangte das sumerische Wort für Koriander über die Levante in den ägyptischen Wortschatz?

Im Sanskrit ist kustumbarī (kustumburuh = Korianderfrucht) belegt und wird mit Koriander übersetzt (MAYRHOFER, 1959, 249: kustumbari f., kustumuruh m., Koriander). Das Wort kustumburu- wird erstmals von Pāṇini (4. Jahrhundert v. Chr.) erwähnt. kustumburu- scheint kein Wort indoarischen Ursprungs zu sein. Es könnte sich um eine Entlehnung aus dem akkadischen Wort *kisibirru* handeln. Koriander hat sich vermutlich während der Perserzeit nach Indien verbreitet (DALBY, 2000, 126).

Abb. 5: Keilschrifttafel mit Kochrezepten.
Herkunft unbekannt; vermutlich aus Südmesopotamien, altbabylonische Zeit, ca. 1700 v. Chr.
(YOS 11 26 obverse)
Foto: Yale University, Babylonian Collection YBC 8958.

Koriander in Sumer

In den altsumerischen Wirtschaftstexten aus Südmesopotamien (www.cdli.ucla.edu/) wird še-lú häufig zusammen mit verschiedenen Zwiebelarten und Hülsenfrüchten aufgeführt, selten noch mit anderen Garten- und Gewürzpflanzen wie Kreuzkümmel. Es handelt sich dabei um Aufzeichnungen landwirtschaftlicher Vorgänge wie Aussaat und Ernte sowie um die Vermessung der Böden und die Festlegung ihrer Bepflanzung (SELZ, 1989, 355). In diesen Urkunden ist die Menge von še-lú in Litern und den dafür vorgesehenen Saatfurchen (absìn) angegeben.

Aus der Ur III-Zeit (Ende 3. Jahrtausend v. Chr.) notieren sehr viele Wirtschaftsurkunden še-lú. Die Urkunden stammen aus Archiven, die man bei Ausgrabungen in Drehem, Girsu, Nippur, Umma und Ur (Südmesopotamien) gefunden hat. Es sind Verwaltungsurkunden, die Gütertransaktionen oder Bestandesaufnahmen dokumentieren (SALLABERGER, 1999, 200). še-lú wird hier regelmäßig zusammen mit verschiedenen Gewürz- und Speisepflanzen, mit Bier- und Brotsorten, aber auch mit Zwiebeln und Hülsenfrüchten aufgeführt. Gemessen wird še-lú in gur, einer Gewichtseinheit für getrocknete Waren, was dafür spricht, dass es sich jeweils um die Früchte handelt, da getrocknete Blätter ihr Aroma und den Wirkstoff verlieren. In einigen Texten wird še-lú lugal – „Koriander-König" – notiert, das als „Koriander bester Sorte" übersetzt wird. Für wen dieser qualitativ gute Koriander bestimmt war, geht aber aus den Urkunden nicht hervor.

In diesen frühen Quellen scheint Koriander (še-lú) vorwiegend als Nahrungsmittel oder Geschmacksveredler gedient zu haben. Eine medizinische Nutzung ist nicht belegt, was aber nicht ausschließt, dass die verdauungsfördernde Wirkung des Korianders bekannt war. Vielleicht war es der Grund, weshalb Koriander stets mit Hülsenfrüchten und Zwiebeln zusammen angebaut wurde. Bei den Römern und im Mittelalter war es beispielsweise beliebt, Hülsenfrüchte mit Koriander oder Kreuzkümmel zu würzen. Sicher auch eine Rolle hat die praktisch identische Aussaat- und Erntezeit dieser Pflanzen gespielt. Obwohl es sich bei Koriander offensichtlich bereits im 3. Jahrtausend v. Chr. um eine wichtige und beliebte Nutzpflanze handelte, taucht še-lú nie in den Rationenlisten auf, welche die Entlöhnung der Arbeiter und Arbeiterinnen notieren.

Koriander in akkadischen Textquellen
In der zweiten Hälfte des dritten Jahrtausends v. Chr., vor allem während des Reichs von Akkade (ca. 2340-2200 v. Chr.) setzte ein kultureller Wechsel, aber auch eine sprachliche Veränderung in Mesopotamien ein. Das Akkadische, eine semitische Sprache, verdrängte das Sumerische als Alltags-, Herrschafts- und Wirtschaftssprache. Letztere wurde – wie später Latein – jedoch noch lange schriftlich weitertradiert. Entsprechend treffen wir jetzt verstärkt auf Quellen in akkadischer Sprache.

Koriander als Handelsware
Aus Kaniš (Kayseri) in Anatolien, wo die Assyrer im 19. Jahrhundert v. Chr. Handelsniederlassungen gegründet hatten, stammen zwei Warenlisten (CLAY, 1927, Nr. 162; GELB, 1934, 54-57), die gefärbte Stoffe, Kleidung, Gewürzpflanzen, Tiere, Aromatika, Eselsättel und andere Warenposten mit den jeweiligen Preisangaben aufführen. Zu den Lieferungen gehört auch Koriander – dialektbedingt *kisibarru* statt *kisibirru* geschrieben. Dies lässt vermuten, dass die Pflanze oder wenigstens die Sorte, die in Mesopotamien gedieh, dort sonst nicht bekannt war, und der Koriander somit den dort stationierten assyrischen Händlern geliefert oder zusammen mit den anderen Warenposten an die einheimische Bevölkerung weiterverkauft wurde.

Koriander in der Küche
Aus dem Südosten Syriens, aus dem umfangreichen Palastarchiv des Königs Zimri-Lim (18. Jahrhundert v. Chr.) von Mari, stammen zahlreiche Texte, die über Speiselieferungen an die Palastküche berichten. Koriander und andere Zutaten waren für die Köchin „ana sinnišat" oder für die Hausverwalterin „ana šipir abarakkatim" bestimmt. *kisibirru* wird entweder für einen Kuchen „ana mersi" oder zusammen mit verschiedenen Zwiebelsorten für ein königliches Mahl gebraucht. Neben Koriander wurden auch Kreuz- und Schwarzkümmel sowie weitere Gewürzpflanzen zum Veredeln der Speisen verwendet. Aus Südmesopotamien (19. Jahrhundert v. Chr.) ist auch eine Art Kochbuch oder eine Rezeptsammlung für verschiedene Brühen oder Suppen bekannt, die mit mehre-

ren Arten von Fleisch und Gemüse sowie mit verschiedenen Gewürzen – darunter auch Koriander – verfeinert wurden (BOTTÉRO, 1995).

Koriander und Alkohol
Ein altbabylonischer Brief (SCHROEDER, 1917, 6) (ca. 19.-16. Jahrhundert v. Chr.) befiehlt dem Adressaten, ihm Koriander und Samen einer Lakritzenart zu schicken. Der Brief gibt keinerlei Auskunft darüber, ob der Auftraggeber die Lakritze und den Koriander zusammen verwenden wollte. Denkbar ist, dass man *kisibirru* zur Veredelung von Bier und Wein verwendet hatte, wie das für Ägypten belegt ist. Dort machte man mit Koriander den Wein berauschender (HEGI, 1975, 1973). Es ist durchaus möglich, dass mit Koriander die Wirkung des Biers – einem wichtigen Bestandteil des mesopotamischen Speisezettels – verstärkt werden sollte.

Koriander aus eigenem Garten
Aus einem Archiv in Nuzi, einer Stadt im Norden Mesopotamiens (ca. 1440-1340 v. Chr.), ist eine Auflistung verschiedener Pflanzen überliefert (LACHEMAN, 1950, 27). Die Pflanzen sind mehrmals, aber in unterschiedlich großen Mengen, aufgeführt und stammen aus verschiedenen Gärten. In den Nuzi-Texten wird Koriander mit *kusibirru* oder *kussibirru* wiedergegeben, was auf den Einfluss der hurritischen Sprache auf den lokalen Dialekt des Akkadischen zurückzuführen ist.
Ein jüngerer Text aus dem Süden Mesopotamiens (WALLIS BUDGE, 1964, Pl. 50) listet Pflanzen aus dem Garten von *Marduk-apla-iddin* (Merodach-Baladan), König von Babylon (721-710 v. Chr.), auf. Diese geben einen guten Überblick über die damaligen Kulturpflanzen Südmesopotamiens. Zu welchem Zweck die Pflanzen angeliefert wurden, bleibt allerdings unklar.

Koriander als Medizin
Ebenfalls aus einem Archiv in Nuzi stammt ein Text, in dem *kisibirru* neben anderen Gewürzpflanzen für einen Arzt bestimmt war (zusammengefasst als *riqqū ša asî* = Gewürze oder Aromatika des Arztes; LACHEMAN, 1950, 11). Daran können wir sehen, dass die medizinische Wirkung des Korianders bekannt war und genutzt wurde. Gegen welche Leiden er eingesetzt wurde, geht aus diesem Text jedoch nicht hervor. Aus einem jüngeren Beleg – eine dreispaltige Rezension eines pharmakologisch-therapeutischen Handbuches (KÖCHER, 1963, Taf. 6) aus der spätbabylonischen Zeit (1. Hälfte des 1. Jahrtausends v. Chr.) – erfahren wir:

Ú.GA(!).RAŠ.SAR : Ú.ŠE.LÚ.SAR : *ša īnāšu marsa la ikkal*
Lauch (oder) Koriander: er, dessen Augen entzündet sind, soll nicht davon essen.

Die medizinische Anweisung warnt explizit davor, bei Augenleiden *kisibirru* oder Lauch zu essen. Leider werden in dem Handbuch die Gründe für dieses Verbot nicht genannt, ebenso wenig wird die Art des Leidens näher beschrieben.

Koriander für Kulthandlungen
Ein anderer Brief (FIGULLA/MARTIN, 1953, Nr. 512) (19.-16. Jahrhundert v. Chr.) dokumentiert die Lieferung von *kisibirru*, *kasû* (häufig belegt, aber nicht identifiziert) und Pinienkernen für das *sattukku*-Opfer. Beim *sattukku*-Opfer handelt es sich um regelmäßige Abgaben von Nahrungsmitteln und Schafen an Götter. Es ist denkbar, dass der Koriander zusammen mit *kasû* und den Pinienkernen als Räucheropfer im Tempel verwendet wurde.
Der schon eingangs erwähnte Text (EBELING, 1931, 24-27) zeigt, dass Koriander für rituelle Praktiken eingesetzt werden konnte. Es handelt sich um eine Beschwörung zur Niederwerfung des Feindes. Die Keilschrifttafel stammt aus der berühmten Bibliothek in Ninive des Assurbanipal (668 - ca. 630 v. Chr.). Bei dem Ritual werden verschiedene Kräuter mit Bier vermengt. Darüber wird eine Beschwörung gesprochen. Dann wird ein Gefäss aus Ton hergestellt, der Name des Feindes aufgeschrieben, in das Gefäß getan,

Anhang: Archäobotanischer Befund

Epoche:	Fundorte:	Belegstellen:
Akeramisches Neolithikum, ca. 2. Hälfte 9. Jahrtausend vor Chr.	Nahal Hemar-Höhle, in Israel	Zohary/Hopf, 2000³, 205.
Präpharaonische Zeit, ca. 4. Jahrtausend vor Chr.	Adaïma, Sinai	Germer, 2002, 45; Vartavan de/Amorós, 1997, 85.
(Mittel/Spät)-Bronzezeit, ca. 2. Jahrtausend vor Chr.	Tell ed-Dar, Syrien	Zohary/Hopf, 2000³, 205.; www.cuminum.de/archaeobotany/database.
Mittelbronzezeit, 1. Hälfte 2. Jahrtausend vor Chr.	Umm el-Marra, Syrien	www.cuminum.de/archaeobotany/database.
Spätbronzezeit, ca. 1325 vor Chr.	im Grab des Tutanchamun, Ägypten	Germer, 2002, 45-46.
Spätbronzezeit, 2. Jahrtausend vor Chr.	Ulu Burun, Küste von Lykien, Türkei	www.cuminum.de/archaeobotany/database.
Eisenzeit, 1. Jahrtausend vor Chr.	Deir Alla, Jordanien	www.cuminum.de/archaeobotany/database.
Eisenzeit/spätassyrisch, ca. Mitte 1. Jahrtausend vor Chr.	Nimrud, Assyrien (Nordmesopotamien), Irak	Zohary/Hopf, 2000³, 205.
Hellenistische/parthische Zeit, 2. Hälfte 1. Jahrtausend vor Chr.	Larsa, Babylonien (Südmesopotamien), Irak	www.cuminum.de/archaeobotany/database.
Neolithikum, ca. 7. Jahrtausend vor Chr.	Frankhthi-Höhle in der Nähe von Porot Kheli im Süden Griechenlands wurde eine einzelne Korianderfrucht gefunden.	Dalby, 2000, 126.
Jungsteinzeit, ca. 4000 Jahre vor Chr.	Ägäis, Insel Saliangos	Zohary/Hopf, 2000³, 205.
Spätbronzezeit, ca. 2. Hälfte 2. Jahrtausend vor Chr.	Akrotiri, Zypern	www.cuminum.de/archaeobotany/database.
Spätbronzezeit, ca. 2. Hälfte 2. Jahrtausend vor Chr.	Apliki, Zypern	www.cuminum.de/archaeobotany/database.
Früharchaische Zeit, ca. 700 vor Chr.	Samos Heraion, Griechenland	www.cuminum.de/archaeobotany/database.

und beides in der Nacht in den Fluss geworfen. Ob Koriander aufgrund seines wanzenartigen Geschmacks für das abwehrende Zauberritual eingesetzt wurde, lässt sich indessen nicht sagen. Von diesem Text existiert ein Duplikat, das zeigt, dass solche rituellen Praktiken in Mesopotamien verbreitet waren, und man von der Zauberkraft der Pflanzen – unter anderem derjenigen des Korianders – überzeugt war. Ob die Vertreibung der Feinde auf diese Weise Erfolg hatte, darüber schweigen sich die Texte wieder aus.

Koriander in der Kleinkunst

Aus dem oben erwähnten Archiv des Königs Zimri-Lim von Mari sind auch Texte überliefert, die Goldschmiedearbeiten in Form von Korianderfrüchten beschreiben. Diese Goldschmiedearbeiten wurden unter anderem als Teile von Gewandnadeln „*tudinātum*" (DURAND, 1990, 268f und REITER, 1997, 410) oder zur Herstellung von Halsschmuck verwendet (LIMET, 1986, 149). Die korianderförmigen Goldperlen wurden jeweils in kleinen Gruppen angeordnet und bildeten ein Ornament.

Literaturverzeichnis

Wörterbücher:

AHw: Akkadisches Handwörterbuch. Unter Benutzung des lexikalischen Nachlasses von Bruno Meissner (1868-1947) bearbeitet von Wolfram von Soden. Band I – III. Wiesbaden, 1965.

CAD: The Assyrian Dictionary of the Oriental Institute of the University of Chicago. Chicago, 1964-2007.

Philologische Literatur:

Birot, M. 1960: Textes Administratifs de la Salle 5 du Palais. Transcrits, Traduits et Commentés. In: Parrot, A./Dossin, G., Archives Royales de Mari IX. Paris, 1960, 238.

Birot, M. 1964: Textes Administratifs de la Salle 5 du Palais (2ème Partie). Transcrits, Traduits et Commentés. In: Parrot, A./Dossin, G., Archives Royales de Mari IX. Paris, 1964, 238.

Bottéro, J. 1957: Textes Économiques et Administratifs. In: Archives Royales de Mari VII. 1957, 132.

Bottéro, J. 1995: Textes culinaires Mésopotamiens. Mesopotamian Culinary Texts. In: Mesopotamian Civilizations 6. Winona Lake, 1995.

Burke, M. L. 1963: Textes Administratifs de la Salle 111 du Palais. Transcrits, Traduits et Commentés. In: Parrot, A./Dossin, G., Archives Royales de Mari IX. Paris, 1964, 238.

Clay, A. T. 1927: Dokuments from the temple archives of Nippur dated in the reigns of Cassite rulers. Philadelphia, 1927, Nr. 107.

Clay, A. T. 1927: Letters and Transactions from Cappadocia. In: Babylonian Inscriptions in the Collection of James B. Nies, Yale University – Vol. IV, 1927, Nr. 162.

Dossin, G. 1978: Correspondance Féminine. In: Archives Royales de Mari 10. Paris, 1978, 255.

Durand J.-M. 1990: La culture matérielle à Mari (I): le bijou *HÚB-TIL-LÁ/"GUR$_7$-ME"*. In: Mari 6. Paris, 1990, 268ff.

Ebeling, E., 1931: Aus dem Tagewerk eines assyrischen Zauberpriesters. In: Mitteilungen der Altorientalischen Gesellschaft. Leipzig, 1931, 24-27.

Ebeling, E., 1970: Keilschrifttexte aus Assur Religiösen Inhalts. Fünftes Heft (Zweiter Band, 1. Heft). In: Wissenschaftliche Veröffentlichung der Deutschen Orient-Gesellschaft 34. Osnabrück, 1970, 28.

Frankena, R. 1965: Altbabylonische Briefe. In: Tabulae Cuneiformes a. F.M. Th. De Liagre Böhl, Vol. 4. Leiden, 1965, Pl. LIII.

Feigin, S. 1979: Legal and Adminstrative Texts of the Reign of Samsu-Iluna. In: Yale Oriental Series. Babylonian Texts Vol. XII. New Heaven, 1979, Nr. 229.

Figulla, H., Martin, W. J. 1953: Letters and documents of the Old-Babylonian Period. London, 1953, Nr. 512.

Gelb, I. J. 1934: Inscriptions from Alishar and Vicinity. In: The University of Chicago Oriental Institute Publications, Volume XXVII. Chicago, 1934, 54-57 und Tafel 55.

Köcher, F. 1952-53: Ein akkadischer medizinischer Schülertext aus Bogazköy. In: Archiv für Orientforschung 16. Berlin, 1952-53, 48.

Köcher, F. 1963: Die babylonisch-assyrische Medizin in Texten und Untersuchungen, Vol. 1. Berlin, 1963, Tafel 6, VAT 8256.

Lacheman, E. R. 1950: Miscellaneous Texts from Nuzi, Part II. The Palace and Temple Archives. In: Excavations at Nuzi, Volume 5. Harvard, 1950, 11 und Plate 89.

Landsberger, B. 1957: Materialien zum Sumerischen Glossar (MSL) V. The Series HAR-ra hubullum. Tablats I – IV. Pontificium Institutum Biblicum. Roma, 1957, 304.

Landsberger, B., Gurney, O. R. 1957: Practical Vocabulary of Assur. In: Archiv für Orientforschung 18. Wien, 1957, 81f.

Limet, H., 1986: Textes administratifs relatifs aux métaux. In: Archives Royales de Mari XXV. Paris, 1986, 120.

Olmo Lete, G. del 2003: A Dictionary of the Ugaritic Language in the Alphabetic Tadition, Vol. 1-2. Leiden, 2003, 459, 678.

Pfeiffer, R. H., Lacheman, E. R. 1943: Miscellaneous Texts from Nuzi, Part I. The Palace and Temple Archives. In: Excavations at Nuzi, Volume 5. Harvard, 1943, 24, Nr. 353.

Sallaberger, W. 1999: Ur III-Zeit. Mesopotamien. In: Orbis Biblicus et Orientalis 160/3. Fribourg/Schweiz, 1999, 200.

Schroeder, O. 1917: Altbabylonische Briefe mit Zeichen- und Namenslisten. In: Vorderasiatische Abteilung (Hrsg.), Vorderasiatische Schriftdenkmäler der Königlichen Museen zu Berlin, Heft XVI. Leipzig, 1917, 6.

Selz, G. J. 1989: Die Altsumerischen Wirtschaftsurkunden der Eremitage zu Leningrad. In: Freiburger Altorientalische Studien 15.1. 1989, 355. Nik 138, 1:1.

Snell, D. C. 1987: The Ur III Tablets in the Emory University Museum. In: Acta Sumerologica 9. 1987, 203-275.

Steible, H. 1982: Die Altsumerischen Bau- und Weihinschriften. Teil I. Inschriften aus Lagasch. In: Freiburger Altorientalische Studien 5.1. Tübingen, 1982, 294/295.

Wallis Budge, E. A., 1964: Cuneiform Texts from Babylonian Tablets, London, 1964, Nr. 50.

Botanische und archäologische Fach- und allgemeine Literatur:

Dalby, A. 2000: Dangerous Tastes. The Story of Spices. Berkeley, 2000, 126.

Eder, Ch. 1995: Die ägyptischen Motive in der Glyptik des östlichen Mittelmeerraumes zu Anfang des 2. Jahrtausends v. Chr. In: Orientalia Lovaniensia analecta Nr 71. Leuven, 1995, 179/183.

Edzard, D. O. 2003: Geschichte Mesopotamiens. München, 2003.

Gelb, I. 1965: The Ancient Mesopotamian Ration System. In: Journal of Near East Studies 24. Chicago, 1965, 230-243.

GERMER, R.1979: Untersuchung über Arzneimittelpflanzen im Alten Ägypten. Hamburg, 1979, 314-317.

GERMER, R. 2002: Die Heilpflanzen der Ägypter. Düsseldorf, 2002, 45-46.

HEGI, G. 1975: Illustrierte Flora Mitteleuropas V(2). Parey, 1975, 1071–1073.

KÜSTER, H. 1997: Kleine Kulturgeschichte der Gewürze. Ein Lexikon von Anis bis Zimt. München, 1997 (2. Auflage), 110-114.

MAYRHOFER, M. 1959: Kurzgefasstes etymologisches Wörterbuch des Altindischen. A Concise Etymological Sanskrit Dictionary. Bd. I A-TH. Heidelberg, 1959, 249.

REITER, K. 1997: Die Metalle im Alten Orient unter Berücksichtigung altbabylonischer Quellen. In: Alter Orient und Altes Testament. Münster 249, 1997, 369-370, 410.

RUDENKO, S. I. 1970: Frozen Tombs of Siberia: The Pazyryk Burials of Iron Age Horsemen. London, 1970, 76-77, 325.

VARTAVAN, Ch. de, AMORÓS, V. A.1997: Codex of ancient Egyptian plant remains = Codex des restes végétaux de l'Egypte ancienne. London, 1997, 85.

ZOHARY, D., HOPF, M. 2000: Domestication of Plants in the Old World, the origin and spread of cultivated plants in West Asia, Europe, and the Nile Valley. Oxford, 2000 (3. Auflage), 205.

Webseiten:
http://www.cdli.ucla.edu/
http://www.cuminum.de/archaeobotany/database/
http://www.uni-graz.at/~katzer/germ/

Anschrift der Autorin

Christine Vögeli-Pakkala
Universität Bern
Institut für Archäologie
Abt. Vorderasiatische Archäologie
Längass-Strasse 10
CH – 3012 Bern
christine.voegeli@arch.unibe.ch

Karen Ermete

Gewürze und Gewürzhandel in den Nordwestprovinzen des Römischen Reichs

Viele Gewürze, die in der heutigen mitteleuropäischen Küche selbstverständlich sind, konnten in dieser Region erst im Zuge der römischen Eroberung seit dem späten zweiten vorchristlichen Jahrhundert bekannt und heimisch werden.[1] Die Errichtung der gallischen Provinzen seit dem zweiten vorchristlichen Jahrhundert sowie die Einflussnahme Roms in Germanien seit dem ersten Jahrhundert vor Christus haben nachhaltigen Einfluss auf die Entwicklung der Landwirtschaft und auf die Esskultur in diesen Regionen gehabt.

Über die gehobene Esskultur in der Hauptstadt sind wir aus den antiken literarischen Quellen gut unterrichtet. Insgesamt sind etwa 1000 Rezepte überliefert.

Unerlässlich für die gehobene römische Küche war die Verwendung einer großen Anzahl von Gewürzen, die – nach heutigen Maßstäben – teilweise sehr ungewöhnlich kombiniert wurden. Die früheste Quelle der klassischen Antike sind wohl die nur fragmentarisch erhaltenen *Hedyphagetica* des Ennius, die wahrscheinlich nach 189 v. Chr. zu datieren sind.[2]

Das bekannteste Kochbuch der römischen Antike ist wohl das Werk *De re coquinaria*. Diese Rezeptsammlung wurde in humanistischer Zeit Apicius (Marcus Gavius) zugeschrieben, dem berühmten Feinschmecker aus augusteischtiberischer Zeit. Die uns überlieferte Fassung stammt aber wohl aus dem 4. Jh. n. Chr.[3] In diesem Kochbuch werden etwa 80 Würzmittel verwendet, mehr als 70 von ihnen sind pflanzlichen Ursprungs. Neben diesen Rezepten liefern die Werke der Agrarschriftsteller Cato, Varro und Columella ergiebiges Material. Das Preisedikt Diokletians aus dem Jahr 301 n. Chr. gibt Informationen über die Preise der Lebensmittel.

Wertvoll sind außerdem botanische Fachschriften, unter anderem von Theophrast (372-288 v. Chr.), einem Schüler des Aristoteles, der bekannte Pflanzen in unterschiedlichen Kategorien beschrieb, so dass er heute als ‚Vater der Botanik' bezeichnet wird.

Medizinische Abhandlungen wie z. B. die des Dioskurides oder die des Celsus enthalten Listen von Speisen für Kranke und Rekonvaleszente. Zudem sind sie für die Erforschung von Gewürzen von Bedeutung, da zahlreiche Gewürze, die heute ausschließlich oder vorrangig bei der Zubereitung von Lebensmitteln benutzt werden, in ihrer medizinischen Verwendung beschrieben werden. Oft vernachlässigt werden die *Periploi*, Beschreibungen von Küsten, die unter anderem Informationen zu Entfernungen, Häfen und Ankerplätzen, klimatischen Bedingungen sowie ethnographische Exkurse enthalten und die in Form von Handbüchern zu Handelszwecken niedergeschrieben wurden.[4] Kritische Schriften aus christlicher Sicht, z. B. die des Clemens Alexandrinus (gest. ca. 212 n. Chr.) liefern ebenfalls wertvolle Hinweise. Im *Paidagogos* kontrastiert Clemens Alexandrinus die einfache und anspruchslose christliche Lebensführung mit der Vielfalt der teilweise sehr exotischen Speisen und der damit verbundenen komplizierten Kochkunst. Die Gewürze nehmen in diesem Zusammenhang einen beson-

Abb. 1: Safransammlerinnen. Fresko, bronzezeitlich. Akrotiri (Santorini).

deren Stellenwert ein. Übermäßiges Essen lasse die Seele abstumpfen, erzeuge Vergesslichkeit und führe zu Ausschweifungen in Form von Unzucht. Wohlgerüche seien eine Verlockung zum Leichtsinn.[5] Kritik an der ausschweifenden Esskultur findet sich nicht erst in den christlichen Quellen: *„Ich würze meine Speisen nicht wie jenes Volk, das ganze Wiesen auf den Platten herserviert, als gälte es, Rindvieh zu bewirten"*.[6] Mit diesen Worten lässt der Komödiendichter Titus Maccius Plautus an der Wende vom 3. zum 2. Jahrhundert v. Chr. einen Koch über die römische ‚neumodische' Sitte klagen, eine Vielzahl von Kräutern und Gewürzen bei der Speisenzubereitung zu verwenden. Dieses Zitat spiegelt die Kritik wider, die von Zeitgenossen am zunehmenden Tafelluxus geübt wurde. Die Erweiterung der Grenzen des Römischen Reichs führte zur Verfügbarkeit neuer, fremdartiger Nahrungs- und Genussmittel, die in zunehmendem Maße aus dem Mittelmeerraum sowie aus dem Nahen und Fernen Osten importiert wurden. *„Damals fing man an, dem Koch, bei den Alten der wertloseste Sklave der Schätzung und dem Gebrauch nach, einen Wert beizulegen, und was eine Dienstleistung gewesen war, fing* *an, für eine Kunst gehalten zu werden. Und doch war das, was man damals sah, kaum der Keim der künftigen Üppigkeit."*[7] In Rom fand eine ‚kulinarische Revolution' statt, die innerhalb der römischen Oberschicht derart exzessive Ausmaße annahm, dass sie zahlreiche Kritiker auf den Plan rief. Essen und Trinken, der Ablauf von Gastmählern, die Vorlieben einzelner Gastgeber, das alles sind Themen, die in den literarischen Quellen um die Zeitenwende im Rahmen der Gesellschaftskritik der Umbruchszeit zwischen Republik und Prinzipat häufig auftauchen, und die uns heute auch zahlreiche Hinweise auf die verwendeten Gewürze in der Haute Cuisine dieser Zeit geben.[8]

Nicht zuletzt aufgrund dieser hervorragenden Quellenlage ist das Thema ‚Römische Esskultur' Gegenstand zahlreicher Abhandlungen.[9]

Von den exotischen Gewürzen erlangten in der Küche nur Silphium und Pfeffer eine größere Bedeutung. Andere Gewürze wie Ingwer, Kardamom, Narde oder Zimt dienten vor allem der Herstellung von Parfums, Arzneien oder Gewürzweinen.

Zu den faszinierendsten Gewürzen der Antike gehört wohl das bis heute botanisch nicht genau identifizierte Silphium (*Silphion*), auch *laserpitium* oder kurz *laser* genannt, das nicht nur als Nahrungs-, sondern auch als Heilpflanze diente. Das Wort Laser wird später auch für Asant verwendet, letzterer galt aber als minderwertiger Ersatz. Nennungen von Silphium in den antiken Quellen nach dem ersten Jahrhundert beziehen sich häufig auf die aus Iran importierte Asafoeditapflanze (*Ferula asafoedita*).[10]

Den antiken Schrift- und Bildquellen zufolge muss es sich bei dem kyrenischen Silphium um ein einjähriges Doldenblütengewächs gehandelt haben, das in Kyrene (Libyen) wild wuchs.[11] Kyrenes Reichtum gründete wesentlich auf dem Export dieser Pflanze. Blätter und Wurzeln des Silphium waren genießbar, hauptsächlich verwendete man aber eine Art Harz, das durch Anritzen der Wurzel oder des Stengels gewonnen und infolge seines stechenden Geruchs und seines scharfen Geschmacks nur sehr sparsam verwendet wurde. Silphium wurde auch eine aphrodisierende Wirkung zugeschrieben.[12] Nach Plinius und Strabo wurde der Wert des aus der Pflanze gewonnenen Milchsafts (*opos*) in Silber aufgewogen. Versuche, diese Pflanze auch in anderen Regionen, z. B. in Ionien oder auf der Peloponnes anzusiedeln, scheiterten.[13] Ab dem ersten vorchristlichen Jahrhundert wurde die Pflanze immer seltener, bis sie schließlich

Abb. 2: Münze (Tetradrachme), Silber. Münzstätte Kyrene, ca. 300-298 v. Chr., Vorderseite: Silphionstaude, Rückseite: Kopf des Zeus Ammon mit Widderhorn. Staatliche Museen zu Berlin, Münzkabinett.
Foto: Reinhard Saczewski.

im ersten Jahrhundert n. Chr. gänzlich ausstarb. Nach Plinius soll die letzte Silphium-Pflanze als fürstliches Geschenk auf dem Tisch des Kaisers Nero gelandet sein.[14] Die antiken Quellen benennen mehrere Einflussfaktoren, die zu dem Aussterben der Pflanze in der Kyrenaika geführt haben, darunter übermäßige und unplanmäßige Aberntung und Zerstörung[15] sowie die Tatsache, dass Agrarspekulanten in den letzten Gegenden, in denen Silphium gedieh, Schafe hatten weiden lassen.[16]

Die Ausdehnung des Römischen Reichs hatte nicht nur zur Folge, dass zunehmend exotische Pflanzen – darunter auch Gewürze – in die Hauptstadt importiert wurden. Soldaten, Händler und Handwerker, die sich in den neu errichteten Provinzen niederließen, brachten ihre Esskultur auch in die entlegenen Gebiete des Reichs. Durch das weitgehende Fehlen von schriftlichen Quellen ist die römische Esskultur in den nördlichen Provinzen nur schwer nachvollziehbar. Daher ist eine enge Zusammenarbeit unterschiedlicher Disziplinen erforderlich. Durch die Fortschritte naturwissenschaftlicher Disziplinen der Archäologie in den letzten Jahrzehnten, wie z. B. der Archäobotanik bzw. Paläobotanik,[17] wurden Methoden zum Nachweis und zur Bestimmung feinster Partikel organischer Stoffe entwickelt. Pflanzenreste finden sich in Gräbern, Töpfen, Abwasserkanälen, Fäkaliengruben, Fußböden, Brunnenverfüllungen und Zisternen.

Bald nach der Errichtung der gallischen und germanischen Provinzen entstanden neben den Kastellen und den dazugehörigen *vici* so genannte *villae rusticae*, Landhäuser bzw. Landgüter, die meist aus einem Hauptgebäude und mehreren, innerhalb eines Hofs gelegenen Wirtschafts- und Nebengebäuden bestanden. Diese *villae rusticae* waren die Hauptsiedlungs-

Abb. 3: Schwarzfigurige Arkesilaos-Schale, Vulci, ca. 565-555 v. Chr. Die Darstellung zeigt König Arkesilaos von Kyrene (II.?), der das Wiegen und das Verpacken einer weißen Substanz beobachtet, bei der es sich wahrscheinlich um *Silphium* handelt. Bibliothèque Nationale, Paris.

Abb. 4: Von oben nach unten: grüner, schwarzer, weißer und roter getrockneter Pfeffer.
Foto: Jonas Fansa

form der Römer in den Nordwestprovinzen. Meistens verfügte eine solche *villa rustica* auch über einen Obst- sowie einen Gemüse- und Kräutergarten. Zahlreiche Gewächse wurden so in den nördlichen Provinzen angepflanzt und schnell heimisch,[18] so z. B. Liebstöckel, Majoran, Melisse, Dill, Bohnenkraut, Borretsch, Kerbel, Petersilie und Sellerie.[19]

In Neuss (Novaesium) konnten unter besonders günstigen Bedingungen 3000 Samen von sechs verschiedenen Gewürzpflanzen geborgen werden. Das Legionslager wurde im Jahr 70 n. Chr. durch die Bataver zerstört und niedergebrannt und anschließend durch die Römer eingeebnet und neu aufgebaut. Durch den Brand und die Einebnung konnten sich zahlreiche organische Reste unter einer etwa 80 cm dicken Planierschicht erhalten, darunter Reste von Dill, Koriander und Thymian.[20] Andere Gewürzpflanzen, die wegen der klimatischen Bedingungen nicht angebaut werden konnten, wurden importiert. Im römischen Reich gab es ein gut ausgebautes, weit gespanntes Transportnetz. In Germanien und Rätien konnte durch subfossile Pflanzenreste von Pfeffer, Oliven, Feigen, Kichererbsen, Mandeln, Datteln und Reis nachgewiesen werden, dass zahlreiche Pflanzen aus dem Mittelmeergebiet – aber auch aus dem fernen Osten – importiert wurden.[21] Der Handelsweg verlief vorrangig über die Flüsse, über Rhein, Lippe und Ems. So konnten die Versorgungsgüter auch in die rechtsrheinischen Lager transportiert werden.[22] Der Import von Gütern über eine derart weite Strecke muss kostspielig gewesen sein; inwieweit sich dieser Aspekt in den Preisen niedergeschlagen hat, lässt sich aber nicht feststellen.

Pfeffer (*Piper nigrum* L.) war ein handelspolitisch äußerst wichtiges Gewürz. Es stammt aus Malabar, einer Region an der Westküste Südindiens im heutigen Bundesstaat Kerala.[23] In der Antike waren sowohl schwarzer als auch weißer Pfeffer bekannt. Beide Sorten stammen von derselben Pflanze. Der Unterschied liegt darin, dass beim schwarzen Pfeffer die Früchte kurz vor der Reife gepflückt und bei mäßiger Hitze getrocknet werden, beim weißen Pfeffer hingegen die Früchte vollreif geerntet, von ihrer äußeren Hülle befreit und anschließend ebenfalls getrocknet werden.[24] Eine weitere in der Antike bekannte Sorte ist der Lange Pfeffer (*Piper longum*), der von der Dekkan-Halbinsel in Indien stammt.[25]

Bei Hippokrates (460 – ca. 370 v. Chr.) findet sich die früheste Erwähnung von Pfeffer.[26] Er wurde den kleinasiatischen Griechen wohl durch die Perser bekannt und über die Phönizier der Levante nach Karthago und Sizilien gebracht.[27] Die botanischen Beschreibungen bei Theophrast (372/71 oder 371/70 – 288/87 oder 287/86) sind unpräzise.[28] Zu Beginn wurde der Pfeffer vorrangig als Heilmittel, vorzugsweise bei Augenleiden, verwendet.[29] Der Handel wurde dann in spätrepublikanischer

Zeit intensiviert.³⁰ Die Eroberungen des Sulla, Lucullus und Pompeius in Kleinasien und der Levante hatten dafür gesorgt, dass der Pfeffer bekannter wurde. Importiert wurde er bis zum ersten nachchristlichen Jahrhundert über arabische Zwischenhändler, erst später wurde er von den Römern ohne Zwischenhändler auf dem Seeweg von Indien über Ägypten nach Rom eingeführt. In Indien entstanden große Handelskontore.

Vor einigen Jahren entdeckten niederländische Archäologen im Innenhof des Serapis-Tempels in der Hafenstadt Berenike, die auf der ägyptischen Seite des Roten Meeres gelegen ist, ein Tongefäß mit 7,5 kg schwarzem Pfeffer aus Indien.³¹ Möglicherweise handelt es sich hierbei um eine Opfergabe, da im gleichen Tempel auch verkohlte Reste von Pfefferkörnern gefunden wurden. Dieser Fund vermittelt einen Eindruck davon, in welchen Mengen und über welche Handelswege Gewürze aus Asien über Ägypten nach Rom gelangten. Zu Beginn der Kaiserzeit trat der Pfeffer seinen Siegeszug in der Küche an. In der *re coquinaria* nimmt Pfeffer nach *garum* die zweite Stelle in der Liste der Würzmittel ein. Er wird über 450-mal empfohlen, darunter auch zu Süßspeisen.³²

In den Nordwestprovinzen des Römischen Reichs ist der Import von Pfeffer mehrfach belegt. Erstmals archäologisch nachgewiesen werden konnte der Import im Rhein-Moselland Anfang der 1980er Jahre in Trier durch ein Waren-etikett aus dem 2. nachchristlichen Jahrhundert. Dieses Bleiplättchen ist 2,9 cm lang, 1,8 cm breit und 0,5 mm dick. Auf der Vorderseite des Etiketts ist die Warenart zu lesen: frischer Pfeffer (*novellum piper*).³³

Dass es sich um schwarzen Pfeffer handelt, liegt zwar nahe, da er preisgünstig und also weit verbreitet war. Die Identität des Gewürzes lässt sich aber nicht endgültig belegen. Möglicherweise ist in der zweiten, nicht mehr lesbaren Zeile des Plättchens die Sorte vermerkt.³⁴ Die Menge ist auf der Rückseite verzeichnet. Sie betrug *pondo VIII* – also 8 römische Pfund bzw.

Abb. 5: Warenetikett für Pfeffer, Blei, 2,9 x 0,5 cm. Rheinisches Landesmuseum, Trier.

ca. 2650 Gramm nach heutigen Maßangaben.³⁵ Unglücklicherweise ist der Preis – sollte er sich ebenfalls auf dem Plättchen befunden haben – nicht erhalten. Der Preis für Pfeffer – im Vergleich mit anderen Lebensmitteln und Luxuswaren der gleichen Zeit – könnte Aufschluss über die Bedeutung und die Verfügbarkeit dieses beliebten Gewürzes geben. Leider sind, gerade was den Pfeffer in den Nordwestprovinzen betrifft, keine definitiven Aussagen möglich. Plinius, der an gleicher Stelle seine Verwunderung darüber bekundet, dass der Pfeffer so großen Gefallen gefunden hat, obgleich er weder einen angenehmen Geschmack noch ein ansprechendes Äußeres habe, erklärt, dass der Pfeffer nach Gewicht (wie Gold und Silber) gehandelt wird.³⁶ Daraus kann nicht geschlossen werden, dass Pfeffer so wertvoll gewesen ist wie Gold, was etwa für das europäische Mittelalter überliefert ist. Vielmehr wurde er nur wie Gold oder Silber nach Gewicht gehandelt.³⁷ Plinius benennt für die Mitte des ersten Jahrhunderts nach Chr. einen Preis für *piper longum* von 15 Denaren (= 60 Sesterze) für ein römisches Pfund (= 327,35 g), 7 Denare (= 28 Sesterze) für ein römisches Pfund weißen und

Abb. 6: Pfefferstreuer aus Hoxne. Britisches Museum, London.

4 Denare (= 16 Sesterze) für schwarzen Pfeffer. 40 g (der Inhalt eines modernen Pfefferstreuers) kosteten also in Italien etwa 2 Sesterze. Der Tagessold eines römischen Legionärs betrug zu diesem Zeitpunkt 2 ½ Sesterze.

Vergleicht man diese Angaben mit Hinweisen zu Preisen für andere Lebensmittel und Güter, so kann daraus geschlossen werden, dass es sich bei Pfeffer keinesfalls um ein Luxusgut handelte,[38] sondern um ein Gewürz für die gewöhnliche bis gehobene Küche.[39] Unbeantwortet muss die Frage nach dem Preis für Pfeffer in den Nordwestprovinzen bleiben, der aufgrund des längeren Transportweges sicherlich höher gewesen sein wird. Rückschlüsse auf die Verbreitung und die Verfügbarkeit von Pfeffer in den Nordwestprovinzen erlauben archäobotanische Nachweise. Pfeffer konnte in Oberaden, in der römischen Hafenanlage bei Straubing sowie im römischen *vicus* Hanau-Salisweg nachgewiesen werden.[40]

Der älteste Nachweis von Pfeffer stammt aus dem Militärlager Oberaden (Bergkamen, NRW). Hier sind acht Pfefferkörner gefunden worden. Der Pfeffer ist durch Kochen oder Lagerung im feuchten Milieu in einzelne Fruchtsegmente zerfallen.[41] Die in Oberaden nachgewiesenen Gewürze und das Kulturobst zeigen, dass die Römer für das Militär einen erheblichen Anteil an Lebens- und Genussmitteln direkt aus Italien importiert haben.[42]

Pfefferfunde stammen bislang ausschließlich aus urbanen Siedlungen, Städten, Kastellen und Häfen, nicht aber aus ländlichen Siedlungen. Naheliegend wäre der Rückschluss, dass Pfeffer in letzteren nicht oder weniger verwendet wurde. Zu berücksichtigen ist allerdings, dass die Villenlagen im Vergleich zu den Militäranlagen und den dazugehörigen Zivilsiedlungen bislang archäobotanisch ungenügend untersucht wurden.[43] Oft handelt es sich um Rettungsgrabungen, bei denen naturwissenschaftliche Untersuchungen eine Ausnahme darstellen. Zudem richtete die Forschung über einen langen Zeitraum ihr Augenmerk vorrangig auf die Hauptgebäude und deren Ausstattung und nicht auf die Nebengebäude. Die Erhaltung von Pflanzen ist darüber hinaus von den jeweiligen Bodenbedingungen abhängig. In den Städten gibt es gehäuft Feuchtbodenbedingungen in Form von Brunnen und Latrinen, in denen Pflanzenreste unterhalb des Grundwasserspiegels erhalten blieben.[44] Die Umstände, unter denen die Pflanzenreste in den Boden gelangten, mögen ebenfalls eine Rolle gespielt haben. Das Lager Oberaden an der Lippe, eine frührömische Station rechts des Rheins, bestand nur kurze Zeit und wurde möglicherweise überstürzt verlassen. Dabei können die Pfefferkörner in den Abfall geraten sein. Bei Straubing handelt es sich um einen römischen Donauhafen. Die Pfefferkörner können beim Umschlag von Handelsgütern verloren gegangen sein.[45] Weil es sich beim Pfeffer – wenngleich nicht gerade um ein Luxusgut – so doch um ein Gewürz handelte, das nicht in beliebiger Menge verfügbar war und das außerdem in nur kleinen Mengen gehandelt wurde, können keine Funde in gleicher Zahl wie bei anderen Gewürzen erwartet werden. Das Fehlen von Befunden kann also nicht zwangsläufig als ein Argument für das Fehlen dieses Gewürzes in bestimmten Regionen oder Zusammenhängen dienen.

Es wurde bereits darauf hingewiesen, dass einige Gewürze, die heute ausschließlich oder vorrangig in der Küche verwendet werden, in der römischen Antike als Heilmittel dienten. Zu diesen Gewürzen gehört Safran, dessen Gebrauch in den Nordwestprovinzen ebenfalls durch zahlreiche Funde nachgewiesen werden konnte.

Beim Safran (Crocus sativus L.), der vermutlich von Kreta stammt, wird nur die Narbe (der mittlere Teil der Blüte, das weibliche Organ) verwendet. Man benötigt etwa 150 000 Blüten für ein Kilogramm getrockneten Safran, was etwa der Ernte von ca. 2000 m² Anbaufläche entspricht.[46] Erwähnt wird Safran erstmals bei Homer und Hesiod.[47] Safran wurde als Zierpflanze kultiviert und diente als Färbemittel. Sein Hauptverwendungszweck war medizinisch: Safran wurde in der Augenheilkunde und in der Gynäkologie genutzt. Er sollte beispielsweise nach Celsus gegen Entzündungen der Gebärmutter helfen. Safran, Wachs, Butter, Gänsefett, gekochte Eidotter und Rosenöl wurden vermischt, auf weiche Wolle gestrichen und dann als vaginales Suppositorium verwendet. In der Augenheilkunde wurde eine Salbe (crocodes) mit dem Zusatz von Safran hergestellt, um Augenentzündungen zu kurieren.[48] Über die Verbreitung in den Nordwestprovinzen sind wir gut unterrichtet, da zahlreiche Okulistenstempel (Augenarzt- oder Augensalbenstempel) aus dem 2. und 3. Jahrhundert erhalten sind. Die Verbreitung zeigt eine Konzentration im Nordwesten des Römischen Reichs.[49] Diese meist flachen und quadratischen Stempel bestehen aus Speckstein oder Schiefer. Auf ihnen ist der Name des Pharmazeuten eingeritzt. Zusätzlich ist oft das Medikament angegeben: die crocodes, die Augensalbe mit Safran, seltener auch die Indikation. In der Nähe der Okulistenstempel befanden sich häufig medizinische Instrumente, sodass angenommen werden kann, dass die gallo-römischen Okulisten fahrende Ärzte waren. Sie operierten vermutlich von den größeren Städten wie Reims und Bar-le-Duc aus.[50] 98 % aller Okulistenstempel wurden in den

Abb. 7: Okulistenstempel, Schiefer, 4 x 2,1 x 0,8 cm. Rheinisches Landesmuseum, Trier.

Abb. 8: Safranblüten. Foto: Firma Nöthen.

Provinzen Galliens, Germaniens und Britannien gefunden. Der Grund für diese Verbreitung ist ungeklärt. Künzl erklärt dieses Phänomen mit der Besteuerungspraxis im gallischen Zollbezirk. Eine durchaus plausible und einleuchtende Theorie, die aber nicht belegbar ist.

„Wer hätte ferner, ganz abgesehen von der Gefährlichkeit eines unwirtlichen und unbekannten Meeres, Asien, Afrika oder Italien verlassen sollen – um nach Germanien zu ziehen, in das wüste Land mit rauem Himmel, abschreckend für den Anbau und den Anblick, – außer wenn man es zum Vaterland hat?"[51]

Für die römischen Soldaten, Händler und Handwerker, die sich im Zuge der Eroberung der gallischen und germanischen Gebiete niederließen, war diese Region eine ‚zivilisatorische tabula rasa'.[52] Diese Einwanderer brachten ihren Lebensstandard mit in die Provinzen und prägten so auch die Esskultur der dortigen Bevölkerung – ein Phänomen, das Thüry als ‚kulinarische Romanisierung' bezeichnet.[53]

Die römische Zivilisation führte zu substanziellen kulturellen und ökologischen Neuerungen. Die archäologischen Funde belegen die Kultivierung von Pflanzen aus dem Mittelmeerraum in den nördlichen Provinzen des Römischen Reichs, und sie bezeugen ebenfalls einen Import aus den östlichen Provinzen über Ägypten und Rom in die gallischen und germanischen Provinzen. Von den aus Niedergermanien bekannten 61 Nutzpflanzen sind mehr als die Hälfte (37) Erstnachweise. Knoblauch, Dill, Kümmel, Petersilie, Koriander, Bohnenkraut, Fenchel und Sellerie wurden heimisch.[54] Koriander und Dill zählten zu den beliebtesten Kräutern.[55]

Anmerkungen

1 Einige Gewürze wie z.B. der Sellerie (*Apium graveolens*), die Melisse (*Melissa officinalis*), Dill (*Anethum graveolens*), Petersilie (*Petroselinum crispum*) treten in der Kupferzeit auf, wurden aber in der Folgezeit wohl nicht ständig kultiviert, da sie zwischen dem Jungneolithikum und der Römerzeit für Mitteleuropa nicht belegt sind. KÜSTER, 1995, 14.
2 MAROTTI, Scevola, 1979, Sp. 270-276, 274.
3 FUHRMANN, Manfred, 1979, Sp. 994.
4 Z.B. der Periplus maris Erythraei, der um 75 n. Chr. die Fahrt nach Indien für die Kaufleute beschreibt. GGM (Geographi Graeci Minores, ed. C. MÜLLER, Paris 1861 (ND Hildesheim 1965), 1,257). Vgl. dazu: DILLER, Aubrey, 1986.
5 Vgl. dazu den Überblick bei: MARTINI, Simone; ZIETHEN, Gabriele, 2000, 76-79.
6 Plautus, Pseudolus, 810.
7 Liv. 36,9,6.
8 Die wohl berühmteste Quelle zum Tafelluxus ist wohl die *Cena Trimalchionis* aus dem Satyricon des Petronius aus der ersten Hälfte des ersten nachchristlichen Jahrhunderts.
9 Ausführliche Informationen zur Esskultur finden sich schon bei SOYER, A.: The Panthropheon or a history of food and its preparation in ancient times. London 1853 (ND London 1977) sowie bei MARQUARDT, M.: Das Privatleben der Römer, Bd. 2 Leipzig 1886. Es kann an dieser Stelle kein ausführlicher Überblick über den Forschungsstand erfolgen. Verwiesen sei daher nur auf folgende Standardwerke, die im Zuge des neu erwachten Interesses an der römischen Esskultur in den letzten Jahrzehnten entstanden sind: ANDRÉ, Jacques: 1988; THÜRY, Günther, E.; WALTER, Johannes, 1997; JUNKELMANN, M., 2006. Zur Erforschung der Handelswege: MILLER, J., 1969.
10 THÜRY, 1997, 49.
11 http://www.uni-graz.at/~katzer/germ/Silphion.html, 21.01.2007.
12 KANDELER, Riklef, 1998, 297-300.
13 Hippokr. De morb. IV.
14 Plin. Nat. 19,15.
15 Strabon, Geographika 17,3,22.
16 Plin. Nat. 19,15.
17 Da in diesem Zusammenhang nicht ausführlich auf die Geschichte, die Fragestellungen und Methoden dieser Disziplin eingegangen werden kann, sei nur auf eine grundlegende Einführung verwiesen: JACOMET, Stefanie; KREUZ, Angelika, 1999.
18 Vgl. ausführlich zu den Erstnachweisen von Nutzpflanzen im Rheinland unter römischer Herrschaft: KNÖRZER, Karl-Heinz, 1981. Ausgrabungen in Baden-Baden belegen, dass gleich zu Beginn der Besiedlung Gärten angelegt wurden. Soweit es das Klima zuließ, wurden die römischen Kulturpflanzen zeitnah eingeführt. SCHNEKENBURGER, Gudrun, 2005, 314-317.
19 GERLACH, 2001, 95.
20 Koriander konnte mehrfach nachgewiesen werden. KNÖRZER, 1999, 95. THÜRY, 1997, 13.
21 STIKA, 1996, 137.
22 KUČAN, 1992, 242.
23 http://www.uni-graz.at/~katzer/germ/Pipe_nig.html, 21.01.2007.
24 Ebd.
25 http://www.uni-graz.at/~katzer/germ/Pipe_lon.html, 21.01.2007.
26 Pfeffer wird bei Hippokrates als Heilmittel bei Frauenkrankheiten erwähnt. Hippokr. morb. mul. 1,81. Häufig wird die Entdeckung des Pfeffers in Zusammenhang mit den Orientfeldzügen Alexanders des Großen genannt (z.B. GERLACH, 2001, 45). Sicherlich hat Alexander der Große die Verbreitung des Pfeffers maßgeblich gefördert, bekannt war er aber schon vorher, wie der Beleg bei Hippokrates zeigt.
27 MILLER, 1969, 82.
28 Theophr. h. plant. 9,20,1.
29 Dioskur. Mat. Med. 2,159; Plin. Nat. 12,26f.
30 vgl. dazu ausführlich: DE ROMANIS, F., 1996. Für Horaz, Epist. II,1,270 (13 v. Chr.) war Pfeffer noch nicht allgemein verfügbar.

31 CAPPERS, René, 1998, 51 – 55; CAPPERS, René, 2006.
32 Apicius 7,13,1; 5-8.
33 Zur qualitativen Unterscheidung von piper novellum (frischem Pfeffer) und piper vetustum siehe: Isidor von Sevilla (Origines XVIII 8,8).
34 SCHWINDEN, 1983, 22.
35 Vgl. ausführlich hierzu: SCHWINDEN, Lothar, 1983, 20-26.
36 Plin. Nat. XII, 29.
37 SCHWINDEN, 1983, 23.
38 Wie es z. B. GERLACH, 2001, 46; STIKA, 1996, 108, annehmen.
39 SCHWINDEN, 1983, 23; THÜRY, 1997, 66. Vgl. zu den Preisen auch ANDRÉ, 1988, 179f.
40 Legionslager Oberaden: KUČAN, Dusanka, 1984, 51-56; Stadt Straubing, römische Hafenanlage: KÜSTER, Hansjörg, 1995a, 137; römischer vicus Hanau-Salisweg: KREUZ, Angelika, 1994/95, 59-91.
41 KUČAN, 1992, 246.
42 KUČAN, 1992, 237.
43 WIETHOLD, 2000, 147.
44 KÜSTER, 1995b, 4.
45 KÜSTER, 1995b, 12.
46 http://www.uni-graz.at/~katzer/germ/Croc_sat.html, 21.01.2007.
47 Hom. Il. 14,348; Hes. Theog. 358.
48 Celsus VI,6.
49 Vgl. dazu ausführlich: KÜNZL, 2002, 84ff. sowie: KÜNZL, Ernst, 1986, 217.
50 NUTTON, 1997, 277.
51 Tac. Germ. 2,1.
52 GERLACH, 2001, 83.
53 THÜRY, 1997, 26.
54 KNÖRZER, 1981, 95.
55 Koriander: In Oberaden waren die Früchte des Korianders besonders zahlreich vertreten (1007 Teilfrüchte). Zahlreiche Korianderfunde wurden bereits früher in Grabungen anderer römischer Lager und Siedlungen gemacht KUČAN, 1992, 247; KNÖRZER, 1981, 138.

Literaturverzeichnis

ANDRÉ, Jacques, 1988: Essen und Trinken im Alten Rom. Stuttgart 1988.
BLÄNKLE, Peter H., 1995: Archäologische und naturwissenschaftliche Untersuchungen an zwei römischen Brandgräbern in der Wetterau. In: Germania 73.1, 1995, 103-130.
CAPPERS, René, 1998: Perziken en pepers in de woestijn: voedsel an handel in Romeins Berenike. In: Paleo-Aktueel, Bd. 9, 1998, 51-55.
CAPPERS, René, 2006: Roman Foodprints at Berenike: Archaeobotanical Evidence of Subsistence and Trade in the Eastern Desert of Egypt. Los Angeles: Cotsen Institute of Archaeology, UCLA, 2006.
DE ROMANIS, F., 1996: Cassia, Cinnamomo, Ossidiana: uomini e merci tra Oceano indiano e Mediterraneo. Rom 1996.
DILLER, Aubrey, 1986: The Tradition of the Minor Greek Geographers, Amsterdam 1986.
FUHRMANN, Manfred, 1979: Art. C. Caelius. In: Der kleine Pauly, Bd. 1, 1979, Sp. 994.
GERLACH, Gudrun, 2001: Zu Tisch bei den alten Römern. Eine Kulturgeschichte des Essens und Trinkens. Stuttgart 2001 (=Sonderheft der AID).
HÄNDEL, Astrid, 1985: Der Handel mit Drogen und Spezereien im Rom der Prinzipatszeit in Auswertung der Inschriften (Salz und Honig, Gewürze, Medikamente, Duftstoffe, Toilettegegenstände, Farben). In: Münstersche Beiträge zur antiken Handelsgeschichte IV,1, 1985, 30-48.
HÖSCHELE, Regina, 2005: Moreto-Poetik. Das Moretum als intertextuelles Mischgericht. In: Die Appendix Vergiliana. Pseudoepigraphien im literarischen Kontext, hrsg. V. Niklas Holzberg. Tübingen 2005, 244-269.
HORNIG, Karin, 1999: Pflanzentransporte zu Wasser im antiken Mittelmeerraum. In: Skyllis. Zeitschrift für Unterwasserarchäologie 2.2, 1999, 126-137.
HÜNEMÖRDER, Christian, 2000: Art. Pfeffer. In: DNP 9, 2000, Sp. 690.
HÜNEMÖRDER, Christian, 2001: Art. Silphion. In: DNP 11, 2001, Sp. 561.
JACOMET, Stefanie; KREUZ, Angelika, 1999: Archäobotanik. Aufgaben, Methoden und Ergebnisse vegetations- und agrargeschichtlicher Forschung. Stuttgart 1999.
JUNKELMANN, M., 2006: Panis militaris, 3. Aufl. Mainz 2006.
KANDELER, Riklef, 1998: Das Silphion als Emblem der Aphrodite. In: Antike Welt 29, Heft 4, 1998, 297-300.
KNÖRZER, Karl-Heinz; GERLACH, Renate (u.a.), 1999: PflanzenSpuren. Archäobotanik im Rheinland. Agrarlandschaft und Nutzpflanzen im Wandel der Zeiten. Köln 1999 (=Materialien zur Bodendenkmalpflege im Rheinland 10).
KNÖRZER, Karl-Heinz 1981: Römerzeitliche Pflanzenfunde aus Xanten. Köln 1981.
KÖNIG, Margarate, 2000: Überlegungen zur Romanisierung anhand der Pflanzenfunde aus den Gräberfeldern von Mainz-Weisenau und Wiederath-Belginum. In: HAFFNER, Alfred; VON SCHNURBEIN, Siegmar (Hrsg.): Kelten, Germanen und Römer im Mittelgebirgsraum zwischen Luxemburg und Thüringen. Bonn 2000, 349-354.
KREUZ, Angelika, 1994/95: Landwirtschaft und ihre ökologischen Grundlagen in den Jahrhunderten um Christi Geburt: zum Stand der naturwissenschaftlichen Untersuchungen in Hessen. In: Berichte der Kommission für Archäologische Landesforschung Hessen 3, 1994/95, 59-91.
KREUZ, Angelika, 2000: Functional and conceptual archeobotanical data from Roman cremations. In: PEARCE, John; MILLET, Martin; STRUCK, Manuela (Hrsg.): Burial, Society and Context in the Roman World. Oxford 2000, 45-51.
KROLL, Helmut, 2000: Zum Ackerbau in Wallendorf in vorrömischer und römischer Zeit. In: HAFFNER, Alfred; VON SCHNURBEIN, Siegmar (Hrsg.): Kelten, Germanen und Römer im Mittelgebirgsraum zwischen Luxemburg und Thüringen. Bonn 2000, 121-128.
KUČAN, Dusanka, 1992: Die Pflanzenreste aus dem römischen Militärlager Oberaden. In: KÜHLBORN,

Johann Sebastian: Das Römerlager in Oberaden III (=Bodenaltertümer Westfalen 27), Münster 1992, 237-265.

KÜNZL, Ernst, 2002: Medizin in der Antike. Aus einer Welt ohne Narkose und Aspirin. Stuttgart 2002.

KÜNZL, Ernst, 1986: Zum Verbreitungsgebiet der Okulistenstempel (Eine Bemerkung zu ZPE 64, 1986, 217). In: Zeitschrift für Papyrologie und Epigraphik 65, 1986, S. 200-202.

KÜSTER, Hansjörg, 1995a: Postglaziale Vegetationsgeschichte Südbayerns. Geobotanische Studien zur prähistorischen Landschaftskunde. Stuttgart 1995, 137.

KÜSTER, Hansjörg, 1995b: Weizen, Pfeffer, Tannenholz. Botanische Untersuchungen zur Verbreitung von Handelsgütern in römischer Zeit. In: Münstersche Beiträge zur antiken Handelsgeschichte XIV, 1995, H. 2, 1-26.

MAROTTI, Scevola, 1979: Art. Ennius. In: Der kleine Pauly, Bd. 2, 1979, Sp. 270-276, 274.

MARTIN-KILCHER, Stefanie, 2005: Handel und Importe. Das Imperium Romanum als Wirtschaftsraum. In: Imperium Romanum. Roms Provinzen an Neckar, Rhein und Donau. Landesausstellung Baden-Württemberg 2005. Stuttgart 2005, S. 426-434.

MARTINI, Simone; ZIETHEN, Gabriele, 2000: Gewürze aus der Sicht des antiken Christentums – Wider die Laster des ‚Bauchdämons'. In: ‚Wo der Pfeffer wächst. Ein Festival der Kräuter und Gewürze'. Begleitheft zur gleichnamigen Ausstellung im Palmengarten der Stadt Frankfurt am Main. Frankfurt 2000, 76-79.

MILLER, J., 1969: The Spice Trade of the Roman Empire. Oxford 1969.

MROZEK, Stanislaw, 1982: Zum Handel von einigen Gewürzen und Wohlgerüchen in der spätrömischen Zeit. In: Münstersche Beiträge zur antiken Handelsgeschichte Bd. I,2, 1982, 15-21.

NUBER, Hans-Ulrich; REDDÉ, Michel, 2002: Das römische Oedenburg (Biesheim/Kunheim, Haut-Rhin France). In: Germania 80, 2002, 164-242.

NUTTON, Vivian, 1997: Art. Augenheilkunde. In: DNP 2, 1997, Sp. 277-279.

PEARCE, John, 2000: Food as substance and symbol in the Roman army: a case study from Vindolanda. In: Limes XVIII. Proceedings of the XVIIIth International Congress of Roman Frontier Studies held in Amman, Jordan (September 2000), Vol. II., 931-944.

SCHNEKENBURGER, Gudrun, 2005: Mittelmeerküche im Norden. Zu Tisch bei Caesars. In: Imperium Romanum. Roms Provinzen an Neckar, Rhein und Donau. Landesausstellung Baden-Württemberg 2005. Stuttgart 2005, 314-317.

SCHWINDEN, Lothar, 1983: Handel mit Pfeffer und anderen Gewürzen im römischen Trier. In: Kurtrierisches Jahrbuch 23, 1983, 20-26.

SCHWARZ, Irene, 1995: Diaita. Ernährung der Griechen und Römer im klassischen Altertum. Eine altsprachlich ernährungswissenschaftliche Studie. Innsbruck 1995.

STAMATU, Marion, 2005: Art. Gewürze. In: Antike Medizin. Ein Lexikon, hrsg. von Karl-Heinz LEVEN. München 2005, 355-356.

STIKA, Hans-Peter, 1996: Römerzeitliche Pflanzenreste aus Baden-Württemberg. Stuttgart 1996.

THÜRY, Günther, E.; WALTER, Johannes, 1997: Condimenta. Gewürzpflanzen in Koch- und Backrezepten aus der römischen Antike. Wien 1997.

Varusschlacht im Osnabrücker Land gGmbH – Joseph ROTTMANN (Hrsg. 2006): Das Botanicum in Kalkriese. Die antike Welt der Pflanzen. 2006.

WARMINGTON, E. H., 1928: The Commerce between the Roman Empire and India. Cambridge 1928.

WEEBER, Karl-Wilhelm, 2003: Die Schwelgerei, das süße Gift ... Luxus im alten Rom. Darmstadt 2003.

WIETHOLD, Julian, 2000: Kontinuität und Wandel in der landwirtschaftlichen Produktion und Nahrungsmittelversorgung zwischen Spätlatènezeit und gallo-römischer Epoche. Archäobotanische Analysen in der römischen Großvillenanlage von Borg, Kr. Merzig-Wadern. In: HAFFNER, Alfred; VON SCHNURBEIN, Siegmar (Hrsg.): Kelten, Germanen und Römer im Mittelgebirgsraum zwischen Luxemburg und Thüringen. Bonn 2000, 147-160.

WISSEMANN, Michael, 1984: Die Spezialisierung des römischen Handwerks. In: Münstersche Beiträge zur antiken Handelsgeschichte, Bd. III.1, 1984, 116-124.

ZIETHEN, Gabriele m. Beiträgen von Andrea Nadine KOCKLER, Simone MARTINI, Eva MICHELS und Anja STRELLEN, 2000: Vom Idol der Gaumenlust – Gewürze in der Antike. In: Wo der Pfeffer wächst. Ein Festival der Kräuter und Gewürze. Begleitheft zur gleichnamigen Ausstellung im Palmengarten der Stadt Frankfurt am Main. Frankfurt am Main 2000, 64-80.

Anschrift der Autorin

Dr. Karen Ermete
Landesmuseum für Natur und Mensch
Damm 38-44
D – 29135 Oldenburg

Günther E. Thüry
mit einem Beitrag von Johannes Walter

Careum und *cuminum* – Kümmel in der römischen Antike

In den Rezepten des sogenannten Apiciuskochbuchs – des einzigen Kochbuchs der Antike, das sich mehr oder weniger vollständig bis auf unsere Zeiten erhalten hat – zählt zu den am häufigsten erwähnten Gewürzzutaten der Kümmel.[1] Er tritt dort unter zwei Bezeichnungen auf. Als *cuminum* oder *ciminum* kommt er in nicht weniger als 116 Fällen vor und belegt damit den achten Platz in einer nach Erwähnungshäufigkeit geordneten Liste der Gewürze dieses Kochbuchs.[2] Die zweite, als *careum* bezeichnete Kümmelart ist zwar sehr viel seltener. Auch sie bringt es aber auf immerhin 33 Belegstellen und damit auf Platz 26 der „Hitliste".[3]

In den Übersetzungen des sogenannten Apiciuskochbuchs werden die beiden antiken Bezeichnungen – *cuminum/ciminum* wie *careum* – gelegentlich unterschiedslos mit „Kümmel" wiedergegeben.[4] Der Koch unserer Breiten wird diesen deutschen Begriff im Sinn des hier alleine heimischen Echten oder Wiesenkümmels (*Carum carvi*) interpretieren (Abb. 1). In Wahrheit kann aber das im antiken Kochbuch häufigere *cuminum/ciminum* klar mit dem in der heutigen orientalischen und asiatischen Küche beliebten Kreuzkümmel (*Cuminum cyminum*) identifiziert werden (Abb. 2).[5] Nur das in den Rezepten seltener vorkommende *careum* ist unser Echter oder Wiesenkümmel.[6] Da die beiden Kümmelarten von unterschiedlichem Geschmack und nicht miteinander verwandt sind, ist das ein auch für die Praxis der Erprobung römischer Rezepte relevanter Unterschied. Der sehr viel intensiver schmeckende, bitter-scharfe Kreuzkümmel sollte daher nicht – wie das schon empfohlen wurde – durch den zwar würzigen, aber zarteren Echten Kümmel ersetzt werden.[7] Im übrigen sei darauf hingewiesen, dass fünf der Rezepte des so genannten Apiciuskochbuchs – und ebenso ein weiteres bei Columella (1. Jh. n. Chr.) erhaltenes Rezept – beide Kümmelarten miteinander kombinieren.[8] Eigenartig ist dabei, dass alle diese Texte die beiden Kümmelnamen formelhaft in jeweils gleicher Reihenfolge – nämlich als „*careum, cuminum*" – aufzählen.

Was die geographische Verbreitung der beiden Kümmelarten anlangt, wird der Kreuzkümmel heute im Nahen Osten, in Nordafrika und auch auf Malta kultiviert.[9] Im Altertum kennen ihn bereits die Linear-B-Texte.[10] Aus der späteren Antike besitzen wir Zeugnisse für Kreuzkümmel vor allem aus Kleinasien, Syrien, Äthiopien, Ägypten und überhaupt aus Nordafrika.[11] Im so genannten Apiciuskochbuch (dessen Redaktionszeit in die Spätantike fällt) wird die Provenienz

Abb. 1: Samen des Wiesenkümmels.
Foto: Steve Hurst (USDA PLANTS Database).

des Gewürzes zweimal durch den Zusatz präzisiert: „sei es aus Äthiopien oder Syrien oder Nordafrika"[12]. Aber auch im Süden Europas wurde damals Kreuzkümmel angebaut; und zwar in Süditalien (in Tarent) und in Spanien.[13] Auf dieses spanische Vorkommen dürfte sich die Nachricht des Poseidonios (um 135 – um 51 v. Chr.) beziehen, dass die Kelten damals Kreuzkümmel als Gewürz zu gebratenem Fisch verwendeten und ihn außerdem „in ihr Getränk werfen"[14]. Als kaiserzeitliches Importobjekt hat er schließlich – zumindest fallweise – auch das nördlichere Europa erreicht. Bisher konnte er dort freilich nur im antiken Donauhafen von Straubing (Bayern) nachgewiesen werden.[15]

Über den Echten oder Wiesenkümmel ist umgekehrt unlängst behauptet worden, er komme im heutigen Mittelmeerraum nicht vor und sei im Süden des Römischen Reiches wohl völlig unbekannt gewesen.[16] Weder das eine noch das andere trifft aber zu. Das Verbreitungsgebiet des Echten oder Wiesenkümmels erstreckt sich unter anderem auf Nord- und Mitteleuropa, Ober- und Mittelitalien, Nordspanien, die nördlichere Balkanhalbinsel, die Türkei und Nordafrika.[17] Für die Antike bezeugt uns Plinius der Ältere im 1. nachchristlichen Jahrhundert sein Vorkommen im heute türkischen Karien und Phrygien[18]; sein Zeitgenosse Dioskurides spricht von der Verwendung der Pflanze als Heil- und Nahrungsmittel im Mittelmeerraum (er bezeichnet sie zu Recht als harntreibend sowie als gut für Magen und Verdauung und berichtet, dass die Wurzel gekocht und als Gemüse verwendet werde)[19]; einige andere Autoren erwähnen ihre medizinischen Qualitäten ebenfalls[20]; und das sogenannte Apiciuskochbuch zeugt ja von einer gewissen Beliebtheit auch des Echten Kümmels in der spätantiken Küche des Südens. Archäobotanisch ist er bisher allerdings nur aus den Nordprovinzen des Römischen Reiches belegt. Die Fundpunkte sind dort: Aachen (?); Alphen-aan-den-Rijn (Niederlande); Biesheim (Elsaß); Friesheim (? Nordrhein-Westfalen); Seebruck (Bayern); Straubing (Bayern); Köln (?); Rainau-Buch (? Baden-Württemberg); Windisch (Schweiz); Xanten und Zurzach (Schweiz).[21] Dazu kommen aber auch ein bereits paläolithischer Nachweis aus der Eifel und ein latènezeitlicher vom Dürrnberg bei Hallein.[22]

Abb. 2: Kreuzkümmel (*Cuminum cyminum*), a, b: zwei Früchte unterschiedlich deutlich in je zwei Teilfrüchte gespalten; c: Spaltfrucht mit bis zum Grund gespaltenem Fruchtträger; d: Querschnitt einer Spaltfrucht. Maßeinheiten: 1 mm. Zeichnungen: Johannes Walter (aus: THÜRY, WALTER 2001, 90).

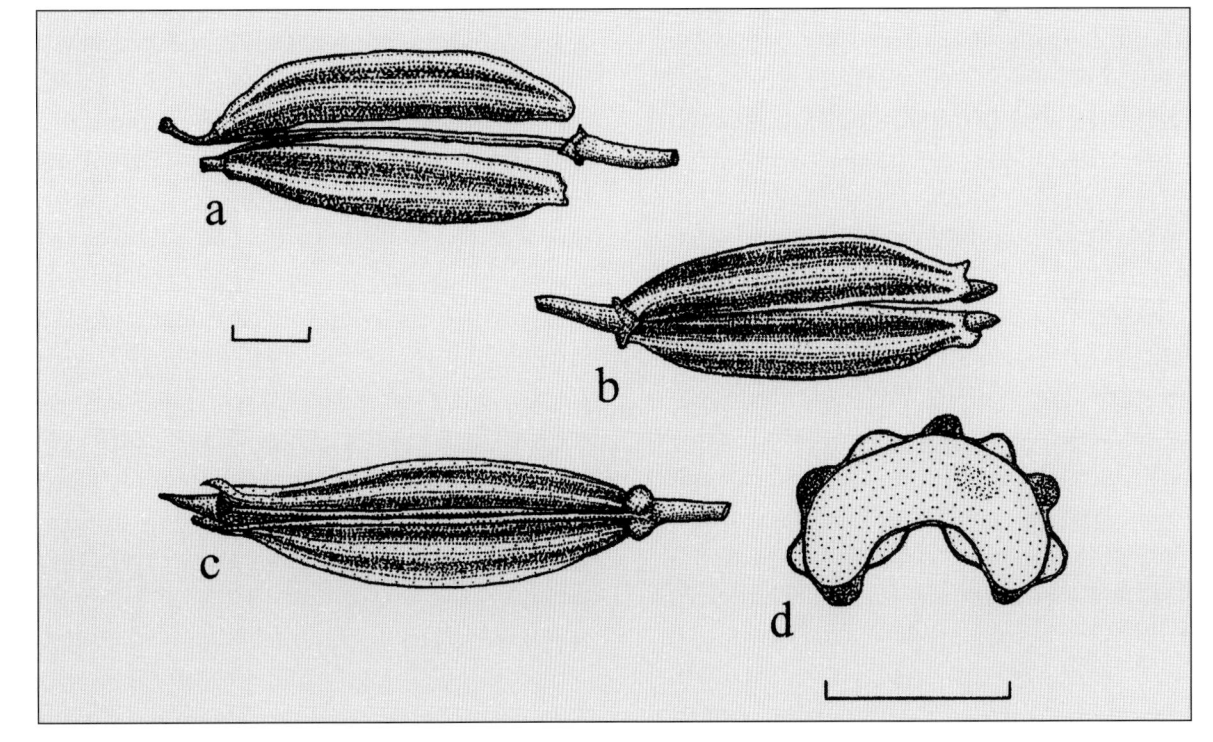

Wie aus dem bisher Gesagten schon hervorgeht, ist es jedoch der Kreuzkümmel, der in der antiken Literatur die bei weitem wichtigere Rolle spielt. Der Name des Kreuzkümmels gehört auch zu denjenigen Gewürzbezeichnungen, von denen sogar Personennamen abgeleitet wurden (nämlich der weibliche Cimine und der männliche Cyminus[23]). In Gestalt des ebenso im Deutschen üblichen Ausdrucks „Kümmelspalter", der einen Menschen entweder als geizig oder als besonders penibel bzw. kleinlich charakterisiert, ist er außerdem in den Schatz der antiken Redensarten eingegangen[24]. Dabei muss übrigens mit dem „Spalten" des Kümmels nicht einfach ein Versuch der Zerkleinerung der an sich schon kleinen Kümmelsamen gemeint sein. Auf einen möglichen speziellen Hintergrund dieser Redensart weist vielmehr mein Freund Johannes Walter vom Fakultätszentrum für Botanik der Universität Wien hin, der dazu folgendes mitteilt (vgl. auch Abb. 2): „Bei uns wird im Handel zumeist das kahle Fruchtgut des Kreuzkümmels angeboten. Als Gewürzdroge liegen die Früchte meist gespalten vor, da sie größtenteils reif sind und reife Früchte von Apiaceen [wozu der Kreuzkümmel gehört, d. Verf.] gewöhnlich in zwei Teil-Spaltfrüchte (Merikarpe, Schizokapien) zerfallen. Allerdings ist diese charakteristische Eigenschaft beim Kreuzkümmel nicht (mehr) voll ausgebildet, es können unvollkommen bis nicht gespaltene reife Früchte vorkommen. In HEGI (ohne Jahr, 1138) wird angegeben, dass die Frucht nicht leicht spaltet. Beim Gewürzgut liegt zumeist ein hoher Prozentanteil an bereits gespaltenen Teilfrüchten vor, der vermutlich durch die mechanische Beeinträchtigung (Schütteln, Umfüllen, Erschütterungen) sekundär erhöht ist. Möglich wäre auch, dass gewissen Sorten eine unterschiedlich hohe Spalteigenschaft der Früchte eigen ist. Gerade die geringe Anzahl der nicht mehr gespaltenen Kreuzkümmelfrüchte dürfte der botanische Hintergrund der „Kümmelspalterei" sein, da es – wörtlich gesehen – nicht nur aufwändig wäre, sämtliche „unperfekten", also noch zusammenhaftenden Teilfrüchte manuell zu spalten, sondern auch gerade diese wenigen Exemplare aus der großen Zahl bereits gespaltener Teilfrüchte herauszulesen. Dieser Perfektionismus, jene Kreuzkümmelfrüchte vollständig zu spalten, wäre insofern auch übertrieben, als die ungespaltenen Früchte sich optisch kaum (oder nur durch genaues Hinsehen) von den vollständig gespaltenen Teilfrüchten abheben."

Verwendet wurde Kreuzkümmel ebenso offizinell wie kulinarisch.[25] Für kulinarische Zwecke war – wie heute in Indien – zur Intensivierung des Geschmacks auch ein Rösten der Samen üblich. Im sogenannten Apiciuskochbuch finden sich für diesen gerösteten Kreuzkümmel (*cuminum assum* oder *cuminum frictum*) sieben Belege.[26]

Ebenfalls siebenfach ist in dieser Quelle der Begriff des *cuminatum*, d. h. einer Kreuzkümmelsauce, belegt.[27] Sie wurde danach zu Frutti di mare, zu Gemüse und zu Früchten gegessen. Das Kochbuch enthält dafür ein Rezept mit zwei nur leicht voneinander abweichenden Varianten.[28]

Nicht ausdrücklich erklärt wird uns dagegen, was sich hinter einem anderen mit dem Wort *cuminum* = Kreuzkümmel zusammengesetzten kulinarischen Begriff verbirgt: nämlich hinter dem Begriff des *oxycominum*[29]. Er ist allerdings nicht in Kochrezepten, sondern – in der Pluralform *oxycomina* – an einer Stelle eines Satirikers aus dem 1. nachchristlichen Jahrhundert überliefert: in Petrons berühmter Darstellung des Trimalchio-Gastmahls in seinem Roman *Satyrica*. Wir lesen dort (Petron 66, 7): „Auch wurden auf einer Schüssel oxycomina herumgereicht, von denen einige Gäste – übertrieben – sogar je drei Handvoll nahmen". Nach der Wortzusammensetzung aus den griechischen Bestandteilen *oxy-* (zu óxos = Essig) und *kýminon* (= Kreuzkümmel) ist zwar kaum zu bezweifeln, dass dieses *oxycominum* ein Kreuzkümmelprodukt sein muss, das mit Hilfe von Essig hergestellt wurde. Die Forschung dachte an in Essig eingemachten Kümmel oder auch an ein in Essig und Kümmel eingelegtes Produkt nach Art unserer „mixed pickles".[30] Zu einer Kreuzkümmelkonserve in Essig scheint aber nicht gut zu passen, dass man mit der bloßen Hand davon nahm und dass es dafür so gierige Interessenten gegeben hätte. Auf die Existenz eines Artikels nach Art unserer „mixed pickles" fehlt dagegen jeder sonstige Hinweis.

Die Lösung des Problems ist tatsächlich vielleicht in einer anderen Richtung zu suchen. Zwei Rezepte des sogenannten Apiciuskochbuchs erwähnen nämlich ein Verfahren, bei dem Kreuzkümmel zuerst in Essig eingelegt, dann getrocknet und erst nach dieser Prozedur als Speisezutat verwendet wurde.[31] Wie sich experimentell leicht nachvollziehen lässt, ist so behandelter Kümmel sehr gut und aromatisch.[32] Es wäre daher denkbar, dass *oxycominum* ein solcher zuerst in Essig gelegter und dann getrockneter Kreuzkümmel war. Je nach verwendetem Essig dürfte das Ergebnis dabei unterschiedlich ausgefallen sein. Dieser Umstand erklärt vielleicht auch, warum bei Petron die Pluralform *oxycomina* steht. Sie würde dann soviel wie „verschiedene Arten von *oxycominum*" bedeuten.

Anmerkungen

1. Zur Bezeichnung des Werkes als „so genanntes" Apiciuskochbuch vgl. THÜRY, WALTER 2001, 19f.
2. 116 Fälle: die Zahl nach URBÁN 1995, 79, s. v. *ciminum* (2 Belege) und 116ff., s. v. *cuminum* (114 Belege). – Achter Platz: THÜRY, WALTER 2001, 37. Zählt man nur Trockengewürze, rückt *cuminum/ciminum* sogar auf Platz drei auf.
3. Die Belegstellen nach URBÁN 1995, 70f. – Platz 26: THÜRY, WALTER 2001, 37.
4. Vgl. z. B. GOLLMER 1985, passim; VON PESCHKE, FELDMANN 1995, passim.
5. Allerdings abgesehen davon, dass so auch noch zwei weitere Pflanzen bezeichnet wurden. Vgl. zu *cuminum/ciminum* ANDRÉ 1985, 81; GOSSEN 1956, 255. – Falsch zur Bedeutung von *cuminum/ciminum* GEORGES 1879, 1685.
6. Vgl. auch ANDRÉ 1985, 51; GOSSEN 1956, 255.
7. Die Empfehlung zum Ersatz bei GOZZINI GIACOSA 1986, 203.
8. Sog. Apicius 80, 229, 347, 398 und 454 ANDRÉ; Columella 12, 51, 2. Vgl. auch die Gewürzliste bei Vinidarius, *Apici excerpta praef.* 2 ANDRÉ: *cuminum, ... careum*.
9. HEGI ohne Jahr, 1138.
10. Vgl. z. B. FISCHER 2003, 184.
11. GOSSEN 1956, 255 f.; HEHN 1911, 208 f.; Thesaurus Linguae Latinae 4, Leipzig 1906-1909, 1379, Zeile 16-28 (E. LOMMATZSCH). Speziell zu Papyri über ägyptischen und syrischen Kreuzkümmel auch DREXHAGE 1993; zu archäobotanischen Nachweisen vgl. die einschlägigen Einträge der Internetdatenbank www.archaeobotany.de.
12. Sog. Apicius 37 ANDRÉ: *cuminum vel Ethiopicum aut Siriacum aut Libicum*; und 111 ANDRÉ: *cuminum aut Aethiopicum aut Siriacum aut Libicum*.
13. Tarent: Dioskurides 3, 61 BERENDES. – Spanien: Plinius, *naturalis historia* 19, 161; *antidotarium Bruxellense* 63, p.379 ROSE.
14. Poseidonios bei Athenaios 4, 152a = Poseidonios Fragm.67 EDELSTEIN – KIDD.
15. KÜSTER 1992 (a); KÜSTER 1992 (b), 146 und 151; KÜSTER 1995, 137ff., 158, 188f. und 196.
16. KÜSTER 1987, 120.
17. HEGI ohne Jahr, 1184. Ergänzend dazu DAVIS 1972, 348 (für die Türkei) und PIGNATTI 1982, 224 (für Ober- und Mittelitalien).
18. Plinius, *naturalis historia* 19, 164.
19. Dioskurides 3, 59 BERENDES.
20. Galenos, *de alimentorum facultatibus* 2, 67 (p.654 KÜHN) und *de simplicium medicamentorum temperamentis ac facultatibus* 7, 10, 10 (p.13 KÜHN); OPSOMER 1989, 147 f.
21. Aachen: KNÖRZER 1967, 43, 55 und 59. – Alphen: BAKELS 1991, 291. – Biesheim: www.archaeobotany.de mit Verweis auf JACOMET 2002 (dem Verf. zur Zeit nicht zugänglich). – Friesheim: KNÖRZER 1971, 469 und 473. – Köln: Knörzer 1987, 289 und 318. – Seebruck: KÜSTER 1995, 206. – Straubing: KÜSTER 1995, 146f., 160, 164 und 192. – Rainau: STIKA 1996, 59 und 183f. – Windisch: JACOMET 2003, 220f. – Xanten: KNÖRZER 1981, 70f., 102, 118 und 159. – Zurzach: JACOMET, WAGNER 1994, 327, 329, 338 und 343. – An den Xantener Nachweis knüpft GERLACH 2001, 95 die unmotivierte Behauptung, es handle sich dort um ein importiertes Gewürz.
22. Eifel: BAALES, JÖRIS, STREET, BITTMANN, WENINGER, WIETHOLD 2002, 280. – Dürrnberg: N. BOENKE bei STÖLLNER 2003, 149.
23. SOLIN 1982, 1093.
24. Einige der Belege bei GOSSEN 1956, 256.
25. Offizinell: Vgl. GOSSEN 1956, 255 f. und die lange Liste von Belegen bei OPSOMER 1989, 236 ff. – Zu Kümmel als Wirkstoff in Abortiva KELLER 1988, 84, 86, 88 und 164.
26. Sog. Apicius 210, 225, 333, 352, 357, 442 und 447 ANDRÉ.
27. Sog. Apicius 31, 78, 124 (zweifache Nennung), 137, 161 und 400 ANDRÉ.
28. Sog. Apicius 31 f. ANDRÉ mit einer Dublette in Rezept 400 ANDRÉ.
29. Dazu TESSMER 1984.
30. TESSMER 1984.
31. Sog. Apicius 37 und 111 ANDRÉ.
32. Der Verf. hat bei seinen Experimenten Balsamessig verwendet.

Literaturverzeichnis

ANDRÉ, J. 1985: Les noms de plantes dans la Rome antique. Paris 1985.

BAALES, M., JÖRIS, O., STREET, M., BITTMANN, F., WENINGER, B., WIETHOLD, J., 2002: Impact of the Late Glacial Eruption of the Laacher See Volcano, Central Rhineland, Germany. Quaternary Research 58, 2002, 273-288.

BAKELS, C. C. 1991: Western Continental Europe. In: VAN ZEIST, W., WASYLIKOWA, K., BEHRE, K.-E., Hrsg., Progress in Old World Palaeoethnobotany, Rotterdam – Brookfield 1991, 279-298.

DAVIS, P. H. 1972: Flora of Turkey and the East Aegean Islands, Band 4. Edinburgh 1972.

DREXHAGE, H.-J. 1993: Kýminon und sein Vertrieb im griechisch-römischen Ägypten. Münstersche Beiträge zur antiken Handelsgeschichte 12, 1993, Heft 2, 27-32.

FISCHER, J. 2003 : Nahrungsmittel in den Linear B-Texten. Chiron 33, 2003, 175-194.

GEORGES, K. E. 1879: Ausführliches lateinisch-deutsches Handwörterbuch, Band 1. Leipzig 1879.

GERLACH, G. 2001: Zu Tisch bei den alten Römern. Stuttgart 2001.

GOLLMER, R. 1985: Das Apicius-Kochbuch aus der römischen Kaiserzeit. Neudruck Rostock 1985.

GOSSEN, H. 1956: Kümmel. In: Paulys Realencyclopädie der classischen Altertumswissenschaft, Supplement 8, Stuttgart 1956, 255-258.

GOZZINI GIACOSA, I. 1986: A cena da Lucullo. Casale Monferrato 1986.

HEGI, G. ohne Jahr: Illustrierte Flora von Mitteleuropa 5/2. München ohne Jahr.

HEHN, V. 1911: Kulturpflanzen und Haustiere in ihrem Übergang aus Asien nach Griechenland und Italien sowie in das übrige Europa. Berlin 8. Aufl. 1911.

JACOMET, S., WAGNER, Chr. 1994: Mineralisierte Pflanzenreste aus einer römischen Latrine des Kastell-Vicus. In: HÄNGGI, R., DOSWALD, C., ROTH-RUBI, K., Die frühen römischen Kastelle und der Kastell-Vicus von Tenedo-Zurzach, Textband, Veröffentlichungen der Gesellschaft Pro Vindonissa 11, Brugg 1994, 321-343.

JACOMET, S. 2002: Les investigations archéobotaniques. In: REDDÉ, M., Hrsg., Rapport triennal (2000-2002) sur les fouilles Franco-Germano-Suisses à Oedenburg (Haut-Rhin), Paris 2002, 283-307.

JACOMET, S. 2003: Und zum Dessert Granatapfel – Ergebnisse der archäobotanischen Untersuchungen. In: HAGENDORN, A. und andere, Hrsg., Zur Frühzeit von Vindonissa, Veröffentlichungen der Gesellschaft Pro Vindonissa 8/1, Brugg 2003, 173-229.

KELLER, A. 1988: Die Abortiva in der römischen Kaiserzeit. Stuttgart 1988.

KNÖRZER, K.-H. 1967: Untersuchungen subfossiler pflanzlicher Großreste im Rheinland. Archaeo-Physika 2, Köln – Graz 1967.

KNÖRZER, K.-H. 1971: Römerzeitliche Getreideunkräuter von kalkreichen Böden. In: Rheinische Ausgrabungen 10, Düsseldorf 1971, 467-481.

KNÖRZER, K.-H. 1981: Römerzeitliche Pflanzenfunde aus Xanten. Archaeo-Physika 11, Köln 1981.

KNÖRZER, K.-H. 1987: Geschichte der synanthropen Vegetation von Köln. Kölner Jahrbuch für Vor- und Frühgeschichte 20, 1987, 271-388.

KÜSTER, H. 1987: Wo der Pfeffer wächst. Ein Lexikon zur Kulturgeschichte der Gewürze. München 1987.

KÜSTER, H. 1992 (a): in: HENKER, M. u. a., Hrsg., Bauern in Bayern, Regensburg 1992, 63.

KÜSTER, H. 1992 (b): Kulturpflanzenanbau in Südbayern seit der Jungsteinzeit. In: Bauern in Bayern, Katalog des Gäubodenmuseums Straubing 19, Straubing ohne Jahr (aber 1992), 137-155.

KÜSTER, H. 1995: Postglaziale Vegetationsgeschichte Südbayerns. Berlin 1995.

OPSOMER, C. 1989: Index de la pharmacopée du Ier au Xe siècle 1. Hildesheim – Zürich – New York 1989.

VON PESCHKE, H.-P., FELDMANN, W. 1995: Kochen wie die alten Römer. Zürich 1995.

PIGNATTI, S. 1982: Flora d'Italia 2. Bologna 1982.

SOLIN, H. 1982: Die griechischen Personennamen in Rom 2. Berlin – New York 1982.

STIKA, H.-P. 1996: Römerzeitliche Pflanzenreste aus Baden-Württemberg. Materialhefte zur Archäologie in Baden-Württemberg 36, Stuttgart 1996.

STÖLLNER, Th. 2003: The Economy of Dürrnberg-Bei-Hallein: An Iron-Age Salt-mining Centre in the Austrian Alps. The Antiquaries Journal 83, 2003, 123-194.

TESSMER, R. 1984: Beiträge aus der Thesaurus-Arbeit XXII. Oxycominum. Museum Helveticum 41, 1984, 31-33.

THÜRY, G. E., WALTER, J. 2001: Condimenta. Gewürzpflanzen in Koch- und Backrezepten aus der römischen Antike. Herrsching 4. Aufl. 2001.

URBÁN, A. 1995: Concordantia Apiciana. Hildesheim – Zürich – New York 1995.

Anschrift des Autors

Univ. – Lekt. Lic. phil. Günther E. Thüry
Tübinger Str. 52
D – 71111 Waldenbuch

Hansjörg Küster

Gewürze und Zivilisation: Koinzidenzen der Entwicklung

Bäuerliche Kulturen

Vor etwa 10 000 Jahren setzte an mehreren Stellen der Erde die Entwicklung bäuerlicher Kulturen ein. Die Menschen begannen, Kulturpflanzen anzubauen, Nahrungsmittel zu lagern und daraus Grundnahrungsmittel zuzubereiten, in erster Linie Brei und Brot. Es wurden auch Haustiere gehalten und vor allem für die Versorgung mit Milch und Milchprodukten genutzt. Nur selten wurde ein Tier geschlachtet. Man tat dies vor allem in der kalten Jahreszeit, wenn Futter knapp zu werden drohte und man daher den Viehbestand verkleinern wollte. Im Winter konnte man das Fleisch für kurze Zeit aufbewahren, ohne dass es verdarb. So wurden Schlachtfeste gerne zum Anlass genommen, eine größere Menschenmenge mit einer Festspeise zu bewirten.

Die ersten bäuerlichen Kulturen waren keine Zivilisationen. Sie waren weder Bestandteil eines Staates noch in einer anderen Form von bürgerlicher Gemeinschaft organisiert. Sie kannten keine Schrift, und daher gibt es keine schriftliche oder historische Überlieferung aus dieser Zeit. Einzelne Gruppen von Menschen existierten ziemlich unabhängig voneinander. Warenaustausch spielte kaum eine Rolle. Jede Gemeinschaft hatte Saatgut und Materialien zur Deckung des täglichen Bedarfs, deren Sortiment begrenzt war. Wenn es an wichtigen Dingen zu mangeln drohte, wenn zum Beispiel die Erträge auf den Feldern nachließen oder es am Wohnplatz der Siedlung zu wenig Holz gab, um Häuser auszubessern oder neue Hütten zu bauen, wurden Siedlungen sowie Feldfluren aufgegeben und an anderer Stelle neu gegründet.

Die Entstehung von Zivilisationen

Haustiere und die beschriebene bäuerliche Lebensweise stammten aus den vorderasiatischen Bergländern. Die ersten Zivilisationen entwickelten sich in einem benachbarten Gebiet, nämlich an den großen Strömen des Orients. Dort konnten Kulturpflanzen nur bei künstlicher Bewässerung der Felder angebaut werden. Das ausgeklügelte System der Verteilung von Wasser entlang eines langen Stromes, an Euphrat, Tigris oder Nil, verlangte einen erheblichen organisatorischen Aufwand: Man brauchte eine Verwaltung, und man musste schriftliche Nachrichten übermitteln können. Daher nimmt man an, dass sich die ersten Staaten, die ersten Zivilisationen auf der Erde dort entwickelten, wo künstliche Bewässerung organisiert werden musste (Wittfogel 1977). Eine Verwaltung konnte nur dann bestehen, wenn die ihr zugehörenden Siedlungen nicht mehr verlagert wurden, wie es zu Zeiten einer rein bäuerlichen, nicht zivilisierten Kultur üblich gewesen war. Die Siedlungen mussten nun feste Stützpunkte des Handels sein. Die Einführung und Ausbreitung der Zivilisation setzte voraus, dass Mangelsituationen über Handelsbeziehungen abgeholfen werden konnte. Außerdem war es nun notwendig, eine bessere Vorratshaltung für Produkte des täglichen Bedarfs zu betreiben. Etliche Nahrungsmittel ließen sich gut lagern, vor allem Getreide; man brauchte trockene Speicher, die für Vorratsschädlinge nicht zu erreichen waren. Problematischer waren Lagerung und Transport von Milch und Milchprodukten, auch von Fleisch. Innerhalb der Zivilisationen kam es zu neuen Formen der sozialen Differenzierung, die sich auch auf die Nahrung der Menschen auswirkte: Es kam zu einer Trennung zwischen Alltagsspeisen der armen Leute und den Luxusgerichten der Wohlhabenden.

Erste Gewürze

Besonders in den Küchen der wohlhabenden Bevölkerung war es wichtig, leicht verderbliche Lebensmittel möglichst lange frisch zu halten. Wenn diese Lebensmittel, zum Beispiel Fleisch oder Milchprodukte, einen gewissen „Hautgout" angenommen hatten, sollte das unbemerkt bleiben. Man brauchte Ingredienzien, mit denen man den Geschmack von Speisen verändern und kalkulierbar beeinflussen konnte, so dass die Gerichte immer wieder gleich gut schmeckten. Dazu nahm man Gewürze. Würzende Pflanzen mögen schon in früherer Zeit bekannt gewesen sein, aber wir haben keine Indizien dafür, dass sie schon vor der Einführung von zivilisatorischen Strukturen dauerhaft verwendet wurden.

Die Gewürzpflanzen stammten ursprünglich aus Regionen, die von bäuerlichen Kulturen aufgesucht wurden. Sie breiteten sich vor allem auf Viehweiden aus. Ihre Inhaltsstoffe sollten eigentlich Tiere davon abhalten, die Pflanzen zu fressen. Daher wurden auf Viehweiden diejenigen Gewächse seltener, die keine scharfen Inhaltsstoffe, Dornen oder Stacheln hatten – und die auf eine bestimmte Weise bewehrten Gewächse nahmen an Häufigkeit zu. Dass sie bestimmte Geschmacksnoten besaßen, dürfte Mitgliedern der ländlichen Bevölkerung aufgefallen sein, vielleicht den Hirten, die auf den Weideflächen mit ihren Tieren unterwegs waren.

Abb. 1: Dill ist ein beliebtes Fischgewürz. Er stammt aber nicht aus einem Küstenland im Norden, sondern aus dem Orient. Foto: Hansjörg Küster

Abb. 2: Der Schlafmohn war ursprünglich im westlichen Mittelmeergebiet heimisch.
Foto: Hansjörg Küster

Die Handelswege konnten genutzt werden, um Gewürze in das gesamte Gebiet zu bringen, in dem es Zivilisationsstrukturen gab. Man konnte ferner Einfluss darauf nehmen, dass auch außerhalb des von der Zivilisation kontrollierten Gebietes Handelswege bestanden, auf denen Gewürze über weite Strecken herbeitransportiert werden konnten.

Darauf wurde schon deswegen geachtet, weil Gewürze bald zum Statussymbol wurden. Demjenigen, der am meisten scharfe Gewürze verwendete, gestand man den Ruf zu, die beste Küche zu haben: Seine Gäste merkten nicht, wenn die Speisen verdorben waren. Bis ins Mittelalter hinein galt diejenige Küche als die beste, in der am meisten scharfe Gewürze verwendet wurden (Küster 2003, 7ff.).

Zu den ältesten Gewürzen, die man im Zweistromland schon vor Jahrtausenden kannte und die auch aus dieser Region stammen dürften, gehören Asant, Dill (Abb. 1), Fenchel, Koriander und Kreuzkümmel. Im alten Ägypten verwendete man sehr frühzeitig Bockshornklee, Kapern und Koriander. Kardamom und Portulak kamen aus Südasien, wurden aber schon vor 4000 oder 5000 Jahren im Zweistromland bekannt. Etwas später gelangten auch Zimt und Pfeffer aus Südasien in den Nahen Osten (alle und die folgenden Angaben nach Küster 2003).

Der Austausch der Gewürze im Mittelmeergebiet

Von den mediterranen Häfen aus wurden Gewürze in alle Teile der antiken Welt verschifft. Einige würzende Kräuter kamen unmittelbar im Hinterland der Häfen vor, andere mussten zuvor über Landwege an die Küsten des Mittelmeeres gebracht werden. Die Gewürze des Orients wurden ebenso dorthin transportiert wie die würzenden Ingredienzien aus Südasien, die besondere Bedeutung für die griechisch-römische Antike erhalten sollten: Pfeffer und Zimt. Aus den verschiedenen Regionen des Mittelmeergebietes mit ihren diversen Häfen kamen insgesamt etwa 80 verschiedene Arten von Gewürzen in den Handel. Etwa diese Zahl von Gewürzen wird im römischen Apicius-Kochbuch aufgeführt (Maier 1991). Der Pfeffer wird darin am häufigsten genannt. Das bedeutet nicht, dass er in den römischen Küchen auch am häufigsten verwendet wurde, sondern dass die vornehme Küche, für die das Apicius-Kochbuch verfasst worden war, vor allem nach diesem exotischen Gewürz verlangte (Küster 2003, 193f.). Aus verschiedenen Teilen des Mittelmeerraumes stammten beispielsweise Sellerie, Schlafmohn (Abb. 2) und Petersilie: Sie wurden in allen künftigen Listen der verwendeten Gewürzarten aufgeführt. Allgemein lässt sich feststellen, dass die Zahl der von den Zivilisationen der Welt verwendeten Gewürzarten im Lauf der Jahrtausende zunahm. Was einmal als gut befunden worden war und in die Schriftquellen Aufnahme gefunden hatte, wurde auch in der nachfolgenden Zeit immer wieder beschrieben und verwendet.

Die Verwendung von Gewürzen in Mitteleuropa

Die Handelswege mussten weiter ausgebaut werden, damit alle Menschen innerhalb der Reichweite der Zivilisation an deren Errungenschaften teilhaben konnten; auch die Menschen, die innerhalb des Imperium Romanum nördlich der Alpen lebten, mussten mit den Gewürzen versorgt werden, die in ihrer mediterranen Heimat bekannt waren. Daher wurden zahlreiche Arten von Gewürzen in römischer Zeit erstmals in größeren Mengen auch nördlich der Alpen verwendet. Dabei hatte man den schriftlichen Quellen entsprechend zu handeln. Vor allem im Mittelalter, als man bei der Verwendung von Gewürzen nördlich der Alpen ähnlich verfuhr wie in römischer Zeit, kannte man eine Pflanze, die man Kümmel nannte. In den Schriftquellen aus römischer Zeit wurde eine weitere Pflanze „cuminum" genannt. Diesen Begriff übersetzte man fälschlicherweise mit „Kümmel". Alle Gerichte, die von den Römern mit „cuminum" gewürzt worden waren, wurden nördlich der Alpen mit Kümmel veredelt. Doch man bemerkte nicht, dass die Römer den Kreuzkümmel als „cuminum" verwendet hatten, nicht aber den mitteleuropäischen Kümmel; letzteren kannten sie nicht. Alle mit Kümmel gewürzten Speisen bekamen einen völlig anderen Geschmack als diejenigen, die man ehedem mit „cuminum" versehen hatte. Aber an die schriftlichen Regeln des Kochens hatte man sich dennoch gehalten (KÜSTER 2003, 122f.).

Gewürze in weiteren Handelsnetzen

Von Mitteleuropa aus wurden die Gewürze in weitere Handelsnetze eingebracht, so dass sie überall dorthin gelangen konnten, wohin sich auch die Zivilisation ausbreitete: nach Osteuropa, in den Norden Europas. Aus dem Osten (Meerrettich; Abb. 3) kamen genauso wie über die Kontakte zwischen Südwesteuropa und der arabischen Welt weitere Gewürze nach Europa (Borretsch, Estragon). Die Gewürze wurden innerhalb der zivilisierten Welt ausgetauscht, und die Liste der allgemein verwendeten Arten wurde immer länger. Ähnlich mögen die Entwicklungen in anderen Handelsnetzen abgelaufen sein, beispielsweise in Südostasien oder in Mittelamerika. Aber darüber sind wir leider noch immer unzureichend informiert.

Jedenfalls kamen zahlreiche weitere Arten von Gewürzen im Zeitalter der Entdeckungsreisen in die Alte Welt Europas. Einerseits wurden wichtige Gewürze von den Inseln Hinterindiens erstmals in größeren Mengen importiert; dazu gehören Gewürznelken und Muskatnuss. Andererseits kamen zahlreiche Pflanzen aus Amerika über den Atlantischen Ozean, und im Gegenzug wurden alle Gewürze der Alten auch

Abb. 3: Meerrettich kam aus dem Osten nach Mitteleuropa.
Foto: Hansjörg Küster

Abb. 4: Kapuzinerkresse aus Amerika wurde zuerst von Mönchen kultiviert; daher bekam sie ihren Namen.
Foto: Hansjörg Küster

in der Neuen Welt heimisch. Man kann den Eindruck gewinnen, dass der Bedarf an neuen Wegen zu den Gewürzen vielleicht sogar ein wesentlicher Beweggrund war, mit den Reisen zu beginnen, die wir heute Entdeckungsreisen nennen. Denn die alten Landwege über die arabische Halbinsel waren im späten Mittelalter und in der frühen Neuzeit nicht immer offen; mit den dort ansässigen Arabern oder Osmanen gab es zahlreiche kriegerische Auseinandersetzungen. Weil diese Landwege unter dem Begriff Gewürzstraßen bekannt waren, kann man annehmen, dass Gewürze zu den wichtigsten Handelsgütern des Orients gehörten – neben edlen Steinen und Seide. Wenn man nun neue Seewege nach Indien suchte, ging es auch um den Zugang zu Pfeffer und anderen scharfen Gewürzen, ohne die eine vornehme Küche in einem Zeitalter nicht auskommen konnte, in dem es den Kühlschrank noch nicht gab.

Wichtige Gewürze, die schließlich aus Amerika nach Europa kamen, waren unter anderem Paprika, Kakao, Piment und Vanille. Etliche von ihnen führte man als vermeintlich „indische Gewürze" in Europa ein, oder man übertrug die Namen bekannter Gewürze der Alten auf diejenigen der Neuen Welt. Paprika kam als „Spanischer Pfeffer" in den Handel (weil das Gewürz von Spanien aus in Europa bekannt gemacht wurde), und Kapuzinerkresse (Abb. 4), die im Geschmack an Kresse erinnert, aus botanischer Sicht aber nicht mit der Kresse verwandt ist, stammt zwar aus Amerika, wurde aber zuerst in den Klostergärten der Kapuziner angebaut.

Viele Gewürze wurden innerhalb der Zivilisationen für Gerichte aus bestimmten Regionen bekannt. Diese Regionen sind aber häufig nicht ihre ursprünglichen Herkunftsgebiete. Paprika verbindet man heute zuallererst mit Ungarn (und nicht mit seiner amerikanischen Heimat), Dill sieht man, weil er als Fischgewürz verwendet wird, als ein Gewächs des Nordens an, nicht aber als ein ursprünglich orientalisches Gewürz. Dafür hält man eher den Schlafmohn, doch der kommt aus dem westlichen Mittelmeergebiet und wurde erst zu einer Zeit im Orient populär, als es dort verboten worden war, Alkohol zu trinken –, sodass man zu einem anderen berauschenden Mittel griff. Kapern sind das charakteristische Gewürz für Königsberger Klopse, kommen aber, wie schon gesagt, aus Ägypten. Die Weinraute stammt zwar aus dem Mittelmeergebiet, ist heute aber in Litauen besonders bekannt; denn die dortige katholische Bevölkerung sieht in den Blüten ein Symbol für das christliche Kreuz.

Fazit

Insgesamt lässt sich sagen: Gewürze sind für die Entwicklung der Zivilisationen, nicht aber der rein bäuerlichen Kulturen auf der Erde entscheidend gewesen. Sie gehören zu den ersten Welthandelsprodukten, und an ihrer Verbreitung im Verlauf der Jahrtausende lässt sich hervorragend studieren, wie Globalisierung funktioniert. Gewissen Moden entsprechend wurden einzelne Elemente der Gewürzlisten an bestimmten Orten plötzlich charakteristisch, ohne dass dafür eine historische Grundlage bestand. Auf diese Weise wurden neue Traditionen aufgebaut.

Für den Welthandel sind andere Produkte längst erheblich wichtiger als Gewürze. Aber die Handelswege wurden unter anderem erschlossen, weil man zu einem Austausch an Gewürzen innerhalb der zivilisierten Welt kommen wollte. Dies galt schon für die mediterranen Handelsnetze der Antike, für die Landverkehrsnetze in Europa, den Ostseeraum und schließlich auch für den ausgreifenden Welthandel.

Literaturverzeichnis

Küster, H. 2003: Kleine Kulturgeschichte der Gewürze. 2. Aufl., München 2003.
Maier, R. (Hrsg.) 1991: Marcus Gavius Apicius. De re coquinaria. Über die Kochkunst. Stuttgart 1991.
Wittfogel, K. 1977: Die orientalische Despotie. Frankfurt 1977.

Anschrift des Autors

Prof. Dr. Hansjörg Küster
Leibniz Universität Hannover
Institut für Geobotanik
Nienburger Straße 17
D – 30167 Hannover

Swantje Heuten

Die Reise der Nelke und Muskatnuss

„Das erste Bündel kreolischer Nelken wurde in Anwesenheit einer bedeutenden Versammlung in dem königlichen Garten am 14. Oktober 1776 gepflückt und der in Ruhestand gehende Gouverneur, Chevalier de Ternay, brachte sie höchstpersönlich nach Frankreich, um sie dem König zu präsentieren".[1]

Über dieses Ereignis auf Mauritius berichtet die damalige Zeitung der Insel und markiert damit den ersten Schritt zur massenhaften Verbreitung und weltumspannenden Reise der Gewürznelke (*Syzygium aromaticum*), die heute wie selbstverständlich zu jeder Zeit und zu vergleichbar geringem Preis von jedem erworben werden kann. Bis zum 18. Jahrhundert kam sie, wie die Muskatnuss (*Myristica fragans*), nur auf wenigen Inseln der Molukken vor. Wir wollen hier Nelke und Muskatnuss auf ihren Handelswegen und auf den Reisen in neue Anbaugebiete begleiten.

Abb. 1: Die Karte zeigt die zwischen dem Indischen Ozean und dem Pazifik liegenden Molukken mit den dort vorkommenden Gewürzen, z. B. Muskat und Nelke.
Insulae Moluccae
Foto: AZ Fachverlag AG, Baden, Schweiz.

Die Heimat der Nelke und Muskatnuss und der Beginn ihrer Reise

Am Anfang jeder Reise steht das Land, in dem man zu Hause ist und von dem aus man aufbricht. Diese Heimat von Nelke und Muskatnuss ist eine Inselgruppe – die Molukken. Die Molukken gehören heute zu Indonesien und liegen zwischen dem Indischen Ozean und dem Pazifik, zwischen den Philippinen im Norden, Java im Südwesten und Neuguinea im Osten. Von den tausend kleinen Inseln zählen Ternate, Tidore, Bacan, Makian und Moti, auch Nord-Molukken genannt, zur Heimat der Nelke.[2] Die südlicheren Banda-Inseln sind das Herkunftsland der Muskatnuss.[3] Spätestens seit kolonialer Zeit sind die Molukken auch als Gewürzinseln bekannt.

Auf alten Handelswegen

Kaufleute transportierten diese beiden Gewürze bis nach China und Europa. Der lange und mitunter beschwerliche Weg führte über verschiedene Routen zu Land und zu Wasser, durch Wüsten und Gebirge, mit Schiffen und Kamelen. Doch der Aufwand lohnte sich, denn besonders in Europa waren exotische Gewürze beliebte und profitable Luxusgüter, die vor allem an den Höfen zur Verfeinerung der Speisen, als Prestigeobjekte, als Medikamente, als Konservierungsmittel oder als Aphrodisiaka Verwendung fanden.

Im Interesse der vielen Zwischenhändler, die mit den Gewürzen ihren Lebensunterhalt verdienten und dadurch zu Wohlstand kamen, blieb die Heimat der Nelke und Muskatnuss für lange Zeit ein gut gehütetes Geheimnis.[4]

Nachdem im frühen Mittelalter Venedig und Genua ihre Vormachtstellung im Gewürzhandel in Europa behaupteten, versuchte seit dem 14. Jahrhundert Portugal, ein damals junger und finanziell schwacher Agrarstaat, das vorherrschende arabisch-venezianische Handelsmonopol zu umgehen und durch den Direkthandel mit den Ursprungsländern hohen Gewinn zu erzielen.[5] Portugiesen suchten – und fanden schließlich nach zahlreichen Entdeckungsfahrten – den Seeweg zu den lukrativen Gewürzen nach Indien und zu den Molukken. Im Jahre 1512 errichteten sie dort Stützpunkte, um Handel zu betreiben. Als Reiseweg von Nelke und Muskatnuss etablierte sich nun die nahezu 15 000 Seemeilen lange Gewürzroute, die von ihrer Heimat über den Indischen Ozean, um das Kap der Guten Hoffnung, entlang der afrikanischen Küste bis nach Lissabon verlief.[6] Von dort aus wurden sie über kürzere See- und Landwege transportiert und erreichten schließlich am Ende ihrer Reise Märkte, Apotheken und fürstliche Tafeln.

Abb. 2: Dieser silbergefasste Muskatanhänger stammt aus dem 17./18. Jahrhundert, aus der Zeit, als die Muskatnuss nur auf den Molukken wuchs und die Niederländer das Monopol auf diesen Inseln behaupteten. Das Tragen des Gewürzes als Schmuckstück verdeutlicht den hohen Stellenwert, den es als Arznei gegen die Pest und als Aphrodisiakum hatte. Foto: Bayerisches Nationalmuseum, München.

Abb. 3: Im Spätmittelalter galten viele Gewürze, wie auch die Muskatnuss, als Arzneimittel. Als solche wurden sie in Apotheken oder, wie hier auf dem zeitgenössischen Fresko des Schlosses Issogne, in einem speziellen Gewürzladen verkauft.
Fresko aus dem 14. Jahrhundert im Schloss zu Issogne im Aoste-Tal.

Die Niederländische Vereinigte Ostindische Companie (VOC)

Als sich am 20. März 1602 einige im Überseehandel agierende niederländische[7] Verbände zusammenschlossen, entstand das größte und vorherrschende Handelsunternehmen des 17. und 18. Jahrhunderts, das erstmalig als Aktiengesellschaft organisiert und weltweit tätig war –, die niederländische Vereinigte Ostindische Companie, „Vereenigde Oostindische Compagnie" oder kurz VOC.

Mit ihren gut bewaffneten Schiffen brachte die VOC Anfang des 17. Jahrhunderts den Seeweg zu den gewinnbringenden Gewürzen unter ihre Kontrolle und nahm nach Gefechten mit Einheimischen und Portugiesen nach und nach die Molukken in Besitz, bis sie im Jahre 1669 das Monopol auf den Gewürzinseln weitgehend gesichert hatte.[8] Von hier aus steuerte sie den Anbau und Verkauf der Nelke, der Macisblüte (Muskatblüten) und der Muskatnuss.[9] Weil diese Gewürze, anders als beispielsweise der Pfeffer, nur auf den Molukken beheimatet

Abb. 4: Dass die VOC eine eigene Prägung hatte, zeigt die große Bedeutung des Handelsunternehmens. Die Kupfermünze wurde in den Niederlanden im Jahre 1728 geprägt.
Foto: Staatliche Münzsammlung München.

waren, setzten die Niederländer alles daran, dass dieses Monopol bestehen blieb.
Der Dreh- und Angelpunkt im niederländischen Gewürzhandel befand sich auf der indonesischen Insel Java in der Stadt Batavia, dem heutigen Jakarta, südwestlich der Molukken. In Europa wurden Antwerpen – und später Amsterdam – zum zentralen Umschlagplatz für Gewürze.[10]
Der Einfluss der niederländischen Händler war zwischen 1602 und 1770 dermaßen groß, dass sie einmal jährlich den Verkaufspreis und die Gewürzmengen festlegten, die den europäischen Markt erreichen durften.[11] Um die festgelegten Zahlen zu verwirklichen, ließen sie ganze Gewürznelkenplantagen auf den Molukken roden, zerstörten wildwachsende Abkömmlinge und verbrannten Muskatnüsse, wenn die produzierte Menge zu groß ausfiel und den hohen Preis gefährdete.[12] In Amsterdam zündeten Kaufleute ihre Speicher an, um Überschüsse zu vernichten. Zuschauer des Spektakels liefen durch die austretende Muskatbutter. Schmuggler wurden hart bestraft, und es war unter Androhung des Todes verboten, heimlich Muskatbäume zu kultivieren, um das Monopol zu umgehen.[13] Für die Nelke galten ähnliche Bestimmungen. Der Plan der Niederländer sah vor, dass allein die Insel Ambon die Heimat der Nelke sein sollte.[14] Ein gebürtiger Husumer im Dienste der VOC, Volkert Iversen[15], berichtet ausführlich vom Vorgehen und den Motivationen der Handelsgesellschaft:

„Als ich mein Wesen auf Ceram hatte, lag ich in der Festung Overburg, welche die Einwohner Luven nennen. Sie war nur mit 24 europäischen Soldaten besetzt. Weil auf diesen und herum liegenden Molukkischen Inseln und sonst nirgends die Nelken reichlich wachsen und die Holländer den Nelkenhandel gern alleine haben wollen, mussten wir zu gewissen Zeiten des Jahres Parteiweise ausgehen und auf den Inseln, (…) die Nelkenbäume ruinieren und abschälen, damit sie verdorren. (…) Unterweilen haben wir in einem Monat 15. oder 16. tausend Bäume zu Nichte gemacht. Desgleichen tun sie auch mit den Muskatnüssen und Bäumen, die sie oft auf großen Haufen verbrennen. (…) Warum sie aber dieses tun, begründen sie so: Es kostet ein groß Geld, solche Schiffe nach Indien auszurüsten, und sie mussten oftmals erleben, dass diese mit köstlichen Spezereien beladenen Schiffe durch etliche Ungewitter und anderem Unglück untergehen, und nicht alle allezeit glücklich nach Haus kommen. Wenn nun jedermann solche Waren dort bekommen und mit ihnen handeln kann, würden sie wegen der Menge einen schlechten Preis und ihr Gewinn gar gering sein, denn die Wenigkeit eines Dinges erhält den höhern Preis."[16]

Die Niederländer behaupteten über 150 Jahre ihre Vormachtstellung im Anbau und Handel mit Gewürznelken, Muskatnüssen und anderen gewinnbringenden Gütern. Die VOC operierte nahezu konkurrenzlos. Obwohl England im Jahre 1600 die „East India Companie" und Frankreich im Jahre 1664 die „Compagnie Française des Indes Orientales" gründeten, die im Fernhandel tätig waren, konnten sie den Niederländern ihren Rang nur selten streitig machen.[17]

Abb. 5: Nelkenschiff. Modellschiff aus Gewürznelken, Ende 19. Jh., Indonesien, Borneo. Helmuth Steenken, Oldenburg. Foto: Jörg Schwanke.

Der erste, dem es mit nachweisbarem Erfolg gelang, das Monopol der Niederländer zu durchbrechen, indem er die Reise von Nelken- und Muskatsetzlingen von den Molukken nach Mauritius ermöglichte, war der Franzose Pierre Poivre (1719 bis 1786) in den 1770er Jahren. Geschwächt durch den vierten Englisch-Niederländischen Seekrieg, verlor die VOC langsam an Schlagkraft und Einfluss.[17]

Pierre Poivre

Pierre Poivre war ein französischer Botaniker, Ökonom, Kolonialfunktionär und Philosoph, der sich dem aufklärerischen Denken seiner Zeit verpflichtet fühlte. Der Sinn für Gewürze scheint ihm in die Wiege gelegt worden zu sein, nachdem er am 23. August 1719 in Lyon in einer wohlhabenden bürgerlichen Familie zur Welt kam. Nicht nur sein Name Poivre, der übersetzt Pfeffer bedeutet, verweist auf ein Gewürz. Auch seine Vorfahren standen in unmittelbarer Beziehung zu Gewürzen und dem damit einhergehenden Fernhandel, weil sie mit Seide handelten. Seine Eltern waren als Kurzwarenhändler tätig und pflegten bis nach Asien reichende Geschäftskontakte. Erzogen wurde Poivre von Missionaren in Lyon, die darauf spezialisiert waren, ihre Schüler für die Missionsarbeit in Japan, China und den Königreichen Hinterindiens auszubilden. Im Alter von 22 Jahren trat er schließlich seine erste Fernreise nach China an. Vor Ort tätigte er private Geschäfte, erkundete den Asienhandel, knüpfte Kontakte und betrieb landeskundliche Studien.[18]

Abb. 6: Büste des Pflanzensammlers Pierre Poivre (1719 bis 1786) im Botanischen Garten Pampelmousses, Mauritius.

Der Poivre-Plan

Mauritius liegt im Indischen Ozean, etwa 800 km östlich von Madagaskar. Wegen der strategisch günstigen Lage auf der Gewürzroute zwischen Europa, Indien und den Molukken war Mauritius stets Objekt kolonialer Interessen. Von 1505 bis 1598 nutzten die Portugiesen die Insel als Stützpunkt. Im Jahre 1598 nahmen die Niederländer sie in Besitz und benannten sie nach dem Prinzen Moritz von Oranien. Erste niederländische Siedler ließen sich im Jahre 1638 nieder, gaben die Insel aber 1710 wieder auf, sodass zahlreiche Seeräuber und entlaufene Sklaven hier Unterschlupf fanden. Die Franzosen beendeten im Jahre 1715 die Piratenherrschaft, beanspruchten das Land für sich und gaben der Insel den Namen Île de France.[19]

Nach den erfolglosen Anfängen der Niederländer versuchten nun die Franzosen einige Pflanzen als Nahrungsmittel oder Handelsgut auf der Insel heimisch zu machen, um auf dem Weg zwischen Europa und den Molukken nicht mehr von der niederländischen Versorgung am Kap der Guten Hoffnung abhängig zu sein.[20] Sie ließen versuchsweise von Sklaven aus Ostafrika und Madagaskar Zuckerrohrplantagen anlegen und bewirtschaften. Poivre verfolgte jedoch einen anderen Plan, den er 1748 zunächst der „Compagnie Française des Indes Orientales" unterbreitete.

Diese mit der niederländischen VOC vergleichbare Handels- und Aktiengesellschaft mit Monopolprivilegien wurde im Jahre 1664 von Jean-Baptise Colbert[21] gegründet, dem Finanzminister Ludwigs XIV. Vorrangiges Anliegen der Gesellschaft war es, den Handel mit Kolonialwaren zu stärken und die Niederländer aus Asien zu vertreiben.[22] Hauptstützpunkt des Unternehmens war die Nachbarinsel von Mauritius, Réunion, die damals Bourbon hieß. Die finanziellen Ressourcen waren jedoch wegen zurückhaltender französischer Investoren nicht ausreichend und stets auf Kredite und Zuschüsse der Krone angewiesen.[23] Umso dankbarer war man für gute

Als er im Jahre 1745 den Entschluss fasste, nach Frankreich zurückzukehren, bekam er die Auseinandersetzungen seiner Heimat mit der aufstrebenden und konkurrierenden Kolonialmacht England am eigenen Leibe zu spüren. Zwei englische Kriegsschiffe griffen sein Schiff an. Im Gefecht traf ihn eine gegnerische Kugel, die ihn schwer verletzte. Zusammen mit anderen Gefangenen wurde er nach Batavia auf der damals niederländischen Insel Java gebracht. Hier bekam er die Gelegenheit, den Generalgouverneur Baron van Imhoff kennenzulernen und erhielt Einblick in den beginnenden Niedergang des einst mächtigen niederländischen Handelsreiches.

Nach seiner Freilassung erreichte Poivre schließlich am 7. Dezember 1746 die Stadt Port-Louis auf der Insel Mauritius, die in Zukunft eine bedeutende Etappe der Reise von Nelke und Muskatnuss werden sollte.

Abb. 7: Schiff der französischen Kriegsmarine Mitte des 18. Jahrhunderts. Zu dieser Zeit begann Poivre mit der Umsetzung seines Plans, Mauritius und Réunion in Gewürzinseln zu verwandeln. Encyclopédie. Dictionaire raisinée des sciences, des arts et des métiers. Paris 1751-1780, Bd. 28.

Die Reise der Nelke und Muskatnuss nach Mauritius

Nach seinen Untersuchungen begann Poivre um 1750 selbst Pflanzen zu sammeln, um sie in einem französischen Nutzgarten zu kultivieren und Studien zu Anbaumöglichkeiten durchzuführen. Für seine Experimente beschaffte er – wegen der strengen Kontrollen vermutlich unter riskanten Bedingungen und auf illegalem Weg – Samen und Setzlinge der Gewürznelke und der Muskatnuss von den Molukken.[27] Damit verließen diese beiden Gewürze erstmalig nicht als Handelsgut ihre Heimat, sondern um gezielt an anderer Stelle angesiedelt zu werden. Doch Poivres erste Versuche blieben erfolglos. Viele der Proben überlebten ihre Reise von den Ursprungsgebieten nicht oder gingen wegen unzureichenden Wissens über den Anbau nach kurzer Zeit ein.[28] Außerdem vermutete Poivre Sabotage durch die Gegner seines Vorhabens wie beispielsweise Pierre Barthélémy David, von 1746 bis 1750 Gouverneur von Mauritius, der ihm Schiffe für seine Expeditionen verweigerte. Als schließlich ein weiterer Skeptiker seines Plans, Jean-Baptise Fusée Aublet,[29] zum Direktor der Gärten von Mauritius ernannt wurde, sah Poivre keine Chance mehr, sein Projekt zu verwirklichen und kehrte 1756 wieder nach Frankreich zurück.[30] Als inzwischen bekannt gewordener Naturforscher trat Poivre schließlich den Posten des korrespondierenden Mitglieds der Akademie der Wissenschaften zu Paris und der Académie des Sciences, Arts et Belles Lettres zu Lyon an. Er hielt Vorträge über Landwirtschaft und Gartenkunst, gründete die Société Royale d'Agriculture in Lyon mit und wurde bald darauf deren Präsident.[31]

Während Poivres Karriere zu dieser Zeit erfolgreich verlief, musste Frankreich im Siebenjährigen Krieg (1756 bis 1763) schwere Niederlagen hinnehmen, die von großer Reichweite für die französische Überseepolitik waren. Nach dem Friedensschluss mit England verlor Frankreich seinen Einfluss auf dem nordamerikanischen

Vorschläge zur Steigerung des Kapitals. Poivre griff dabei eine Idee des Reisenden und Naturforschers Abbé Labat aus dem Jahre 1696 auf. Er wollte im Sinne des aufklärerischen Denkens neue Gewürzinseln anlegen, anstatt existierende mit Gewalt in Besitz zu nehmen, und dachte dabei an Mauritius und Réunion.[24]

Die Verantwortlichen der Compagnie befürworteten Poivres Plan und beauftragten ihn damit, die beiden Inseln, zusammen auch Maskarenen genannt, in Gewürzinseln zu verwandeln und das niederländische Gewürzmonopol, vor allem das Nelken- und Muskatmonopol, zu durchbrechen.[25] Poivre begann mit der Recherche, Dokumentation und Analyse der bisherigen Bemühungen um die Pflanzenkultivierung und schildert diese in einem seiner Berichte:

> „Die Isle de France hat zwei vortreffliche Häfen, wo alle unsere Schiffe einlaufen, die in Friedenszeiten für den Handel nach Indien und China und in Kriegszeiten zur Verteidigung unserer Besitzungen gebraucht werden. (...) Man hat den Anbau aller Arten von Pflanzen versucht und ist bei keiner geblieben. Der Kaffee, die Baumwolle, der Indigo, das Zuckerrohr, der Birnbaum, der Zimtstrauch, der Maulbeerbaum, der Tee, der Kakao, der Rukubaum: Alles ist in Proben angebaut worden, aber mit einer Sorglosigkeit, welche den Erfolg ausschloss."[26]

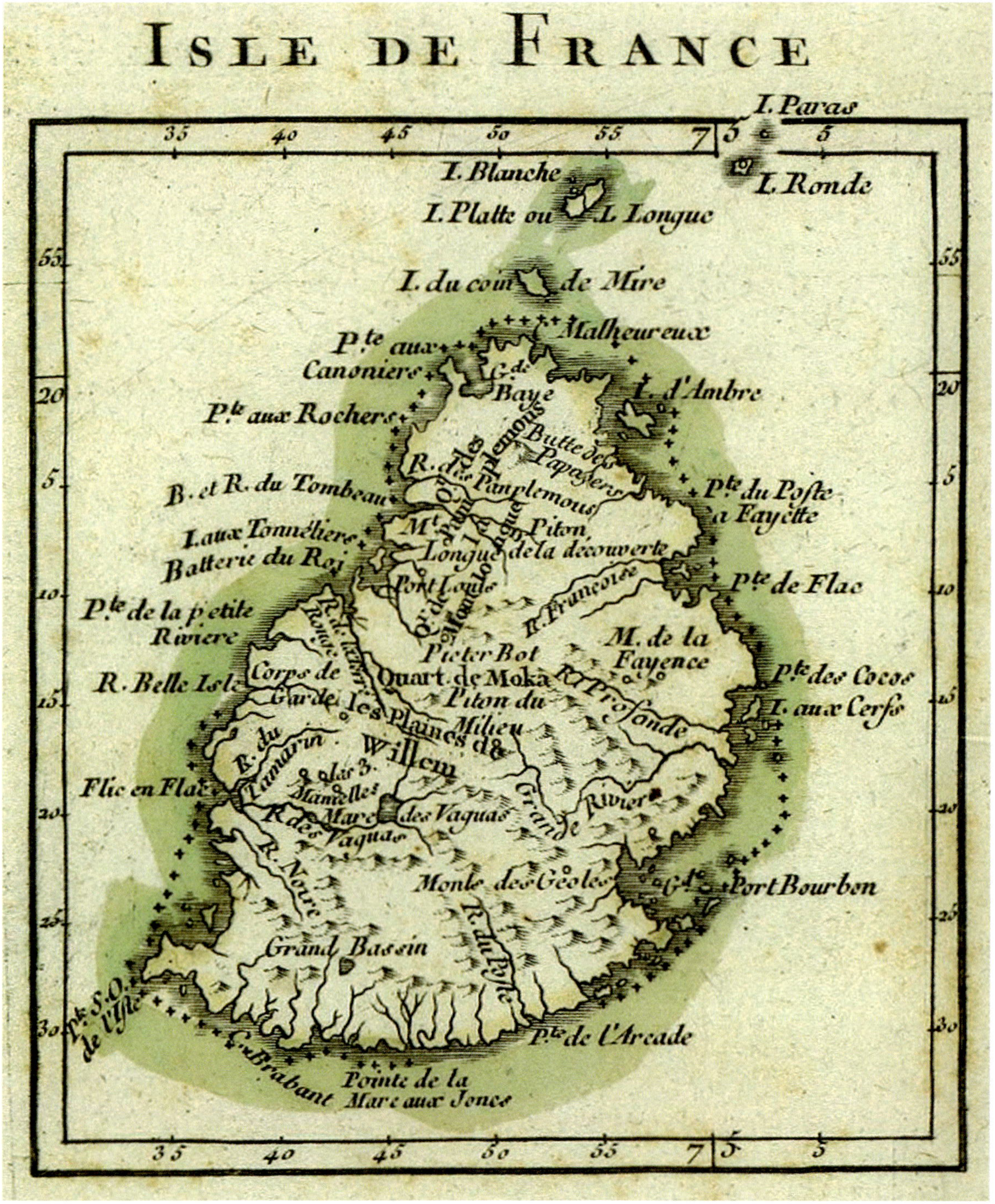

Abb. 8: Historische Karte von Mauritius, damals Isle de France, von Rigobert Bonne (1727–1795).

Kontinent sowie in vielen Teilen Indiens und war von nun an auf wenige Handelsplätze beschränkt. Einer dieser Handelsplätze, dessen Bedeutung erheblich gestiegen war, waren die bis dahin im Eigentum der „Compagnie Française des Indes Orientales" befindlichen Inseln Réunion und Mauritius, die der König 1764 zu französischen Kronkolonien erklärte.[32]

Zum Intendanten der Inseln setzte die Krone Pierre Poivre ein. Im Jahre 1767 trat er verheiratet und geadelt im Dienste des Königs Ludwigs XVI.[33] sein Amt an.[34] Auf Mauritius richtete er das Anwesen Mon Plaisir als Wohnsitz ein, von wo aus er den kontinuierlichen Auf- und Ausbau des benachbarten Botanischen Gartens kontrollierte. Der Ursprung des Gartens lässt sich auf den von 1734 bis 1746 tätigen Gouverneur von Mauritius, Mahé de La Bourdonnais, zurückführen.[35] Der ließ seinerzeit in der Nähe von Mon Plaisir, das er als Wochenendresidenz nutzte, Obstbäume, Früchte und seltene Kräuter anpflanzen. Aus diesen Anfängen entwickelte sich allmählich ein großer Obst- und Gemüsegarten, der die auf der Insel anlegenden Schiffe mit Frischwaren versorgte.

Bis zur ersten erfolgreichen Ernte einer Nelke und Muskatnuss war es jedoch ein langer und mühsamer Weg. Zahlreiche Expeditionen brachten in den Jahren 1768, 1769 und 1771 immer wieder Pflanzen und Samen nach Mauritius und verbreiteten den Ruf, Poivre sei ein Pflanzenjäger und Pflanzendieb. Eine der erfolgreichen Unternehmungen entlud am 24. Juni 1770 ca. 400 Muskatnussbäume, 10 000 Muskatnüsse, 70 Nelkenbäume und eine Truhe mit Nelken im Hafen von Port Louis.[36]

Da Poivre fest an die erfolgreiche Umsetzung seines Plans glaubte, schickte er Pflanzenproben zur Bestimmung zur „Académie des Sciences" nach Paris, als Gegner des Gewürzprojektes die Echtheit dieser Pflanzen bezweifelten. Er versuchte durch Veröffentlichungen für sein Vorhaben zu werben, um so seine Kritiker zu überzeugen. Ausführlich schilderte Poivre in seinen „Mémoires sur les épiceries à l'Isle de France" vom 18. Oktober 1772, warum das Klima und der Boden der Insel günstig für die Kultivierung von Gewürzpflanzen seien und warum der Anbau und die Ernte von Nelken und Muskatnüssen profitabler sind als die Ernte von Kaffee. Drei- bis viertausend Acker mit gepflanzten Nelken- und Muskatnussbäumen würden seiner Meinung nach ausreichen, um im Gewürzhandel Frankreich zu einem ernsthaften Rivalen der Niederländer werden zu lassen.[37]

Um erste Erfolge beim Anbau der Nelke und Muskatnuss zu erzielen, pflanzte er die kostbaren Setzlinge in Akklimatisationsgärten[38] an und probierte über die Insel verteilt unterschiedliche Böden aus, um herauszufinden, wo sie am besten gedeihen würden.[39] Die Ergebnisse und Erfahrungen publizierte er als Arbeitsanweisungen in der „Instruktion für die Art und Weise Pflanzen und Samen von Gewürznelken und Muskat erfolgreich zu pflanzen und zu kultivieren".[40]

Als Poivre Ende 1772 sein Amt niederlegte, um nach Frankreich zurückzukehren, verkaufte er sein Anwesen. Die Aufsicht über den Botanischen Garten, und damit die Aufzucht der Nelken- und Muskatpflanzen, übernahm von nun an im Auftrag Poivres dessen Nachbar Nicolas Céré, dem er einen Plan von der Anlage sowie einen Katalog mit den dort wachsenden Pflanzen hinterließ.[41]

Die Ernte der Erfolge und die Verbreitung der Nelke und Muskatnuss

Nicolas Céré lebte in dem an Poivres Grundstück angrenzenden Estate Belle Eau. Als Céré im Jahre 1775 seine Berufung zum Direktor des Gartens annahm, trat er in die Fußstapfen seines Vorgängers Poivre und bemühte sich um die erfolgreiche Aufzucht und Ernte von Nelke und Muskatnuss. Der Briefwechsel von Céré mit seinem Freund Le Galles in Paris sowie dessen Veröffentlichungen in damaligen Zeitungen zeugen noch heute von den bedeutendsten Schritten der Kultivierung der Gewürze auf Mauritius und Réunion. Sie berichten von der erfolgreichen Vermehrung des Nelkenbaumes, der Blüte der Muskatnusspflanzen, der ersten Ernte einer kreolischen Nelke am 14. Oktober 1776, der Zeremonie zur ersten Ernte einer Muskatnuss auf Mauritius am 7. Dezember 1778 und den Versuchen, die Nelken- und Muskatpflanzen auf andere Bäume aufzupfropfen, um die Zeit zur Ernte zu verkürzen.[42]

In den nun folgenden Jahren entwickelten sich die Pflanzenzucht, die Vermehrung und der Handel mit den Gewürzsamen und -setzlingen stetig. Die Erkenntnis, dass es sowohl männliche als auch weibliche Muskatnusspflanzen gibt, sie also getrenntgeschlechtlich sind, führte dazu, dass die jeweiligen gewünschten und benötigten Setzlinge zwischen den Molukken, Mauritius und Réunion sowie verschiedenen Gärten umherreisten und ihre Verbreitung fanden.[43] Bereits in den 1770er Jahren folgten erste Versuche des Anbaus auf den Seychellen und in der französischen Kolonie Cayenne, heute zum südamerikanischen Französisch-Guayana gehörend. So hatten sich Nelke und Muskatnuss, lange bevor die Gewürzpflanzen durch die Übernahme der Molukken im Jahre 1796 in die Hände der Engländer fielen, in französischen Kolonialgebieten etabliert und ihre weltumspannende Reise fortgeführt.[44]

Die Reise der Nelke nach Sansibar

Die Nachrichten über die französischen Anbauerfolge von Gewürzpflanzen auf Mauritius verbreiteten sich schnell. Es bestand freilich die Gefahr, dass auch andere Länder versuchen würden, Nelke und Muskatnuss auf eigenem Boden oder in ihren Kolonien anzusiedeln. Die Franzosen, allen voran Céré, fürchteten, dass sich die Gewürzpflanzen bald überall verbreiten würden und die Engländer die französischen Erfolge ausnutzen könnten. Seine Befürchtungen waren nicht unbegründet, denn von den französischen Kolonien Cayenne, St. Dominique und Martinique aus verbreitete sich die Nelke auf die umliegenden englischen Besitztümer.[45] Der erste Nelkenbaum, der 1793 die zwei Inseln von Sansibar, die gleichnamige Hauptinsel und die kleinere Insel Pempa, vor der Ostküste Afrikas erreichte, stammte jedoch nicht von einem Engländer, sondern von dem auf Sansibar lebenden Araber Harameli bin Salem.[46] Früher war er auf Réunion Diener eines französischen Offiziers gewesen. Nun stand er unter Mordverdacht und sollte verbannt werden. Doch er entkam seiner Strafe, indem er dem Sultan Sayyid Said bin Sultan Setzlinge einiger Nelkenbäume schenkte. Die Auswirkungen dieser ersten Pflanzungen zeigten sich, als der Sultan, Herrscher von Oman, im Jahre 1832 seinen Sitz auf die Insel verlegte und den Entschluss fasste, gezielt den Anbau von Nelken zu fördern. Damit begann die Geschichte, die Sansibar bis heute zur Nelkeninsel macht. Die strategisch günstige Lage, der fruchtbare Boden und ausreichend Süßwasser zur Versorgung der Pflanzen bildeten eine Grundlage für den erfolgreichen Anbau der Nelke. Ein anderes Fundament war die Verordnung des Sultans, dass – unter Androhung der Beschlagnahmung von Land bei Nichteinhaltung – jeder für eine Kokospalme wenigstens drei Nelkenbäume anzupflanzen hatte.[47]

Diese Kultivierungsmaßnahme führte zu einer derartigen Verbreitung der Nelkenpflanzen, dass sich Sansibar in nur wenigen Jahrzehnten zur Gewürzinsel mit ausgedehnten Nelkenplantagen entwickelte. Allein der Sultan besaß 1856, zum Zeitpunkt seines Todes, 45 Planta-

Abb. 9: Gewürznelken. Foto: Ostmann Gewürze GmbH.

Abb. 10: Gewürznelkenbaum mit Früchten. Foto: Ostmann Gewürze GmbH.

Abb. 11: Flagge des unabhängigen Sultanats von Sansibar, die vom 10. Dezember 1963 bis zum 12. Januar 1964 benutzt wurde, bis Sansibar sich mit Tanganyika zu Tansania zusammenschloss.

Abb. 12: Auf Gewürztouren können Reisende auf Sansibar die Geschichte der Nelke erfahren.
Foto aus: Pfander 2002, 183

Abb. 13: Muskatnüsse.
Foto: Ostmann Gewürze GmbH.

Abb. 14: Muskatnussbaum mit Früchten.
Foto: Ostmann Gewürze GmbH.

Abb. 15: Flagge von Grenada mit einer Muskatnuss.

gen, auf denen vermutlich sechs- bis achttausend Sklaven arbeiteten. Auch das Ende der omanischen Herrschaft 1890 und die Übernahme Sansibars als englisches Protektorat taten der Entwicklung keinen Abbruch.[48] Mitte des 20. Jahrhunderts stellte die Insel sogar 90 % der weltweiten Produktion an Nelken. Auf Pempa stehen heute noch geschätzte vier Millionen Nelkenbäume, die mit ihren süßlich duftenden Knospen Reisende auf Gewürztouren über Sansibar begleiten.[49]

Ein Ausdruck der Bedeutung der Nelke für Sansibar ist die gemeinsame Ernte, bei der alle Inselbewohner mithelfen, auch die Kinder, die die Regierung für diese Zeit freistellt. Die Schulen werden geschlossen. Während des Sultanats Sansibars, das vom 9. Dezember 1963 bis 12. Januar 1964 bestand, fand die Nelke in ihrer Flagge Verwendung, und noch heißt es im Logo der Gewürznelken-Behörde der Insel: „Gewürznelken sind das Leben der Nation".[50]

Die Reise der Muskatnuss nach Grenada

Ende des 18. Jahrhunderts pflanzten die Franzosen versuchsweise Setzlinge auf verschiedenen ihrer kolonialen Inseln an, um sie auch dort heimisch zu machen. Ein Reiseziel der Muskatnuss war der seit 1762 bestehende Botanische Garten von St. Vincent, einer jener karibischen Inseln, die seit dem 17. Jahrhundert wechselnd in französischem und englischem Besitz waren, bis sie 1783 nach dem Frieden von Paris schließlich an England fielen. Ein anderes Ziel war das ebenfalls karibische Trinidad. Im Jahre 1806 reisten einige Muskatsetzlinge auf dem englischen Schiff „Fortitude" von Indien nach Trinidad. Von diesem Bestand begann der Botaniker David Lockhart in den 1820er Jahren im Auftrag der Regierung der Insel die Aufzucht von Muskatbäumen in dem Garten von St. Ann. Der Erfolg zeigte sich bereits wenige Jahre später, als mit diesen Pflanzen erste Plantagen angelegt werden konnten und Lockhart 1831 für seine Verdienste eine Auszeichnung bekam.[51] Von diesen beiden Inseln, St. Vincent und Trinidad, gelangten vermutlich die ersten Muskatsetzlinge nach Grenada. Die zwischen dem karibischen Meer und dem Atlantik liegende Insel wurde – ähnlich wie St. Vincent – seit dem 17. Jahrhundert wechselnd von den Briten und Franzosen für sich beansprucht, bis sie ebenfalls nach dem Pariser Frieden an England ging. Während Sansibar als Nelkeninsel an Bedeutung gewann, entwickelte sich Grenada zur Muskatinsel. Obwohl die ersten Setzlinge erst 1843 eintrafen, war sie bereits ab 1865 der Hauptproduzent der Muskatnuss, und noch heute kommen 40 bis 60 % der weltweiten Ernte von dieser Insel.[52] Die Staatsflagge, auf der zwei Muskatfrüchte zu sehen sind, zeugt von der großen Bedeutung der Muskatnuss für Grenada.

Das Ende der Reise

Wie jede Reise hat auch diese Reise ein Ende – in unseren Kochtöpfen, Bratpfannen und Gläsern, wo die Muskatnuss in Kartoffelpüree, zu Spinat, Brokkoli und Blumenkohl verwendet wird. Die Nelke erreicht ihr „Reiseziel" dagegen im Birnenkompott und Glühwein oder als Analgetikum bei Zahnschmerzen und zum Verjagen von Mücken. Darüber hinaus treffen beide Gewürze – gemeinsam mit Pfeffer und Zimt – in der französischen Gewürzmischung Quatre-épices in Europa zusammen.

Abb. 16: Fensterladen einer Kolonialwarenhandlung, um 1830, Öl auf Holz, 123 x 68 cm. In dem Regal befinden sich auch Nelken und Muskatnüsse.
Foto: Germanisches Nationalmuseum Nürnberg.

Anmerkungen

1. Übersetzt aus dem Englischen: In: Ly-Tio-Fane, 1970, 38. Charles Henry Louis d'Arsac de Ternay (1723-1780) war von 1772 bis 1776 Gouverneur von Mauritius.
2. Vgl. Dominguez, 1997, 95 und Vaupel, 2002, 53.
3. Vgl. Vaupel, 2002, 71.
4. Vgl. Vaupel, 2002, 53/54.
5. Vgl. Saltentiny, 1991, 18-38.
6. Vgl. Salentiny, 1991, vordere Umschlagklappe: Übersichtskarte der Gewürzroute und 146.
7. Die Republik der Vereinigten Niederlande bestand im 17. Jahrhundert aus den sieben Provinzen Holland, Friesland, Groningen, Overijssel, Gelderland, Utrecht und Zeeland. Vgl. Driessen, 1996, 17.
8. Vgl. Schmitt, Bd. 4, 1988, 216.
9. Vgl. Schlegelmilch, 1995-2000, 156; Mahn, 2001, 155.
10. Seit der ersten Hälfte des 16. Jahrhunderts etablierte sich Antwerpen zum wichtigsten Umschlagsplatz für Gewürze. Vgl. Mahn, 2001, 149.
11. Vgl. Mahn, 2001, 155.
12. Vgl. Mahn, 2001, 156/157.
13. Vgl. Küster, 1987, 160.
14. Vgl. Vaupel, 2002, 58.
15. Volkert Iversen, auch Vokert Evertszoon oder Volquard Iversen. Orientalische Reise-Beschreibungen. Jürgen Andersen u. Volquard Iversen. In d. Bearb. von Adam Olearius. Hrsg. von Dieter Lohmeier. Nachdr. d. Ausg. Schleswig 1669, Tübingen 1980.
16. Iversen, 1669, 183/184 und Driessen, 137/138. Der zitierte Text wurde sprachlich modernisiert.
17. Vgl. Vaupel, 2002, 57/58.
18. Vgl. Osterhammel, 1997, 11-14.
19. Vgl. Osterhammel, 1997, 16/17. Im Folgenden wird für île de France der heutige Name Mauritius verwendet.
20. Vgl. Osterhammel, 1997, 17.
21. Amtszeit 1661-83.
22. Vgl. Mahn, 2001, 161 und Osterhammel, 1997, 18.
23. Vgl. Mahn, 2001, 161/162.
24. Vgl. Osterhammel, 1997, 28/29.
25. Vgl. Osterhammel, 1997, 18/19.
26. Osterhammel, 1997, 144/145.
27. Vgl. Osterhammel, 1997, 21/22.
28. Vgl. Ly-Tio-Fane, 1970, 24.
29. Jean-Baptiste Fusée Aublet war von 1753 bis 1767 Direktor des Botanischen Gartens von Mauritius.
30. Vgl. Osterhammel, 1997, 22 und Ly-Tio-Fane, 1970, 24.
31. Vgl. Osterhammel, 1997, 23.
32. Vgl. Osterhammel, 1997, 17.
33. Regierungszeit von 1754 bis 1793.
34. Vgl. Osterhammel, 1997, 34/35.
35. Mahé de La Bourdonnais lebte von 11. Februar 1699 bis zum 10. November 1753.
36. Ly-Tio-Fane, 1970, 22, auf 25 steht 27. Juni 1770.
37. Vgl. Ly-Tio-Fane, 1970, 28/29.
38. Vgl. Osterhammel, 1997, 17.
39. Vgl. Ly-Tio-Fane, 1970, 22.
40. Ly-Tio-Fane, 1970, 34.
41. Vgl. Ly-Tio-Fane, 1970, 35.
42. Vgl. Ly-Tio-Fane, 1970, 35-43.
43. Vgl. Ly-Tio-Fane, 1970, 58.
44. Vgl. Ly-Tio-Fane, 1970, 81.
45. Vgl. Ly-Tio-Fane, 1970, 63/64.
46. Vgl. Salentiny, 1991, 13 und Küster, 1987, 169, Mahn, 2001, 138 und Schulz, 2003, 34.
47. Vgl. Pfander, 2002, 175.
48. Vgl. Mahn, 2001, 138.
49. Vgl. Pfander, 2002, 177/178.
50. Pfander, 2002, 175 und Schulz, 2003, 36.
51. Vgl. Ly-Tio-Fane, 1970, 78/79.
52. Vgl. Vaupel, 2002, 79.
53. Vgl. Schulz, G., 2003, 39.

Literaturverzeichnis:

Dominguez, O. 1997: Der Gewürznelkenhandel in den Nord- und Zentralmolukken. Kulturelle Auswirkungen des Fremdeinflusses auf Ternate, Ambon und den Lease-Inseln. In: Kulturen im Wandel, Bd. 2. Pfaffenweiler 1997.

Driessen, C. 1996: Die kritischen Beobachter der Ostindischen Companie. Das Unternehmen der „Pfeffersäcke" im Spiegel der niederländischen Presse und Reiseliteratur des 17. Jahrhunderts. In: Dortmunder Historische Studien, Bd. 14. Bochum 1996.

Koolmann, E. (Hrsg.) 2002: Handel mit neuen Welten. Die Vereinigte Ostindische Compagnie der Niederlande 1602-1798. Eine Ausstellung der Landesbibliothek Oldenburg, Schriften der Landesbibliothek Oldenburg, Bd. 37. Oldenburg 2002.

Küster, H. 1987: Wo der Pfeffer wächst. Ein Lexikon zur Kulturgeschichte der Gewürze. München 1987.

Ly-Tio-Fane, M. 1970: Mauritius and the spice trade, Bd. II, The triumph of Jean Nicolas Céré and his Isle Bourbon Collaborators. Paris 1970.

Mahn, M. 2001: Gewürze. Geschichte, Handel, Küche. Stuttgart 2001.

Osterhammel, J. 1997: Pierre Poivre. Reisen eines Philosophen 1768. Sigmaringen 1997.

Pfander, B. 2002: Nelken. Karafuu ni uhai wa chi – Gewürznelken sind das Leben der Nation. In: Beck, C. u. a. (Hrsg.) 2002: Pfefferland. Geschichten aus der Welt der Gewürze. Wuppertal 2002, 175-187.

Salentiny, F. 1991: Die Gewürzroute. Die Entdeckung des Seewegs nach Asien. Köln 1991.

Schlegelmilch, U. 1995-2000: Die Namen der Nelke; Das Gold, das auf Bäumen wächst; Die Molukken, Inseln der Gewürze. In: Übersee-Magazin: Menschen, Völker und Kulturen, Bd. 8. München 1995-2000.

Schmitt, E. u. a. (Hrsg.) 1988: Kaufleute als Kolonialherren: Die Handelswelt der Niederländer vom Kap der Guten Hoffnung bis Nagasaki 1600-1800. Schriften der Universitätsbibliothek Bamberg, Bd. 6. Bamberg 1988.

Schulz, G. 2003: Zimtzicken, Canehlpuper und andere Merkwürzigkeiten. Norderstedt 2003.

Vaupel, E. 2002: Gewürze. Acht kulturhistorische Portraits. München 2002.

Wedel, D. L. 1773: Reisen eines Philosophen mit Betrachtungen über die Gebräuche, Sitten, Künste, Ackerbau und den Handel verschiedener Völker in Asien und Afrika. Aus dem Englischen übersetzt. Danzig 1773.

Anschrift der Autorin

Swantje Heuten M.A.
Landesmuseum für Natur und Mensch
Damm 38-44
D – 26135 Oldenburg
E-Mail: swantje.heuten@gmx.de

Franz-Christian Czygan

Ätherische Öle und Duft – Objekte der Kunst- und Kulturgeschichte*

*für Isolde

*Eigentlich lebt der Duft
in der Unterwelt.
Geleitet von der Augenmafia,
überwacht von
Ohrenspitzeln.
Deswegen wohl auch
immer flüchtig.*

Markus Czygan

Jeden exakten Naturwissenschaftler warne ich davor, weiterzulesen und sich mir zu dieser Exkursion durch Wiesen mit Duftpflanzen und Wälder voller poetischer Zeilen anzuvertrauen. Mein Begleiter hat eine Wanderung *suis generis* zu erwarten, deren Roter Faden dem Mäanderband der Ariadne auf Naxos gleicht. Dieses Zwillingspaar „Ätherische Öle", *Quinta essentia* vieler Pflanzen auf der einen und „Duft" auf der anderen Seite, eignet sich in besonderer Weise, die Verflechtung von Naturwissenschaft und Geisteswissenschaft aufzuzeigen. Einige Gedanken mögen dies belegen. Es ist mein Bemühen, auch naturwissenschaftlich-technische Fragen nicht nur als gesellschaftspolitisch, sondern auch als kulturpolitisch und kulturell relevant anzusehen und zu wichten. Es scheint oft, als wäre unser Denken und Handeln durch einen Graben getrennt. Auf der einen Seite stehen die, die Naturwissenschaft und Technik betreiben, auf der anderen Seite die, die in diesem Tun Gefahr und Frevel wittern. Eine solche Spaltung ist verhängnisvoll. Sie belastet Verständigung und Zusammenleben einer Gesellschaft.

Die Wurzeln für diese Verständigungsschwierigkeiten sind vielfältig und tief gehend. Der Philosoph und Kulturhistoriker *Wilhelm Dilthey* sah schon am Ende des vorigen Jahrhunderts in Naturwissenschaftlern höchstens „Bewahrer und Erklärer". Aus der Gemeinschaft der Wissenschaften konnten alleine die Geisteswissenschaften „durch inniges Erleben zu wahrem Verstehen führen – über die leere und öde Wiederholung des mechanischen Naturablaufs hinaus", Naturwissenschaft ist für manchen Philosophen „dürftig und nieder", selbst wenn er im Naturwissenschaftler den „Meister der Analyse" anerkennen muss. Dabei wird der Begriff „Analyse" hier durchaus nicht im positiven Sinne gewertet. Schließlich ist für manchen Nichtnaturwissenschaftler das Wesen der Analyse, dass sie die synthetischen Formationen der geistigen und kulturellen Tradition im Wortsinn *auf*-löst, *zer*-fetzt oder in Atome *zer*-schlägt. Es wird – so meine ich allerdings – dabei vergessen, dass die Analyse nur der Rückspiegel der Synthese ist.

Vorurteile *be*hindern, *ver*hindern oft das Gespräch, das Verstehenwollen, ja oft die Bereitschaft zum Seiner-selbst-infrage-stellen, zum Disput. Denn auch der Naturwissenschaftler verfällt häufig in den Hochmut und in die Ignoranz, nur seinesgleichen habe Einfälle, die andere Seite nur Zweifel. Er, der Naturwissenschaftler, muss sich dann von der anderen Seite den Vorwurf gefallen lassen, er betrachte in nachgerade einfältiger Weise nur das Eindeutige, Wiederholbare und verdränge darüber hinaus das Vieldeutige, ja Selbstständige des Lebens.

Für mich ist es nun immer wieder interessant zu erfahren, dass diese Schwierigkeit im Verständnis der beiden Seiten füreinander besonders bei uns und den Angelsachsen ausgeprägt ist. So ist z. B. in Frankreich – ich weiß nicht, inwieweit man das für die romanischen Kulturen verallgemeinern darf – vieles anders als bei uns. Im Gegensatz zum deutschen und englischen Sprachraum hat man in unserem westlichen Nachbarland keine Hemmungen, Lyrik mit wissenschaftlicher „rigueur" und krassem naturwissenschaftlichem Anthropozentrismus zu vermengen. Naturwissenschaft wird als integrierender Bestandteil der Kultur aufgefasst und häufig auf höchst attraktive, geradezu faszinierende Weise in der Natur dargestellt.

Damit sind wir wieder beim ursprünglichen Thema. Ich möchte zeigen, wie Ätherische Öle und Parfüms und der durch sie ausgelöste Duft nicht nur Empfindungen besonderer Art hervorrufen können – Empfindungen, die kommen und gehen, die sich einprägen oder verflüchtigen. Ich will vor allem deutlich machen, wie Empfindungen von den sie Empfangenden mit der Feder fixiert wurden und wie sie in die Literatur eingegangen sind. Folgen Sie mir in die Geschichte, in die Kulturgeschichte, in die Literaturgeschichte.

Bereits im *Gilgamesch*-Epos, das im 12. Jahrhundert v. Chr. aufgeschrieben wurde und über das 28. oder 27. Jahrhundert v. Chr. berichtet, bedankt sich *Utnapischti*, der Urahn aller Menschen, für die Rettung nach der Sintflut bei den Göttern durch Verbrennen von Zedernholz und Myrrhe, durch Rauch, *par fumo*. Der angenehme Wohlgeruch – ist dort in Keilschrift zu lesen – schmeichelte den Göttern. Das *Alte Testament* hat dieses Ereignis auf seine Weise geschildert. In der literarischen Meisterübersetzung *Martin Luthers* heißt es im 1. Buch Mose, Kapitel 8, Vers 20 und 21:

„Noah aber baute dem Herrn einen Altar und nahm von allerlei reinem Vieh und von allerlei reinem Geflügel und opferte Brandopfer auf dem Altar.

Und der Herr roch den lieblichen Geruch und sprach in seinem Herzen: Ich will hinfort nicht mehr die Erde verfluchen um der Menschen Willen; denn das Dichten des menschlichen Herzens ist böse von Jugend auf. Und ich will hinfort nicht mehr schlagen alles, was da lebt, wie ich getan habe."

Aber nicht nur den Göttern zuliebe wurden Duft und Ätherisch-Öl-Drogen besungen. Für den Menschen selbst waren diese Ingredienzien immer wieder wichtig genug, um sie zu beschreiben. Das möglicherweise älteste Gedicht der ägyptischen Literatur, entstanden um 2000 v. Chr., zur Zeit des Mittleren Reiches, beschwört die Bedeutung des Dufts im *Lied des Harfners*:

Folge deinem Wunsch, dieweil du lebst,
lege Myrrhen auf dein Haupt
kleide dich in feines Linnen.
Getränkt mit köstlichen Wohlgerüchen,
den echten Dingen der Götter.
Vermehre deine Wonne noch mehr,
laß dein Herz nicht müde sein,
folge deinem Wunsch und deinem Vergnügen!

Dass auch die Bibel eine „Duft-Fundgrube" ist, mag ein Beispiel aus dem *Hohelied Salomos* (4, 10-14), dieser ursprünglichen Sammlung von Liebesliedern des Alten Testaments, deutlich machen. Der Duft wird in den Mittelpunkt der Liebe gestellt, er muss fast als Symbolträger für das Verhalten von Gott bzw. Christus als Bräutigam und Israel bzw. die Kirche als Braut angesehen werden. Bereits hier wird die Rolle des Dufts im Spannungsfeld der Geschlechter deutlich:

Abb. 1: Gartenraute.
Farblithografie, ca. 1890.

10. Wie schön ist deine Liebe, meine Schwester, liebe Braut! Deine Liebe ist lieblicher denn Wein, und der Geruch deiner Salben übertrifft alle Würze.
11. Deine Lippen, meine Braut, sind wie triefender Honigseim; Honig und Milch ist unter deiner Zunge, und deiner Kleider Geruch ist wie der Geruch des Libanon.
13. Deine Gewächse sind wie ein Lustgarten von Granatäpfeln mit edlen Früchten, Zypernblumen mit Narden,
14. Narde und Safran, Kalmus und Zimt, mit allerlei Bäumen des Weihrauchs, Myrrhen und Aloe mit allen besten Würzen.

Ganz ähnlich wurde mehrere tausend Jahre später die Liebe von dem Inder *Rahchan Kayil* (1859-1901) besungen:

Oh, dieser wundersame Duft,
Davon mein Sehen überquillt!
Oh, Honigduft! Oh, Duft nach Rosenwasser,
Milch und Sandel!
Oh, Ambraduft von Deinen runden Schultern,
Der bei den Liebesfesten mich vereinte.
Noch trag ich Deines Körpers Duft an mir!

Diese Zeilen sind tief in der Tradition des indischen Geisteslebens verankert. Hier spielten Düfte immer schon eine wichtige Rolle. So preist im altindischen Epos *Mahabharata* die erhabenste Gottheit sich selbst als „Duft der Erde". Düfte stehen in Indien im Banne esoterischer Praktiken, der Magie und nicht zuletzt des religiösen Kults. Ein Vers aus einem *Sanskritmanuskript* mag dies verdeutlichen:

Erhabene Blumen, auserlesene Blütenketten,
Musik und Salben, herrlich duftend,
prachtvolle Leuchten und bestes Räucherwerk
bring ich den Buddhas dar.
Herrliche Gewandung
und ausgesuchte Wohlgerüche,
Beutelchen voll zerkleinerten Räucherwerks,
an Menge dem Meruberge gleich,
und all die schönen Schöpfungen
bring ich den Siegreichen dar.

Lassen Sie mich mit einem Schritt Zeit und Raum überwinden. Finden Sie sich wieder im Europa vor der Jahrtausendwende, im Klostergarten des Reichenauer Benediktiner-Abtes *Walahfrid Strabo*. Es ist etwa das Jahr 840. In seinem Gedicht Hortulus, das Gärtlein genannt, mit dem Untertitel „*Liber de Cultura Hortorum*", kündet er in eleganten Hexametern von der Schönheit des Gartenbaus, von der Bedeutung des Anbaus der Arzneipflanzen und von deren Wirkungen. Natürlich besingt er auch duftende Pflanzen, die Ätherische Öle enthalten. Suchen wir aus diesem Schatz die Gartenraute, Ruta graveolens, aus (Übertragung von *H. D. Stoffler*):

Diesen schattigen Hain ziert
bläulich schimmernder Raute grünend Gebüsch.
Ihre Blätter sind klein,
und so streut sie wie Schirmchen
kurz ihre Schatten nur hin.
Sie sendet das Wehen des Windes durch
und die Strahlen Apolls
bis tief zu den untersten Stengeln.
Rührt man leicht sie nur an,
so verbreitet sie starke Gerüche.
Kräftig vermag sie zu wirken, mit vielfältiger Heilkraft versehen.
So, wie man sagt,
bekämpft sie besonders verborgene Gifte,
reinigt den Körper von Säften,
die ihn verderblich befallen.

Die Arznei- und Duftpflanzen stiegen in den kommenden Jahrhunderten über die Klostermauern. Sie wurden heimisch in Bürgergärten, in den Palais der Führenden und Reichen. Duft und Schönheit wurden nicht nur auf dem Kontinent besungen. Auch in England, zum Beispiel zur Zeit der *Ersten Elisabeth*, fanden sie ihre literarischen Bewunderer. Der Sieg über die Spanische Armada, der Aufbau der Kolonien im fernen Amerika und der wirtschaftliche Aufschwung des Landes war nur eine Seite dieser Epoche. Es war auch die Zeit Shakespeares, seiner Dramen und Sonette. Es war die Zeit *Christopher Marlowes*, dieses bedeutendsten Vorläufers und Vorbilds *William Shakespeares*, der erstmals den Blankvers, die englische Abwandlung des französischen „*vers commun*" in seiner Dichtung benutzte. Bei beiden Poeten finden sich – wie sollte es anders sein – Zeilen zum Thema Duft und Liebe. Begriffe, für die Vergänglichkeit charakteristisch zu sein scheint.

The Passionate Shepherd to His Love

Come live with me and be my love,
And we will all the pleasures prove
That hills and valleys, dales and fields,
Or woods or steepy mountains yields.
And I will make the beds of roses
And a thousand fragrant posies;
Enbroider'd all with leaves of myrle.
　　　　　　　　　　Christopher Marlowe

The summer's flower is to the summer sweet,
Though to itself it only live and die;
But if that flower with base infection meet,
the basest weed outbraves his dignity:
For sweetest things turn sourest by their deed
Lilies that fester smell far worse than weeds.
　　　　　　　　XI. Sonett/William Shakespeare

So vermag dem Duft, den Ätherischen Ölen nur die Kunst Dauer zu geben. Poeten und Maler, aber auch Musiker nahmen und nehmen sich des Duftes an und machten und machen seinen Zauber zum Thema ihrer Werke. Den Poeten gesellten sich in den letzten 100 Jahren die Psychologen hinzu. Jedoch beide, Dichter und Psychologen, können ja gerade das Charakteristische der Ätherischen Öle und des Dufts für sich in Anspruch nehmen: das Unfassbare, häufig nur schwer Ansprechbare, das Ätherische und oft Esoterische. Wie oft ist ein bestimmtes Erlebnis unserer Vergangenheit mit Düften verbunden, die, wenn sie erneut erlebt und durchlebt werden, die verlorene Zeit in eine wiedergefundene verwandeln.

Seit je wurden Düfte in der Literatur in männliche und weibliche aufgeteilt und in ihrer Unbeschreiblichkeit mithilfe menschlicher Eigenschaften charakterisiert. Düfte waren und sind eine Sprache *sui generis*. So wird im „Romantischen Almanach der Blumensprache" die Rose als Symbol voll erblühter Weiblichkeit beschrieben. Das barock duftende Geißblatt signalisiert Schwüle und Schwermut, die heutzutage so moderne Zitrone herbfrische Jugendlichkeit. Fichtennadelöl vermittelt lebensbejahende Gesundheit. Dies alles sind Botschaften, die wir einander in einer transzendenten Sprache mitteilen wollen. Es ist eine sehr individuelle Sprache. Sprechen heißt auch täuschen, verstecken. Identifizieren wir uns daher mit diesen Düften oder versuchen wir, mit diesen Düften unsere wahre Identität zu verschleiern? Informiert z. B. die Auswahl eines Parfüms nicht weniger über die wahre Natur des Menschen als vielmehr über die Vorstellung, die er seiner Umwelt von sich selbst vermitteln will? Im Gegensatz zum Tierreich, wo Düfte und Ätherische Öle eindeutig biologische Funktionen haben, sind Duftbotschaften des Menschen doppeldeutig und müssen erst entschlüsselt werden.

Ein wenig deutet der Zehnzeiler von *Michael Gabor* Aufgaben Ätherischer Öle im Zusammenleben zwischen Pflanze und Tier, z. B. bei der Bestäubung einer Blüte, an:

Der Duft des Diptams

Heiter, schwebend
einer zarten Diptamblüte ähnelnd,
gleichsam Fröhlichkeit gebärend,
aus den Niederungen steigend
in die helle Atmosphäre,
lachend, spielend
die Vereinigung vermittelnd,
seh' ich Euch Ihr Moleküle
produziert als Isoprene
von den Zellen einer Blüte.

Dieses verbindende Miteinander drückt auch die „Liebeserklärung" von *Markus Czygan* aus:

Ich rieche, daß Du riechst,
das riech ich.
Du riechst, daß ich rieche,
ganz sicherlich.
So riechen wir beide, daß wir riechen.
Riechen wir beide auch, daß wir uns riechen?
Können wir uns denn überhaupt riechen?
Ich rieche Dich
und Du riechst mich.

Bereits dieses Liebesgedicht macht uns bewusst, dass menschliche Duftbotschaften doppeldeutig sind. Doppel-, ja vieldeutig und schwierig zu entschlüsseln ist die Lyrik einer Poetengruppe aus Frankreich, dem Land des großen Parfüms und der Parfümeure, ein Land, das dem Duft, dem Geruch viele literarische Denkmale setzte. Ich meine die Symbolisten.
Etwa in der zweiten Hälfte des vergangenen Jahrhunderts entwickelte sich in Frankreich der Symbolismus. Die Grundlagen sind bei *Egar Allen Poe* („*no intoxication of the heart*") zu suchen. Der Symbolismus wendet sich gegen einen Positivismus, Realismus und Naturalismus eines *Balzac* und eines *Zola*. Ihren Vertretern *Baudelaire, Rimbaud, Verlaine, Mallarme* kommt es nicht auf das Verstehen des Inhalts an. Eine „suggestive Empfindlichkeit" soll durch die Sprache ermöglicht werden. Die Sprachmagie, die "poesie pure" steht gegen klassische Formen. Gegenstände sind nichts anderes als Abbilder der Ideen, also Symbole, die alleine der Dichter verstehen und aufklären kann. Dieser Dualismus des Alltags und des Ideals kennzeichnet den Sybolisten. Hugo Friedrich hat ihn einmal als wesensmäßig zerrissen Menschen, als „homo duplex" definiert, der seinen satanischen Pol befriedigen muss, um den himmlischen zu erreichen. Diese Ambivalenz wird im wichtigsten Gedichtszyklus von *Charles Baudelaire* „*Fleurs du Mal*" („Die Blumen des Bösen") deutlich: hier der Alltag – *le mal*, dort das Ideal – *la fleur*. *Hugo Friedrich* hat es als „Spannung zwischen Satanismus und Idealität" bezeichnet. Dabei bleibt diese Spannung ungelöst. Es verwundert nach dem Gesagten nicht, dass hier die Düfte in ihrer Sensitivität, aber auch in ihrer Suggestivität eine wichtige Rolle spielen. Das Motiv des Duftes ist in vielen Gedichten *Baudelaires* gegenwärtig und prägt seine Lyrik oft in besonderer Weise. Nicht unverbindlich verflüchtigend; im Gegenteil, der Begriff der mathematischen Exaktheit will sich einstellen, ganz in Anlehnung an Poe, der auf die enge Beziehung von dichterischen Aufgaben mit der „strengen Logik eines mathematischen Problems" hingewiesen hat. Zwei Beispiele sollen diese Klarheit deutlich machen:
Im ersten Gedicht „Le Flacon" („Das Duftglas"), kongenial übertragen von *Carlo Schmid*, wird der Duft der zwar verschütteten, verborgenen, aber vorhandenen und wiedergefundenen Liebe gleichgesetzt. Die vergessene Liebe wird in die Erinnerung zurückgeholt, die Vergangenheit ist Gegenwart geworden.

Das Duftglas

Ich kenne Wohlgeruch, für den des Stoffes Bann
Nicht gilt und sogar Kristall durchdringen kann.
In Kästchen, hergebracht auf östlichen Galeeren,
Die unterm Schlüssel schrein und fremdem Öffner wehren.

In Schränken, wie sie oft in öden Häusern stehen
Und grauer Zeiten Staub und bittren Ruch verwehren,
Erstaunt bisweilen uns ein Glas, da wieder träumt,
Aus dem lebendig neu erwachte Seele schäumt.

Auch im zweiten Gedicht *Baudelaires* aus dem Zyklus „Das Traumbild" (wieder in der Übertragung von *Carlo Schmid*) ermöglicht es die Macht des Duftes, in der flüchtigen Gegenwart eine andauernde Vergangenheit wiedererstehen zu lassen:

Der Duft

O Leser, sorgst du schon in deine Brust
Mit trunkener Gier und trägen Schmeckens Lust
Den Duft des Weihrauchkorns in dunklen Chören
Und Moschus ausgehaucht von alten Flören?

O tiefer Zauber, durch den in das alte Heute
Erneutes Gestern seine Räusche streute!
So pflückt in eines Leibs Vergötterung
Der Freund die Blume der Erinnerung.

Aus ihrer Locken biegsamen Gewühle,
Lebendigem Rauchwerk unserer Liebespfühle,
Drang es wie wilder Tiere herber Ruch,

Und aus der Kleider Samt- und Schleiertuch,
Getränkt von ihrer reinen Jugend Schmiegen,
Ist schwer ein Duft von Pelzwerk aufgestiegen.

Der Einfluss *Baudelaires* auf die Literatur Europas war und ist groß; nicht viele Dichter konnten sich seinen Gedanken entziehen. Nicht immer direkt, aber doch zielstrebig führt der Weg zu den deutschen Vertretern des Impressionismus, auch des Symbolismus. So zu *Rainer Maria Rilke* und *Christian Morgenstern*, von denen noch in anderem Zusammenhang zu reden sein wird. Beeinflusst wurde sicherlich auch ein französischer Schriftsteller, der seinerseits einen so wichtigen Einfluss auf den Roman des 20. Jahrhunderts hatte: der in ein literarisches Schema schwer einzuordnende *Marcel Proust*. Er machte Gerüche und Düfte zum Schlüssel der Erinnerung: „Die Erinnerung an ein bestimmtes Bild ist wehmutsvolles Gedenken an einen bestimmten Augenblick und Häuser, Straßen, Avenuen sind flüchtig, ach! wie die Jahre".
Der Duft der Tasse Tee, verbunden mit dem Geschmack der Madeleines, „jener dicken ovalen Sandtörtchen", die aussehen, „als habe man als Form dafür die Schale einer St. Jakobs-Muschel benutzt", ist der zentrale Schlüssel zum Verständnis seines Lebenswerkes, der „Suche nach der verlorenen Zeit": „*In der Sekunde nun, als dieser mit dem Kuchengeschmack gemischte Schluck Tee meinen Gaumen berührte, zuckte ich zusammen und war wie gebannt durch etwas Ungewöhnliches, das sich in mir vollzog. Ein unerhörtes Glücksgefühl, das für sich allein bestand und dessen Grund mir unbekannt blieb, hatte mich durchströmt ... Woher strömte diese mächtige Freude mir zu? Ich fühlte, dass sie mit dem Geruch und dem Geschmack des Tees und des Kuchens in Verbindung stand, aber darüber hinaus ging und von ganz anderer Wesensart war ..."*
Der Duft, der Unbewusstes bewusst macht, ist für Proust ein Medium, um die Vergangenheit in die Gegenwart zu holen. Interessanterweise stimmt er hier mit *Freud* überein, der ebenfalls den Duft, das Parfüm, dem Unbewussten, dem Ursprünglichen zuordnet. Es mag an dieser Stelle von Bedeutung sein zu erwähnen, dass *Siegmund Freud* gerade in der Entwertung des Geruchssinnes bei der entwicklungsgeschichtlichen Aufrichtung des Menschen vom Vierbeiner zum Zweibeiner die Ursache für den Kulturprozess sieht, dem der Mensch das Wunder der menschlichen Entwicklung einschließlich aller Großtaten des menschlichen Gehirns verdankt.
Aber zurück zu *Proust*. Diese Technik, mithilfe sinnlicher Wahrnehmungen vergangenes Geschehen, Empfindungen und Bilder in das Bewusstsein zurückzuführen, hat Proust zur Meisterschaft entwickelt. Sie hatte natürlich Vorgänger: Erinnert sei an *Schiller*, der, um sich inspirieren zu lassen, an faulen Äpfeln roch. Erinnert sei an die Vielfalt von Autoren, auch *Baudelaire* gehörte dazu, die glaubten, sich durch Stimulantien zur Kreativität anregen lassen zu müssen. Wird hier der Geruch zum Therapeutikum psychosomatischer Erkrankungen?
Die *Proustsche* Technik der sinnlichen Erinnerung wird auch in der modernen Literatur genutzt. Ein Beispiel, das dies besonders schön zeigt, ist in *William Faulkners* Roman „*The Sound and the Fury*" („Schall und Wahn") zu finden. In dieser Geschichte, die den Zerfall einer Familie beschreibt, steht im Mittelpunkt

der 33-jährige Idiot *Benji*. Er ist ohne Zeitgefühl und hängt in animalischer Leidenschaft an seiner Schwester *Caddy*. Wenn Benji glücklich ist, sagt er, „Caddy smelled like leaves", „like trees in the rain". Diese Empfindung schlägt um, als er seine Schwester im Brautschleier sieht: „I couldn't smell trees anymore and I began to cry. But she put her arms around me. Caddy smelled like trees." Ich kenne keine Literaturstelle, die in so wenigen Worten so eindringlich den Zusammenhang von „Riechen" und „Nicht-Riechen-Können" mit dem Umschlagen einer Stimmungslage beschreibt. Und noch eine Zeile in diesem Roman von *Faulkner* scheint mit einem Wort die Bedeutung des Riechenkönnens als sinnliche Wahrnehmung zu unterstreichen: *„His nose could see gasoline and honeysuckle"* (*„Seine Nase sah Benzin und Geißblatt"*). Hier wird mit einem Wort dem, der verstehen kann und verstehen will, die Evolution des Menschen vom riechenden Vierfüßer zum zweibeinigen Augentier *Homo sapiens* verdeutlicht.

Lassen Sie mich von *Faulkner* nochmals 150 Jahre zurückgehen. In die Zeit vor *Baudelaire*, in die Romantik. Sie hatte wie jede Zeit ihre eigene Vorstellung von Duft. Viele Künstler der Romantik, dieses kunstvollen Geflechts aus Fantasie und Wirklichkeit, aus Traum und Gegenwart, aber auch aus Maßlosigkeit und Trivialität wurden von einer Duftempfindung erfasst, die sie außerhalb des Alltags stellte und sie von der Last der materiellen Probleme zumindest in Gedanken befreite. In der Romantik, *Baudelaire* nannte sie später einmal einen „himmlischen oder teuflischen Segen", sollten gegenüber der Nüchternheit der Aufklärung wieder Fantasie und Gemüt, „die Trunkenheit des Herzens" im Vordergrund der Poesie stehen. Häufig wurden die Begriffe „Märchen-Blumen-Duft" eng miteinander verknüpft: So auch in einem Gedicht von *Heinrich Heine*:

Die Veilchen kichern und kosen
Und schauen nach den Sternen empor;
Heimlich erzählen die Rosen
Sich duftende Märchen ins Ohr.

Ein Künstler dieser Zeit war der Franzose J. I. Grandville, der von 1803 bis 1847 zumeist in Paris als empfindsamer Karikaturist arbeitete und mit seinen Menschenpflanzen oder Pflanzenmenschen in seinem Werk „Les Fleurs animees" („Die Seele der Blumen") dem Duft ein bildliches Denkmal setzte.

Das Veilchen – sozusagen der illustrierte *Heine* – wirkt bescheiden, demütig; Schutz suchend verstecken sich die drei Blumengrazien in *Grandvilles* Zeichnung. Ganz im Gegenteil zum erregten Geißblatt. Sein Duft galt und gilt in seiner Tiefe und Schwüle als weiblich erogen. Das Bemühen wird deutlich, sein Gegenüber auf sich aufmerksam zu machen, ein Bemühen, das weit in den Bereich der Partnerschaftsbeziehungen hineinführt. Eduard *Mörike* hat das in Worte gefasst:

Oh, wie schmacht' ich hinaus
zu den duftiger'n Lippen
wie dürstet nach des gebogenen Arms
schimmernder Weiße mein Mund!

Mit Unbehagen und Misstrauen betrachten wir Männer das Ätherisch-Leichte, oft Nicht-Begreifbare der Frau! Dieses Nicht-Verstehbare versuchte schon Rainer Maria Rilke mit seinem Gedicht „Der Duft" zu umschreiben:

Wer bist du, Unbegreiflicher: du Geist,
wie weißt du mich von wo und wann zu finden,
der du das Innere (wie ein Erblinden)
so innig machst, daß es sich schließt und kreist.
Der Liebende, der eine an sich reißt,
hat sie nicht nah; nur du allein bist Nähe.
Wen hast du nicht durchtränkt, als ob du jähe
die Farbe seiner Augen seist.
Ach, wer Musik in einem Spiegel sähe,
der sähe dich und wüßte wie du heißt.

Ich habe versucht, Sie mitzunehmen auf einen Spaziergang durch die Duft-Literatur. Ich habe keine gezielte Wanderung vorgehabt. Wir sind hier stehen geblieben, dort vorbeigegangen,

Abb. 2: Damaszener Rose.
Foto: Gernot Katzer.

sind wieder umgekehrt, um nochmals mit der Nase zu sehen. Wir haben uns hier von Frauen begleiten lassen, dort von Psychologen. Es war sicherlich ein Spaziergang für Individualisten. Schon *Claude Arthaud* wies darauf hin, dass die Erinnerung an einen Geruch nicht austauschbar sei, dass das Dufterlebnis allein seinem Besitzer gehöre.

Ein Autor, der sich über Duft und Ätherische Öle Gedanken macht und in Würzburg, der Stadt duftender Würzpflanzen und Kräuter lebt und arbeitet, kann nicht umhin, dem *genius loci* von *Herbipolis* zu huldigen: der wichtigsten und vielleicht ältesten Arzneipflanze dieser Erde, dem Wein. Er macht sicherlich oft nicht nur die heilende Hand des Arztes und den Mörser des Apothekers überflüssig; sein Duft, oder fachmännisch gesagt, seine Blume, regt den Künstler und manchmal sogar den Naturwissenschaftler an, sich mit Ätherischen Ölen zu beschäftigen.

Ein Postscriptum
Sollte ich Ihnen zur weiteren Erkundigung auf diesem Gebiet Appetit gemacht haben, halten Sie es mit Christian Morgenstern, bauen Sie sich einen Aromaten:

Angeregt durch Korfs Geruchs-Sonaten
gründeten Freunde einen „Aromaten".
Einen Raum, in welchem, kurz gesprochen,
nicht geschluckt wird, sondern nur gerochen.
Gegen Einwurf kleiner Münzen treten
aus der Wand balsamische Trompeten,
die den Gästen in geblähte Nasen,
was sie wünschen, leicht und lustig blasen.
Und zugleich erscheint auf einem Schild
des Gerichtes wohlgetroffnes Bild.
Viele Hunderte, um nicht zu lügen,
speisen nun erst wirklich mit Vergnügen.

Als literarischer Nichtfachwissenschaftler, sozusagen als unwissenschaftlicher Laie, habe ich es gewagt, Ihnen für diesen Spaziergang meine Führung anzubieten. Auch für dieses

Abb. 3: Der Geruchssinn, 1618 (Ausschnitt) – Jan Brueghel d. Ä. (1568-1625) Öl auf Holz, 64 x 108 cm. Madrid: Prado. Die Allegorie ist Teil eines fünf Bilder umfassenden Zyklus der Sinne.

neugierige Hineinschauen in den blühenden und duftenden Garten der Literatur, die – unter uns gesagt – viel zu kostbar ist, als dass wir sie alleine den Literaturwissenschaftlern überlassen sollten, hat *Christian Morgenstern* in seinen *Galgenliedern* den passenden, allerdings diesmal duftfreien Vers gedichtet:

Die Wissenschaft

So beschließen beide denn
nach so manchem Doch und Wenn,
sich mit ihren Theorien
vor die Wissenschaft zu knien.
Doch die Wissenschaft, man weiß es,
achtet nicht des Laienfleißes.
Hier auch schürzt sie nur den Mund,
murmelt von „Phantasmen" und
beugt sich wieder dann auf ihre
wichtigen Spezialpapiere.
„Komm", spricht Palmström, „Kamerad, -
alles Feinste bleibt – privat!"

Danksagung

Nachdruck aus der Zeitschrift für Phytotherapie 2004; 25: 234-239. Wir danken der MVS Medizinverlage Stuttgart GmbH & Co. KG für die Nachdruckgenehmigung.

Anschrift des Autors

Prof. em Dr. Dr. h.c. Franz-Christian Czygan
Julius-von-Sachs-Institut für Biowissenschaften
der Universität
Lehrstuhl für Pharmazeutische Biologie
Julius-von-Sachs-Platz 2
D – 97082 Würzburg

Vorbemerkung zum Katalogteil

Als im Jahr 2004 die Idee zu einer Gewürzausstellung im Landesmuseum für Natur und Mensch Oldenburg aufkam, dachten alle am Projekt beteiligten Kollegen zuerst an einen orientalischen Basar. Das assoziative Bild verschlungener Wege mit der Möglichkeit gelegentlicher Zwischenstopps bei einzelnen Kuriositäten schien bestens zum Sujet Gewürz zu passen. Sehr bald kamen wir zu der Überzeugung, dass zwar die spezifische Struktur eines Basars für die Präsentation aus den oben genannten Gründen geeignet sei, die Ästhetik einer basaresken Umgebung allerdings nicht. Warum? Seit Menschengedenken haben Gewürze eine Aura von Rätselhaftigkeit. Im Mittelalter glaubte man etwa, die Gewürze seien aus dem Garten Eden herbeigewehte Stäube. An die Heilwirkung von Gewürzen wird partiell bis heute geglaubt, obschon eine echte medizinische Wirksamkeit für die meisten Gewürze bezweifelt werden darf, jedenfalls in den für Würzungen typischen Mengen.

So werden Kräuter und Gewürze häufig von einem ästhetizistischen völkerkundlich inspirierten Schleier umgeben, dem die Ausstellung „Chili, Teufelsdreck und Safran" durch wissenschaftlich fundierte Schlaglichter und die Darstellung authentischer kulinarischer Traditionen entgegenwirken möchte. Daher haben wir uns bei der Gestaltung bewusst für eine nüchterne Innenarchitektur entschieden, die mit wenigen Farben auskommt und die Exponate – sowohl Naturalien, als auch historische Ausstellungsstücke – für sich selbst sprechen lässt.

Der Ausstellungssaal wird für „Chili, Teufelsdreck und Safran" in sechs Abteilungen zergliedert, von denen fünf sich wie Blütenblätter um einen zentralen Bereich anordnen. In letzterem werden Gewürze gezeigt, die heute nicht mehr einer bestimmten kulinarischen Tradition zuzuordnen sind, weil sie weltweit angebaut und/oder genutzt werden.

Die fünf peripheren Bereiche repräsentieren jeweils eine kulinarische Weltregion, nämlich Europa mit dem nördlichen Mittelmeerraum, den Vorderen Orient mit Nordafrika, Indien, Fernost- und Ostasien und Amerika. In jedem dieser Bereiche findet der Besucher Schautafeln zu den für diese Regionen typischen Gewürzpflanzen. Dazu werden Naturalien ausgestellt, historische und völkerkundliche Exponate – all das angereichert durch botanische, chemische, und vor allem kulinarische Hintergrundinformationen.

Die Küchen der fünf gezeigten Weltregionen haben jeweils charakteristische und unverwechselbare Aromenprofile, die durch die Verwendung bestimmter Gewürze und eine regionalspezifische Kombinatorik entstehen. Dabei sind die Würztraditionen tief ins kulinarische Gedächtnis eines Kulturkreises eingeschrieben; wir verbinden mit Kreuzkümmel, Bockshornklee und Koriander etwa Indien, denken bei knoblauchigen Soffritti in Olivenöl ans mediterrane Europa oder assoziieren mit Zimt, Nelken und Piment den Orient. Diese Stereotypen sind natürlich kein Zufall, sie sind das Ergebnis unserer Begegnung mit authentischen Küchen, die wir entweder auf Fernreisen oder – mit etwas Glück – auch daheim im ausländischen Restaurant kennengelernt haben.

In allen sechs Ausstellungsabteilungen können die Besucher auch an lebenden Pflanzen riechen und ausgestellte Gewürze in die Hand nehmen. Was nicht als frei zugreifbares Material gezeigt werden kann, ist in Vitrinen oder jedenfalls in Form von Fotografien zu sehen.

Der vorliegende Begleitband gibt die regionalen Bereiche entsprechend der Aufteilung des Ausstellungsraums wieder, wobei wir uns aus Platzgründen in der Menge der Abbildungen beschränkt haben. Zur überwiegenden Mehrzahl der vorgestellten Gewürze wird aber jeweils ein Foto der lebenden Pflanze sowie des küchenfertig veredelten Materials gezeigt. In einigen Fällen ergänzen auch im Katalogteil chemische Strukturformeln der aromatischen Inhaltsstoffe die jeweiligen Artikel.

Die regionale Strukturierung macht aus dem Katalogteil freilich kein Nachschlagewerk, und auch eine Standardisierung nach thematischen Kategorien ist im vorliegenden Band bewusst nicht vorgenommen worden. Vielmehr soll die ethnographische Gliederung zu einem Lektürestreifzug einladen, der dem Flanieren durch die Ausstellung ähnelt.

Als Nachschlagewerk zum Thema erscheint parallel zur Ausstellung das Gewürzhandbuch *picantissimo*, dessen handliches Format und lexikalische Gliederung anderen Zwecken entgegenkommen.

Weltweit

Amerika

Europa

Fernost

Indien

Orient

Chili

Pfeffer

Jesuitentee

Sassafras

Vanille

Zimt

Weltweit

Ingwer
Knoblauch
Koriander
Minze
Muskat
Nelken
Pfeffer
Senf
Silphion
Zimt
Zwiebel

Ingwer

Knoblauch

Koriander

Muskat

Pfeffer

Zimt

Ingwer

Zingiber officinale

Familie:	Ingwergewächse
Herkunft:	Wahrscheinlich China
Pflanzenteil:	Frischer oder getrockneter Wurzelstock
Verwendung:	Fast universelle Verwendung in fast allen paläotropischen Küchen.
Eigenschaften:	Die magenstärkende Wirkung wird nur in der Volksmedizin genutzt.

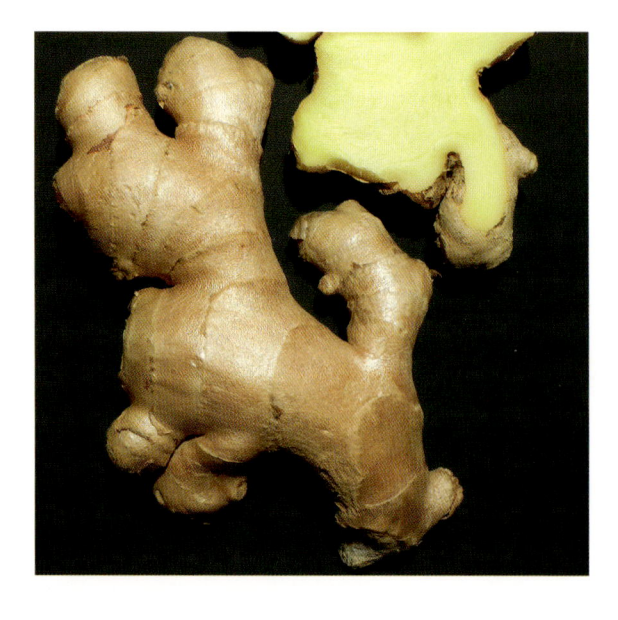

Herkunft und Geschichte

Ingwer wurde bereits in prähistorischer Zeit über das tropische Asien und den Pazifik verbreitet; man nimmt an, dass diese Verbreitung in Zusammenhang mit der austronesischen Migration (etwa 4000 v. Chr.) steht und ihren Ursprung im südlichen oder östlichen China hat.

Ab dem 2. Jahrtausend ist Ingwer in Indien nachweisbar, und spätestens um die Mitte des 1. Jahrtausends erreichte er den Mittelmeerraum. Im Römischen Reich war Ingwer eines der billigsten tropischen Gewürze und wurde sowohl getrocknet als auch eingelegt in Tontöpfen importiert. Das ganze Mittelalter hindurch nahm Ingwer eine bedeutende Stellung unter den Würzmitteln ein, aber in der Neuzeit verlor er in Europa an Bedeutung.

Nach der Entdeckung Amerikas wurde Ingwer rasch in die Neue Welt verpflanzt. Bereits in der Mitte des 16. Jahrhunderts produzierten karibische Plantagen Ingwer für den europäischen Markt.

Europa

Von der ehemaligen Beliebtheit des Ingwers für Saucen und Gewürzweine ist in Europa heute nur noch wenig erhalten. Er wird gern kandiert zum Tee gegessen und zu würzigem Gebäck (*gingerbread*) verarbeitet. Auch deutscher Lebkuchen enthält meist etwas Ingwer.

Sowohl in England als auch in den Vereinigten Staaten schätzt man Erfrischungsgetränke mit Ingwergeschmack. Dabei unterscheidet man zwischen *ginger ale*, einem alkoholfreien Softdrink, und dem leicht alkoholischen *ginger beer*.

Zentralasien

In der afghanischen Küche wird Ingwer meist getrocknet als Pulver zum Würzen von Reisfleisch (*chalau*) und Schmortöpfen (*qorma*) verwendet.

Indien

Frischer Ingwer ist in Indien eine universelle Würze und fast immer Bestandteil jener fettig anfrittierten Mischung von Gewürzen, die den Grundgeschmack eines indischen Gerichts bestimmt. Beim Kochen von Reis oder Hülsenfrüchten fügt man oft einige dünne Scheiben Ingwer hinzu, um der Speise eine leichte Schärfe und einen frischen Duft zu verleihen.

Bereits in der Antike wurde eingelegter Ingwer aus Bengalen nach Europa importiert. Die kunstvolle Herstellung von würzigem eingelegtem Gemüse (engl.: *pickle*, Hindi: *achar*) ist bis heute eine Domäne der Bengalen geblieben, deren aromatische *ginger pickles* sich heute ebensogut verkaufen wie vor 2000 Jahren.

Besonders im Himalaya trinkt man gerne Ingwertee, der einfach durch Überbrühen dünner Ingwerscheiben mit kochendem Wasser hergestellt wird. Mit Ingwer gewürzter Schwarztee ist wiederum in Sri Lanka populär.

China

Die Chinesen verwenden Ingwer sehr vielseitig. Gehackter Ingwer, der im Wok ganz kurz anfrittiert wird, entwickelt ein sehr angenehmes Aroma und würzt die meisten Wokspeisen; diese Technik wird auch für Zwiebeln und Knoblauch angewendet und heißt „Duftbraten" (*xiān chǎo*). Ein bekanntes Rezept dieser Art mit starkem Ingwer-Akzent ist das Hühnerfleisch nach *gōngbǎo*-Art mit Erdnüssen.

Noch wichtiger ist aber die Verwendung des Ingwers für aromatische Brühen. Die Herstellung einer guten Brühe ist ein Schlüsselschritt für einen chinesischen Koch, da viele Rezepte auf vorbereitete Brühe zurückgreifen und von deren Qualität abhängig sind.

Indonesien

In Indonesien wird Ingwer, ähnlich wie in China, für im Wok gebratene Speisen verwendet, etwa für das Nationalgericht *nasi goreng* („gebratener Reis"). Die kurze Zubereitungszeit führt zu einem deutlich wahrnehmbaren Ingwer-Aroma. Typisch indonesisch ist auch die Verwendung von *bumbu*, einer Paste aus frischen Gewürzen; im einfachsten Fall sind das nur Zwiebeln, Knoblauch und Ingwer. Mit einem solchen *bumbu* wird beispielsweise Fleisch und Geflügel mariniert, bevor es über Holzkohle gegrillt und in Form der bekannten *sate*-Spieße serviert wird.

Japan

Die japanische Küche verwendet nur sehr wenige Gewürze, aber Ingwer ist aus ihr nicht wegzudenken. Eine der bekanntesten Anwendungen ist der süßsauer eingelegte Ingwer (*beni shōga*), der als Beilage zu *sushi* gereicht wird. Traditionellerweise isst man eine Ingwerscheibe, wenn man von einer *sushi*-Sorte zur nächsten wechselt.

Fleisch wird in Japan häufig vor dem Braten oder Grillen mit frisch gepresstem Ingwer-Saft mariniert. Roher, geraspelter Ingwer dient als Würze für Salate. In dieser Form ist der Ingwer sehr intensiv und muss beim Essen vorsichtig dosiert werden.

KNOBLAUCH

Allium sativum

Familie:	Lauchgewächse
Herkunft:	
Pflanzenteil:	Unterirdischer Trieb (Zwiebel)
Verwendung:	Knoblauch ist ein weltweit verwendetes Gewürz für alle pikanten Speisen.
Eigenschaften:	Knoblauch wirkt stark desinfizierend und magenstärkend.

Das kräftige Knoblaucharoma hat seit dem Altertum begeisterte Anhänger und heftige Kritiker. Die Hochkulturen in Ägypten und Mesopotamien schätzten Knoblauch hoch ein; später hatten die Griechen, Römer und vor allem die Inder ein sehr distanziertes Verhältnis zu ihm. Laut Statistik isst jeder Mensch 500 g Knoblauch pro Jahr.

Chemie

Knoblauch hat wie verwandte Pflanzen (Zwiebel, Bärlauch, Porree) einen effizienten Verteidigungsmechanismus, der auf chemisch labilen Schwefelverbindungen beruht. Die Knoblauchpflanze enthält inaktives, geruchloses *Alliin* sowie davon getrennt ein Enzym Alliinase. Bei

Verletzung der Knoblauchzehe kommen die beiden Substanzen miteinander in Berührung, wobei zunächst das aggressive und kurzlebige *Allicin* (Diallyl-disulfid-S-oxid) entsteht, das durch seinen starken Geruch Fressfeinde vertreibt und außerdem antibakteriell wirkt. Durch weitere Reaktion des Allicins mit sich selbst, mit Luftsauerstoff oder mit zufällig anwesenden Molekülen enstehen weitere geruchsintensive Stoffe, die insgesamt das Aroma von Knoblauch bestimmen.

Wegen der komplexen Natur dieser Reaktionen hängt das Knoblaucharoma wesentlich von Umgebungsbedingungen wie Temperatur und Feuchtigkeit ab, die der Koch durch die Zubereitungstechnik bestimmen kann.

Geschichte

Knoblauch stammt aus Zentralasien, möglicherweise aus dem Tiānshān, allerdings gibt es heute keine Wildform mehr. Herodot berichtet, dass die Arbeiter an den Großen Pyramiden (3. Jahrtausend) regelmäßig Knoblauch zu essen bekamen, und die Begeisterung der Ägypter für Knoblauch ist auch in der Bibel und dem Koran festgehalten.

Das älteste Kochbuch der Welt besteht aus drei mesopotamischen Tontafeln, die insgesamt etwa 35 akkadische Rezepte aus dem 17. Jahrhundert enthalten, die meisten davon für Suppen oder gewürzte Brühen. Knoblauch, Zwiebel und Porree werden für fast jedes Rezept verwendet und oft auch zweimal in verschiedenen Zubereitungsphasen zugegeben.

Die Inder hielten Knoblauch dagegen für unrein, und er durfte in Opferspeisen nicht enthalten sein. Im 7. Jahrhundert n. Chr. beschrieb der chinesische Reisende Xuán Zàng sogar, dass jene, die Knoblauch und Zwiebeln aßen, nicht innerhalb der Stadtmauern wohnen durften. Erst die Islamisierung Indiens, die vor etwa 1000 Jahren begann, machte die stark riechenden Knollen in Indien gesellschaftsfähig.

Auch in der europäischen Antike war Knoblauch umstritten. Die Römer verwendeten ihn, aber in der Oberschicht galt Knoblauchgeruch häufig als unschicklich. Horaz vergleicht Knoblauch gar mit dem giftigen Schierling.

Knoblauch am Mittelmeer

In den Mittelmeerländern wird Knoblauch häufig roh genossen. Bereits in der Antike kannte man *moretum*, eine pikante Sauce oder Paste aus rohem Knoblauch, Hartkäse und verschiedenen Kräutern (Koriander, Weinraute). *Moretum* ist damit einerseits ein Vorläufer von *pesto*-artigen Kräutersaucen, andererseits von jenen knoblauchlastigen Saucen, die heute für das ganze Mittelmeergebiet charakteristisch sind.

Bereits Plinius bemerkte, dass Knoblauch mit Öl zu einer cremigen, leichten Sauce verschlagen werden kann. Viele der heute üblichen Knoblauchsaucen sind Mayonnaisen, die aus Oliven- oder anderem Öl mit Eidotter gerührt und danach mit Knoblauch und anderen Gewürzen aromatisiert werden.

Knoblauch in asiatischen Küchen

Knoblauch ist häufig in der Grundwürze (*baghar*) indischer Speisen enthalten: Knoblauchzehen werden zusammen mit ganzen und gemahlenen Gewürzen in Butterfett oder Pflanzenöl gebraten, bis sie ein starkes Aroma entfalten, und dann mit Tomaten oder Joghurt zu einer Schmorflüssigkeit abgelöscht. In Südindien kennt man auch Knoblauchcurries, in denen ganze Knoblauchzehen als Gemüse mitgeschmort werden.

In der chinesischen Wokküche verwendet man eine ähnliche Technik, die als „Duftbraten" (*xiāng chǎo*) bekannt ist. Dazu werden gehackte Knoblauchzehen zusammen mit anderen Gewürzen in Öl kurz angebraten, bis sich ein starker Duft entwickelt; danach kommen die restlichen Zutaten in den Wok und werden rasch fertiggebraten.

In Vietnam gibt es wiederum eine Präferenz für frischen Knoblauch: Besonders im Norden reibt man sich oft ganze Knoblauchzehen frisch in heiße Suppen. Außerdem ist in ganz Südostasien eingelegter Knoblauch beliebt.

Knoblauch in den USA

Die kalifornische Kleinstadt Gilroy nennt sich selbst die „Knoblauchhauptstadt der Welt" und richtet in jedem Jahr zur Erntezeit ein Knoblauchfest aus. Dabei können Amateur- und Profiköche in einem Wettbewerb die besten Knoblauchrezepte vorstellen. Alle Rezepte eines Jahrgangs werden als Kochbuch veröffentlich.

KORIANDER

Coriandrum sativum

Familie:	Doldenblütengewäche
Herkunft:	Mittelmeer
Pflanzenteil:	Getrocknete Früchte und frische Blätter
Verwendung:	Die frischen Blätter werden in Lateinamerika und Teilen Asiens als universelle Grüngarnitur genutzt; die Früchte finden sich in vielen orientalischen und indischen Gewürzmischungen.
Eigenschaften:	Koriander wirkt verdauungsfördernd und blähungstreibend.

Koriander liefert zwei völlig unterschiedliche Gewürze: Erstens die getrockneten Korianderfrüchte, die in Europa als Backgewürz und im Orient fast universell gebraucht werden. Und zweitens die frischen Blätter, deren Geruch viele Europäer abstoßend finden, die aber vom Kaukasus bis China und auch in Lateinamerika als Grüngarnitur dienen.

Herkunft und Geschichte

Koriander ist im Mittelmeerraum heimisch und war bereits den frühen Hochkulturen bekannt. Die Mesopotamier würzten damit ihre Suppen, den Ägyptern diente er als Heilmittel, und die Israeliten verglichen das Manna in der Wüste mit Korianderkörnern. Sein Name leitet sich angeblich von einem griechischen Wort mit der Bedeutung „Wanze" her, da das Aroma der Blätter etwas an Wanzen erinnert. Trotz dieser negativen Assoziation würzten die Römer freigiebig damit – diese Tradition wurde aber in keiner modernen europäischen Küche fortgeführt.

Als im Hellenismus der Handel zwischen dem Mittelmeer und dem Orient erblühte, wurde Koriander in den Osten verbreitet. Er erreichte schließlich Indien und China, wo er bis heute den Charakter vieler Küchen prägt.

In Mitteleuropa wurde Koriander während des Mittelalters durch die Klostergärten bekannt. Er errang rasch den Status eines Backgewürzes, diente aber nur selten zum Würzen pikanter Speisen.

Der Geruch von Korianderkraut ist hochgradig kontrovers. Vielen Menschen, besonders solchen europäischer Herkunft, ist der Koriandergeruch unangenehm; er wird als „seifig" oder „wanzenartig" empfunden. Andere wiederum schätzen den Geruch und bezeichnen ihn als „zitrusartig" oder „erfrischend"; man kann sich die Liebe zu diesem Kraut auch antrainieren. Interessanterweise stößt Korianderaroma bei Menschen nichteuropäischer Herkunft fast universell auf Zustimmung – dieses eigenartige Phänomen wird oft mit einer genetischen Besonderheit der Europäer erklärt.

Verwendung von Korianderfrüchten

Europa

In Europa dienen Korianderfrüchte überwiegend als Backgewürz und kommen in fast jedem Lebkuchenrezept vor. Lebkuchen hat zwar antike Vorbilder, geht aber letztlich auf hochmittelalterliche Gewürzkuchen zurück. Diese dienten weniger zum direkten Verzehr, sondern waren eher eine Art von Gewürzmischung: Bei Bedarf brach man ein Stück ab, um Schmorflüssigkeiten oder Saucen damit zu würzen und anzudicken. Im süddeutschen *Saucenkuchen* hat sich diese Verwendung bis heute erhalten.

Orient

Koriander ist in fast allen orientalischen Gewürzmischungen enthalten. Das eher unauffällige Korianderaroma vermag Gewürzmischungen zu „amalgamieren", also harmonisch abzurunden – zum Beispiel irakisches *baharat*, tunesisches *tabil* und marokkanisches *ras al-hanut*. Als Einzelgewürz wird Koriander immer gemahlen verwendet.

Indien

In Indien werden Korianderfrüchte sehr vielseitig eingesetzt. Ähnlich wie im Orient kommen sie als amalgamierender Bestandteil in Gewürzmischungen, und die Kombination mit Kreuzkümmel ist ebenfalls beliebt: Die Parsen im Nordwesten kennen eine Mischung namens *dhanajira* („Koriander-Kreuzkümmel"), die überwiegend aus diesen beiden Gewürzen besteht.

In Indien werden Gewürzmischungen im Allgemeinen vor dem Mahlen geröstet, um die Aromen zu intensivieren. Koriander reagiert besonders gut auf diese Behandlung und entwickelt dabei ein nussiges, intensives Röstaroma. Die Düfte von geröstetem Kreuzkümmel und geröstetem Koriander gehört zu den typischen kulinarischen Impressionen aus Indien.

Verwendung von Korianderblättern

Koriander gegen Petersilie

Es ist kein Zufall, dass Koriander auf deutsch auch „Chinesische Petersilie" heißt, und Petersilie auf chinesisch als „Westlicher Koriander" bekannt ist: Diese beiden Kräuter sehen sich nicht nur sehr ähnlich, sie werden auch (trotz ihres sehr unterschiedlichen Aromas) ganz parallel verwendet: Grob gehackte, rohe Blätter werden unter Salate gemischt, mit ihnen bestreut man Suppen und Eintopfgerichte, und einzelne Blätter dienen als duftende Garnierung.

Interessanterweise scheint keine Küche (mit Ausnahme der georgischen) beide Kräuter nebeneinander zu benutzen; stattdessen dominiert in Nordafrika, Europa und Westasien die Petersilie, während dieselbe kulinarische Rolle in Süd-, Südost- und Ostasien vom Koriander ausgefüllt wird. Eine Ausnahme ist der Jemen, der trotz seiner westlichen Lage eine Präferenz für Koriander zeigt.

Indien

In Indien ist Korianderkraut nur regional gebräuchlich. Die Hochburg der Korianderverwendung ist der westliche Bundesstaat Maharashtra.

China

Auch in China prägt Korianderkraut nur einige Lokalküchen, insbesondere die der beiden für ihre scharfen Spezialitäten bekannten Provinzen Sichuan und Hunan. Die Sīchuān-Küche ist bekannt für ihre zahlreichen kalten Vorspeisen oder Zwischenmahlzeiten, die oft mit gehacktem Korianderkraut garniert werden.

Südostasien

Die thailändische Küche verwendet gehacktes Korianderkraut in großen Mengen zum Garnieren von Suppen, Curries und frittierten oder gedämpften Snacks. Die thailändische Küche kennt auch viele Salate, die gewöhnlich aus Fleisch oder Meeresfrüchten mit einem sauerwürzigen Dressing bestehen; in den meisten Fällen sind auch frische Kräuter wie Minze, Basilikum oder Koriander Teil des Geschmacksarrangements.

Die exzessivste Korianderverwendung findet man in der vietnamesischen Küche. Vietnamesische Speisen sind im Allgemeinen nur leicht gewürzt und beziehen ihr Aroma zum guten Teil aus Kräutern, v. a. aus Koriander, Minze und Basilikum.

Die vietnamesischen *baguettes* sind ein gelungenes Beispiel für die Integration französischer Ideen in die asiatische Küchenlandschaft: Knusprige, frisch gebackene Weißbrote werden mit einer Vielzahl typisch asiatischer Zutaten gefüllt und mit Fischsauce und Korianderblättern abgeschmeckt.

Amerika

Obwohl Koriander erst mit der *conquistá* in Amerika bekannt wurde, ist er heute in vielen amerikanischen Küchen gut integriert. Blätter werden viel häufiger als Früchte verwendet.

In Mexiko kennt man eine Vielzahl sauciger oder pastiger kalter Zubereitungen, die mit Tortilla-Chips (*tostadas*) als Vorspeise gegessen werden; eines der einfachsten Rezepte ist *salsa de jitomate*, die einfach durch Pürieren von rohen Tomaten mit Zwiebeln, Knoblauch und Chili hergestellt und immer mit gehackten Korianderblättern vermischt serviert wird. Ein anderes bekanntes Rezept ist der *guacamole*, eine gehackte Mischung aus Avocados,

Tomaten, Knoblauch, Chili, Limettensaft und Korianderblättern.

Ähnliche *salsas* werden auch auf den karibischen Inseln gegessen, wobei dort oft statt des mediterranen Korianders der in Mittelamerika heimische **Lange Koriander** Verwendung findet.

Langer Koriander (*Eryngium foetidum* – Doldenblütengewächse)

Trotz seines unterschiedlichen Aussehens gehört der lange Koriander in dieselbe Pflanzenfamilie wie der Echte Koriander, und im Aroma kommen die beiden Arten einander extrem nahe. Langer Koriander ist in der Karibik heimisch, wird aber auch in Asien angebaut und verträgt trotz seiner tropischen Herkunft kühlere Temperaturen erstaunlich gut.

In manchen asiatischen Ländern, vor allem in Thailand und Vietnam, wird Langer Koriander oft anstelle des gewöhnlichen Korianders verwendet. Die Blätter sind zäher und schmecken etwas intensiver; außerdem lassen sie sich auch kurz erhitzen, ohne ihr Aroma gänzlich zu verlieren.

Auf den karibischen Inseln wird Langer Koriander naturgemäß sehr häufig verwendet; er gilt oft als das „Nationalgewürz" von Puerto Rico. Man verwendet ihn ähnlich wie anderswo Koriander zum Garnieren und für *salsas*.

Minzen

Mentha piperita Pfefferminze
Mentha pulegium Poleiminze
Mentha crispa Krause Minze
Mentha spicata Grüne Minze
Mentha arvensis Ackerminze

Familie:	Lippenblütengewächse
Herkunft:	Eurasien
Pflanzenteil:	Frische Blätter
Verwendung:	Minzblätter setzen erfrischende Akzente bei Salaten und vielen tropischen Speisen.
Eigenschaften:	Minzen wirken kühlend und krampflösend.

Botanik

Es gibt eine große Anzahl verschiedener Minze-Arten, die sich nur in sehr subtilen Merkmalen voneinander unterscheiden und deren botanische Systematik umstritten ist. Erschwerend kommt hinzu, dass viele Minzen sich frei untereinander kreuzen, wobei Hybriden mit gemischten Eigenschaften entstehen.
Die in Europa bedeutendste Minze ist die Pfefferminze, eine Kreuzung aus der Grünen Minze mit der Wasserminze. Eine solche Hybride mit braun gezeichneten Blättern wurde erstmals im 18. Jahrhundert nahe der englischen Stadt Mitcham beobachtet; diese Linie ist steril und existiert heute noch. Sie hat den typischen, kühlenden Pfefferminzgeschmack, wie er von Konfekt oder Pfefferminztee bekannt ist.
Die Krause Minze ist die kulinarisch meistgenutzte Minze und wird von der Levante bis nach Indien verwendet. Sie schmeckt kühlend mild, mit einem kümmelähnlichen Akzent.

Von der Grünen Minze gibt es verschiedene Typen mit unterschiedlichem Aroma. Kulinarisch bedeutsam ist die so genannte *spearmint*, die zum Aromatisieren von Kaugummi dient.

Auch die Ackerminze kann völlig unterschiedliche Aromen ausbilden. Eine besonders mentholreiche Sorte ist als „Japanische Pfefferminze" bekannt und hat die echte Pfefferminze als Quelle von Menthol teilweise verdrängt. Milder schmeckende Sorten sind die kulinarisch genutzten Minzen Südostasiens.

Das Aroma der Poleiminze unterscheidet sich erheblich von dem der anderen Minzen und wird von vielen Menschen als unangenehm empfunden. Diese Sorte war allerdings die bevorzugte Würzminze in der römischen Antike.

Die britische Pfefferminzsauce ist eine traditionelle Würze für fetten Hammel. Diese dunkelgrüne Kräuterpaste wird jedoch im Allgemeinen nicht aus Pfefferminze, sondern aus der milderen Grünen Minze oder aus Apfelminze hergestellt.

Die so genannte „Kärntner Minze" hat ein erfrischendes Minz-Kümmel-Aroma und wird zum Würzen der *Kärnter Kasnudeln* verwendet, einem italienisch inspirierten Rezept von *ravioli*-ähnlichen Nudeln mit einer subtil gewürzten Frischkäse-Kartoffel-Füllung.

Orient

Viele orientalische Gerichte werden mit Krauser Minze gewürzt oder garniert. So werden beispielsweise levantinisches Grillfleisch *schawarma* oder der persische Grillspieß *kubideh* gern mit frischen Minzblättern garniert. Sehr beliebt ist auch die Kombination von Minze mit Joghurt, etwa in der türkischen Joghurtsuppe oder -sauce *cacık*.

Persische Reisspeisen (*polo*) werden ebenfalls oft mit Minzblättern gewürzt. Im Zuge der Islamisierung Indiens verbreiteten sich diese Rezepte auch nach Südasien: Indische *biriyani*-Rezepte lehnen sich oft an persische Vorbilder an und verwenden ebenfalls Minze, die sonst in der indischen Küche eher ein Schattendasein führt.

Südostasien

Minze ist ein häufiges Würzkraut in den Küchen Thailands und Vietnams und wird in beiden Ländern meist in Kombination mit anderen Kräutern zur Garnierung von Suppen, Curries und Salaten verwendet. Beispiele sind die thailändischen Hühnerfleischsalate *lab gai* und *yam gai* und die südvietnamesische Nudelsuppe *pho*.

Minzen in der Küche

Europa

Pfefferminze bzw. das aus ihr gewonnene Menthol spielt eine große Rolle bei der industriellen Herstellung von Erfrischungsgetränken, Speiseeis oder Konfekt, hat jedoch im Haushalt nur geringe Bedeutung. Die Verwendung als Würzkraut zu gekochtem Gemüse ist nur auf den Britischen Inseln üblich.

Muskat

Myristica fragrans

Familie: Muskatgewächse (*Myristicaceae*)
Herkunft: Molukken
Pflanzenteil: Getrocknete, geschälte Samen („Muskatnuss"); getrockneter Samenmantel („Muskatblüte")
Verwendung: Muskat wird in Indien, im Orient und in Europa verwendet, hauptsächlich zu Fleischschmorgerichten, Kartoffeln und Spinat.
Eigenschaften: Muskat hat anregende und keimtötende Wirkung. In sehr hohen Mengen wirkt es berauschend und giftig.

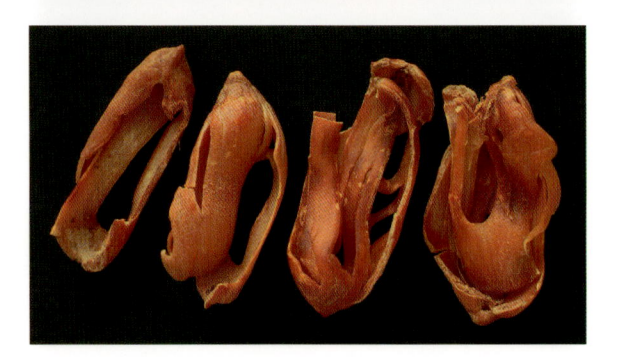

Der edle Duft der Muskatnüsse wird von den kolonialen Greueln überschattet, die sich Anfang des 17 Jahrhunderts auf den idyllischen Banda-Inseln ereigneten. Die einheimische Bevölkerung wurde ausgerottet und durch hollandtreue Ansiedler ersetzt, ehe die Plantagen das in Europa außerordentlich gefragte Gewürz produzieren konnten.

Herkunft

Der immergrüne, etwa 20 m hohe Muskatbaum kommt natürlicherweise nur auf den Banda-Inseln vor: Einem kleinen, abgelegenenen Archipel im Osten Indonesiens („Gewürzinseln", Molukken). Er liefert zwei verschiedene Gewürze: Aus den kleinen, maiglöckchenartigen Blüten entwickeln sich pfirsichähnliche Früchte, deren holziges Fruchtfleisch bei der Reife aufplatzt und den Kern freigibt. Dieser besteht aus drei Schichten: Einem dünnen, häutigen Samenmantel, einer harten Schale und schließlich dem weich-öligen Keimling. Der getrocknete Samenmantel heißt im Handel „Muskatblüte", der Keimling „Muskatnuss".

Sobald die Früchte aufspringen, werden sie mit einem langstieligen „Muskatfänger" schonend geerntet und danach entkernt. Das Fruchtfleisch ist sauer und holzig, wird aber zu Marmelade, Konfekt oder Schnaps verarbeitet. Im nächsten Schritt trennt man sorgsam den Samenmantel ab, der möglichst unzerstört getrocknet wird und dabei seine Farbe von Purpur nach Bernsteingelb verändert. Die Samen werden getrocknet, bis der Kern in der Hülle klappert; danach werden sie aufgebrochen und der Größe nach sortiert.

Frühe Geschichte

Wegen der extremen Abgelegenheit der Banda-Inseln beginnt die Geschichte des Muskathandels erst recht spät: In Indien tauchen die Nüsse knapp vor der Zeitenwende auf, und etwas später auch in China. In der europäischen Antike waren sie ziemlich sicher nicht bekannt. Unzweifelhafte Belege für Muskathandel in Europa gibt es erst seit dem Mittelalter.

Der hohe Preis motivierte Portugiesen und Spanier ab dem 15. Jahrhundert, zur asiatischen Heimat der Muskatnüsse vorzudringen. Bereits 1512 erreichte eine portugiesische Expedition unter António de Abreu die Banda-Inseln; allerdings gelang es den Portugiesen nicht, den Handel vollständig zu kontrollieren.

Der Konflikt zwischen England und Holland und der Völkermord auf Banda

Gegen Ende des 16. Jahrhunderts trat mit der holländischen Ostindiengesellschaft VOC (*Vereenigde Oostindische Compagnie*) ein neuer Spieler um koloniale Einflusssphären auf den Plan. Die VOC hatte quasistaatliche Befugnisse: So durfte sie eigenes Geld prägen, Streitkräfte unterhalten und sogar eigenverantwortlich Kriege führen.

Der Generalgouverneur der VOC, Jan Pieterzon Coen, verfolgte das Ziel, die indonesischen Gewürzinseln vollständig zu monopolisieren und andere europäische Mächte vom lukrativen Gewürzhandel völlig auszuschließen. Einheimische Bauern wurden gezwungen, ausschließlich und nur zu Festpreisen an die VOC zu verkaufen, was wiederum Aufstände unter den Bandanesen povozierte.

England war Hollands mächtigster Gegenspieler. Nach einigen Anfangserfolgen konnten die Briten 1616 auf der Insel Run landen, die wegen ihrer abgeschiedenen Lage und ihrer Steilküste nicht von den Holländern besetzt worden war. Damit war Run völkerrechtlich eine britische Kolonie. Mit dieser festen Basis versuchten die Engländer unter dem Kaufmann und Abenteurer Nathaniel Courthope, die Stammeshäuptlinge der anderen Inseln zum Widerstand gegen die Holländer zu bewegen.

1620 wurde Courthope mit einem Verhandlungsangebot in einen Hinterhalt gelockt und ermordet; kurz darauf fiel auch die britische Garnison auf Run in holländische Hände. Im folgenden Jahr startete die VOC einen großangelegten Vernichtungskrieg gegen die Bewohner der Banda-Inseln, wobei die Mehrzahl getötet oder in die Sklaverei verkauft wurde. Die VOC siedelte eine neue, loyale Bevölkerung an, um die entstehenden Muskatpflanzungen zu bearbeiten.

Als Coen zuletzt 1623 auch noch fast alle in Indonesien ansässigen Engländer verhaften und und in der „Blutnacht von Ambon" hinrichten

ließ, war der Grundstein für das Muskatmonopol der VOC gelegt. Es sollte 100 Jahre halten und zusammen mit dem Nelkenmonopol fallen.
Run blieb vorest formal englische Kolonie, obwohl es *de facto* von den Holländern regiert wurde. Erst im Vertrag von Breda (1667) wurde Run offiziel an die Holländer übereignet; dafür gaben diese den Anspruch auf einige ihrer Besitzungen auf. Unter den Tauschobjekten war auch eine kleine Insel vor der Ostküste Nordamerikas, auf der eine holländische Kolonie (Nieuw Amsterdam) kurz zuvor von englischen Truppen erobert worden war: Manhattan.

Inhaltsstoffe

Muskatnüsse und Muskatblüten enthalten ca. 10 % ätherisches Öl. Ein Zehntel dieses Öls besteht aus den giftigen Phenylpropan-Verbindungen Myristicin, Elemicin und Safrol.
Myristicin kann bei genetisch disponierten Personen zu halluzinogenen Amphetaminen metabolisiert werden; solche Personen erleben bei Einnahme mehrerer Gramm Muskatnuss rauschartige Zustände. Allerdings treten in wirksamen Dosierungen auch häufig starke Unverträglichkeitsreaktionen auf, z. B. tagelang anhaltender Brechreiz.

Anbaugebiete

Die wichtigsten Anbaugebiete liegen in Indonesien, vor allem auf den Molukken, und in der Karibik (Grenada).

Kulinarische Verwendung

Muskatnüsse werden in der indonesischen Küche zu Gewürzpasten, besonders für Gemüse, verwendet und kommen auch in Gewürzmischungen aus Indien, dem Orient und Nordafrika vor.
Trotz ihrer asiatischen Herkunft sind Muskatgewürze vor allem für die europäischen Küchen typisch. Man verwendet sie fast universell zu Ei-, Kartoffel- und Käsegerichten. In Italien ist Muskat kanonischer Begleiter von Spinat in jeglicher Form, zum Beispiel in spinatgefüllten *ravioli*. Die ursprünglich französische *Béchamel-Sauce* enthält ebenfalls Muskat und liegt so bekannten Gerichten wie italienischer *lasagne al forno* und griechischer *mousaká* zugrunde.
Muskatblüten haben einen sehr ähnlichen, aber etwas milderen und runderen Geschmack. Sie können als Alternative zu Muskatnuss dienen, vor allem bei würzigem Süßgebäck wie Dresdner Stollen und Lebkuchen.

Gewürznelke

Syzygium aromaticum

Familie: Myrtengewäche
Herkunft: Molukken
Pflanzenteil: Getrocknete Blütenknospen
Verwendung: Universelles Gewürz für Geschmortes
Eigenschaften: Nelken wirken stark desinfizierend.

Herkunft und Frühgeschichte

Gewürznelken haben eine sehr kleine natürliche Verbreitung: nur eine Handvoll Inseln in den nördlichen Molukken. Die seit dem Altertum bedeutendsten „Nelkeninseln" sind Tidore und Ternate, zwei eng benachbarte, jeweils 10 km² große, runde Vulkaninseln.

Nelken tauchten bereits vor der Zeitenwende in China auf, und kurz danach in Indien; nach Europa kamen sie dagegen erst in der Völkerwanderungszeit. In China dienten Nelken vor allem als Parfum und Desinfektionsmittel; wer eine Audienz bei einem Kaiser der Hàn-Dynastie anstrebte, musste sich eine Gewürznelke unter die Zunge klemmen, um etwaigen Mundgeruch zu maskieren.

Die Herkunft und die Natur dieses ungewöhnlich geformten Gewürzes blieben im Dunklen; deshalb wurde es in China erst „Vogelzungen-Gewürz" und später „Nagel-Gewürz" genannt. Letztere Bezeichnung entwickelte sich unabhängig in vielen Sprachen, darunter auch im Deutschen, denn „Nelke" ist tatsächlich von „Nägelchen" herzuleiten.

Kolonialgeschichte

Im frühen 16. Jahrhundert stritten Portugal und Spanien darum, als erste auf den Nelkeninseln zu landen und den Handel zu monopolisieren. 1512 erreichte die erste portugiesische Expedition die Inseln und errichtete einen Stützpunkt, der aber 1575 unter Druck des Sultans aufgegeben werden musste. In den folgenden Jahren konnte Ternate seine Machtposition weiter ausbauen, bis der Sultan von Tidore, besorgt über den Aufstieg der traditionell verfeindeten Nachbarinsel, in eine Allianz mit den Spaniern trat. Die Auseinandersetzungen zwischen Ternate, Tidore, Spanien und Portugal dauerten das gesamte 17. Jahrhundert an, und am Ende gab es einen überraschenden Sieger: Holland. Die holländische Ostindien-Gesellschaft (*Vereenigde Oostindische Compagnie, VOC*) übernahm Anfang des 18. Jahrhunderts die Kontrolle über die Molukken und strebte nach einer vollständigen Monopolisierung des Nelkenhandels. Auf ihre Anweisung hin wurden die Nelkenbäume in Tidore und Ternate zerstört und stattdessen neue Plantagen in Ambon gegründet, da diese Insel leichter beherrschbar schien. Die Bauern wurden gezwungen, ausschließlich für die VOC zu produzieren und zu Fixpreisen abzuliefern.

Trotzdem waren Schwarzanbau und Schwarzhandel nicht ganz zu verhindern. Ein schwerer Rückschlag für die VOC ergab sich 1766, als ein französischer Abenteurer und Botaniker namens Pierre Poivre mehrmals schwarzgezogene Nelken- und Muskatbäume auf französische Territorien (Mauritius, Réunion) schmuggeln und nach anfänglichen Schwierigkeiten auch weiterzüchten konnte. Obwohl die Erträge anfangs sehr gering waren, kam das Monopol damit ins Wanken. Sein endgültiges Ende fand es während der kurzen englischen Herrschaft über den indonesischen Archipel (1811–1815). Damals ließ der Gouverneur Stamford Raffles alle bedeutenden Nutzpflanzen der Region in anderen britischen Gebieten ansiedeln.

Botanik und Anbau

Gewürznelken sind die ungeöffneten Blütenknospen des Nelkenbaumes. Die Knospen bestehen aus einem unterständigen Fruchtknoten, vier starren Kelchblättern, den zu einer Halbkugel verwachsenen Blütenblättern und den davon eingeschlossenen Staubgefäßen. Beim Erblühen fallen die Blütenblätter ab, und die Anlockfunktion wird nur von den cremeweißen Staubblättern wahrgenommen. Die Knospen werden knapp vor der Blüte geerntet und in der Sonne getrocknet, wobei sie sich dunkelbraun färben.

Die bedeutendsten Produzenten sind Sansibar und Indonesien. Bis in die 1980er-Jahre musste Indonesien wegen des hohen Inlandsbedarfs Gewürznelken importieren; infolge großangelegter Anbaupläne kann Indonesien seit 1982 Überschüsse produzieren, die als Devisenbringer exportiert werden und zu einem Preisverfall im Großhandel geführt haben.

Zigaretten

Mehr als 50 % der Welternte von Nelken wird in Indonesien für die beliebten „Nelkenzigaretten" (*kretek*) verbraucht. Die Füllung der *kretek* besteht zu zwei Dritteln aus Tabak und zu einem Drittel aus geschroteten Gewürznelken. Es gibt außerordentlich aggressive Sorten mit 2 mg Nikotin und 40 mg Teer pro Zigarette.

Dieser für Indonesien charakteristische Zigarettentyp wurde im späten 19. Jahrhundert von dem Arzt Haji Jamahri eingeführt, der sich vom desinfizierend wirkenden Eugenol eine Wirkung gegen Asthma und Tuberkulose erwartete.

Der Name *kretek* ist lautmalerisch und spielt auf das knisternde Geräusch beim Verbrennen dieser Zigaretten an.

Kulinarische Verwendung

Indonesien

Erstaunlicherweise werden Gewürznelken in Indonesien nur sehr wenig zum Kochen verwendet. Der hohe Inlandsverbrauch ist ausschließlich auf die *kretek*-Zigaretten zurückzuführen.

China

Chinesische Köche verwenden Gewürznelken als Bestandteil des Fünfgewürzepulvers. Bei der Herstellung von Brühen werden meist Mischungen ganzer Gewürze verwendet, deren Zusammensetzung der des Fünfgewürzepulvers ähnelt und die daher meist Nelken enthalten.

Indien

In Indien gehören Nelken zu den Eckpfeilern vieler Regionalküchen, vor allem der Mogul-Küche im Norden. Die Nelken werden meist ungemahlen verwendet und in einem ersten Arbeitsgang in heißem Fett erhitzt, bis sie anschwellen und Aroma entwickeln. Außerdem sind sie in vielen pulvrigen Gewürzmischungen enthalten.

Orient

Nelken sind in den meisten orientalischen Gewürzmischungen wie *baharat* und *ras al-hanut* enthalten, werden aber selten in ganzer Form eingesetzt.

In Äthiopien und Eritrea werden Nelken zum Würzen von Kaffee verwendet. Im Rahmen der äthiopischen Kaffeezeremonie wird der Kaffee im Familienkreis geröstet, wobei oft Gewürze wie Nelken oder Zimt zugesetzt werden, ehe er aufgebrüht und gemeinsam getrunken wird. In ganz Ostafrika trinkt man gern mit Gewürznelken gewürzten Tee.

Europa

In den europäischen Küchen würzt die Nelke sowohl süße als auch herzhafte Speisen. Französische Ragoutgerichte und opulente Braten kommen selten ohne Nelken aus (berühmtes Beispiel ist der *coq au vin*). Ferner sind Gewürznelken fester Bestandteil von Brühen, Grundfonds und -saucen, in denen sie eine zurückhaltende, erdig-süße Hintergrundnote liefern.

Gerade in Europa haben Nelken in den Charakter eines Süßspeisengewürzes. Gegarte Obstspeisen und Kompotte enthalten oft Nelken, und Lebkuchen ist ohne Nelkenaroma kaum vorstellbar.

Pfeffer

Piper nigrum

Familie: Pfeffergewäche
Herkunft: Südindien
Pflanzenteil: Reife oder unreife Früchte
Verwendung: Pfeffer ist ein Universalgewürz.
Eigenschaften: Verdauungsfördernde und fiebersenkende Wirkung werden nur in der Volksmedizin genutzt.

Pfeffer ist das bekannteste aller Gewürze und kann universell zum Würzen aller salzigen (und mancher süßen) Speisen verwendet werden. Je nach Reifegrad und Behandlung nach der Ernte kommt Pfeffer in verschiedenen Farben in den Handel, die sich in ihrem Geschmack unterscheiden. Die Suche nach Pfeffer motivierte die Entdeckungsfahrten am Ende des Mittelalters.

Geschichte

Pfeffer wurde seit dem Zeitalter des Hellenismus nach Europa eingeführt und erreichte in Rom rasch sehr große Popularität. In der Antike waren sowohl Weißer als auch Schwarzer Pfeffer bekannt; außerdem wurde auch mit Langem Pfeffer gekocht. Der relativ geringe Preis von vier Denarii pro Pfund machte Pfeffer auch der römischen Mittelschicht zugänglich. Die großen Importmengen belasteten die römische Handelsbilanz, weswegen der Pfefferkonsum von Plinius scharf kritisiert wurde:

> „Es verwundert, daß Pfeffer neuerdings so beliebt geworden ist: In mancher Nahrung gefällt eine gewisse Süße, oder ihr Aussehen wirkt einladend; aber der Pfeffer hat weder als Frucht noch als Beere einen Nutzen, denn er ist nur durch seine Schärfe angenehm, und deshalb importieren wir ihn von den Indern."

Die ökonomische Depression nach dem Untergang des Römischen Reiches setzte dem Pfefferimport nach Europa ein vorläufiges Ende. Erst ab dem 9. Jahrhundert wurde er wieder importiert und erlangte neue Beliebtheit als Medizin und Gewürz. Der hohe Preis beschränkte die Pfefferverwendung jedoch auf Adel und Klerus.

Im Mittelalter führte der Handelsweg des Pfeffers per Schiff von Südindien über das Rote Meer bis nach Ägypten. Diese Route war von arabischen Händlern monopolisiert. Am Mittelmeer angekommen, wurde der Pfeffer von Venezianern aufgekauft, die wiederum dem Rest Europas gegenüber eine Monopolstellung innehatten und beträchtliche Aufschläge forderten.

Die Seefahrernationen Spanien und Portugal begannen daher im 15. Jahrhundert, einen „direkten Seeweg" nach Indien zu suchen. Dieser sollte es ermöglichen, den Pfeffer unter Umgehung der Araber und Venezianer nach Europa zu bringen.

Im Jahr 1510 eroberte Portugal das kleine Königreich Goa im Norden der Malabarküste und errichtete damit die erste europäische Kolonie auf asiatischem Boden. Damit sollte der Pfefferhandel über den Seeweg gesichert werden, was Portugal eine Monopolstellung verschafft hätte; allerdings reichten die portugiesischen Transportkapazitäten nicht aus, um den europäischen Pfeffermarkt zu bedienen.

Auf lange Sicht gelang es keiner Kolonialmacht, den Pfefferhandel zu monopolisieren. Das lag einerseits an der Größe Indiens, die eine rigide Kontrolle zumindest mit den Mitteln des 16. Jahrhunderts unmöglich machte; andererseits war der Pfefferanbau bereits einige Jahrhunderte zuvor nach Südostasien getragen worden, sodass verschiedenen Kolonialmächten der Zugang zu Pfefferproduktionsgebieten offen stand.

Formen von Pfeffer

Eine einzigartige Eigenschaft des Pfeffers liegt darin, dass er in verschiedenen „Farben" auf den Markt kommt, die sich auch in ihrem Aroma unterscheiden. Alle diese Pfeffersorten stammen von Pflanzen derselben Art; die Unterschiede liegen nur im Erntezeitpunkt und in der Verarbeitung.

Schwarzer Pfeffer

Schwarzer Pfeffer ist die älteste Form von Pfeffer und seit der Antike bekannt. Die Beeren werden knapp vor der Reife geerntet und langsam getrocknet; dabei tritt eine Fermentierung ein, die die ursprünglich grünen Beeren schwarz färbt. Beim Trocknen schrumpft das Fruchtfleisch, sodass die Haut runzelige Falten entwickelt.

Schwarzer Pfeffer hat ein starkes Aroma, das je nach Herkunft fruchtig oder zitronig sein kann, und eine ausgeprägte Schärfe. Schwarzer Pfeffer wird überall im tropischen Asien produziert, wobei Vietnam seit einigen Jahren der Hauptexporteur ist. Die besten Sorten stammen aus den ursprünglichen Anbaugebieten in Südindien; als Spitzenqualität gilt *Tellicherry*-Pfeffer, der von fast reifen Beeren stammt und durch eine warme, braunschwarze Farbe auffällt.

Weißer Pfeffer

Auch der Weiße Pfeffer ist ein traditionelles Produkt. Seine Herstellung ist komplizierter: Reife, rotgefärbte Pfefferbeeren werden erst einige Tage in fließendem Wasser eingeweicht; danach reibt man Außenhaut und Fruchtfleisch ab, sodass nur der weiße Kern verbleibt, der ohne Farbveränderung getrocknet werden kann.

Weißer Pfeffer hat zwar die volle Schärfe von Schwarzem Pfeffer, aber ein milderes, erdiges Aroma. Er wird überwiegend in Indonesien und Malaysia angebaut.

Grüner Pfeffer

Dieser Pfeffer ist eine Erfindung des 20. Jahrhunderts und kommt fast ausschließlich aus Brasilien. Die Früchte werden ca. 2 Monate vor der Reife geerntet und eingelegt oder im Vakuum getrocknet. Dabei entsteht ein naturgrüner, sehr milder Pfeffer mit krautigem Aroma, der nur in Europa und Nordamerika verkauft wird.

Rotbrauner (oder Roter) Pfeffer

Dieser sehr exotische Pfeffer ist erst seit wenigen Jahren auf dem Markt. Er wird wie Grüner Pfeffer produziert, allerdings aus reifen, roten Beeren. Beim Trocknen lässt sich ein Nachdunkeln kaum vermeiden; eine andere Schwierigkeit liegt darin, dass der Abrieb des nur lose am Kern haftenden Fruchtfleisches vermieden werden muss. Einfacher ist die Produktion von eingelegten roten Pfefferkörnern.

Chemie

Pfeffer enthält außer dem ätherischen Öl, das für das flüchtige Aroma verantwortlich ist, eine Reihe von Scharfstoffen, die chemisch zu den Amiden zählen. Der Gesamtamidgehalt liegt typischerweise um die 5 %.

Für die Schärfe ist dabei das Piperin hauptverantwortlich. Das geschmacklose Isopiperin kommt im frischen Pfeffer nicht vor, bildet sich aber vor allem in gemahlenem Pfeffer durch Lichteinwirkung. Deshalb sollte Pfeffer möglichst im Dunkeln gelagert werden.

Die mittelalterliche Lust auf Pfeffer

Der Gewürz-, insbesondere der Pfefferverbrauch in der mittelalterlichen Gesellschaft war hoch – allerdings nur in finanzkräftigen Kreisen. Das Gesamtimportvolumen blieb bis ins Hochmittelalter hinter den Mengen der Spätantike zurück.

Die mittelalterliche Faszination für Gewürze speiste sich aus mehreren, teilweise im Widerspruch zueinander stehenden Quellen.

Ein bedeutendes Argument war medizinischer Natur: Die von den Arabern vermittelte antike Medizin teilte Nahrungsmittel in die Kategorien „kalt/warm" und „feucht/trocken" ein. Gesunde Ernährung bedeutete, dass die Nahrung ein ausgewogenes, auf den Typ des Essers abgestimmtes Verhältnis zwischen diesen Attributen aufwies.

Dabei galten Gewürze durchweg als „heiß" und „trocken", während die meisten Speisen, insbesondere Obst und Gemüse, auf die „kalte" oder „feuchte" Kategorie entfielen. Deshalb galt der Konsum pflanzlicher Nahrung als ungesund, wenn man nicht durch Gewürze einen Ausgleich schaffen konnte.

| Piperin | Isopiperin | Isochavicin | Chavicin |

Die konservierenden Eigenschaften vieler Gewürze kamen besonders in der rohstoffarmen Winterzeit zum Tragen. Starke Würzung konnte bakteriellem Verfall vorbeugen und damit die Haltbarkeit von Würsten, Fleisch- und Gemüsekonserven verbessern.

Gewürze trugen aber auch eine religiöse Konnotation. Ihr orientalischer Ursprung und ihre häufige Erwähnung im Alten Testament rückte sie in die Nähe des irdischen Paradieses. Verschiedene Legenden erklärten die Herkunft der Gewürze als Abfallprodukte aus dem im Osten vermuteten Garten Eden.

Zuletzt trugen Gewürze aber auch die ganz gegenteilige Assoziation von Laszivität und Genuss – es ist kein Zufall, dass wir auch heute noch das Wort „scharf" in einer entsprechenden Doppelbedeutung verwenden.

Pfeffer in der antiken römischen Küche

Im Rom der Kaiserzeit wurde Pfeffer ähnlich universell verwendet wie in vielen heutigen Küchen. Ein charakteristisches Element waren Saucen, die aus der stechend riechenden Fischsauce *garum*, verschiedenen Kräutern und fast immer Pfeffer hergestellt wurden und die über gekochtes Fleisch oder Gemüse gegossen wurden. Die römische Küche süßte gern mit Honig und bot daher viele pikant-süß-scharfe Kombinationen, wie man sie heute nirgendwo in Europa findet (die Thai-Küche hat aber oft erstaunlich ähnliche Würzarrangements).

Auch reine Süßspeisen wurden gern gepfeffert – anders als der deutsche „Pfefferkuchen", der zwar viele Gewürze, aber nur selten Pfeffer enthält. So gibt Apicius Rezepte für Pasteten mit Nüssen und Honig, die vor dem Backen mit Schwarzem Pfeffer bestreut werden. Ein schwaches Echo dieser Geschmacksvorliebe hat sich in einzelnen italienischen Rezepten wie dem *panforte* aus Siena erhalten.

Pfeffer spielt auch in Gewürzweinen eine große Rolle. Wein wurde in Rom gerne durch Zusatz von Honig und verschiedenen Gewürzen zu einem likörartigen Genussmittel veredelt. Die nach antikem Verständnis „warme" Wirkung der Gewürze sollte das Wohlbefinden nach einer Mahlzeit heben, da der Verdauungsvorgang als eine Art Verbrennung angesehen wurde. Gewürzweine blieben in Europa bis in die Neuzeit populär.

Pfeffer in asiatischen Küchen

In den meisten asiatischen Küchen wurde der Pfeffer vom Chili an den Rand gedrängt. Er ist zwar Bestandteil der meisten orientalischen und indischen Gewürzmischungen, spielt aber selten eine Hauptrolle. Lediglich in den milden Küchen Zentralasiens kommt ihm die Rolle eines „Vordergrundgewürzes" zu.

Im Fernen Osten kommt dem Pfeffer eine wichtigere Rolle zu. Durch die in jüngster Zeit erzielten Anbauerfolge in Thailand wurde Pfeffer äußerst populär; in der Thai-Küche werden unreife Pfefferspindeln sogar als Gemüse für Curries und im Wok Gebratenes verwendet. Gemahlener Schwarzer Pfeffer ist Bestandteil von kambodschanischen und vietnamesischen Tischwürzen. Die weitgehend chilifreie Küche Japans verwendet Pfeffer zum Schärfen von Marinaden für gebratenes oder gegrilltes Fleisch. In Japan bevorzugt man Weißen Pfeffer, der sonst in Asien kaum eine Rolle spielt.

Pfeffer in europäischen Küchen

Fast überall in Europa, mit Ausnahme mancher Mittelmeerländer, nimmt Pfeffer den Schärfepol im Gewürzrepertoire ein. Die Kombination von „Salz und Pfeffer" ist sprichwörtlich und bereichert fast jede Speise: Fleischgerichte (sowohl langsam Geschmortes als auch schnell Gegrilltes), Würste, Käsefondue und Brühen aller Art sind ohne Pfeffer kaum vorstellbar.

Pfeffer dient fast überall in Europa als kanonische Tischwürze. Gemahlener Pfeffer kann seine Schärfe zwar gut erhalten, aber das Aroma verflüchtigt sich rasch; außerdem kann er unter feuchten Bedingungen rasch ein unangenehmes Fehlaroma annehmen. Frischgemahlener Pfeffer aus der Pfeffermühle ist daher unbedingt vorzuziehen – glücklicherweise kommen die staubigen Pfefferstreuer in den letzten Jahren zunehmend aus der Mode.

Pfefferersatz

In der Geschichte gab es immer wieder Epochen, in denen Pfeffer nicht oder nur zu unerschwinglichen Preisen erhältlich war – in Deutschland traf dies zuletzt in und nach dem Zweiten Weltkrieg zu. Deshalb gibt es eine lange Tradition von Pfeffer-Ersatzgewürzen, die das angestrebte Pfefferaroma mehr oder weniger gut nachahmen.

Paradieskörner (*Aframomum melegueta* – Ingwergewächse)

Dieses aus Westafrika stammende Gewürz erreichte Europa im Hochmittelalter über den Karawanenweg. Am Beginn ihrer Entdeckungsfahrten im 15. Jahrhundert importierten die Portugiesen große Mengen davon, aber seit der Öffnung des Seeweges nach Indien haben Paradieskörner in Europa kaum noch Bedeutung. Sie haben ein mildes Aroma und einen ausgeprägt pfeffrigen Geschmack. Heute werden Paradieskörner noch in vielen Küchen West-, Nord- und Ostafrikas gebraucht.

Kubebenpfeffer (*Piper cubeba* – Pfeffergewächse)

Der aus Indonesien stammende Kubebenpfeffer war ein häufiges Gewürz an der Grenze zwischen Mittelalter und Neuzeit, wurde aber im 16. Jahrhundert vom echten Pfeffer verdrängt. Sein terpentinartiges Aroma und die deutlich bittere Schärfe machen ihn zu einem sehr charaktervollen Gewürz, das manchen mittelalterlichen Gewürzkeksen zugrunde liegt. Kubebenpfeffer wird häufig in nordafrikanischen Rezepten verwendet, kommt aber in anderen Küchen kaum vor.

Langer Pfeffer (*Piper longum* – Pfeffergewächse)

Diese Pfefferart hat besondere historische Bedeutung, weil sie als erste Pfefferart nach Europa importiert wurde. Griechen und Römer schätzten den Langen Pfeffer besonders, allerdings wurde er im Lauf der Zeit fast vollständig vom echten Pfeffer verdrängt. Langer Pfeffer stammt aus dem nordöstlichen Indien.

Senf

Brassica nigra Schwarzer Senf
Brassica juncea Brauner Senf, Sareptasenf
Sinapis alba Weißer Senf

Familie: Kreuzblütengewächse
Herkunft: Wahrscheinlich östliches Mittelmeer
Pflanzenteil: Getrocknete Samen
Verwendung: Speisesenf ist eine verbreitete Tischwürze in Europa.

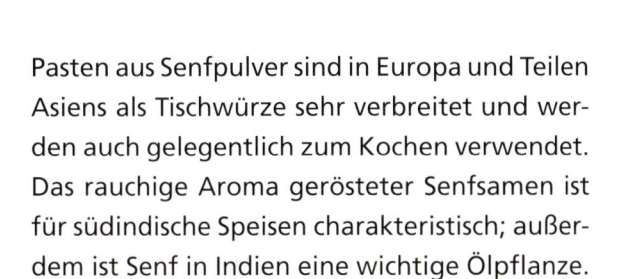

Herkunft und Botanik

Pasten aus Senfpulver sind in Europa und Teilen Asiens als Tischwürze sehr verbreitet und werden auch gelegentlich zum Kochen verwendet. Das rauchige Aroma gerösteter Senfsamen ist für südindische Speisen charakteristisch; außerdem ist Senf in Indien eine wichtige Ölpflanze.

Alle drei Senfarten stammen aus dem östlichen Mittelmeerraum oder aus Westasien und sind eng untereinander sowie mit Raps und Kohl verwandt. Sie bilden schlanke, zarte Kräuter mit leuchtend gelben Blüten, deren Samen in Schoten heranwachsen.

Schwarzer Senf und Brauner Senf (Sareptasenf) sind einander sehr ähnlich. Beim Schwarzen Senf platzen die Schoten bei der Reife auf, was zu Verlusten führt und eine mechanische Ernte ausschließt; deshalb wird er heute fast überall durch Braunen Senf ersetzt.

Chemie

Die Schärfe von Senf entsteht durch den chemischen Verteidigungsmechanismus der Senfpflanze; bei Verletzung der Pflanze werden Scharfstoffe gebildet. Denselben Mechanismus findet man auch in anderen scharf schmeckenden Pflanzen wie Kresse, Meerrettich und Wasabi.

Senfsamen enthalten etwa 1 % so genannter Glucosinolate; die wichtigsten Glucosinolate sind Sinalbin beim Weißen und Sinigrin beim Schwarzen Senf. Bei Verletzung des Gewebes kommt das Glucosinolat mit dem Enzym Myrosinase in Berührung und reagiert zu freien Isothiocyanaten.

Die Isothiocyanate sind aggressive Chemikalien mit tränenreizendem, scharfen Geschmack und überragend keimtötenden Eigenschaften. So vertreiben sie Fressfeinde und sichern vorhandene Verletzungen gegen eindringende Bakterien ab.

Senf in Europa

Dijon-Typ

Dijon-Senf wird seit dem Mittelalter aus Schwarzem Senf hergestellt. Die Senfkörner werden aufgebrochen, von den schwarzen Schalen befreit und mit Granitmühlen staubfein gemahlen. Wegen der fehlenden Samenschale ist Dijon-Senf blassgelb. Das Senfpulver wird mit verschiedenen säuerlichen Flüssigkeiten wie Wein oder Fruchtsäften zu einer Paste verrührt. Dijon-Senf ist sehr scharf und passt gut zu gegrilltem Fleisch.

Auch „Düsseldorfer Löwensenf" wird nach dem Dijon-Verfahren hergestellt.

Bordeaux-Typ

Der Bordeaux-Senf besteht aus Weißem Senf und schmeckt daher sehr mild. Er ist dunkler gefärbt als Dijon-Senf, weil die Körner gröber vermahlen sind und die Samenschalen nicht entfernt werden.

Bordeaux-Senf wird oft mit Kräuterextrakten (vor allem Estragon) gewürzt oder mit Honig gesüßt. Bei Tisch verwendet man ihn nur zu milden Speisen; wichtiger ist seine Verwendung in der französischen Saucenküche.

Deutscher Senf

In Bayern gibt es sehr milde, süße Senfpasten aus sehr grob vermahlenem Weißen Senf, der wie Bordeaux-Senf verwendet wird, beispielsweise für Weißwürste.

Den meisten deutschen Senfsorten liegen Mischungen aus Schwarzem und Weißem Senf zugrunde („Delikatesssenf", „scharfer Senf"), die zusätzlich oft mit Kräutern, Zwiebeln oder Knoblauch gewürzt sind. Diese Senfsorten werden überwiegend in der kalten Küche verwendet.

Senf in Indien

Senfsamen

Besonders im Süden Indiens werden Schwarze Senfsamen gern trocken oder in Fett geröstet, wobei sie eine aschgraue Farbe und einen etwas brenzligen, rauchigen Geschmack annehmen. Geröstete Senfsamen sind nicht mehr scharf.

Diese gerösteten Senfsamen geben vielen südindischen Spezialitäten, etwa dem portugiesisch-indischen Schweinefleischcurry *vindalu*, einen typischen Geschmack. Mit ihnen werden in Südindien Joghurt-Salate (*raita*) gewürzt, und zusammen mit Curryblättern liegen sie den meisten südindischen Curries zugrunde.

Senföl

In weiten Teilen Nord- und Westindiens ist das goldgelbe Senföl ein bevorzugtes Bratmedium. Es hat einen charakteristischen Eigengeschmack, der sich oft auf die Currygerichte der Region überträgt.

Senföl ist jedoch in der EU nicht als Nahrungsmittel zugelassen, was vor allem mit dem hohen Gehalt an Erucasäure begründet wird. Diese Fettsäure steht im Verdacht, koronare Herzerkrankungen zu begünstigen. Deshalb darf indisches Senföl nicht als Nahrungsmittel verkauft werden.

Manche Sorten Senföl enthalten auch kleine Mengen Scharfstoffe. Solche Senföle können als Würzöl verwendet werden, das man vor dem Servieren über Speisen träufelt.

Die größten Senfliebhaber in Indien sind die Bengalen, die fast immer mit Senföl kochen und scharfes Senföl oder scharfe Senfpaste zum Würzen verwenden. Die bengalische Gewürzmischung *panch phoron* wird vor der Verwendung immer in etwas Senföl anfrittiert.

Silphion

Niemand weiß, wie das meistgepriesene Gewürz des antiken Mittelmeerraumes geschmeckt haben könnte: Denn die Silphionpflanze, die einst dem nordafrikanischen Kyrene ein ständiges Einkommen garantiert hatte, starb im 1. Jahrhundert n. Chr. endgültig aus. Von diesem Gewürz zeugen heute nur noch antike Pflanzenbeschreibungen, Rezepte und bildliche Darstellungen auf kyrenischen Münzen.

Aussehen und Herkunft

Das Silphiongewürz stammt von einer nordafrikanischen Pflanze, die seit dem 1. Jahrtausend v. Chr. bis zu ihrem Aussterben im 1. Jahrhundert n. Chr. im ganzen Mittelmeerraum gehandelt wurde. Ihre Heimat liegt in der Umgebung des nordafrikanischen Stadtstaates Kyrene. Abbildung von Silphion sind vor allem auf cyrenaischen Münzen erhalten.

Der Geschmack von Silphion

Im antiken Schrifttum über Silphion findet sich keine nachvollziehbare Beschreibung, wie dieses Gewürz geschmeckt haben könnte. Der einzige Hinweis ist indirekter Natur: Bereits vor dem endgültigen Aussterben wurde Silphion durch den zentralasiatischen Asant ersetzt. Asant hat ein lauchartiges Aroma, und daher kann man annehmen, dass auch das antike Silphion einen ähnlichen Geschmack gehabt.

Geschichte

Silphion diente in Griechenland als Gewürz und Heilmittel. Die Ernte stammte aus Wildbeständen, die nur nach einem vorgegebenen Schema beerntet werden durften, da die Pflanze nicht kultiviert werden konnte. Silphionstängel und -blätter konnten als Gemüse gegessen werden, besonders wichtig war aber der Milchsaft, der durch Anritzen der Wurzel gewonnen und zu einer harzartigen Substanz getrocknet wurde. Der Ertrag des Silphionhandels bescherte der griechischen Kolonie Kyrene beträchtlichen Wohlstand.

Im Zug des Asienfeldzuges von Alexander dem Großen wurde die zentralasiatische Pflanze Asant (*Ferula assa-foetida*) als billiger Silphionersatz entdeckt. Dieses so genannte „Persische Silphion" wurde zunächst als minderwertiger Ersatz verachtet, gewann allerdings in Folge der Verknappung des echten Silphion langsam an Bedeutung.

Der Römer Cato beschreibt in seiner Landwirtschaftshandbuch *de agricultura* mit Essig und Silphion eingelegte Linsen – offenbar war Silphion im 2. Jahrhundert v. Chr. noch leicht erhältlich und dem Budget eines römischen Bauern angemessen. Drei Jahrhunderte später war Silphion allerdings bereits ausgestorben: Plinius berichtet, dass die letzte jemals gefundene Silphionwurzel zu Kaiser Nero geschickt wurde.

Die Gründe, die zum Verschwinden der Silphionpflanze geführt hatten, sind nicht genau bekannt. Die angespannte wirtschaftliche Lage nach den Punischen Kriegen führte möglicherweise zu einer Übernutzung der Silphionbestände, die daraufhin zurückgingen. Plinius führt das endgültige Ende auf die Schafzucht zurück, da Silphion als Wildpflanze in Kulturlandschaften nicht bestehen konnte.

Die Küche im antiken Rom

Anders als die eher bodenständigen Griechen verwendeten die Römer der Kaiserzeit eine große Anzahl von Gewürzen und Geschmacksmitteln. Einheimische Kräuter (Minze, Liebstöckel, Koriander, Lorbeer, Petersilie, Weinraute) konnten frisch oder getrocknet verwendet werden und wurden durch den intensiveren Geschmack getrockneter Gewürze (Kreuzkümmel, Koriander, Fenchel, Sellerie und Kümmel) ergänzt. Von den importierten Gewürzen waren Schwarzer und Langer Pfeffer am wichtigsten, aber auch Zimt, indische Lorbeerblätter, Ingwer und Safran spielten eine Rolle. Pro Rezept werden im Schnitt etwa acht verschiedene Gewürze verwendet.

Römische Speisen schmeckten oft pikant süßsauer. Gesüßt wurde mit Honig oder Trockenfrüchten und gesäuert mit Essig. Eine typische Würze der römischen Küche war *liquamen* oder *garum*, eine salzige Fischsauce, die durch Fermentation erzeugt wurde und deren Aroma wahrscheinlich an Sardellenpaste oder eingelegte Sardellen (*acciughe*) erinnerte.

Das *Apicius*-Kochbuch

Die umfangreichste Sammlung altrömischer Rezepte trägt den Namen des Marcus Gavius Apicius, eines berühmten Gourmets aus dem 1. Jahrhundert n. Chr. Die uns vorliegende Form des Kochbuches ist allerdings wesentlich jünger und stammt wahrscheinlich aus dem 3. Jahrhundert; es besteht aus zehn Kapiteln, die sich jeweils einer bestimmten Hauptzutat widmen. Da es sich an professionelle Köche wendet, sind die Rezepte sehr kurz formuliert und enthalten keine Mengenangaben oder Kochzeiten. Manche bestehen nur aus einer Aufzählung der Zutaten:

Rüben oder Kohlrüben: Presse sie nach dem Kochen aus, dann zerstoße viel Kreuzkümmel, weniger Weinraute, Asant, Honig, Essig, Fischsauce, eingekochten Traubensaft und etwas Öl. Laß es kochen und serviere.

Rohe Sauce für Huhn: Gib in einen Mörser Dillfrüchte, trockene Minze und Silphionwurzel, gieße Essig dazu, füge Datteln bei und gieße Fischsauce dazu und ein wenig Senf und Öl; schmecke mit eingekochtem Traubensaft ab und serviere es so.

Hase in Sauce: Er wird in Wasser etwas vorgekocht, danach in eine Pfanne gelegt und muß mit Öl im Ofen gebraten werden; wenn er fast gar ist, wechsle das Öl. Begieße ihn mit der unten beschriebenen Sauce: Stoße Pfeffer, Bohnenkraut, Zwiebel, Weinraute, Selleriefrüchte, Fischsauce, Silphion, Wein und etwas Öl. Er wird einige Male darin gewendet und in dieser Sauce gargekocht.

Zimt

Cinnamomum zeylanicum Echter Zimt, Ceylon-Zimt, Sri-lankanischer Zimt
Cinnamomum cassia Chinesischer Zimt, Cassia, Kassie
Cinnamomum burmannii Indonesischer Zimt

Familie:	Lorbeergewäche
Herkunft:	Indien, Südostasien
Pflanzenteil:	Getrocknete Rinde und unreife Früchte („Zimtknospen")
Verwendung:	Zimt wird in Indien und dem Orient fast universell zu Fleisch, Gemüse und Dessert verwendet, in Europa dagegen vorwiegend für Süßgebäck und Kompotte.
Eigenschaften:	Die anregende Wirkung des Zimts wird seit der Antike in Räucherwerk genutzt.

Die aromatischen Zimtstangen aus dem tropischen Asien sind ein jahrtausendealtes Handelsgut und bereichern fast jede Küche zwischen Marokko und China. Seit der Antike dienten sie im Mittelmeergebiet als Mumifizierungszutat, als Räuchermittel, als Medizin und als Gewürz. Es gibt verschiedene Zimtarten mit verschiedenen Geschmacksprofilen.

Herkunft und Inhaltsstoffe

Die verschiedenen Zimtbäume stammen aus dem tropischen Asien. Es handelt sich um schlanke, immergrüne, etwa 20 m Höhe erreichende Bäume mit kleinen weißen Blüten. Die ganze Pflanze ist aromatisch, aber als Gewürz dient vor allem die Rinde.

Alle Zimtarten enthalten ein ätherisches Öl mit dem Hauptbestandteil Zimtaldehyd; im Sri-Lanka-Zimt trägt auch das stechend nelkenähnlich riechende Eugenol zum Aroma bei. Die Blätter enthalten beim Sri-Lanka-Zimt fast reines Eugenol und riechen nach Gewürznelken.

Chinesischer Zimt enthält Cumarin in Mengen von 1–3 g/kg. Dieser Stoff riecht sehr angenehm, kann aber bei empfindlichen Personen zu Leberschäden führen. In der EU laufen Bestrebungen, bevorzugt cumarinarme Zimtsorten zu verwenden; so enthält Sri-Lanka-Zimt nur ein Zehntel der Cumarinmenge von Chinesischem Zimt.

Geschichte

Sowohl Zimt als auch Kassie (Chinesischer Zimt) waren bedeutende Aromatika der Antike, die hauptsächlich in Form von Räucherwerk verbraucht wurden. Beide Gewürze werden mehrfach im Alten Testament erwähnt. Die Herkunft von Zimt war nicht bekannt und wurde in Arabien vermutet, das in Wirklichkeit jedoch nur ein Zwischenhandelsplatz war. Aristoteles berichtet von einer eigenartigen Legende:

> „Die Menschen, die dort leben, sagen, es gebe einen Zimtvogel, der die Zimtstangen von unbekannten Orten heranbringe und seine Nester daraus fertige; er errichte sie in den schlanken Kronen hoher Bäume. Sie sagen auch, daß die Bewohner die Nester herabschießen, indem sie ihre Pfeile mit Blei beschweren, und danach die Zimtstangen sammeln."

Auch die Römer führten große Mengen ein und nahmen ebenfalls an, das Gewürz stamme aus Arabien („*arabia felix*", das wegen seines vermuteten Gewürzreichtums „glückliche" Arabien). Beim Begräbnis seiner von ihm selbst getöteten Frau Poppaea verbrannte Nero aus Kummer mehr als eine Jahresimportmenge Zimt. In der altrömischen Küche tauchen Zimtstangen dagegen nur sehr selten auf, zumal es mit den Indischen Lorbeerblättern ein verbreiteteres Gewürz mit ähnlichem Aroma gab.

Sri-lankanischer Zimt oder Ceylon-Zimt

Der Sri-Lanka-Zimtbaum wächst wild in Sri Lanka und Südindien. Zimt wurde bis zum Mittelalter von wildwachsenden Bäumen geerntet und gelangte über arabische Händler nach Europa; erst die Holländer legten im 17. Jahrhundert Plantagen („Zimtgärten") an, um das Gewürz in großem Umfang zu produzieren.
Zimtrinde wird in Sri Lanka von zwei-jährigen Zweigen geerntet und sorgfältig von der Korkschicht befreit; die Stangen bestehen aus papierdünnen, brüchigen, ineinander geschobenen Rindenstücken. Dieser Zimt hat ein starkes, anregendes Aroma und gilt als die beste Sorte. Sri-Lanka-Zimt wird meist in Stangenform verkauft und ist vor allem für den europäischen Markt bestimmt.

Indonesischer Zimt

Der Zimtanbau in Indonesien geht auf die holländische Kolonialverwaltung zurück. Diese Zimtsorte kommt im Aroma dem Sri-Lanka-Zimt nahe und wird in die USA und nach Europa exportiert.

Vietnamesischer Zimt

Diese Zimtart wächst in Nordvietnam, nahe der chinesischen Grenze. Er kommt oft ungeschält in den Handel. Vietnamesischer Zimt hat ein herbes, leicht bitteres Aroma und erzielt daher geringere Preise als die anderen Zimtarten.

Chinesischer Zimt oder Cassia

Chinesischer Zimt wächst im südchinesischen Bergland. Die Handelsware besteht aus der Rinde älterer Zweige oder der Stammrinde und ist gewöhnlich 1–3 mm dick; die Stangen rollen sich spontan beidseitig auf. Sie haben einen süßeren, aber dafür weniger lebhaften Duft als die sri-lankanische Ware.
In China und Nordindien verwendet man auch unreif getrocknete Zimtfrüchte, die als „Zimtblüten" bezeichnet werden. Sie haben einen sehr leichten, süßen Zimtduft und sind in Europa für Feingebäck beliebt.

Zimt in der Küche

Zimt gehört zu den Gewürzen, die Speisen aus dem Orient und aus Indien ihren besonderen Charakter verleihen und wird auch in fast allen Gewürzmischungen dieser Regionen verwendet.
Der Orient verwendet Zimt meist als Pulver, mit dem man Fleisch vor dem Grillen mariniert (beispielsweise für am Drehspieß gegrilltes

schawarma) oder das kochenden Fleisch- oder Gemüseschmortöpfen (etwa nordafrikanische *tagine*) zugesetzt wird. Zimt lässt sich sehr gut mit anderen Gewürzen wie Piment und Pfeffer kombinieren und ist in fast allen arabischen Gewürzmischungen enthalten.

In Indien verwendet man Zimt meist in ganzen Stangen. Sie werden vor der Verwendung in heißem Öl oder Butterschmalz gebraten, bis sie beginnen, sich zu entrollen, und danach mitgeschmort. Diese Technik entlockt ihnen Aroma, ohne dass die bitteren Gerbstoffe in die Speise gelangen. Pulverisierter Zimt ist Bestandteil der nordindischen Gewürzmischung *garam masala*.

In China und Vietnam werden Zimtstangen zu langsam geschmorten Speisen und ganz besonders für Brühen verwendet. Außerdem trägt es zum charakteristischen Geschmack des Fünfgewürzepulvers bei, das häufig zu Fleischmarinaden und Ausbackteigen genommen wird oder zum Abschmecken dient.

ZWIEBEL

Allium cepa Küchenzwiebel
Allium ascalonicum Schalotte
Allium fistulosum Winterzwiebel

Familie:	Lauchgewächse
Pflanzenteil:	Unterirdischer Trieb (Zwiebel)
Verwendung:	Zwiebeln sind weltweit Bestandteil von Würzzubereitungen.

Die tränenreizend-scharfe Zwiebel nimmt durch verschiedene Zubereitungsformen gänzlich unterschiedlichen Charakter an und ist eines der vielseitigsten Würzmittel der Küche.

S-1-Propenylcystein-S-oxid

| Thiopropanal-S-oxid | 1-Propenylmethan-thiosulfinat | 1-Propenylpropan-thiosulfinat | Methyl-1-propen-thiosulfinat | Propyl-1-propen-thiosulfinat |

| Cepaen | Di-1-Propenyl-disulfid | 1-Propenyl-propyl-disulfid | Di-propyl-disulfid | 3,5-Diethyl-1,3,4-trithiolan | 3,4-Dimethyl-thiophen | 1-Propen-thiol |

Chemie

Zwiebeln enthalten ein Verteidigungssystem, das weitgehend dem des Knoblauchs entspricht.

Aus der Speicherform S-1-Propenyl-cystein-S-oxid bildet sich primär das tränenreizende Thiopropanol-S-oxid, das je nach Zubereitungsart zu einer Vielzahl anderer Schwefelverbindungen weiterreagiert.

Geschichte

Die Wildformen der kultivierten Zwiebelarten sind nicht genau bekannt, aber die nächsten Verwandten der Zwiebel stammen aus Sibirien und der Mongolei. Ihre Domestikation liegt offenbar bereits Jahrtausende zurück, da Zwiebeln den Ägyptern seit dem 3. Jahrtausend bekannt sind.

Seit der Frühgeschichte tauchen Knoblauch und Zwiebel gemeinsam auf – beide Pflanzen genossen in Mesopotamien und Ägypten hohes Ansehen. In Ägypten standen sie sogar in göttlichen Ehren: Plinius berichtet, dass die Ägypter bei feierlichen Schwüren nicht nur die Namen der Götter, sondern auch Zwiebel und Knoblauch anriefen. Auch im Alten Testament werden Zwiebel und Knoblauch in einem Atemzug genannt.

Bei Griechen und Römern waren dagegen Zwiebeln beliebter als der angeblich stinkende Knoblauch. In Mitteleuropa wurden Zwiebeln durch die Römer bekannt und kamen rasch zu Beliebtheit: In der germanischen Edda werden sie als Zauberpflanzen gegen Vergiftung genannt, was wohl mit ihrer desinfizierenden Wirkung zu begründen ist.

Zwiebeln in der Küche

Ferner Osten

Frühlingszwiebeln sind Zwiebelpflanzen ohne den verdickten unterirdischen Teil; sie werden in Japan, Korea und China gern roh gegessen, indem man sie fein gehackt unter Salate mischt oder über warme Speisen streut. In China braucht man sie auch für die meisten Brühenrezepte.

Viele chinesische Wokgerichte beginnen im ersten Schritt mit Zwiebeln, die in Öl sautiert werden; meist werden dabei noch andere Würzmittel zugesetzt, z. B. Chili, Knoblauch oder die Bohnen-Chili-Paste *dòubànjàng*.

Eine interessante zwiebelreiche Kochtechnik ist *cōng shāo* oder Zwiebelkochen. Dazu werden Zwiebeln kurz anfrittiert und danach mit Brühe abgelöscht. In dieser mit Zwiebeln aromatisierten Brühe lässt man dann andere Speisen gar kochen.

In Indonesien sind Zwiebeln fast immer Bestandteil der *bumbu*-Pasten, die für jedes Gericht spezifisch zusammengestellt werden. Mit dem *bumbu* mariniert man Fleisch, oder löscht es nach kurzem Anfrittieren zu einer Schmorflüssigkeit ab. Ringe aus dunkelbraun gerösteten Zwiebeln sind im ganzen Land als Dekotation für gebratenen Reis (*nasi goreng*) und andere Warmspeisen üblich.

Indien

Das ehemalige Tabu gegen Zwiebeln ist in Indien heute kaum noch spürbar. Ganz im Gegenteil: Fettige Zubereitungen mit Zwiebeln liefern die aromatische Grundlage für die meisten Speisen. In einem ersten Schritt (*baghar*) werden trockene Gewürze, Zwiebeln, Ingwer, Knoblauch und Chilis in heißem Öl zu einer je nach Rezept hellgelben oder dunkelbraunen Masse sautiert, die das Grundaroma der ganzen Speise festlegt.

Diese Prozedur ist besonders in der Küche des Nordens üblich. In der mogulischen Küche, der Küche der nordindischen, muslimischen Herrscherhöfe, erscheint dieses Prinzip perfektioniert – hier werden die Zwiebeln so langsam wie möglich sautiert, sodass sie ein extrem komplexes Aroma entwickeln.

Weiter im Süden treten Zwiebeln dagegen als Pasten auf, in denen meist noch Ingwer, Chili und Knoblauch sowie Joghurt enthalten sind. Fleisch oder Gemüse wird mit den Pasten sautiert, oder man bereitet mit zusätzlichem Joghurt daraus Schmorflüssigkeiten.

Orient

Die Küchen Äthiopiens und Eritreas verwenden Zwiebeln besonders gern in gedörrter Form. Aromatische Trockenzwiebeln sind Bestandteil mancher Gewürzmischungen und geben Fleischschmorgerichten namens *wat* ein besonders volles Aroma.

In Westasien und auch in Persien werden Zwiebeln gern roh gegessen. In den Levanteländern vermischt man gern gehackte oder in Ringe geschnittene Zwiebeln mit Sumach und Petersilie und isst diese Zubereitung zu gegrilltem Fleisch; oft lässt man auch Zwiebeln auf dem Spieß mitgrillen.

Europa

Die italienische Küche benutzt Zwiebeln als Bestandteil mancher *soffritto*, jener Würzzubereitungen aus gemeinsam miteinander sautierten Knoblauchzehen, Zwiebeln und anderen Gewürzen oder aromatischen Gemüsen. Während *soffritto* für *pasta*-Saucen meist auf Knoblauch und Olivenöl basieren, verlangen die meisten *risotto*-Rezepte nach Zwiebeln und Butter.

Die französische Küche kennt eine große Vielfalt an Zwiebelrezepten. Für viele Rezepte ziehen französische Köche Schalotten den gewöhnlichen Küchenzwiebeln vor. In Frankreich gibt es auch nicht wenige Gerichte, die Zwiebeln wie ein Gemüse als Hauptzutat verwenden, wie z. B. Zwiebelsuppen und Zwiebelkuchen.

Gehackte Schalotten, die mit Gewürzen und Kräutern in Wein gekocht werden, bilden die aromatische Grundlage der *sauce béarnaise*, einer pikant schmeckenden Variante der *hollandaise*. Sie eignet sich als Begleitung zu Steaks und Grillfleisch. Zwiebelpüree (*purée d'oignons*) dagegen ist eine mild-aromatische Beilage zu Fischgerichten.

Amerika

Amerikanischer Zimt

Chili und Paprika

Huacatay

Jesuitentee

Mexikanischer Blattpfeffer

Parakresse

Rosa Pfeffer

Sassafras

Tonkabohnen

Vanille

Chili

Jesuitentee

Sassafras

Blattpfeffer

Rosa Pfeffer

Vanille

AMERIKANISCHER ZIMT

Ocotea quixos

Familie: Lorbeergewächse
Herkunft: Nordanden (Ekuador, Peru, Bolivien)
Pflanzenteil: Getrocknete Rinde
Verwendung: Als Zimtersatz in der Andenküche

Dieses in Europa nicht gehandelte Gewürz imitiert den Zimtgeschmack fast perfekt und dient in den Andenländern als Ersatz für den aus Asien importierten Zimt.

Herkunft

Der Amerikanische Zimtbaum kommt in den nördlichen Andenländern von Ekuador bis Bolivien vor. Die Ernte stammt aus Wildbeständen.

Geschichte

Mit diesem Gewürz ist eine eigenartige Episode aus der frühen Kolonialgeschichte Südamerikas verbunden.
Nach der Unterwerfung der Inkas erfuhren die spanischen Eroberer von einem zimtartigen Gewürz, das angeblich im oberen Amazonasgebiet wächst. Da Südamerika der spanischen Krone bisher keine profitablen Gewürze liefern konnte, wurde 1540 eine umfangreiche Expedition finanziert, die unter der Leitung des Gonzalo Pizarro stand und etwa 4000 Teilnehmer umfasste, davon 90 % einheimische Träger und Diener.

Von ihrem Stützpunkt in Quito brachen die Spanier nach Westen auf und überquerten die Anden. Dabei erlitt der mehrere Kilometer lange Tross große Verluste durch Erdbeben, Schlechtwetter und unzureichende Ausrüstung. Auch der Abstieg in das tropische Amazonasbecken war verlustreich.

Die Suche nach Zimtbäumen erwies sich als schwierig, da einerseits Kommunikationsschwierigkeiten mit den Indianern bestanden und andererseits die Spanier durch ihre regelmäßigen Übergriffe die Bevölkerung gegen sich aufbrachten.

Ob die Expedition wirklich Zimtbäume gesehen hat, ist zweifelhaft. Pizarro behauptete, einen dichten Zimtwald betreten zu haben, aber alle Zimtproben gingen während der Rückreise verloren.

Ein Teil der Expeditionsteilnehmer unter Francesco Orellana desertierte und erreichte 1542 auf dem Wasserweg den Atlantik, wobei sie als erste Europäer den Amazonas befuhren.

Die verbliebenen Expeditionsteilnehmer wählten den Rückweg über die Anden und kamen 1542 ohne Zimt in Quito an. Von ursprünglich 350 Spaniern waren nur noch 80 am Leben (zuzüglich zu den etwa 50 Deserteuren), und von den Indianer kamen nur einige hundert zurück.

CHILI UND PAPRIKA

Capsicum annuum
Capsicum frutescens
Capsicum chinense
Capsicum baccatum
Capsicum pubescens

Familie:	Nachtschattengewächse
Herkunft:	Nördliches Südamerika
Pflanzenteil:	Frische und getrocknete Früchte
Verwendung:	Weltweit universelle Würze
Eigenschaften:	Koriander wirkt verdauungsfördernd und blähungstreibend.
Eigenschaften:	Chilis wirken bei äußerlicher Anwendung durchblutungssteigernd und schmerzstillend.

Der Chili ist das weltweit beliebteste Gewürz. Erst im 16. Jahrhundert wurde diese Pflanze in der Alten Welt bekannt, erreichte in erstaunlich kurzer Zeit große Verbreitung und revolutionierte fast alle asiatischen und afrikanischen Küchen. Heute sind viele Küchen ohne Chili schlicht unvorstellbar.

Geschichte

Von ihrer Heimat im nördlichen Andengebiet hatten sich Chilis bis zur Ankunft der Europäer bereits über das tropische Südamerika, die Karibik und die mittelamerikanische Landbrücke etwa bis zur heutigen Grenze der USA verbreitet. Die Ausbreitung erfolgte zum Teil durch Vögel, die die Samen verschleppen, und zum Teil durch die Migrationsbewegungen indianischer Völker.

Die Europäer waren der Gewürze wegen nach Amerika gekommen. Chilis fanden allerdings nicht ihre Zustimmung und damit auch keinen Weg in die europäischen Küchen; auf der iberischen Halbinsel wurden sie nur als Zierpflanzen kultiviert. Überraschenderweise verbreiteten die europäischen Kolonialmächte jedoch die Chilis sehr rasch nach Afrika und Asien.

Insbesondere der portugiesischen Kolonie in Goa kam dabei eine Schlüsselrolle zu, da sie die indischen Küchen um mediterrane Zutaten und Kochtechniken bereicherte. Bereits um 1600 waren Chilis in ganz Indien verbreitet und fanden auch ihren Weg nach China, wo die an Indien grenzenden Provinzen Yunnan und Sichuan auch heute noch die chilischärfsten Regionalküchen haben.

In Westasien und Osteuropa verbreiteten sich die Chilis unter dem Einfluss der osmanischen Expansionspolitik. Die türkischen Eroberer brachten Chilis in ihre Besitzungen auf den Balkan und nach Ungarn, wo sich rasch eigenständige Kochtraditionen mit Chili und Paprika entwickelten.

Die Küchen West- und Mitteleuropas zeigten sich bei der Rezeption von Chili eher zögerlich und öffneten sich diesem Gewürz erstmals als Reaktion auf die Pfefferknappheit während der Napoleonischen Kriege. Erst gegen Ende des 19. Jahrhunderts hatte sich Chili, zumindest in seiner milden Form als Paprika, in Europa etabliert.

Eine merkwürdige Besonderheit stellt die westafrikanische Küche dar, die auf den sonst nur in Lateinamerika gebräuchlichen Chilis der Art *Capsicum chinense* beruht. Die Ursache dafür liegt im Repatriierungsprogramm für ehemalige Sklaven, das die US-Regierung nach dem Amerikanischen Bürgerkrieg betrieb. Befreite Sklaven und deren Nachkommen siedelten sich im neugegründeten Staat Liberia an und nahmen dabei karibische Chilis in ihre neue Heimat mit.

Botanik

Chilis sind unter den Gewürzen einzigartig: Die scharfen Früchte stammen von fünf kultivierten Arten mit unterschiedlicher geografischer und kulinarischer Signatur. Diese Arten haben insgesamt einige Tausend unterschiedliche Sorten hervorgebracht, von denen die meisten nur kleinräumig angebaut und verwendet werden.

Die fünf Arten haben keine umgangssprachlichen Namen, sondern werden nur mit ihren systematischen botanischen Bezeichnungen benannt.

Capsicum pubescens

Die Art stammt aus dem Andenhochland und ist außerhalb der süd- und mittelamerikanischen Bergwelt kaum verbreitet. Alle Sorten haben violette Blüten und schwarzgraue Samen. Die bekannteste Sorte ist der *rocoto* aus den peruanischen Anden – ein großfruchtiger, dickwandiger, ei- oder birnenförmiger Chili mit hoher Schärfe und charakteristischem Eigengeschmack.

Capsicum baccatum

Zu dieser Art gehören viele südamerikanische Sorten, die oft gemeinsam als *ají* bezeichnet werden. Die Fruchtform schwankt von kleinen, aufrecht stehenden Kugeln bis zu hängenden Lampions; am häufigsten findet man gelbe, orange oder rote, fingerförmige Chilis. Beim Trocknen entwickeln die Früchte zuzüglich zum feurig scharfen Geschmack oft ein trockenobstartiges Aroma.

Die wichtigsten Sorten im Andengebiet sind der gelbe *ají amarillo* und der rote *ají colorado*, gewissermaßen die Standardchilis in Peru und Bolivien. Einzelne Sorten sind auch in Europa, Ostafrika und Asien verbreitet.

Capsicum frutescens

Die rein tropischen *frutescens*-Chilis bilden stehende, spitz zulaufende Früchte von „klassischer" Chili-Gestalt. Nur eine einzige Sorte hat kulinarisch große Bedeutung, nämlich der *Tabasco*-Chili, der als Grundlage der gleichnamigen Würzsauce aus Louisiana dient.

Capsicum chinense

Diese ebenfalls tropische Art stammt ursprünglich aus Peru, gelangte aber bereits vor Kolumbus auf die karibischen Inseln, wo heute eine große Vielfalt an Sorten gefunden wird. Die reifen Früchte können farblos, gelb, orange, rot oder braun gefärbt sein; die Fruchtform ist sehr variabel, wobei stark gefaltete Lampions für die Art besonders charakteristisch sind. Zu den bekanntesten Sorten gehören der *habanero* aus Yucatán in Südmexiko und der jamaicanische *Scotch Bonnet*.

Einige Vertreter der Art *chinense* erreichen eine atemberaubende Schärfe, mit der sie alle anderen Arten um ein Mehrfaches übertreffen können. Außerdem bestechen diese Chilis durch einen sehr attraktiven, blütenartigen Duft, der beim Trocknen allerdings stark leidet.
Von den Tropen der Alten Welt beherbergt nur Westafrika eine größere Anzahl von *chinense*-Sorten. Allerdings wurde im Jahr 2000 erstmals eine indische Sorte beschrieben, die *naga jolokia* oder *bhut jolokia* heißt und die 2006 als die schärfste Chilisorte der Welt identifiziert wurde.

Capsicum annuum

Die *annuum*-Chilis entstanden in Mexiko und haben sich nach 1492 weltweit verbreitet, weil sie klimatisch die geringsten Ansprüche stellen. Es gibt großfruchtige, relativ milde Sorten (*Gemüsepaprika*) aber auch kleine, spitze Schoten mit beißend-scharfem Geschmack (*piquín*), und natürlich zahllose Übergangsformen.

Diese Chilis prägen alle scharfen Küchen außerhalb Amerikas und Westafrikas. Eine Besonderheit dieser Art besteht darin, dass sie auch sehr milde, aromatische Sorten (*Gewürzpaprika*) und sogar völlig schärfefreie Kulturformen (*Gemüsepaprika*) hervorgebracht hat. Gemüsepaprika wurden erst um 1900 in Osteuropa entwickelt.
Die Anzahl der *annuum*-Sorten ist unüberschaubar, und allein in ihrer Heimat Mexiko gibt es viele hundert davon. Schärfe und Süße können stark schwanken. Beim Trocknen nehmen vor allem die großfruchtigen Sorten oft überraschende Aromen nach Rauch, Erde oder Tabak an. Deshalb werden in der mexikanischen Küche getrocknete und frische Chilis oft für unterschiedliche Zwecke und nicht austauschbar verwendet.

Auch in Europa und Asien kennt man viele unterschiedliche Sorten, die sich zwar in ihrer Schärfe deutlich unterscheiden, die aber in ihren Aromen weniger differenziert sind. Sorten mit herausragendem Aroma findet man in Ungarn (*kalocsa*) oder im Baskenland (*piment d'espelette*).

Chemie

Die Schärfe von Chilis geht auf eine Gruppe eng verwandter Säureamide zurück, deren Hauptvertreter das Capsaicin ist; die ganze Gruppe wird als „Capsaicinoide" bezeichnet.
Zur Quantifizierung der Chilischärfe verwendet man traditionell die so genannte *Scoville-Skala*, die nach dem Apotheker Wilbur Scoville benannt ist. Dazu werden Verdünnungsreihen von Chilis in leicht gesüßtem Wasser hergestellt; eine Gruppe von Testern verkostet die Lösungen und bestimmt, bei welcher Verdünnung die Schärfe gerade noch spürbar ist.
Typische scharfe europäische Chilis haben Scoville-Werte von ca. 20 000: Mit einem Gramm getrocknetem Chili kann man also 20 l Wasser ganz leicht schärfen. Scharfe asiatische Chilis kommen auf höchstens 100 000 SHU (*Scoville Heat Units*), während die karibischen *chinense*-Sorten mehrere 100 000 SHU erreichen können. Der aktuelle Rekordhalter ist ein indischer *chinense* namens *naga jolokia*, der 2006 in zwei unabhängigen Messungen den zuvor für unmöglich gehaltenen Wert von ca. einer Million Scoville reklamierte.
In modernen Labors wird die Schärfe nicht durch Verkostung, sondern mit spurenanalytischen

Methoden bestimmt. Das Standardverfahren verwendet HPLC (*high performance liquid chromatography*), die die einzelnen Komponenten eines Chiliextraktes auftrennt und getrennt quantifiziert. Dabei erhält man direkt den Gehalt an Capsaicin, der danach in Scoville-Werte umgerechnet wird. Nach dieser Umrechnung entspricht der Gehalt von 1 % Capsaicin in der getrockneten Frucht ungefähr 160 000 SHU.

Die gemessenen Schärfegrade korrespondieren nicht immer klar mit der gefühlten Schärfe. Das liegt einerseits daran, dass der Capsaicingehalt in Chilis derselben Sorte keinesfalls immer gleich ist, sondern insbesondere von der Temperatur in der Reifungsphase abhängt. Andererseits ist das Geschmacksempfinden individuell und wird sowohl von Begleitstoffen als auch von unterschiedlicher Zusammensetzung des Capsaicinoid-Gemischs beeinflusst: Chilis mit einem hohen Anteil von Dihydrocapsaicin beispielsweise werden trotz relativ geringer Scoville-Werte von manchen Essern als extrem scharf wahrgenommen.

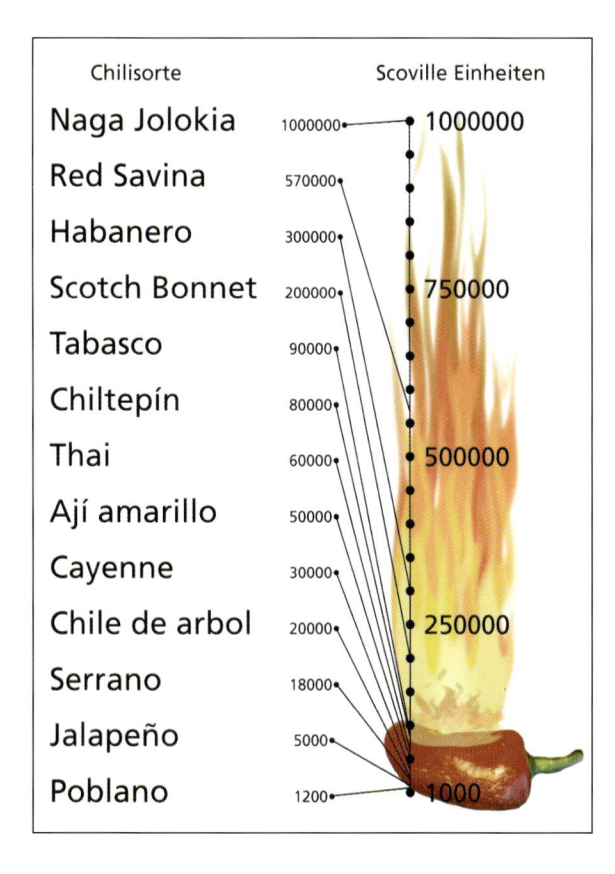

Chilisorte	Scoville Einheiten
Naga Jolokia	1 000 000
Red Savina	570 000
Habanero	300 000
Scotch Bonnet	200 000
Tabasco	90 000
Chiltepín	80 000
Thai	60 000
Ají amarillo	50 000
Cayenne	30 000
Chile de arbol	20 000
Serrano	18 000
Jalapeño	5 000
Poblano	1 200

Chilis in Amerika

Die präkolumbischen Küchen

Die Landwirtschaft in Amerika unterschied sich sehr stark von der in der Alten Welt. Einerseits standen ganz andere Kulturpflanzen zur Verfügung – Reis und Weizen fehlten, stattdessen gab es Mais, der sich nur bedingt zum Backen von Broten oder zur Herstellung von Teigwaren eignet. Viehzucht spielte eine geringe Rolle, so dass wenig Fleisch gegessen wurde und Milchprodukte völlig unbekannt waren. Fette und Öle wurden kaum verwendet.

Nicht zuletzt fehlten die Gewürze. Den Azteken waren Piment, Pfefferblätter und Vanille zwar bekannt, diese hatten aber nur sehr eingeschränkte kulinarische Funktion. Andererseits hatten aztekische Köche zu einer großen Vielfalt an unterschiedlichen Chilisorten Zugang. Die Geschmacksvielfalt mexikanischer Chilis war und ist enorm, da einerseits große genetische Diversität existiert und andererseits das Spektrum an Aromen durch verschiedene Verarbeitungsmethoden – Trocknen, Räuchern, Rösten – enorm gesteigert wurde. Die aztekische Küche war eine reine Chiliküche, und beruhte praktisch ausschließlich auf verschiedenen Sorten von *Capsicum annuum*.

Auch in den Anden waren Chilis das einzige verfügbare Gewürz. Gerichte aus Hülsenfrüchten, Kartoffeln und Mais wurden ausschließlich mit Chili geschmacklich veredelt. Den Inkas standen dazu Chilis aus drei verschiedenen Arten zur Verfügung, die auch heute noch in Verwendung sind: Der breite *rocoto* war in den Hochlandprovinzen der üblichste Chili und wurde meist frisch verwendet, während der weniger kältetolerante *ají amarillo* in getrockneter Form gehandelt wurde. In besonders hohem Ansehen stand der feurige *chinchi uchu*, der als Vertreter von *Capsicum chinense* auf tropisches Klima angewiesen war und nur in der Peripherie des Inka-Reichs gedieh.

Die mexikanische Küche

Obwohl heute eine große Anzahl mediterraner und asiatischer Kräuter und Gewürze zur Verfügung steht, bilden Chilis nach wie vor das geschmackliche Rückgrat der mexikanischen Küche. Chilis werden dabei vorrangig wegen ihrer Aromen eingesetzt, und nur wenige Rezepte sind wirklich scharf.

Großfruchtige getrocknete Sorten wie *ancho*, *mulato* und *pasilla* werden fast universell verwendet – diese drei Sorten bezeichnet man gemeinsam auch als die „heilige Dreifaltigkeit". Sie werden meist in Wasser eingeweicht, püriert und danach in heißem Fett zu einer dunkelbraunen, hocharomatischen Paste verkocht, die den Speisen ihre Grundwürze gibt.

Schärfe erreicht man in Mexiko mit kleinfrüchtigen Sorten wie dem *chile de arbol*, der einen beißenden Geschmack hat und nur zusammen mit anderen, aromatischen Chilis ein ausgewogenes Gericht ergibt.

Auch frische Chilis liefern hauptsächlich Schärfe. Ein beliebter Frischchili ist der *jalapeño*, der in Ringe geschnitten oder gehackt über Salate und warme Speisen gestreut wird und frische Schärfe und knackige Konsistenz spendet.

Eine ganz besondere Spezialität sind getrocknete und geräucherte *jalapeños*, die *chipotles* heißen und einen einzigartig warm-rauchigen Geschmack haben.

Die karibische Küche

Die karibischen Inseln sind durch starke koloniale Einflüsse gezeichnet, aber Chilis spielen immer noch eine wichtige Rolle. Die dominierende Art ist *Capsicum chinense*, von der es auf jeder Insel lokale Sorten mit charakteristischer Fruchtform und Farbe gibt.

Die meistverwendete Chilisorte auf Jamaika ist der *Scotch bonnet*, der etwas übertrieben auch *seven pot pepper* genannt wird – aber selbst von diesem sehr scharfen Chili reicht eine Frucht nicht für sieben Kochtöpfe. Als Nationalgerichte gelten *pepperpot*, eine dicke Suppe aus Ziegenfleisch und tropischem Gemüse, und *jerk*. Letzteres ist Fleisch, das mit einer pimenthaltigen Würzpaste mariniert und gegrillt wird.

Chilis in Asien

Durch die Vielzahl an Gewürzen besteht in Asien keine Notwendigkeit zur Zucht geschmacklich herausragender Chilisorten. Meist ist es ausreichend, zwischen scharfen und mittelscharfen Typen zu unterscheiden.

Die chinesische Küche

In China ist der Chiliverbrauch regional sehr unterschiedlich. Die Südostprovinzen kochen fast schärfefrei und bieten Chilis allenfalls als Dip an, aber in den Zentralprovinzen Sichuan und Yunnan werden Chilis in großem Umfang verwendet.

Ein ziemlich extremes Rezept ist *là zī jī dīng*, kleine Hühnerfleischwürfel mit Chili. Die getrockneten Chilis werden im heißen Wok mit etwas Öl gebräunt und dann mit Hühnerfleisch und weiteren Zutaten kurzgebraten. Dabei verwendet man etwa 20 g Trockenchilis auf 100 g Fleisch.

Außer nativen Chilis werden in Sichuan auch verschiedene Produkte von Chilis mit Sojabohnen verwendet, von denen die Chili-Bohnen-Paste *dòubànjiàng* am bekanntesten ist. Sie wird meist in einem ersten Arbeitsgang mit Knoblauch sautiert, um die Speise geschmacklich zu grundieren.

Die Thai-Küche

Thai-Speisen bestechen durch ihre perfekte Kombination aus feuriger Schärfe, die oft noch mit scharfen Tischwürzen gesteigert wird, und komplexen Aromen, für die duftende Gewürze wie Basilikum, Galgant und Kaffernlimettenblätter verantwortlich sind. Thai-Curries beruhen auf sogenannten Currypasten, die sich aus vielen frischen Gewürzen zusammensetzen.

Auf die Pasten werden Saucen montiert, die in erster Linie aus Schärfe dämpfender, süßer Kokosmilch bestehen. Deshalb sind sie trotz des hohen Chilianteils auch für den ungeübten Gaumen erträglich.

Dagegen bleiben die typischen Thai-Salate den hartgesottenen Chilifreunden vorbehalten. Diese Salate bestehen aus gekochtem Fleisch oder Gemüse, frischen oder getrockneten Chilis, saurem Limettensaft und stechend riechender Fischsauce; Beispiele sind *yam gai* aus Hühnerfleisch und *som tam* aus Papaya und getrockneten Garnelen.

Als Tischwürze sind in Thailand frische, in Fischsauce oder Essig eingelegte Chilis weit verbreitet.

Die indische Küche

In Indien gibt es ein ausgeprägtes Süd-Nord-Gefälle in der Schärfe. Die südindischen Küchen sind erbeblich schärfer als die nordindischen, wo man lieber scharfe Beilagen (*pickles*) zu relativ milden Curries reicht.

Chili wird sehr häufig, im Norden fast ausschließlich, als Pulver verwendet, das vorsichtig zusammen mit Zwiebeln sautiert wird, um die Schärfe zu lösen. Im Süden werden auch Pasten aus Zwiebeln, Chili, anderen Gewürzen und Joghurt zum Marinieren oder als Grundlage von Schmorflüssigkeiten hergestellt.

Interessanterweise gibt es sowohl nördlich als auch südlich von Indien zwei extrem scharfe Küchen: Die Sri-Lanka-Küche verwendet im Wesentlichen indisches Würzinventar und indische Kochtechniken, nutzt den Chili aber großzügiger und bevorzugt Kokosmilch als Kochmedium. Im Himalaya-Königreich Bhutan findet sich eine Mischküche aus tibetisch-chinesischen und indischen Elementen, aber mit einer ganz autochthonen Chili-Leidenschaft. Das Nationalgericht *ema datshe* ist eine mit Yakkäse gebundene Suppe, in der frische grüne Chilis die Rolle einer Suppeneinlage übernehmen.

HUACATAY

Tagetes minuta

Familie: Korbblütengewächse
Herkunft: Südamerika
Pflanzenteil: Frisches Kraut
Verwendung: Gewürzkraut in der andinen Küche Perus und Boliviens

Die als *huacatay* bekannte Gewürzpflanze ist mit den bei uns als Zierpflanzen beliebten *Tagetes*-Arten eng verwandt. Die Pflanze liefert ein Küchenkraut, das als Gründekoration verwendet oder zu Kräutersauce verarbeitet wird.

Herkunft

Huacatay ist in den Anden heimisch und findet in seiner Heimatregion als Gewürz Verwendung.

Aroma

Das Gewürz hat einen mild krautig-aromatischen Geschmack, mit etwas dumpfer Note. Beim Trocknen verliert es seinen kulinarischen Wert.

Verwendung

Frische *huacatay*-Blätter dienen als Gründekoration und werden universell über Speisen gestreut.

Als haltbare Form stellt man aus den *huacatay*-Blättern eine Kräutersauce ähnlich dem italienischen *pesto* her. Diese Paste wird oft als Beilage zu gekochten Kartoffeln oder dem andinen Pseudo-Getreide *quínoa* gereicht.

Jesuitentee

Chenopodium ambrosioides

Familie:	Gänsefußgewächse
Herkunft:	Mexiko
Pflanzenteil:	Frische oder getrocknete Blätter bzw. Zweige
Verwendung:	Als Gewürz vor allem zu mexikanischen Bohnenspeisen
Eigenschaften:	Das ätherische Öl wirkt keimtötend und wurmtreibend.

Der Jesuitentee, auch unter seinem mexikanischen Namen *epazote* bekannt, ist ein traditionelles Würzkraut der Bevölkerung Südmexikos. Er wird vor allem zu gekochten oder gebratenen Bohnen, gelegentlich auch zu Kartoffeln verwendet.

Herkunft und Geschichte

Jesuitentee stammt aus dem zentralen und südlichen Mexiko und wurde von Mayas und Azteken als Würz-, Heil- und Kultkraut genutzt.

Verwendung

Frischer Jesuitentee wird vor allem in der Küche der Mayas im Süden Mexikos (Yucatán) und den angrenzenden Staaten Belize und Guatemala verwendet. In Zentralmexiko ist er weniger beliebt und taucht oft als Komponente in der Kräutersauce *mole verde* auf.

Die Mayas verwenden Jesuitentee bevorzugt zu Bohnengerichten – in seiner desinfizierenden und verdauungsfördernden Wirkung schließt er an die klassischen Bohnengewürze der Alten Welt (Ajowan, Bohnenkraut) an. In den einfachsten Rezepten werden die Bohnen gekocht (*frijoles de olla* „Topf-Bohnen") und mit Jesuitentee, Zwiebeln, Knoblauch und Chili gewürzt.

Ein aufwändigeres Rezept sind *frijoles refritos* „gebratene Bohnen", die erst gekocht und dann mit heißem Schmalz und viel Jesuitentee zu einer groben Masse zerstampft werden.

Mexikanischer Blattpfeffer

Piper auritum

Familie: Pfeffergewächse
Herkunft: Mittelamerika
Pflanzenteil: Frische Blätter
Verwendung: Zu Saucen und mexikanischen Fleisch- und Fischgerichten
Eigenschaften: Pfefferblätter enthalten leberschädigendes Safrol.

Das faszinierend riechende Gewürz wird in der mexikanischen Küche der Karibikküste verwendet. Der hohe Safrolgehalt macht die mexikanischen Pfefferblätter jedoch zu einem gesundheitlich bedenklichen Würzmittel.

Herkunft und Geschichte

Blattpfeffer ist eine strauchförmige Pflanze der Karibik und Mexikos, die mittlerweile auch in den USA und auf den tropischen Pazifikinseln wild wächst. Die aromatischen Blätter dienten den Azteken als Kultpflanze zum Räuchern, wobei sie angeblich auch halluzinogene Eigenschaften entwickelt; darauf nimmt auch der spanische Name *hoja santa* „heiliges Blatt" Bezug. Außerdem waren Pfefferblätter eine mögliche Würze für aztekische Trinkschokolade (*cacahuatl*).

Chemie und Giftigkeit

Die frischen Blätter enthalten 0,2 % eines hauptsächlich aus Safrol bestehenden ätherischen Öls, das ihnen einen einzigartigen, würzigen Geruch nach Anis ohne süße Komponente verleiht.
Trotz seines Wohlgeruchs ist Safrol giftig und führt zu Leberschäden. Außerdem wird seit langem eine krebserregende Wirkung von Safrol vermutet. Safrol kommt als Spurenbestandteil in vielen ätherischen Ölen vor, etwa in Muskat, Sternanis und Schwarzem Pfeffer. Der hohe Gehalt in den Pfefferblättern macht diese jedoch zu einem gesundheitlich riskanten Gewürz.

Verwendung

Pfefferblätter spielen in der Küche Mexikos eine große Rolle. Sie werden sowohl in den zentralen Hochlandprovinzen als auch an der Karibikküste verwendet.

Die Küstenprovinz Veracruz bietet einige traditionelle Spezialitäten, in denen Fisch oder Fleisch in die aromatischen Blätter gewickelt und danach gedämpft oder in einer Tomatensauce geschmort wird (pescado en hoja santa).

In den zentralen Provinzen mit ihrem hohen Anteil indigener Bevölkerung werden Pfefferblätter für die „grüne Sauce" mole verde benutzt. Dazu werden die Blätter püriert und mit Maismehl und Chilis zu einer dicken grünen Sauce verkocht, die manchmal zusätzlich mit Kürbiskernen angedickt wird. In diesem mole verde schmort man Geflügel und Schweinefleisch. Pfefferblätter sind nicht im Handel erhältlich, was gleichermaßen auf ihre Giftigkeit wie auf das schlechte Aroma der getrockneten Blätter zurückzuführen ist; allerdings kann die lebende Pflanze von Spezialgärtnereien bezogen werden. In Rezepten für mole verde lassen sich Pfefferblätter gut durch süßes Thai-Basilikum (horapha) ersetzen.

PARAKRESSE

Spilanthes acmella

Familie:	Korbblütengewächse
Herkunft:	Südamerika (Nordbrasilien)
Pflanzenteil:	Frische Blätter oder Blütenköpfe
Verwendung:	Als Gewürz und Blattgemüse in der Küche der brasilianischen Amazonas-Provinzen

Parakresse ist nicht mit den vergleichsweise milden europäischen Kresse-Arten zu vergleichen: Die Blätter, noch mehr die Blüten, haben eine intensiv prickelnde Schärfe – ähnlich wie der chinesische Sichuanpfeffer. Die Blüten werden in Nordbrasilien genutzt und in Ausnahmefällen auch in einigen asiatischen Küchen.

Chemie

Die Parakressen enthalten amidartige Scharfstoffe, die in ihrem chemischen Bau an die entsprechenden Inhaltsstoffe des Sichuanpfeffers erinnern.

Verwendung

Die grünen Blätter der Parakresse werden in der Küche Amazoniens roh als Beilage oder kurz gekocht als Würzgemüse verwendet.

Ein Nationalgericht der Provinz Pará ist tacacá, eine dicke Suppe aus Süßwasserfisch und Trockengarnelen, die mit Chili, Knoblauch und Parakresse gewürzt wird. Die Kombination aus Chili und Parakresse erzeugt eine interessante „Doppelschärfe", die in ähnlicher Form auch in der chinesischen Küche gefunden wird.

In Asien ist Parakresse zwar wenig bekannt, wird aber gelegentlich auf den Inseln des Indischen Ozeans und in Indonesien verwendet. In Westjava verleiht man der chilihaltigen Tischwürze sambal mit Parakresseblättern eine zusätzliche Schärfe.

Seit kurzer Zeit werden die aggressiv scharfen Blütenköpfe der Parakresse im europäischen Gastronomiefachhandel als „Sechuan Buttons" angeboten. Interessanterweise werden sie zu Süßspeisen und Cocktails empfohlen.

Rosa Pfeffer

Schinus terebinthifolius Brasilianischer Pfeffer
Schinus molle Peruanischer Pfeffer

Familie: Sumachgewächse
Herkunft: Südamerika
Pflanzenteil: Getrocknete reife Früchte
Verwendung: Gewürz der *nouvelle cuisine* in Europa und den USA

Die rosa Beeren kamen in den 1970er-Jahren als Gewürz der *nouvelle cuisine* in Mode und werden meist in Kombination mit Schwarzem Pfeffer verwendet, den sie optisch und geschmacklich aufwerten sollen.

Herkunft

Der Rosa Pfeffer des Handels stammt heute vollständig vom Brasilianischen Pfeffer, der in Südbrasilien und Paraguay heimisch ist. Der Peruanische Pfeffer wurde im Nachkriegsdeutschland als Pfefferverfälschung verkauft, ist aber mittlerweile vom Markt verschwunden.

Chemie

Die getrockneten „Pfefferbeeren" enthalten 5–10 % eines ätherischen Öls, das aus Monoterpenen besteht; daneben ist viel Zucker enthalten. Sowohl ihr Aroma als auch ihr süßer Geschmack erinnern an Wacholderbeeren.
Gelegentlich werden Bedenken über eine magenreizende oder allergieauslösende Wirkung der Pfefferbeeren geäußert. Die Beeren allein scheinen diesbezüglich jedoch harmlos zu sein, während Allergien gegen andere Teile der Pflanze häufig beschrieben werden.

Verwendung

In Südamerika spielt Rosa Pfeffer als Gewürz überhaupt keine Rolle; er dient dort als Heilpflanze und selten zum Aromatisieren von Schnäpsen.
Die kulinarische Verwendung des Rosa Pfeffers ist eine Besonderheit der europäischen Küche. Es wird zu mediterran inspirierten Nudelgerichten und Suppen verwendet und würzt Steaks, Fisch oder auch Spargel.
Besonders beliebt sind Rosa Pfefferkörner als Komponente in „buntem Pfeffer" zusammen mit Weißem, Schwarzem und Grünem Pfeffer. Die Mischung wird meist in transparenten Plexiglasmühlen eingesetzt.
Rosa Pfeffer sollte nicht mit Rotem Pfeffer verwechselt werden, der ein echter Pfeffer ist und durch Trocknen reifer Pfefferfrüchte gewonnen wird.

SASSAFRAS

Sassafras albidum

Familie:	Lorbeergewächse
Herkunft:	Östliches Nordamerika
Pflanzenteil:	Getrocknete Blätter
Verwendung:	Als Tischwürze und Verdickungsmittel in der Küche Louisianas

Sassafras ist ein traditionelles Gewürz in der Küche des US-Bundesstaates Louisiana und wird besonders mit der Jazz-Metropole New Orleans assoziiert. Sassafras verleiht dem lokalen Eintopfgericht *gumbo* sowohl seine Konsistenz als auch sein Aroma.

Herkunft und Geschichte

Der Sassafrasbaum wächst in den westlichen Bundesstaaten der USA und wird wegen seiner aromatischen Wurzel zur Herstellung von Erfrischungsgetränken verwendet. Sogenanntes *root beer* wurde bereits im 19. Jahrhundert industriell hergestellt und ist in der heutigen Form ein Softdrink mit Zucker, Kohlensäure und Pflanzenextrakten, insbesondere einer Essenz aus Sassafras-Wurzeln.

Chemie

Sassafraswurzeln enthalten vor allem in der Rinde (8 %) ein ätherisches Öl mit dem Hauptbestandteil Safrol (80 %). Es darf erst nach dem Entfernen des giftigen Safrols in der Getränkeindustrie verwendet werden.

Auch das ätherische Öl aus den Blättern enthält 40 % Safrol; allerdings ist der Ölgehalt so niedrig, dass auf eine Abtrennung des Safrols verzichtet werden kann.

Verwendung

Die Küche von New Orleans ist in den USA einzigartig. Sie kombiniert französische, karibische und lokale Elemente. Das bekannteste Gericht von New Orleans ist *gumbo*, ein vermutlich ursprünglich mediterranes Suppenrezept, das sich zu einem dickflüssigen, mit Reis gereichten Eintopf entwickelt hat. Die dicke Konsistenz stammt von Okras, einem afrikanischen Gemüse, und gepulverten Sassafrasblättern, die kurz vor dem Servieren in den *gumbo* eingerührt werden.

TONKABOHNEN

Dipteryx odorata

Familie:	Schmetterlingsblütengewächse
Herkunft:	Venezuela
Pflanzenteil:	Getrocknete und fermentierte Samen
Verwendung:	Statt Vanille zu europäischem Gebäck und Desserts
Eigenschaften:	Tonkabohnen enthalten Cumarin und sind potenziell gesundheitsschädlich.

Der Tonkabaum aus den südamerikanischen Tropen liefert ein vanilleähnliches Gewürz mit süßem Geruch nach Waldmeister. Tonkabohnen gelten als potenziell leberschädlich und dürfen in der EU nicht als Nahrungsmittel verkauft werden.

Herkunft und Anbau

Der Tonkabaum ist in den tropischen Regenwäldern des nördlichen Südamerikas heimisch. Er wird oft als Schattenbaum in Kakaoplantagen angebaut. Die Handelsware stammt hauptsächlich von Wildbeständen in Venezuela.

Zur Ernte werden die reifen Früchte entkernt. Die geruchlosen Kerne entwickeln ihr Aroma erst nach einem Fermentationsschritt. Dazu werden sie einige Tage in starken Rum eingelegt und danach getrocknet.

Chemie und Giftigkeit

Tonkabohnen haben einen betörend süßen Duft, der auf das in den fermentierten Früchten enthaltene Cumarin zurückgeht. Dessen Gehalt liegt typischerweise um die 4 %.

Cumarin ist giftig und führt zu Leberschäden. Die Empfindlichkeit für Cumarin ist individuell sehr verschieden; in der EU ist ein sehr niedriger Grenzwert von maximal 2 mg/kg Lebensmittel festgelegt. Parallel gilt die Empfehlung, pro Tag und Kilogramm Körpermasse im langfristigen Mittel nicht mehr als 0,1 mg Cumarin zu sich zu nehmen.

Mit Tonkabohnen gewürzte Speisen überschreiten die Grenzwerte fast zwangsläufig. Tonkabohnen spielen daher in Gastronomie und Lebensmittelindustrie überhaupt keine Rolle.

Verwendung

Tonkabohnen werden in einigen Kuchenrezepten aus dem 19. Jahrhundert als Alternative zur Vanille eingesetzt.

In den letzten Jahren ist das Interesse an diesem Gewürz wieder gestiegen, und es wird zur Variation bekannter Rezepte wie italienischer *panna cotta* und französischer *crème brûlée* oder für Speiseeis verwendet.

Tonkabohnen dienten in der Vergangenheit auch zum Aromatisieren von Tabak; heute sind sie aber nur noch in sehr wenigen Pfeifentabaken enthalten.

VANILLE

Vanilla planifolia

Familie:	Orchideengewächse
Herkunft:	Mexiko
Pflanzenteil:	Getrocknete und fermentierte Früchte
Verwendung:	Zu europäischem Gebäck und zu Desserts
Eigenschaften:	Vanilleextrakt wird auch in der Parfümerie verwendet.

Vanille wird in ihrem Preis nur von Safran übertroffen. Sie wird zu Kuchen, Gebäck, Cremes und Fruchtsalaten verwendet; im letzten Jahrhundert errang sie weltweite Beliebtheit, wozu auch der Preisverfall durch synthetisches Vanillin und die Anbauerfolge in den asiatischen Tropen beitrugen.

Herkunft und Geschichte

Vanille ist eine Schlingpflanze aus dem südmexikanischen Dschungel. Sie wurde von den Mayas kultiviert und bereits im präkolumbischen Amerika gehandelt. Bei den Azteken waren Vanilleschoten Bestandteil des sehr exklusiven und der Herrscherfamilie vorbehaltenen Kakaogetränks. In Europa entwickelte sich Vanille zusammen mit Schokolade im 17. Jahrhundert zu einem beliebten Gewürz. Trinkschokolade war eine ursprünglich spanische Spezialität, die wegen ihres hohen Preises auf die europäischen Adelshäuser beschränkt blieb. Barocke Trinkschokoladen enthielten eine Vielzahl von exotischen Würzmitteln – darunter auch tierische Aromatika wie Moschus und Amber.

Chemie und Verarbeitung

Vanillefrüchte sind botanisch gesehen dreifächrige Kapseln, werden aber im Handel üblicherweise als „Schoten" bezeichnet. Sie enthalten Vanillinglucosid, das unter bestimmten Bedingungen in Zucker und das angenehm riechende Vanillin gespalten werden kann.

Diese Glycosidspaltung erfordert eine aufwändige Verarbeitung nach der Ernte. Dabei gibt es in Mexiko und den afrikanischen bzw. asiatischen Anbaugebieten leicht unterschiedliche Verfahren; gemeinsam ist jedoch, dass die frisch geernteten Kapseln zunächst hitzebehandelt werden und danach einer Folge von Schwitz- und Trockenschritten unterzogen werden, wobei sie langsam Aroma entwickeln. Im Anschluss daran müssen sie ruhen, um das Aroma voll ausbauen zu können.

In gut verarbeiteten Vanilleschoten beträgt der Vanillingehalt ungefähr 2 %. Das Vanillin ist in der klebrigen Samenmasse konzentriert und wandert infolge der Verarbeitung auch in die harte Außenschale. Die besten Vanilleschoten haben an der Außenseite einen ganz feinen Belag von Vanillinkristallen (*givree*, d. h. „Rauhreif").

Neben Vanillin finden sich in Vanilleschoten noch weitere Aromastoffe, von denen bisher einige hundert identifiziert wurden. Sie sind für die Komplexität des Vanilleduftes verantwortlich.

Synthetisches Vanillearoma

Im Jahr 1874 gelang dem deutschen Chemiker Wilhelm Haarmann die erste Synthese von Vanillin. In den Folgejahren wurde das Verfahren verfeinert und wirtschaftlich nutzbar gemacht. Billiges Vanillin überschwemmte den europäischen Markt und förderte den Ausbau der Schokoladenindustrie. Zugleich erlebte Naturvanille einen Preisverfall.

Das heute überwiegend angewendete Verfahren nutzt als Ausgangsstoff Lignin, ein Abfallprodukt bei der Herstellung von Papier aus Holz. Die Bildung von Vanillin aus Holz beobachtet man auch bei der Lagerung von Wein in Holzfässern (*barrique*-Ausbau), wobei je nach Holzart und Reaktionsbedingungen vanille- oder beerenartige Aromen entstehen.

Synthetisches Vanillin kommt für den Verbraucher meist in Form von Vanillinzucker in den

Handel, der nicht mit Vanillezucker verwechselt werden sollte; letzterer ist eine Mischung der Vanille-Samenmasse mit Zucker und kann an den Samen erkannt werden, die als kleine schwarze Punkte erscheinen.

Die Verfügbarkeit billigen Vanillins beförderte die Verwendung von Vanillearoma in vielen Küchen, was teilweise zu einer Verdrängung nativer Gewürze führt. So werden in der Levante die traditionell mit Felsenkirsche aromatisierten Gebäcke heute manchmal mit Vanille gewürzt, und die südostasiatischen Pandanusblätter erleiden oft ein ähnliches Schicksal.

Verwendung

Vanille ist ein Gewürz der europäischen Süßspeisenküche. Sie wird zu einer Unzahl von Kuchen, Keksen, Cremes und Puddings verwendet. Bei flüssigen Zubereitungen lässt man meist eine aufgeschlitzte Vanilleschote mitkochen oder kratzt die Samenmasse („Mark") heraus; Teig wird dagegen mit gemahlener Vanille, Vanillezucker oder Vanilleextrakten versetzt. Beispiele für Dessertzubereitungen mit Vanille sind die italienische *panna cotta* oder die französische *crème brûlée*.

Schokoladen werden oft mit Vanille gewürzt. Aus Kostengründen enthält Massenware meistens synthetisches Vanillin.

Das ökonomisch bedeutendste Vanilleprodukt ist das Vanilleeis. Nur die besseren Qualitäten enthalten Naturvanille, was man meist an den winzigen schwarzen Samen in der elfenbeinfarbenen Masse erkennen kann.

Vanille wird nur sehr selten für salzige Speisen verwendet. Allerdings sind in den letzten Jahren wiederholt Rezepte publiziert worden, die Geflügel oder Meeresfrüchte in mildwürzigen Rahm-Vanille-Saucen schmoren.

Alternative Vanille

Zwei verwandte Vanille Arten, die Guadeloupe-Vanille und die Tahiti-Vanille, werden als Lieferanten von Essenzen für die Parfümerie genutzt. Die Tahiti-Vanille erlebt seit einigen Jahren auch eine wachsende Beliebtheit in der gehobenen Küche. Tahiti-Vanille ist möglicherweise eine Kreuzung aus der gewöhnlichen Vanille und der Guadeloupe-Vanille. Sie wird nur in Ozeanien angebaut und bedarf ebenfalls einer Fermentierung nach der Ernte.

Im Aromaprofil von Tahiti-Vanille findet man neben Vanillin einige weitere Aromastoffe wie Anissäure und Anisylalkohol, die ihr einen blumigeren und leichteren Duft verleihen.

Tahiti-Vanille wird wie gewöhnliche Vanille verwendet, verleiht jedoch den damit zubereiteten Speisen ein etwas fremdes, überraschendes Aroma.

Europa

Anis
Basilikum
Beifuß
Bohnenkraut
Dill
Eberraute
Fingerwurz
Kümmel
Lavendel
Liebstöckel
Lorbeer
Majoran
Meerrettich
Myrte
Oregano
Petersilie
Rosmarin
Salbei
Schabziegerklee
Schnittlauch
Thymian
Wacholder
Weinraute
Zitronenmelisse

Basilikum

Kümmel

Lavendel

Liebstöckel

Myrte

Meerrettich

Anis

Pimpinella anisum

Familie: Doldenblütengewäche
Herkunft: Mittelmeer
Pflanzenteil: reife Früchte
Verwendung: Anis würzt Backwaren und ganz besonders mediterrane Schnäpse.
Eigenschaften: Anis wirkt schleim- und krampflösend und hilft gegen Blähungen.

Anisschnäpse sind fast im gesamten nördlichen Mittelmeerraum beliebt und verbrauchen zu ihrer Herstellung einen Großteil der weltweiten Anisernte. In Deutschland kennt man Anis dagegen eher als Gewürz für Brot und Feingebäck.

Herkunft und Geschichte

Anis ist im östlichen Mittelmeergebiet heimisch. Er war bereits in der Antike bekannt, wurde aber oft mit Dill verwechselt. Er diente als Gewürz für süße oder salzige Kuchen, und im römischen Apicius-Kochbuch gibt es ein etwas bizarres Rezept für mit Anis gewürzten gefüllten Schweinemagen.

Anis in der Küche

In der deutschen Küche ist Anis vor allem als Gewürz für aromatisches Gebäck wie Lebkuchen, Printen und Anisplätzchen. Manchmal würzt man mit ihm auch Fruchtkonfitüren und Schwarzbrot.

Anisaroma hat eine hohe Affinität zum süßen Geschmack der Lakritze. Deshalb werden die meisten Lakritzbonbons mit Anisöl gewürzt.

Absinth

Absinth war ein beliebter, extrem hochprozentiger Kräuterlikör an der Wende vom 19. zum 20. Jahrhundert. Er wurde vor dem Trinken mit Wasser und Zucker vermengt, wobei sich eine milchig-grüne Lösung bildete („Grüne Fee").

Absinth enthielt üblicherweise viele verschiedene Kräuter in Form von alkoholischen Extrakten oder Destillaten, wobei Anis ein Hauptbestandteil war. Durch den hohen Kräuteranteil erklärt sich die grüne Farbe, während die Trübung beim Verdünnen auf das Anisöl zurückgeht, das sich in Alkohol, nicht aber in Wasser löst.

Der namensgebende Bestandteil des Absinths war jedoch Wermut, eine mit Beifuß verwandte, sehr bittere, aber auch hocharomatische Pflanze. Wermutöl enthält das Thujon, dem psychoaktive Eigenschaften nachgesagt werden. Intellektuelle und Künstler erwarteten sich von der „Grünen Fee" Inspiration und genossen ihn oft regelmäßig.

Wegen schwerer Nervenschäden bei vielen Absinthtrinkern wurde das Getränk im 20. Jahrhundert von den meisten europäischen Regierungen verboten. Seit den 1990er-Jahren erlaubt die EU jedoch wieder den Verkauf von thujonarmem Absinth.

Mediterrane Anisschnäpse

Als Ersatz für den verbotenen Absinth setzte sich in Frankreich der Anisschnaps *pastis* durch; ein milderer, gesüßter Anislikör ist *anisette* mit nur 25 % Alkohol.

Ähnliche Schnäpse sind im östlichen Mittelmeerraum bereits viel länger in Gebrauch. Türkischer *rakı* und griechischer *oúzo* entsprechen ungefähr dem *pastis*, wobei es von *rakı* auch stark gesüßte Sorten gibt.

Diese Anisprodukte können in der Küche als Quelle von Anisaroma dienen; so gibt es in Südfrankreich Rezepte für Fisch oder Meeresfrüchte, in denen mit einem Schuss *pastis* abgelöscht wird.

BASILIKUM: DAS KÖNIGSKRAUT

Ocimum basilicum Basilikum
Ocimum tenuiflorum Heiliges Basilikum

Familie: Lippenblütengewächse
Herkunft: Wahrscheinlich Indien
Pflanzenteil: Frische Blätter
Verwendung: Basilikum verleiht Speisen einen charakteristisch mediterranen oder fernöstlichen Charakter.
Eigenschaften: Basilikum hat zwar eine desinfizierende Wirkung, wird aber medizinisch nicht mehr genutzt.

Basilikum hat zwei Gesichter: Das sanft und aromatisch riechende Mittelmeerbasilikum verfeinert italienische Speisen wie *pizza* und *insalata Caprese*, während das Heilige Basilikum Indiens und Thailands ein viel kräftigeres Aroma hat und perfekt zu den stark gewürzten asiatischen Spezialitäten des Fernen Ostens passt.

Botanik

Während das gewöhnliche Basilikum eine zarte einjährige Pflanze ist, bildet das Heilige Basilikum verholzte Zweige und kann im tropischen Klima mehrere Jahre alt werden. Beim gewöhnlichen Basilikum sind Blattform und -farbe sowie Aroma sehr variabel. Die Samen des gewöhnlichen Basilikums besitzen eine Schleimschicht, die beim Kontakt mit Wasser aufquillt und sich dabei schillernd blau färbt.

Chemie

Gewöhnliches Basilikum enthält etwa 0,5 % ätherisches Öl mit stark schwankender Zusammensetzung. Entsprechend der Zusammensetzung des ätherischen Öls kann das Aroma an Gewürznelken, Anis, Zimt oder Zitrone erinnern.
Im ätherischen Öl des Heiligen Basilikums werden Öle gefunden, die der Pflanze einen stechenden Nelken- oder Pimentduft verleihen.

Geschichte

In Indien spielt das heilige Basilikum seit dem Beginn der puränischen Epoche (1. Jahrtausend v. Chr.) eine wichtige religiöse Rolle, da es dem Vishnu, der als mächtigster Einzelgott im indischen Pantheon gilt, heilig ist. Es wird häufig gepflanzt und zu Zeremonien verwendet, aber selten gegessen.
Das mediterrane Basilikum war bereits in der Antike bekannt; es galt zwar als Heilpflanze, hatte aber zugleich einen unheilvollen Ruf als Zauberkraut, den es bis ins Mittelalter behielt.

Der Name ist wahrscheinlich von griechisch *basileús* „König" abgeleitet. Basilikum wurde aber oft mit dem giftigen Fabeltier *Basilisk* in Zusammenhang gebracht.

Basilikum in der italienischen Küche

Die Beliebtheit von Basilikum in der italienischen Küche ist ein relativ junges Phänomen. Frische Basilikumblätter sind Bestandteil mancher italienischer Salate (wie der *insalata Caprese* aus *Mozzarella-Käse*, Tomaten und *balsamico-Essig*) und verleihen der *pizza Margherita* nicht zur zusätzliches Aroma, sondern auch die drei Farben der italienischen Staatsflagge.
Pesto alla Genovese ist eine italienische Spezialität aus der Provinz Ligurien. Diese Kräutersauce besteht aus Basilikumblättern, Olivenöl, Knoblauch, Hartkäse (*pecorino*) und Pinienkernen.
Pesto wird vor allem als Sauce zu Nudeln (*pasta*) gegessen, manchmal auch als Beilage gereicht oder unter Suppen gerührt. Letztere Methode ist besonders in der Provence beliebt, wo eine vergleichbare Basilikumsauce *pistou* heißt.

Basilikum in der Thai-Küche

In Thailand verwendet man drei verschiedene Sorten Basilikum, die sich in ihrem Aroma völlig unterscheiden und die zu ganz unterschiedlichen Anwendungen gebraucht werden.
Das „süße Basilikum" (*horapha*) gehört botanisch zur selben Art wie das mediterrane; es zeichnet sich aber durch einen süßen, hocharomatischen Anisduft aus. Die frischen Blätter werden meist als Gründekoration zu Salaten gereicht oder über Suppen und cremige Curries gestreut. Sein Aroma ist nicht kochfest.
Das „Heilige Basilikum" (*krapao*) hat einen wesentlich robusteren Geschmack nach Nelken oder Piment. Es entwickelt sein Aroma am besten, wenn es kurz erhitzt wird. Deshalb verwendet man es zu im Wok gegarten Gerichten wie dem *gai pad bai krapao*, gehacktem Hühnerfleisch mit Chili, Basilikum und Fischsauce.

Die Samen des „süßen Basilikums" werden auch oft in cremigen Desserts verwendet. Sie haben keinen eigenen Geschmack, tragen aber durch ihre Schleimschicht und den harten Kern eine zugleich schlüpfrige und knusprige Konsistenz bei.

BEIFUSS

Artemisia vulgaris

Familie: Korbblütengewächse
Herkunft: Europa
Pflanzenteil: Zweigspitzen knapp vor der Blüte
Verwendung: In Deutschland zu Gänsebraten
Eigenschaften: Beifuß hat eine leicht magenstärkende Wirkung.

Beifuß gehört zu jenen exotischen Gewürzen, die nur in einer einzigen Küche beheimatet sind, nämlich in der deutschen. Beifuß wird zu fettem Fleisch verwendet, besonders für Gänsebraten.

Etymologie und Geschichte

Der Name „Beifuß" leitet sich von einem althochdeutschen Wort mit der Bedeutung „stoßen" ab, wurde aber bereits im Mittelalter an „Fuß" angeglichen, da einem Aberglauben zufolge ein Zweig Beifuß im Schuh die Füße leichter laufen lässt und Ermüdung bei langen Märschen verhindert.
Bis zum 18. Jahrhundert war Beifuß ein vielbenutztes Küchenkraut, das – wie heute die Petersilie – gehackt über die Speisen gestreut wurde. Die jungen Blätter wurden auch als Salat gegessen.

Verwendung

Beifuß wird traditionell zum Würzen der Weihnachtsgans verwendet. Für einfache Rezepte stopft man einige Beifußzweige in die Bauchhöhle der Gans, die während des Bratens ihr Aroma abgeben. Bei gefüllten Gänsen wird meist die Füllung mit grob gemahlenem Beifuß aromatisiert.
Seltener wird Beifuß auch zum Würzen von fettem Schweine- oder Hammelfleisch verwendet.

BOHNENKRAUT

Satureja hortensis Sommerbohnenkraut
Satureja montana Winterbohnenkraut

Familie: Lippenblütengewächse
Herkunft: Mittelmeer
Pflanzenteil: Frische oder getrocknete Blätter
Verwendung: In Deutschland die Standardwürze für Bohnen
Eigenschaften: Bohnenkraut wirkt desinfizierend und magenstärkend.

Trotz seiner mediterranen Herkunft ist Bohnenkraut eher ein mitteleuropäisches Gewürz, das in Nordfrankreich für Käse und in Deutschland für Bohnen gebraucht wird. Das Aroma ist variabel; eine besonders kräftige bulgarische Sorte dient als Universalwürze für Suppen und Gemüseschmortöpfe.

Herkunft und Sorten

Vom Mittelmeer bis nach Persien gibt es viele wilde Arten von Bohnenkraut, von denen manche penetrant harzig, andere dagegen angenehm würzig schmecken. Im Handel haben nur das einjährige Sommerbohnenkraut und das aus dem Apennin stammende ausdauernde Winterbohnenkraut Bedeutung.

Das Iranische Bohnenkraut (*S. thymbra*) hat ein thymianähnliches Aroma und wird in Griechenland als wildes Gewürzkraut genutzt.

Geschichte

Bohnenkraut war in der Antike zwar bekannt, aber die antiken Botaniker unterschieden Bohnenkraut nur ungenau von verwandten Pflanzen. Getrocknet wurde es häufig in der römischen Küche verwendet.
Im 17. Jahrhundert nahmen die Pilgerväter Bohnenkraut in die Neue Welt mit. Vielleicht ist Bohnenkraut auch wegen dieser historischen Assoziation häufig Bestandteil der Würzmischung für den zu *Thanksgiving* traditionell gegessenen gefüllten Truthahn.

Auf Deutsch wird Bohnenkraut auch „Pfefferkraut" genannt. Frisches Bohnenkraut schmeckt tatsächlich etwas brennend, aber diese Schärfe ist nicht kochfest. In Notzeiten, etwa während des Zweiten Weltkrieges, wurde es trotzdem oft als Pfefferersatz empfohlen – und noch Jahrzehnte später tauchte es in Vorschriften zur Diätküche für Magenkranke in dieser Funktion auf.

Bohnenkraut in Deutschland

Den Namen „Bohnenkraut" verdankt das Gewürz seiner häufigen Verwendung in Bohneneintöpfen und anderen Speisen aus Hülsenfrüchten. Es macht diese Speisen nicht nur geschmacklich interessanter, sondern verbessert auch deren Bekömmlichkeit, da es desinfizierend wirkende Inhaltsstoffe (Carvacrol) enthält.
Bohnenkraut wird auch gern für essigsauer eingelegtes Gemüse wie Gewürzgurken verwendet, was ebenfalls durch die desinfizierende Wirkung bedingt sein könnte.

Bohnenkraut ist, anders als der botanisch und kulinarisch verwandte Thymian, überwiegend ein Gemüsegewürz. In privaten Haushalten wird es in der Tat selten für Fleischgerichte verwendet, aber viele industriell hergestellte Würste enthalten gemahlenes Bohnenkraut.

Bohnenkraut in Bulgarien

In der bulgarischen Küche hat Bohnenkraut fast dieselbe Funktion wie Thymian in der italienischen und französischen: Es wir zu allen Arten von Schmorgerichten verwendet, und zwar gleichermaßen zu Lamm- oder Hühnerfleisch wie zu vegetarischen Rezepten.
Bulgarisches *gûveč* ist ein im Tontopf geschmortes Gericht aus Gemüse (Tomaten, Paprika, Auberginen) und Rind-, Lamm- oder Hühnerfleisch, die in einem Tontopf oder einer Kasserolle langsam gegart werden. *Gûveč* wird mit frischer Petersilie und getrocknetem Bohnenkraut gewürzt.

DILL

Anethum graveolens

Familie: Doldenblütengewächse
Herkunft: Mittelmeer
Pflanzenteil: Getrocknete Früchte und frische Blätter
Verwendung: In Europa Gewürz für Fisch und Gemüsekonserven

Dill ist trotz seiner mediterranen Herkunft ein Gewürz des nördlichen und östlichen Europa. Es ist geradezu das Lieblingskraut der Skandinavier und Balten und gilt Deutschen, Polen und Russen als erste Wahl beim Würzen von eingelegtem Gemüse.

Herkunft und Geschichte

Als mediterrane Pflanze war Dill in der Antike bekannt und diente auch zum Kochen, wie einige Rezepte im römischen Apicius-Kochbuch belegen. Allerdings wurden Dill und Anis von den antiken Autoren oft nicht genau getrennt.

Chemie

Sowohl in Dillspitzen als auch in Dillfrüchten findet sich ein ätherisches Öl mit den Hauptbestandteilen Carvon und Limonen, wobei Carvon für die kümmelartige Note des Dills verantwortlich ist.

Verwendung im Orient und in Indien

Die türkische Küche kombiniert Dill gerne mit Joghurt, z.B. manchmal in der Joghurtsuppe *cacık*. Dill wird in Persien zum Würzen von Bohnengerichten (*baghla*) verwendet, indem man sie zusammen mit großen Mengen Dillkraut kocht. Im Iran gibt es auch Bohnen-Reis-Gerichte mit Dill.

Auch in Indien, vor allem im Nordwesten, würzt man Hülsenfrüchte mit Dill. Allerdings werden die Früchte verwendet, die man ähnlich wie beim Kreuzkümmel und Ajowan zuerst in heißem Fett anbrät.

Verwendung in Europa

Essigsauer eingelegte Gemüse spielen in Mittel- und Osteuropa traditionell eine große Rolle, beispielsweise Gurken. Gewürzmischungen zum Einlegen enthalten Senf- und Pimentkörner sowie frische Dillblätter – in Russland sind oft ganze Dillzweige enthalten.

Dill als Gewürz für Fisch und Meeresfrüchte ist in Deutschland und Skandinavien verbreitet. Gebackener Fisch oder gekochte Garnelen werden oft mit Dillsauce serviert. In Skandinavien weitet man dieses Prinzip aus: *Gravlax* ist mit Dill gebeizter Lachs, der mit einer Dill-Senf-Sauce auf den Tisch kommt.

In Skandinavien und dem Baltikum dienen frische Dillblätter auch oft als Grüngarnitur oder werden fein gehackt über Speisen gestreut, etwa so wie Schnittlauch oder Petersilie in anderen Ländern.

EBERRAUTE

Artemisia abrotanum

Familie: Korbblütengewächse
Herkunft: Südeuropa und Westasien
Pflanzenteil: Blätter
Verwendung: Ein regionales Gewürz für Pasteten oder als Alternative zu Beifuß

Die stark duftende Eberraute wird vorwiegend in der alpinen Bauernküche verwendet und gibt Pasteten aus Kalb- oder Schweinefleisch eine besondere Würze.

Herkunft und Geschichte

Die bereits in der Antike bekannte Eberraute wächst im Mittelmeer- und Schwarzmeerraum sowie in Westasien. Ihre ursprüngliche Heimat ist nicht bekannt.

Aroma

Eberraute hat ein durchdringendes, stechendes Aroma, dessen Qualität von Klima und genetischen Faktoren abhängt. Die kulinarisch am besten geeigneten Sorten haben eine erkennbare Zitrusnote. Alle Sorten haben einen deutlich bitteren Nachgeschmack.

Verwendung

Eberraute ähnelt dem Beifuß im Aroma, ist aber viel stärker und geschmacklich ergiebiger. Trotzdem findet man sie nur selten außerhalb traditioneller Bauerngärten in alpinen Dörfern.
Die frischen, grob gehackten Blätter werden vor allem zum Würzen von Kalbfleischbraten und -pasteten verwendet. Häufiger wird die Eberraute jedoch als duftende Zierpflanze kultiviert. Früher verwendete man ihre stark riechenden Zweige auch, um Motten aus Kleiderschränken zu vertreiben.

Kümmel

Carum carvi

Familie:	Doldenblütengewächse
Herkunft:	Vom Mittelmeer bis Nordeuropa
Pflanzenteil:	Getrocknete Früchte
Verwendung:	In Österreich und Deutschland zu gekochtem Gemüse und Schweinebraten
Eigenschaften:	Kümmel hat stark verdauungsfördernde und blähungstreibende Wirkung.

Kümmel gilt als das Nationalgewürz der Deutschen und ist besonders im süddeutschen Raum unerlässlich zu lokalen Spezialitäten wie „Handkäs mit Musik" und natürlich auch Sauerkraut. In Nordeuropa aromatisiert man Spirituosen mit Kümmel.

Herkunft und Geschichte

Kümmel ist in ganz Europa heimisch, insbesondere im Alpenraum. Möglicherweise wurde er bereits von jungsteinzeitlichen Bauern verwendet – Kümmelkörner wurden bei archäologischen Untersuchungen an Pfahlbausiedlungen am Bodensee gefunden; es ist aber nicht festzustellen, ob dieser Kümmel von den Bewohnern genutzt wurde oder als Wildpflanze wuchs. Einen eindeutigen Auftritt hat der Kümmel erst bei den Römern, denen er als eine nördliche Variante des beliebten Kreuzkümmels erschien. Beide Gewürze werden in antiken Rezepten verwendet, aber im römischen Apicius-Kochbuch ist Kümmel wesentlich seltener als Kreuzkümmel vorgeschrieben. Kümmel wurde offenbar häufiger in den Nordprovinzen verwendet, wo er auch archäologisch erhalten ist.

Im Mittelalter stieg Kümmel zu einer der wichtigsten Würzen in der bäuerlichen Küche auf. Er wurde zu Fisch und Gemüse verwendet und vom Adel auch kandiert als Konfekt gegessen. Obwohl Kümmel eine häufige alpine Wildpflanze ist, wurde er in Deutschland seit dem Mittelalter angebaut. Der Ausdruck „Kümmeltürke" entstammt der Studentensprache des 18. Jahrhunderts und bezeichnet einen Studenten aus der „Kümmeltürkei", dem damaligen Anbaugebiet rund um Halle/Saale. Heute wird der meiste deutsche Kümmel in Thüringen produziert.

Inhaltsstoffe

Die sichelförmig gekrümmten Kümmelfrüchte enthalten bis zu 7 % ätherisches Öl, das aus dem streng schmeckenden Carvon (bis 70 %) und dem leicht zitrusduftenden Limonen besteht. Kümmel mit hohem Limonen-Anteil gilt als besonders wertvoll.

Kulinarische Verwendung

Kümmel ist ein Gewürz der süddeutschen und österreichischen Küche. Mit Kümmel werden vor allem schwerverdauliche, blähende Gemüse wie gekochter Kohl gewürzt, aber man benötigt ihn auch für viele Arten von Roggenbrot, für Kartoffelsuppen, Käse und Sauerkraut. In der traditionellen Küche wird Kümmel oft ungemahlen verwendet.

Kümmel hat ein dominantes Aroma, das sich schlecht in Gewürzmischungen einfügt; lediglich mit Zwiebeln oder Knoblauch verträgt sich das Kümmelaroma gut. In Österreich wird Schweinebraten mit einer Mischung aus Salz, gequetschtem Knoblauch und gestoßenen Kümmelfrüchten vor dem Garen eingerieben, und auch gekochter Kohl enthält neben dem Kümmel noch einen Hauch Knoblauch.

Kümmelschnaps

Die skandinavischen Länder sind für den Kümmelschnaps *akvavit* bekannt, der außer Kümmel noch andere Gewürze wie Fenchel oder Nelken enthalten kann. Die Gewürze werden mit dem Alkohol angesetzt und destilliert; danach verdünnt man auf ungefähr 40 % Alkohol. Ähnliche Schnäpse kennt man auch in Norddeutschland und im Baltikum.

Kümmel im Orient

Obwohl Kümmel in Nordafrika und Westasien wild wächst, ist er in den Küchen dieser Regionen nur selten zu finden. Ungenau übersetzte Kochbücher schreiben aber oft „Kümmel", wenn eigentlich Kreuzkümmel gemeint ist. Kümmelhaltige Rezept findet man vereinzelt in Nordafrika, zum Beispiel mit der scharfen Chili-Knoblauch-Paste *harissa*, die in Algerien sowohl mit Kümmel als auch mit Kreuzkümmel gewürzt wird, während in den Nachbarländern nur Kreuzkümmel verwendet wird.

LAVENDEL

Lavandula angustifolia

Familie:	Lippenblütengewächse
Herkunft:	Mittelmeer
Pflanzenteil:	Blüten, daneben auch frische Blätter oder ganze Zweige
Verwendung:	Lavendel würzt nur in der südfranzösischen Küche Ragouts, Schmortöpfe und Grillgerichte.
Eigenschaften:	Lavendel vertreibt Insekten und kann auch die allergischen Reaktionen nach Insektenstichen lindern.

Mit Lavendel gewürzte Gerichte findet man nur in der Provence. Sein Aroma harmoniert mit den Rauch- und Brandaromen von gegrilltem Lamm und dem vollen Geschmack von sonnengereiftem Gemüse. Seit einigen Jahren wird Lavendel auch zum Aromatisieren von Süßspeisen verwendet.

Herkunft und Geschichte

Ab dem 12. Jahrhundert wurde Lavendel als Parfüm und Badearoma populär; Seifen mit Lavendelduft sind auch heute im Handel. Diesem Umstand verdankt Lavendel auch seinen Namen, der sich von lateinische lavare „waschen" herleitet. Der größte Teil der Lavendelernte wird zu ätherischem Öl für Kosmetik und Parfümerie verarbeitet, und nur ein unbedeutender Anteil gelangt in den Gewürzhandel.

Chemie

Lavendelblüten enthalten bis zu 3 % eines ätherischen Öls mit den Hauptbestandteilen Linalool und Linalylacetat. Als Nebenbestandteil ist Cumarin enthalten, das für die manchmal auftretende Allergie gegen Lavendel verantwortlich gemacht wird.

Verwendung

Lavendelblüten sind nur in der Provence als Gewürz in traditioneller Verwendung und bestimmen den Charakter der *herbes de Provence*, einer Mischung aus getrockneten Kräutern und Fenchelfrüchten.

Mit den *herbes de Provence* würzt man Fleischmarinaden, gebratene Kartoffeln und den berühmten provençalischen Gemüse-Schmortopf *ratatouille*, der aus Tomaten, Zucchini, Auberginen und anderen Gemüsen und mit viel Knoblauch und Olivenöl zubereitet wird.

Im Sommer besuchen Bienen und Hummeln die nektarreichen Blüten auf Lavendelfeldern. Daraus wird dann eine inzwischen weltweit bekannte Spezialität: Provençalischer Lavendelhonig.

LIEBSTÖCKEL

Levisticum officinale

Familie:	Doldenblütengewächse
Herkunft:	Mittelmeer bis Persien
Pflanzenteil:	Frische Blätter; selten getrocknete Früchte
Verwendung:	Liebstöckel ist ein klassisches Gewürz für Brühen in Mitteleuropa.
Eigenschaften:	Liebstöckelwurzel hat stark harntreibende Wirkung, aber bei den Blättern ist diese Eigenschaft wenig ausgeprägt.

Zur Zeit des Römischen Reichs gehörte Liebstöckel zum selbstverständlichen Würzinventar und wurde fast universell verwendet. Heute ist seine Verwendung zu Brühen und Kartoffelgerichten eher eine mitteleuropäische Besonderheit.

Herkunft und Geschichte

Trotz seiner wahrscheinlich östlichen Herkunft war Liebstöckel bereits im Altertum in Italien weit verbreitet und wurde besonders mit der ligurischen Küste assoziiert; seine lateinischen Namen *ligusticum* oder *levisticum* liegen dem deutschen Wort „Liebstöckel" zugrunde, das folglich nichts mit „Liebe" zu tun hat.

In der Küche wurden sowohl die Blätter als auch – seltener – die Früchte verwendet. Das römische Apicius-Kochbuch schreibt Liebstöckelblätter für eine große Anzahl von Fleischrezepten vor; oft wurden aber auch nur die separat gereichten Saucen mit Liebstöckel gewürzt.

Liebstöckel gehört zu jenen Pflanzen, die im Kräuteredikt Karls des Großen erfasst waren und deshalb in allen Klostergärten des Heiligen Römischen Reiches angepflanzt wurden. Als Folge davon fand Liebstöckel im Mittelalter weite Verbreitung und integrierte sich in mitteleuropäische Küchen.

Chemie

Im ätherischen Öl von Liebstöckel wurden als wichtigste Aromaverbindungen Phthalide nachgewiesen, die den charakteristischen Geschmack bedingen. Phthalide kommen auch im verwandten Sellerie vor, sind sonst aber bei keinem Gewürz charakterbestimmend.

Der Geruch von Liebstöckel wird oft mit dem von Maggi-Sauce verglichen, einer durch Hydrolyse von Sojaprotein hergestellten salzigen Würzsauce, die keinen Liebstöckel enthält. Tatsächlich gibt es eine chemische Ähnlichkeit zwischen den Phthaliden und dem in Maggi-Sauce nachgewiesenen Abhexon, das wegen seines Geruchs auch „Maggi-Lacton" genannt wird.

Eine weitere ähnliche Verbindung, das Sotolon, ist für den liebstöckelähnlichen Geruch von getrocknetem Bockshornklee verantwortlich.

Verwendung in der italienischen Küche

In der modernen italienischen Küche spielt Liebstöckel bei weitem keine so dominante Rolle wie in der Antike. Er wird vor allem in Norditalien für Suppen, *risotti*, Tomaten, Fleischragouts und Salate verwendet.

In Italien, aber auch in den Alpenländern, kennt man Liebstöckelschnäpse, die einfach aus Kornbrand und einigen Liebstöckelstängeln angesetzt werden. Dieser Schnaps wird als Aperitif getrunken.

Verwendung in der deutschen Küche

In Deutschland, insbesondere im Süden, ist Liebstöckel eine fast automatische Würze für Fleisch- und Gemüsebrühen, die er ganz hervorragend abrundet. Da die Pflanze getrocknet an Wert verliert, wird sie in vielen Hausgärten gezogen und steht so stets frisch zur Verfügung.

| Butylphthalid | Ligustilid | Sedanolid | Abhexon |

LORBEER

Laurus nobilis

Familie: Lorbeergewächse
Herkunft: Mittelmeer
Pflanzenteil: Frische oder getrocknete Blätter, seltener getrocknete Früchte
Verwendung: Universell für Gerichte mit langer Garzeit
Eigenschaften: Lorbeeröl wird äußerlich als durchblutungssteigerndes Mittel angewendet.

Der mediterrane Lorbeerbaum liefert aromatische Blätter, die fast überall in Europa und dem Nahen Osten zum Würzen von Suppen, Eintöpfen und Schmorgerichten verwendet werden. Anders als die meisten anderen Blattgewürze verträgt Lorbeer lange Kochzeiten.

Herkunft und Geschichte

Lorbeerblätter stammen aus dem Mittelmeerraum und sind seit der Antike bekannt. Eine griechische Legende erzählt, dass die Nymphe Daphne vom Gott Apollo geliebt wurde und sich seinen Nachstellungen nur entziehen konnte, indem sie in einen Lorbeerbaum verwandelt wurde; aus Trauer trug der Gott daraufhin Kränze aus Lorbeerlaub.

Da Apollo als Gott der Dichtkunst galt, erlangte der Lorbeerbaum dadurch den Status einer Trophäe für Künstler und andere herausragende Personen. Im klassischen Griechenland schmückten Lorbeerblätter unter anderem die Häupter der Olympioniken; in früherer Zeit wurden dazu dem Zeus heilige Olivenzweige benutzt. Rom ehrte siegreiche Feldherren mit Triumphzügen und Lorbeerkränzen.

In der römischen Küche wurden Lorbeerblätter und auch die intensiver schmeckenden Früchte häufig verwendet. Im Apicius-Kochbuch gibt es ein Rezept für würziges Salzgebäck, das in einem mit Lorbeerblättern ausgelegten Ofen gebacken wird.

Verwendung

Lorbeerblätter werden in vielen mediterranen Küchen zu Brühen, Eintöpfen und Suppen verwendet; sie haben eine besondere Affinität zu Fischgerichten. In der französischen Küche werden sie oft vor Verwendung kurz anfrittiert, damit sich ihr Aroma intensiviert.
In Italien würzen die Blätter häufig Marinaden für eingelegte Oliven und eingelegtes Gemüse. Gegrilltes oder gebratenes Geflügel wird auf typisch italienische Weise mit ganzen Lorbeerzweigen umwickelt.
Weiter nördlich sind Lorbeerblätter ein beliebtes Fleischgewürz, vor allem zu dunklem Fleisch und Wild. In Deutschland verwendet man sie auch gern für essigsauer Eingelegtes.

Ernte und Qualitäten

Lorbeerblätter werden selten frisch verwendet, da sie in dieser Form merklich bitter sind. Bei sachgemäßem Trocknen im Schatten verstärkt sich das Aroma, und die Bitterkeit nimmt ab. Gute Lorbeerblätter sind auch in getrocknetem Zustand dunkelgrün und haben ein frisches, etwas zitroniges Aroma.
Trocknen in der Sonne liefert bleiche, braune Blätter mit schlechtem Aroma. Auch bei der Lagerung führt Licht sehr rasch zum Qualitätsverlust.

Lorbeerähnliche Gewürze

Mangels traditioneller Namen werden in Europa einige exotische Gewürze als „Lorbeer" bezeichnet, oft mit einem Attribut, das die geografische Herkunft angibt. Diese „Lorbeergewürze" haben einige formale Gemeinsamkeiten: Sie stammen von Bäumen oder Sträuchern mit festem, aromatischem Laub und werden zum Würzen verwendet. Die meisten davon haben aber mit Lorbeer botanisch und kulinarisch wenig Ähnlichkeit.
Das wichtigste dieser Gewürze ist der Indische Lorbeer, der in der nordindischen Küche große Bedeutung hat.

Karibischer oder Westindischer Lorbeer (*Pimenta racemosa*)

Als Karibischer Lorbeer wird das Laub eines eng mit Piment verwandten Baumes auf Kuba und Jamaica zum Grillen oder in der Parfümerie verwendet. Er hat einen starken Pimentgeruch.

Mexikanischer Lorbeer (*Litsea glaucescens*)

Dieses in Europa nicht erhältliche Gewürz wird in der nord- und zentralmexikanischen Küche verwendet.

Indonesischer Lorbeer (*Syzygium polyanthum*)

Die kaffeebraunen Blätter dieser Pflanze haben trotz der engen Verwandtschaft zur Gewürznelke kaum Aroma. Sie werden zusammen mit anderen Gewürzen in Fett scharf angebraten und verstärken dann den Geschmack anderer Zutaten.

Majoran

Majorana hortensis Gartenmajoran
Majorana syriaca Syrischer Majoran

Familie: Lippenblütengewächse
Herkunft: Mittelmeer, Westasien
Pflanzenteil: Frische oder getrocknete Blätter
Verwendung: Als Würzkraut für Würste und Ragouts sowie als Streuwürze

Es gibt zwei verschiedene Majorangewürze: Der mild, oft blumig riechende europäische Gartenmajoran ist ein beliebtes Würzkraut Norditaliens, Frankreichs und Mitteleuropas. Sein intensiv riechender levantinischer Cousin, der Syrische Majoran, würzt dagegen orientalische Grillgerichte.

Herkunft und Geschiche

Im östlichen Mittelmeerraum wird die Herkunft von Majoran vermutet. Er ist seit der Antike bekannt und diente als Parfüm, Heil- und Zauberkraut; man sagte ihm besondere Wirksamkeit für Liebeszauber nach. Bis heute kommt er in mitteleuropäischen Heiratsriten vor.

Majoran und Oregano

Die beiden Gewürze Majoran und Oregano haben ein kulinarisch sehr unterschiedliches Profil, aber botanisch ist ihre Abgrenzung schwierig. Unter „Oregano" versteht man meist stark schmeckende Kräuter, deren ätherische Öle Thymol oder Carvacrol enthalten und die daher ein entfernt thymianähnliches Aroma aufweisen. Gartenmajoran hat dagegen ein von Monoterpenen (Sabinen und Sabinenhydrat) bestimmtes ätherisches Öl und riecht viel milder, blumiger.

Der Syrische Majoran steht kulinarisch genau zwischen diesen beiden Extremen. Kochbücher aus dem Nahen Osten empfehlen oft eine Mischung von Thymian oder Oregano mit Majoran, um sein spezielles Aroma zu simulieren.

Majoran in der deutschen Küche

Majoran gilt als das typische Wurstgewürz und ist in fast allen einschlägigen Fertigmischungen enthalten. Deshalb wird er auch „Wurstkraut" genannt.

In der Küche würzt Majoran alle Arten von Ragouts und andere Speisen mit langer Garzeit. Das österreichische Majoranfleisch, ein leicht saures, mit Rahm gebundenes Rindfleischragout, trägt den Namen des Krauts sogar im Namen.

Majoran im Orient

Syrischer Majoran wird sprachlich und kulinarisch nur unscharf von Thymian und Bohnenkraut abgetrennt. Diese Gewürze werden zum Würzen von Fleisch, vor allem gegrilltem Hammel, verwendet; in der Levante isst man auch gern mit Thymian bestreute Brotfladen zum Frühstück.

Der arabische Name *zatar* steht aber nicht nur für Majoran, Thymian und Bohnenkraut, sondern besonders in Jordanien auch für eine Mischung aus einem dieser Kräuter mit Sumach und Sesam. Diese *zatar*-Mischung wird bei Tisch als Streuwürze gereicht oder mit Olivenöl zu einem würzigen Brotaufstrich verrührt.

In Ägypten kennt man eine ähnliche, aber komplexere Mischung, die verschiedene Arten von Nüssen, geröstete Kichererbsen und unreife Mandelkerne enthält. Diese Mischung nennt sich *duqqah* und dient ebenfalls als Brot- und Streuwürze.

MEERRETTICH

Armoracia rusticana

Familie:	Kreuzblütengewächse
Herkunft:	Wahrscheinlich Osteuropa
Pflanzenteil:	Wurzel
Verwendung:	Roh als Bestandteil scharfer Tischwürzen
Eigenschaften:	Meerrettich wirkt stark desinfizierend und äußerlich durchblutungssteigernd.

Meerrettich ist ein für die deutsche Küche typisches Gewürz, das in geriebener oder industriell eingelegter Form scharfe Akzente setzt. Er wird auch in Nord- und Osteuropa geschätzt, die Mittelmeerländer kennen ihn kaum.

Herkunft und Geschichte

Über die Geschichte des Meerrettichs ist wenig bekannt: Die heute in fast ganz Europa wild wachsende Pflanze taucht erst in den Quellen des Mittelalters zweifelsfrei auf und stammt wahrscheinlich aus dem östlichen oder südöstlichen Europa. Ihr österreichischer Name „Kren" ist slawischen Ursprungs und findet sich in ähnlicher Form auch in anderen Sprachen Mittel- und Südeuropas – das deutet auf einen Ursprung im slawischen Siedlungsgebiet Osteuropas.

In Deutschland wurde der Meerrettich ab dem 12. Jahrhundert angebaut und war wegen seines niedrigen Preises in allen Schichten beliebt. Man verwendete ihn – wie heute – auch im Mittelalter roh und bereitete Saucen aus der geriebenen Wurzel mit Salz und Essig. Die Wurzel wurde auch als Gemüse gekocht.

Die Volksmedizin machte sich seine starke desinfizierende Kraft zunutze, indem sie die geschrotete Wurzel äußerlich auf entzündete Wunden und Geschwüre aufbrachte. Innerlich wurde Meerrettich gegen Fieber eingesetzt.

Chemie

Wie seine Verwandten Senf und Wasabi enthält auch Meerrettich so genannte „Senfölglykoside" oder Glucosinolate, die bei Zellverletzung aggressive und keimtötende Isothiocyanate freisetzen.

Im Aroma von Meerrettich dominiert das Allylisothiocyanat, das auch in Schwarzem Senf vorkommt; Spurenbestandteile sind Phenylethylisothiocyanat und 2-Pentenylisothiocyanat. Diese Substanzen sind sehr kurzlebig und verflüchtigen sich bereits nach wenigen Minuten. Die Schärfe von Meerrettich kann jedoch durch Zusatz von Säure (Essig, Zitronensaft, unreife Früchte) stabilisiert werden.

Meerrettich in Deutschland und Skandinavien

Meerrettich ist in vielen Saucen enthalten, die zu Fisch gegessen werden. Diese werden immer aus rohem, frisch geriebenem oder geraspeltem (oder aus eingelegtem) Meerrettich hergestellt und oft mit etwas Säure stabilisiert.

Sahnemeerrettich ist eine milde Zubereitung aus Meerrettich und geschlagener Sahne, die traditionell zu geräuchertem Lachs gegessen wird. Eine Variante mit Preiselbeeren hat sich dagegen als Begleiter zu dunklem Fleisch, vor allem Wild, etabliert.

Eingelegter Meerrettich ist gerieben und gesäuert, oft auch gesüßt; in dieser Form wird er in Skandinavien als Beilage zu Fischgerichten serviert. Industriell hergestellte Meerrettichpasten versprechen augenblickliche Verwendbarkeit, erreichen aber nicht die Schärfe des selbst geriebenen.

Meerrettich in Österreich

In Österreich gibt es zwei traditionelle Meerrettich-Zubereitungen, die als Tischwürze zu Schweinebraten oder gekochtem Rindfleisch (Tafelspitz) gereicht werden.

$$\text{Sinigrin} \xrightarrow[\text{- HSO}_4^-]{\text{Myrosinase + H}_2\text{O}} \text{Allylisothiocyanat} + \text{C}_6\text{H}_{12}\text{O}_6 \text{ (Glucose)}$$

Apfelkren ist eine Mischung von geriebenem Meerrettich und rohem Apfelpüree, die gewöhnlich mit etwas Zitronensaft stabilisiert wird. Apfelkren schmeckt fruchtig-scharf und passt am besten zu fetterem Fleisch oder Würstchen. Um die Braunfärbung der Apfelmasse zu verhindern, können auch gedämpfte Äpfel verwendet werden.

Für Semmelkren wird Meerrettich in eine warme Mischung aus Brühe und gequollenen Brötchen eingerührt. In der Hitze der Zubereitung verflüchtigt sich ein Teil der Meerrettichschärfe, und die Sauce schmeckt sehr mild. Semmelkren ist die traditionelle Begleitung zum Wiener Tafelspitz.

MYRTE

Myrtus communis

Familie:	Myrtengewächse
Herkunft:	Mittelmeer
Pflanzenteil:	Zweige, frische oder getrocknete Blätter; reife Früchte
Verwendung:	Myrte ist ein sehr regionales Gewürz und dient vor allem als aromatisches Feuerholz.

Herkunft und Geschichte

Myrte stammt aus den westmediterranen Macchienwäldern und ist wegen ihres erfrischend eukalyptusartigen Geruchs seit der Antike bekannt. In der jüdischen Religion hat sie eine besondere Bedeutung und wird beispielsweise in den Riten rund um das Laubhüttenfest verwendet.

Im antiken Rom stellte man aus Myrtenblättern duftende Parfümöle her und aromatisierte damit Weine. Die getrockneten Beeren dienten gelegentlich als Pfefferersatz; heute bereitet man daraus aromatische Liköre.

Verwendung

Die duftenden Myrtenblätter eignen sich wegen ihrer Bitterkeit nur sehr begrenzt als Gewürz. Manchmal wickelt man Braten oder Grillgut zwischen Zubereitung und Servieren in Myrtenzweige, um ihnen ein von Bitterkeit freies Myrtenaroma zu verleihen.

Häufiger dient Myrte jedoch als Feuerholz beim Grillen. Diese Technik ist besonders bei Schafhirten auf Sardinien und Korsika beliebt, da die Myrte dort massenhaft wild vorkommt. Das dabei entstehende Aroma lässt sich außerhalb des Mittelmeergebietes schlecht nachahmen; man kann jedoch getrocknete Myrtenblätter auf die glühende Holzkohle eines konventionellen Grills streuen.

OREGANO

Origanum vulgare
Echter Oregano
Origanum heracleoticum
Falscher Staudenmajoran
Origanum onites
Spanischer Hopfen, Topfmajoran

Familie:	Lippenblütengewächse
Herkunft:	Östliches Mittelmeer
Pflanzenteil:	Frische oder getrocknete Blätter, oft auch in Form blühender Zweige
Verwendung:	Oregano ist ein italienisches Universal- und Charaktergewürz.

Oregano ist das klassische Pizzagewürz. Mit Oregano gewürzte Speisen findet man in Italien und Griechenland, aber weniger in anderen mediterranen Staaten. In Mexiko gibt es einige Gewürzpflanzen, die oft als „Oregano" bezeichnet werden.

Geschichte

In der Antike gehörte Oregano zu den beliebtesten Kräutern der griechischen Küche. Er wurde in Kombination mit Käse besonders zu Fisch verwendet. Auch die römische Küche verwendete ihn häufig, besonders zu Fisch und Kalbfleisch. Außerdem diente er als Heilkraut bei Entzündungen.

Im Mittelalter war Oregano nicht mehr allzu beliebt und wurde weder kulinarisch noch medizinisch viel verwendet; er spielte jedoch im Volksglauben eine Rolle – das Kraut sollte gegen Hexen wirksam sein.

Botanik

Die verschiedenen Oregano-Arten lassen sich nur schwer voneinander unterscheiden und zeigen auch fließende Übergänge zum Majoran. Die meisten Oregano-Arten weisen ein vergleichbares Aroma auf, das auf das auch im Thymian charakterbestimmende Thymol zurückgeht. Das Aroma hängt aber stark vom Standort ab: In kühlem Klima bildet es sich oft nicht gut aus. Deshalb ist getrockneter Oregano aus südeuropäischem Anbau oft der frischen Pflanze aus dem eigenen Garten überlegen.

Für den Anbau in Deutschland ist der nicht winterfeste Falsche Staudenmajoran wegen seines starken Aromas oft besser geeignet als der robuste, aber zumeist wenig aromatische Echte Oregano.

Oregano in der italienischen Küche

Oregano ist ein typisches Würzkraut des italienischen Südens. Getrockneter Oregano gilt als typisches Pizzagewürz, obwohl die Urform aller *pizze*, die im 10. Jahrhundert erfundene *pizza Margherita*, mit frischem Basilikum zubereitet wird.

Oregano hat eine aromatische Affinität zu Tomaten und würzt viele Pastasaucen auf Tomatenbasis. Außerdem wird er für Marinaden zum Einlegen neopolitanischer sonnengetrockneter Tomaten verwendet. Auch andere Arten eingelegtes Gemüse und marinierte schwarze Oliven werden mit Oregano gewürzt.

Oregano in der griechischen Küche

Getrockneter Oregano findet sich immer im so genannten „Griechischen Bauernsalat" (*choriátiki saláta*) aus frischem Gemüse, Fetawürfeln und Olivenöl.

Die griechischen Lammfleischspieße *souvláki* werden ebenfalls mit Oregano mariniert und beim Grillen oft noch mit Oregano bestreut. Die beliebteste Oregano-Sorte in Griechenland ist der „Spanische Hopfen".

Mexikanischer Oregano

In Mittelamerika gibt es einige einheimische Pflanzen, deren Aroma stark an Oregano erinnert und die in der Kochliteratur oft als „Mexikanischer Oregano" bezeichnet werden. Sie werden, ähnlich wie Oregano in Italien, zu saucigen oder langsam geschmorten Gerichten verwendet, beispielsweise zu dem nordmexikanischen und texanischen *chili con carne*.

PETERSILIE

Petroselinum crispum
Petersilie
Petroselinum crispum convar. *crispum*
Blattpetersilie
Petroselinum crispum convar. *radicosum*
Wurzelpetersilie

Familie: Doldenblütengewächse
Herkunft: Mittelmeer, Westasien
Pflanzenteil: Frische Blätter
Verwendung: Universelle Gründekoration
Eigenschaften: Petersilienwurzeln und vor allem -früchte wirken harntreibend.

Frische Petersilienblätter prägen die Küchen Europas und Westasiens. Viele Gerichte werden vor dem Servieren mit Petersilie garniert, und für manche Speisen ist Petersilie sogar essenzielles Gründgemüse.

Herkunft und Geschichte

Petersilie stammt aus dem westmediterranen Raum und ist seit der Antike bekannt. In Griechenland war sie eine heilige Pflanze, die in der Odyssee die Insel der Nymphe Kalypso schmückt, und die Sieger der Isthmischen und Nemeischen Spiele wurden mit Petersilienkränzen geehrt. Allerdings unterschieden die Griechen nicht deutlich zwischen Petersilie und Sellerie.
In Mitteleuropa wurde Petersilie erst im Mittelalter populär. Sie wurde in Klöstern als Heilkraut angebaut und fand auch einen Weg in die Küche. Petersiliensorten mit krausen Blättern („Mooskrause") wurde gezüchtet, um Verwechslungen mit der sonst sehr ähnlichen giftigen Hundspetersilie zu vermeiden.

Sorten und Inhaltsstoffe

Petersilie ist eine variable Pflanzenart, von der es verschiedene Kultursorten gibt und die verschiedene „chemische Rassen" ausbildet; unter letzteren versteht man Sippen, die sich in ihren Inhaltsstoffen wesentlich unterscheiden und daher auch unterschiedlich schmecken.

Petersilie in Südeuropa

Petersilie ist aus den Mittelmeerküchen nicht wegzudenken. Sie ist Bestandteil fast aller französischen Würzsträuße (*bouquet garni*); beim Kochen verliert Petersilie zwar ihr typisches Aroma, aber sie bereichert Brühen oder Saucen mit einem würzigen Grundgeschmack.

Zumeist wird Petersilie jedoch roh oder ganz kurz erhitzt verwendet. Sie verträgt sich sehr gut mit Knoblauch, wie zwei ganz unterschiedliche Rezept illustrieren: *Spaghetti aglio, olio e peperoncini* sind Nudeln, die in einer kurz angebratenen Mischung aus Olivenöl, Knoblauch, Petersilie und Chili geschwenkt werden. Dagegen ist *aigo boulido* eine südfranzösische Knoblauchbrühe, in die kurz vor dem Servieren frisch gehackte Petersilie eingerührt wird.
Fleisch wird in Frankreich oft mit *persillade*, einer Mischung aus gehacktem Knoblauch und Petersilie, gewürzt. Eine ähnliche Mischung aus Italien heißt *gremolata*; sie enthält auch Zitronenschale und wird als Beilage zu luftgetrocknetem Schinken gereicht.

Petersilie im Orient

In der Türkei werden fast alle Gerichte der kalten Küche wie Oliven oder Gemüsepasten mit gehackter Petersilie garniert, und sie begleitet auch oft gebratenes Fleisch wie *döner kebap*.
In der Levante dient Petersilie nicht nur als Dekoration, sondern auch als Hauptzutat: *Tabbuli* ist ein Salat aus gehackten Petersilienblättern, Minze, gequollenem Weizengries (*burghul*) und Tomaten, der mit Zitronensaft und Olivenöl abgeschmeckt wird. Das Verhältnis zwischen Petersilie und Weizengries schwankt sehr stark; je nach Herkunft kann der Salat fast nur aus Petersilie bestehen.
Sowohl im Kaukasus als auch auf der arabischen Halbinsel wird Petersilie ähnlich verwendet, allerdings trifft man zuweilen auch oft Korianderkraut in derselben Funktion.
In der iranischen Küche kennt man dicke Kräutersaucen, in denen man Fleisch oder Hülsenfrüchte schmort (*ghorme*). Die Kräutermischung besteht aus Petersilie, Bockshornklee, Minze und grünen Gemüsen wie Porree oder Zwiebeln; häufig werden diese Kräuter auch getrocknet verwendet.

Rosmarin

Rosmarinus officinalis

Familie: Lippenblütengewächse
Herkunft: Mittelmeer
Pflanzenteil: Frische oder getrocknete Blätter
Verwendung: Rosmarin würzt Fleisch, insbesondere Gegrilltes, größere Bratenstücke und Kartoffeln.

Der holzige, zähe und durchdringend aromatische Rosmarin ist eine charakteristische Würze des westlichen Mittelmeerraums. Erst seit einigen Jahren gibt es frostharte Kultursorten, die das wunderbare Aroma frischer Rosmarinblätter auch den Köchen Mittel- und Nordeuropas zugänglich machen.

Botanik und Chemie

Rosmarin ist ein langsam wachsender, im Alter oft knorriger Strauch typisch mediterraner Landschaften. Als Anpassung an die wasserarmen Standorte hat er nadelförmige, am Rand eingerollte Blätter entwickelt. Seine meerblauen Blüten werden im katholischen Volksglauben mit der Heiligen Maria assoziiert.
Rosmarinblätter enthalten 1–2 % ätherisches Öl, das komplex zusammengesetzt ist und das sowohl in Zusammensetzung als auch im Aroma den Ölen aus Pinien, Fichten oder anderen Nadelbäumen ähnelt. Speziell die älteren Blätter enthalten Gerbstoffe und entwickeln deshalb einen bitteren Nachgeschmack, der sich beim Trocknen noch verstärkt.

Rosmarin in der Küche

In den Mittelmeerländern verwendet man Rosmarin möglichst frisch. Er passt zu fast allen mediterranen Fleischgerichten und lässt sich mit einer Vielzahl anderer Aromen kombinieren: Mit Knoblauch zu gegrilltem Lamm, mit Zitrone zu Fisch und mit Pfeffer und Rotwein zu geschmortem Rindfleisch. Rosmarinaroma ist sehr gut kochfest.
Gegrilltes Lamm oder Geflügel werden besonders gern mit Rosmarin zubereitet. Rosmarinblätter können dabei Bestandteil der Marinade sein – oder sie werden während des Grillens auf die Glut gestreut. Eine andere Möglichkeit: kleinere Vögel können mit Rosmarinzweigen umwickelt und gegrillt werden.

SALBEI

Salvia officinalis Gartensalbei
Salvia triloba Griechischer Salbei

Familie: Lippenblütengewächse
Herkunft: Mittelmeer
Pflanzenteil: Frische oder getrocknete Blätter
Eigenschaften: Die Volksmedizin macht sich die schweißhemmende Wirkung von Salbei zunutze.
Verwendung: Für Tees und Salbeibonbons bei Erkältungskrankheiten

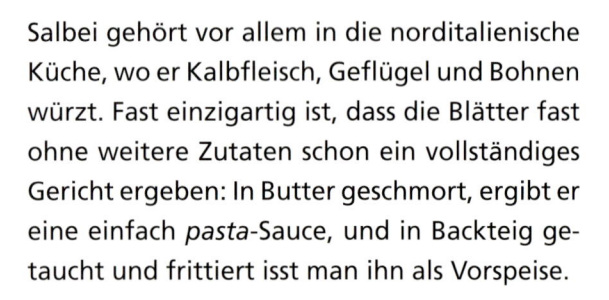

Salbei gehört vor allem in die norditalienische Küche, wo er Kalbfleisch, Geflügel und Bohnen würzt. Fast einzigartig ist, dass die Blätter fast ohne weitere Zutaten schon ein vollständiges Gericht ergeben: In Butter geschmort, ergibt er eine einfach *pasta*-Sauce, und in Backteig getaucht und frittiert isst man ihn als Vorspeise.

Verwendung

In der italienischen Küche verwendet man den stark riechenden Salbei gern als Würze zu mildem Kalb- oder Geflügelfleisch; das berühmteste Beispiel dafür ist die *saltimbocca alla Romana*, ein Leckerbissen aus einem dünnen Kalbsschnitzel, das mit einer Scheibe luftgetrocknetem Schinken und einem Salbeiblatt gemeinsam aufgerollt und in der Pfanne gebraten wird.

Fagioli al fiasco, die „Bohnen in der Flasche", sind eine besondere Spezialität der Toskana. Weiße Bohnen, Tomaten und Knoblauch werden gemeinsam gedünstet und ziehen danach zusammen mit Salbei einige Stunden in einer leeren Chianti-Flasche, bis sich das Aroma optimal entwickelt hat.

Mittelamerikanische Salbeiarten

Im tropischen Mittelamerika wächst eine große Vielfalt von Salbeiarten mit zumeist großen, farbenprächtigen Blüten. Viele davon haben süßlich oder fruchtig riechende Blätter und sind nach dem Obst benannt, an das ihr Duft erinnert. Diese Pflanzen sind allerdings noch nicht für die Küche entdeckt worden.

Schabziegerklee

Trigonella caerulea

Familie: Schmetterlingsblüten-
gewächse
Herkunft: Alpen, Kaukasus
Pflanzenteil: Getrocknete Blätter
Verwendung: Für regionale alpine Brot- und Käsespezialitäten.

Das in der Schweiz Schabziegerklee und in Südtirol Brotklee genannte Gewürz wird in ganz geringem Umfang produziert und ganz überwiegend von lokalen Betrieben verbraucht. Die Blätter erinnern im Geruch an den eng verwandten Bockshornklee und würzen in Südtirol Roggengebäck und in der Schweiz Hartkäse.

Südtiroler Brotklee

Der Brotklee wird auf 1200 m Seehöhe im Pustertal (Südalpen) von wenigen Bauern angebaut. Der Anbau erfolgt traditionell. Nach dem Mähen trocknen die Pflanzen langsam, wobei sie eine Fermentierung durchlaufen und ein volles Aroma ausbilden. Die Höhenlage und die Trocknungsmethode führen zu einem anderen Geschmack als beim Schabziegerklee.
Der getrocknete Brotklee wird zum Würzen von Broten und Kleingebäck verwendet, zum Beispiel für Vinschgauer Fladenbrötchen aus Roggen-Weizen-Sauerteig oder die Pusterer Brötchen.

Schweizer Schabziegerklee

Der Schabziegerklee wird im Kanton Glarus (Westalpen) angebaut. Zur Blüte wird der Klee von Hand gemäht und ohne Fermentation getrocknet. Die jährliche Erntemenge liegt bei etwa einer Tonne.

Schabziegerklee wird zum Würzen einiger regionaler Käsespezialitäten wie Schabziger gebraucht, einem doppelt gereiften sehr mageren Hartkäse. Daneben wird Schabziegerklee zum Würzen von Kartoffelgerichten (*Rösti*) und Brotaufstrichen verwendet.

Alle Schabzieger-Felder sind im Besitz der einzigen Firma, die Schabziger-Käse herstellt. Nur die Überschüsse, die nicht für die Käseproduktion gebraucht werden, gelangen in den Einzelhandel.

SCHNITTLAUCH

Allium schoenoprasum Schnittlauch
Allium tuberosum Chinesischer Schnittlauch

Familie:	Lauchgewächse
Herkunft:	Europa, ursprünglich Zentralasien
Pflanzenteil:	Frische Blätter
Verwendung:	Universell als Streuwürze in Europa

Herkunft und Geschichte

Schnittlauch wächst als Wildpflanze in fast ganz Europa, stammt aber wahrscheinlich ursprünglich – wie alle Lauchgewächse – aus Zentralasien. Trotz seiner weiten Verbreitung wird er in Europa erst ab dem Mittelalter erwähnt.

Chemie

Schnittlauch enthält die für die Gattung typischen Alkylcysteine, aus denen bei Verletzung des Gewebes stark riechende und aggressive Schwefelverbindungen gebildet werden. Obwohl der Mechanismus derselbe wie in Knoblauch und Zwiebel ist, wurden in seinem Bouquet etwas abweichende Schwefelverbindungen gefunden. Als Hauptverbindung gilt Dipropyldisulfid.
Im Chinesischen Schnittlauch finden sich dagegen vorwiegend Dimethyldisulfid und Dimethyltrisulfid.

Verwendung

Schnittlauch ist ein überaus beliebtes Grüngewürz Mitteleuropas und hat in vielen europäischen Küchen eine ähnliche Funktion wie Petersilie im Orient oder Koriander in Südoastasien. In der Küche Deutschlands und seiner östlichen Nachbarländer werden die röhrigen Blätter des Schnittlauchs zu kleinen Röllchen geschnitten und über Suppen, Eintöpfe, Käseaufläufe, Knödel, Salate oder einfach auf das Butter- oder Käsebrot gestreut.

In Frankreich verwendet man häufig eine Mischung aus vier frischen Kräutern, die *fines herbs* heißt und aus Schnittlauch, Petersilie, Kerbel und Estragon besteht.

In Deutschland wird Schnittlauch oft mit Kartoffeln gegessen; im Sommer isst man oft gekochte oder gedämpfte junge Kartoffeln mit einer Quark-Schnittlauch-Sauce. Schnittlauch ist auch eines der Kräuter für Frankfurter Grüne Sauce.

In China gibt es mit dem „Chinesischen Schnittlauch" oder „Schnittknoblauch" ein verwandtes Küchengewürz mit flachen Blättern und etwas knoblauchartigem Geschmack. Viele milde Gerichte der *Guangdong*-Küche aus dem Südosten Chinas werden mit fein geschnittenem chinesischem Schnittlauch bestreut, zum Beispiel die als Zwischenmahlzeit gereichten gedämpften Teigtaschen (*dím sām*).

THYMIAN

Thymus vulgaris

Familie: Lippenblütengewäche
Herkunft: Mittelmeer
Pflanzenteil: Frische oder getrocknete Blätter, oft auch in Form blühender Zweige
Verwendung: Thymian ist vielseitig und fast universell zu allen Schmorgerichten verwendbar.
Eigenschaften: Thymian wirkt stark auswurffördernd und wird deshalb gern gegen trockenen Husten verwendet.

Fast überall in Europa ist Thymian als Gewürzkraut in Verwendung. Sein Geschmack passt zu fast allen pikanten Gerichten. Frischer Thymian hat ein viel subtileres und leichteres Aroma als getrockneter und gewinnt in den letzten Jahren immer mehr an Beliebtheit.

Herkunft und Geschichte

Rund ums Mittelmeer gibt es viele verschiedene Thymian-Arten mit aromatischen Blättern. Nicht alle davon sind für den kulinarischen Einsatz geeignet, aber einige werden seit dem Altertum als Gewürz verwendet. Im antiken Griechenland mit seiner Vorliebe für mild gewürzte Speisen war Thymian eines der beliebtesten Gewürzkräuter.
Bereits die Römer führten Thymian nach Britannien ein, wo er seither einen Spitzenplatz bei den Würzkräutern einnimmt. In Mitteleuropa gelangte er durch die mittelalterlichen Kräutergärten zu Bekanntheit.

Sorten

Wie bei vielen verwandten Gewürzpflanzen hängt auch beim Thymian das Aroma von Klima, Standort und genetischen Faktoren ab. Durch Auswahl und Kreuzung mit wilden Thymianarten wurde eine große Anzahl verschieden riechender Thymiansorten gezüchtet, manche davon mit Zitronen- oder Kümmelgeruch.

Chemie

Der Würzwert von Thymian schwankt sehr stark, da die Pflanzen im heißen mediterranen Sommer viel mehr ätherisches Öl enthalten (7 %) als im Winter (4 %). Außerdem ist das Öl im Sommer und Winter unterschiedlich zusammengesetzt.
Ätherisches Öl aus Sommerthymian enthält etwa 60 % Thymol und 20 % Carvacrol; beide Stoffe, aber vor allem Letzteres, bedingen einen starken, gröberen, etwas reizenden Geschmack.

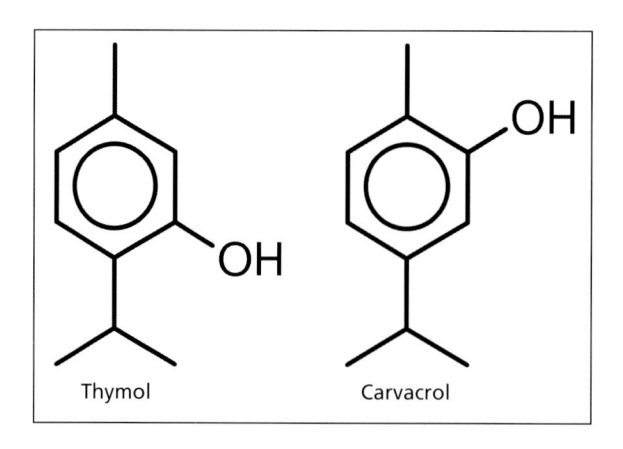

Im milderen Winterthymian fehlt Carvacrol, und der Thymolgehalt reduziert sich auf maximal 40 %, dafür wird das Bouquet durch verschiedene Terpenverbindungen bereichert.
Thymian gehört zu den wenigen Kräutern, deren Würzkraft sich beim Trocknen noch verstärkt.
In speziellen Thymianarten bedingen Citral (Zitrusduft) oder Carvon (Kümmelaroma) ein abweichendes Geschmacksprofil.

Thymian in der europäischen Küche

Die meisten Mittelmeerküchen verwenden Thymian. So würzt er in Italien Tomatensaucen und *risotti*, und französische Köche verfeinern damit Schmor- und Grillgerichte. Er ist in der Kräutermischung *herbes de Provence* enthalten.
In der deutschen Küche ist Thymian ebenfalls heimisch geworden und gilt als ein typisches Fleischgewürz; auch viele Wurstrezepte enthalten Thymian, meist kombiniert mit Majoran. Viele Köche bevorzugen Thymian frisch; das gilt besonders für den Zitronenthymian, der in den letzten Jahren als Fischgewürz populär wurde.

Thymian in der orientalischen Küche

Thymianaroma ist in der Levante sehr beliebt. Je nach Region und Vorliebe verwendet man Thymian, Bohnenkraut oder eine spezielle thymianduftende Majoranart (Syrischer Majoran). In vielen arabischen Ländern werden alle diese Gewürze unterschiedslos *zatar* genannt.

In Jordanien meint man mit *zatar* jedoch eine Gewürzmischung aus Thymian oder Majoran, Sumach und Sesamsamen, die als Streuwürze auf dem Tisch steht oder mit etwas Olivenöl einen aromatischen Brotaufstrich ergibt. Eine ähnliche Rezeptur aus Ägypten heißt *duqqah* und enthält auch oft Haselnüsse oder gehackte Mandeln.

WACHOLDER

Juniperus communis

Familie: Zypressengewächse
Herkunft: Europa
Pflanzenteil: Reife Fruchtzapfen
Verwendung: In Mittel- und Osteuropa zu Fleisch und Sauerkraut
Eigenschaften: Wacholder ist stark harntreibend, greift dabei aber die Niere an.

Wacholder, ein vermeintlich mächtiges Zauberkraut des Mittelalters, gehört zu den aromatischsten Gewürzen des nördlichen Europas. Er wird in fast allen europäischen Küchen verwendet, und zwar fast überall zu dunklem Fleisch, insbesondere zu Wild und Wildgeflügel.

Herkunft und Geschichte

Der Wacholderbaum kommt in zahlreichen Arten und Unterarten in ganz Europa vor, vorallem in Gebirgslagen von den Pyrenäen bis nach Skandinavien. Die einzelnen Arten unterscheiden sich in ihrer Wuchshöhe und in der Form der Nadeln, liefern aber alle vergleichbar aromatische Früchte.

Die antiken Ärzte erkannten die harntreibende Kraft der Wacholderbeeren und setzten sie medizinisch ein, aber es sind kaum Rezepte für mit Wacholder gewürzte Speisen erhalten. Die Mesopotamier und Römer verwendeten häufiger Zypressenzapfen, die ein ähnliches Aroma aufweisen.
Erst seit der frühen Neuzeit wird Wacholder in Kochbüchern regelmäßig erwähnt.

Botanik

Wacholder ist als Nadelbaum eine nacktsamige Pflanze, deren Samen nicht in einen Fruchtknoten eingeschlossen sind. Daher kann Wacholder streng genommen auch keine Früchte bilden.

Die so genannten „Wacholderbeeren" oder „Wacholderfrüchte" sind tatsächlich kurze Zapfen aus drei Schuppenblättern, die zur Blütezeit die Samenanlagen tragen. Im Verlauf der Reifung, die beim Wacholder zwei Jahre dauert, nehmen diese Schuppenblätter fleischigen Charakter an und hüllen die reifenden Samenanlagen ein.

Wacholder in der Küche

Sein harziger, an sonnendurchflutete Nadelwälder erinnernder Duft macht den Wacholder zu einem idealen Begleiter für Wildgerichte, da sie den rustikalen Charakter dieser Fleischsorten betonen.
Wacholder wird zu Wildbraten und Wildragout, aber auch zu Räucher- und Trockenfleisch verwendet. Er lässt sich sehr gut mit Pfeffer, Lorbeer, Majoran und Knoblauch kombinieren, ist aber nur selten in Gewürzmischungen enthalten.
In Deutschland, Nordfrankreich und Österreich ist Sauerkraut ohne Wacholder (und Kümmel) fast undenkbar. Sauerkraut besteht aus milchsauer fermentiertem Kohl, der meist erst nach der Fermentation gewürzt wird; es wird gekocht, gedünstet oder als Füllung für Knödel gegessen.

Gin

Branntwein mit Wacholdergeschmack (*jenever*) wurde im Holland des 17. Jahrhunderts erfunden. Seine größte Popularität erlangte er jedoch als *gin* in England, wo die Ginproduktion steuerliche Begünstigung erfuhr. Verfälschungen, insbesondere mit Terpentinöl, kamen sehr häufig vor, bis dann in der Mitte des 18. Jahrhunderts gesetzliche Qualitätsstandards geschaffen wurden.
Verbesserte Destillationsmethoden erlaubten ab dem 19. Jahrhundert die Herstellung von *dry gin*. Außerdem wurden weitere pflanzliche Aromatika wie Anis, Zitrusfrüchte oder Zimt zugesetzt.

WEINRAUTE

Ruta graveolens

Familie:	Rautengewäche
Herkunft:	Mittelmeer
Pflanzenteil:	Frische Blätter; selten reife Früchte
Verwendung:	Heute nur in der äthiopischen Küche gebräuchlich
Eigenschaften:	Wegen vielfältiger Nebenwirkungen ist Weinraute als Hausmedizin ungeeignet.

Die hocharomatische, aber bittere Weinraute war im antiken Rom eines der beliebtesten Gewürzkräuter und wurde fast universell für Saucen auf der Basis von Fischsauce (*garum*) verwendet. Heute findet sie nur noch in der ostafrikanischen Küche Anwendung.

Geschichte

Die mediterrane Weinraute gehörte zu den beliebtesten Kräutern der antiken römischen Küche. Ihre charakteristisch geformten, blaugrünen Blätter wurden roh zur Käse-Knoblauch-Paste *moretum* verwendet und finden sich in einer Vielzahl von Rezepten aus dem römischen Apicius-Kochbuch.

Nach römischer Vorstellung verträgt sich das Rautenaroma besonders gut mit dem stechenden und salzigen Geschmack von Fischsauce. Fischsauce mit Raute, anderen Kräutern und Honig wurde auch als Digestiv getrunken.

Außer den Blättern wurden auch die Früchte verwendet, die ihr Aroma beim Trocknen besser bewahren.

Chemie

Der intensiv fruchtige aber auch stechende Geruch von Weinraute geht auf ein ätherisches Öl zurück, das fast ausschließlich aus den beiden langkettigen Ketonen 2-Undecanon und 2-Nonanon besteht.

Weinraute enthält eine Reihe von sehr bedenklichen Inhaltsstoffen; deshalb warnen viele moderne Bücher vor ihrem Verzehr. Selbst eine Berührung der Blätter ist nicht ungefährlich, da diese an der Oberfläche Furanocumarine (Bergapten und Psoralen) ablagern, die in Zusammenhang mit Sonnenlicht bei empfindlichen Menschen schmerzhafte Allergien auslösen können.

Weinrautenblätter, und noch viel mehr die Wurzeln, enthalten eine Anzahl problematischer Alkaloide mit verschiedenen Grundstrukturen: Chinolin- und Chinazolinalkaloide gelten als Leber- und Nierengifte, und die davon abgeleiteten Acridinalkaloide haben mutagenes und krebserregendes Potential.

Das Acridinalkaloid Arborinin ist ein wirksames Abortivum und begründete die Verwendung von Weinraute als illegales und durchaus gefährliches Abtreibungsmittel.

Weinraute in der mediterranen Küche

Von der ehemaligen Beliebtheit der Raute haben sich in der modernen italienischen Küche nur Spuren erhalten. Als Gewürzkraut wird sie nur sehr selten verwendet, obwohl sich ihr Aroma sehr gut in säuerliche Speisen wie Tomatensaucen einfügt.

Der Tresterschnaps *grappa* wird in Italien oft mit einem Blättchen Raute aromatisiert; von einem solchen *grappa con ruta* trinkt man nach einem ausgiebigen Mal ein Gläschen zur Verdauungsförderung.

Weinraute in der äthiopischen Küche

In Äthiopien wird Weinraute häufig zum Würzen verwendet. Oft lässt man einige gehackte Rautenblätter in einem langsam geschmorten Eintopf (*wat*) mitkochen, oder man dekoriert beim Servieren damit. Auch Kaffee wird oft mit einem winzigen, an der Oberfläche schwimmenden Rautenblatt serviert. Zur Herstellung der Gewürzmischung *berbere* verwendet man sowohl getrocknete Gewürze als auch frische Kräuter. Die getrockneten Gewürze, vor allem Chilis, werden einzeln dunkel geröstet und zu einem Pulver vermahlen, das man mit Wein oder Wasser zu einer Paste vermengt. Diese Paste wird zu groben Brocken getrocknet, erneut geröstet und vermahlen. Der ganze Vorgang wird einige Male wiederholt, und beim letzten Schritt werden noch frische Kräuter wie Weinraute und Basilikum in die Paste eingearbeitet.

ZITRONENMELISSE

Melissa officinalis

Familie: Lippenblütengewächse
Herkunft: Mittelmeer
Pflanzenteil: Frische Blätter
Verwendung: Zitronenmelisse ist ein selten verwendetes Gewürz und wird vor allem für Obstsalate und süße Cremes eingesetzt.
Eigenschaften: Zitronenmelisse wirkt beruhigend und hilft gegen nervös bedingte Störungen.

Trotz ihrer mediterranen Herkunft ist die Zitronenmelisse heute vor allem ein mitteleuropäisches Heil- und Gewürzkraut, das im letzten Jahrzehnt wieder vermehrt in Mode gekommen ist.

Geschichte

Zitronenmelisse stammt aus dem westlichen Mittelmeerraum und dem Iran. Sie war bereits in der Antike bekannt und wurde als Heilpflanze und Bienentracht geschätzt.
Durch die mittelalterlichen Klostergärten verbreitete sich die Melisse auch nach Mitteleuropa; in Spanien wurde sie durch maurische Vermittlung bekannt. Destillate aus Melissenblättern („Melissengeist") gehen auf klösterliche Rezepte zurück und sind bis heute als Hausmittel beliebt.

Inhaltsstoffe

Melissenblätter enthalten ein ätherisches Öl mit dem Hauptbestandteil Citral, der auch den Duft von Zitronen bestimmt. Dieser Inhaltsstoff geht beim Trocknen größtenteils verloren.
Wegen des hohen Preises von echtem Melissenöl kommt es häufig zu Verfälschung mit anderen zitronenartig riechenden Pflanzenölen wie Zitronengrasöl.

Verwendung

Zitronenmelisse wird in den Mittelmeerküchen nur wenig verwendet. Manchmal findet man die frischen Blätter als Bestandteil von Salaten oder in der Grüngarnitur von Fischsuppen.
In Mitteleuropa findet man sie dagegen häufiger in Fruchtsalaten, da ihr Aroma gut zu Obstaromen passt; vor allem Äpfel harmonieren sehr gut mit ihrer sanften Zitrusnote. Auch süße Cremes oder Speiseeis lassen sich mit Melissenaroma verfeinern. Seltener findet man sie als Beilage zu salzigen Speisen.
In England werden Fruchtkonfitüren sehr oft mit Gewürzen zubereitet. Zitronemelisse eignet sich am besten für milde, wenig saure Früchte wie Erdbeeren.

Fernost

Fingerwurz
Galgant
Kaffernlimette
Kleiner Galgant
Pandanusblätter
Perilla
Reisfeldpflanze
Schwarzer Kardamom
Sichuanpfeffer
Sternanis
Wasabi
Zitronengras

Fingerwurz

Kardamon

Pandanusblüten

Sichuanpfeffer

Wasabi

Zitronengras

Fingerwurz

Boesenbergia panurata

Familie: Ingwergewächse
Herkunft: Westindonesien
Pflanzenteil: Frischer Wurzelstock (Rhizom) und Wurzel
Verwendung: nur in Thailand zu Fisch- und Fleischcurries

Die Fingerwurz ist eines von vielen Rhizomgewürzen Südostasiens, aber sie fällt durch ihre einzigartige Form aus dem Rahmen. Sie wird fast nur in Thailand verwendet.

Herkunft und Botanik

Die Fingerwurz stammt wahrscheinlich aus Java oder Sumatra, ist aber heute über ganz Südostasien und Indien als Heilkraut verbreitet. Die Pflanze wird nur in privaten Hausgärten gepflanzt.
Das Rhizom der Fingerwurz ist klein und knollenförmig. Aus ihm entsprießen mehrere „Finger".

Verwendung

Thailand ist die einzige Küchenregion, in der Fingerwurz häufig verwendet wird. Sie ist Bestandteil von Currypasten und wird Fischcurries auch manchmal zusätzlich in Form von dünnen Scheiben zugesetzt, die ihren leicht scharfen, etwas strengen Geschmack beim Schmoren an die Kochflüssigkeit abgeben.
Im Norden Thailands verwendet man Fingerwurz auch in manchen sojahaltigen Schmorgerichten aus Fleisch oder Gemüse. Vereinzelt werden sogar die jungen Wurzeln oder Blätter der Fingerwurz selbst als Gemüse gegessen.

GALGANT

Alpinia galanga

Familie: Ingwergewächse
Herkunft: wahrscheinlich Südchina
Pflanzenteil: Frischer oder getrockneter Wurzelstock (Rhizom)
Verwendung: Überall in Südostasien
Eigenschaften: Galgant wirkt magenstärkend.

Galgant ist in ganz Südostasien ein beliebtes Gewürz; meist wird der frische Wurzelstock verwendet, der in Scheiben geschnitten, gehackt oder zerrieben wird, und Suppen, Ragouts und Curries würzt.

Herkunft und Geschichte

Galgant stammt aus dem südlichen China oder der südostasiatischen Halbinsel. Er kam erst am Ende der Antike nach Europa und wurde in der byzantinischen und mittelalterlichen Küche viel verwendet. Man würzte Wein mit ihm, und er wurde auch für mit Brot angedickte Saucen gebraucht.

Seit dem Ende des Mittelalters ist Galgant aus den europäischen Küchen verschwunden.

Aroma und Chemie

Frischer Galgant hat ein angenehmes Tannenaroma und ein leicht brennende Schärfe. Beim Trocknen verändert sich das Aroma; Galant schmeckt dann eher zimtartig.
Die Schärfe von Galgant geht auf ähnliche Substanzen zurück wie bei den verwandten Gewürzen Ingwer und Kurkuma: Gingerole und Diarylheptanoide.
Das ätherische Öl von frischem Galgant ist sehr komplex aus knapp zehn Komponenten

zusammengesetzt, von denen nach dem Trocknen aber nur zwei verbleiben (1,8-Cineol und E-β-Farnesen).

Verwendung in Thailand

In Thailand ist Galgant eines der beliebtesten Gewürze, weswegen er auch „Thai-Ingwer" genannt wird. Man verwendet ausschließlich das frische Rhizom.

In Form dünner Scheiben wird Galgant zum Würzen von Suppen und lang geschmorten Speisen verwendet. Ein bekanntes Beispiel ist die Suppe *tom yam*, der eine stark gewürzte Fleisch- oder Fischbrühe mit Galgant, Kaffernlimettenblättern und Zitronengras zugrunde liegt. Diese Brühe wird mit einer Einlage aus Gemüse und Tofu, Hühnerfleisch oder Garnelen serviert. Sie erhält durch Limettensaft und Chili eine ausgeprägt sauer-scharfe Note.

Tom khaa ist eine verwandte, noch stärker mit Galgant gewürzte Suppe, die auch einen Schuss Kokosmilch enthält und daher mehr „Körper" hat.

Die so genannten „Currypasten" (*prik gaeng*) sind eine typische thailändische Würzzubereitung. Sie enthalten frische Gewürze wie Galgant, Knoblauch, Chili, Ingwer und Korianderblätter sowie stark riechende Fischsauce und Garnelenpaste. Verschiedene Zusammensetzungen werden an der Farbe unterschieden: Man kennt als Grundtypen *rote*, *gelbe* und *grüne* Currypaste. Manche Pasten enthalten auch Erdnüsse.

Die *grüne* Currypaste besteht im Wesentlichen aus Knoblauch, grünen Chilis und Korianderblättern, während in der *roten* getrocknete oder frische rote Chilis, Galgant, Zitronengras und Kaffernlimettenblätter dominieren. Die gelbe Currypaste verdankt ihre Farbe frischem Kurkuma-Rhizom.

In Südthailand wurde eine Variante der roten Currypaste entwickelt, die durch indischen und arabischen Einfluss mit getrockneten Gewürzen wie Zimt, Sternanis und Nelken angereichert ist. Nach ihrer muslimischen Herkunft wird sie *masaman*-Paste genannt.

Speisen, die aus Currypasten und Kokosmilch gekocht werden, heißen in Thailand „Curries". Viele Curries haben sehr flüssige, fast suppenartige Konsistenz und werden immer mit Reis gegessen.

Verwendung in Indonesien

Auch in Indonesien wird Galgant möglichst frisch und in Form einer Paste verwendet. Die indonesischen Würzpasten heißen *bumbu*, werden meist speziell für einzelne Speisen hergestellt und sofort verwendet. Der Name *bumbu* bezieht sich auf das Geräusch, das entsteht, wenn die Zutaten im Holzmörser gestampft werden.

Im Westen Sumatras, der Heimat des Indonesischen Zimtbaums, wird ein berühmtes scharfes Gericht aus Wasserbüffelfleisch hergestellt, das *rendang* heißt. Das zähe Büffelfleisch wird mit einem *bumbu* aus Galgant, Zwiebel, Chili und Knoblauch angebraten und mit Kokosnuss stundenlang weichgeschmort.

Die javanische Küche verwendet den Galgant sehr häufig, würzt aber generell milder. Das indonesische Nationalgericht *nasi goreng* ist gekochter Reis, der mit Gewürzen und verschiedenen Zutaten im Wok gebraten und danach mit einer *sambal* genannten Sauce abgelöscht wird. Häufig verwendet man dazu *sambal tomat*, das sind mit Galgantstücken und Chilis zu einer dicken Paste verkochte Tomaten.

Die würzige Küche der Insel Bali kennt eine Anzahl von *bumbu*-Grundrezepten, die *gede* heißen und aus Zwiebeln, Knoblauch, Chili, Galgant und anderen in Fett angebratenen Gewürzen bestehen. Meist enthalten sie auch Fischprodukte wie die stechend riechende Garnelenpaste *trassi*.

KAFFERNLIMETTE

Citrus hystrix

Familie: Rautengewächse
Herkunft: Festland-Südostasien
Pflanzenteil: Frische Blätter; seltener werden auch die Früchte genutzt.
Verwendung: Bestandteil südostasiatischer Gewürzpasten und besonders in Thailand und Indonesien beliebt

Die Kaffernlimette ist eine rein tropisch verbreitete Zitrusfrucht, mit dunkelgrünen, intensiv duftenden Blättern. Diese Blätter verleihen vielen südostasiatischen Speisen ein eigentümliches Zitrusaroma, das mit keinem anderen Gewürz nachgeahmt werden kann.

Chemie

Kaffernlimettenblätter enthalten ein ätherisches Öl mit dem dominierenden Bestandteil (S)-Citronellal, der in anderen Zitruspflanzen nur in geringeren Mengen auftritt.

Verwendung in Thailand

Der spezielle, cremige Zitrusgeruch der Kaffenlimettenblätter passt hervorragend in die Thai-Küche mit ihrer Neigung zu intensiven Aromen von Knoblauch und fermentiertem Fisch.
Die zähen Blätter werden manchmal in haarfeine Streifen geschnitten und würzen in dieser Form Speisen mit kurzer Garzeit wie Wokgerichte, Salate und frittierte oder gedämpfte Hackfleischbällchen.
Für länger gekochte Speisen lässt man meist ganze Blätter mitkochen. So aromatisieren die Kaffernlimettenblätter Suppen, Curries und

nordthailändische Schmorgerichte. Seltener wird dazu die abgeriebene Schale der Früchte verwendet.

Im benachbarten Kambodscha werden Kaffernlimettenblätter auch zu Würzpasten für Wokgerichte verarbeitet.

Verwendung in Indonesien

In der indonesischen Küche spielt Zitrusduft eine herausragende Rolle. Allerdings wird er dort meistens mit Zitronengras erzielt; Kaffernlimettenblätter sind eine seltener genutzte Alternative.

Kaffernlimettenblätter werden besonders häufig zu Hühnergerichten verwendet, wie den milden javanischen Brathühnern (*ayam goreng*) oder verschiedenen Hühnercurries. Für letztere verwendet man manchmal auch die Früchte.

Der christliche Norden der Insel Sulawesi kennt viele scharfe Rezepte mit Schweinefleisch. *Tinuransa* kommt aus Manado am Nordzipfel der Insel und besteht aus kleinwürfelig geschnittenem Schweinebauch, der mit einem aggressiv scharfen *bumbu* und Kaffernlimettenblättern gewürzt ist.

KLEINER GALGANT

Kaempferia galanga

Familie:	Ingwergewächse
Herkunft:	wahrscheinlich Indien oder Südostasien
Pflanzenteil:	Frischer oder getrockneter Wurzelstock (Rhizom)
Verwendung:	In Indonesien für Gewürzpasten, in China für Brühen

Der Kleine Galgant ist ein regionales Gewürz, das fast nur in Indonesien und China bekannt ist. Indonesische Gewürzpasten enthalten den Wurzelstock in frischer Form, während die chinesische Küche dieses Gewürz meist getrocknet nutzt.

Verwendung in Indonesien

Das frische Rhizom wird in Indonesien häufig aus Bestandteil von Würzpasten (*bumbu*) verwendet. Er ist besonders in Java und Bali beliebt.
Die Java-Küche hat eine Vorliebe für süß-pikante Wokspeisen, wobei die Süße meist von einer zuckerhaltigen, siruparartigen Sojasauce (*kecap manis*) stammt. Bei Tisch werden scharfe und süße Tischwürzen (*sambal*) gereicht. Eine beliebte Version ist *sambal kacang* aus Erdnüssen, süßer Sojasauce, Chili und Kleinem Galgant.
Das berühmteste Rezept der balinesischen Küche ist eine intensiv gewürzte Ente, die in Bananenblätter gehüllt und gebacken wird (*bebek betulu*). Das dazu verwendete *bumbu* ist sehr komplex aufgebaut und enthält ungefähr 15 verschiedene frische und getrocknete Gewürze und Garnelenpaste, wobei Kleiner Galgant das Aroma dominiert.

Verwendung in China

In der chinesischen Küche sind aufwändige Brühen die Grundlage vieler Speisen. Dafür wird Fleisch oft mehrmals mit heißem Wasser abgebrüht, um eine Trübung der späteren Brühe zu verhindern, und danach mit viel Ingwer, Frühlingszwiebeln und getrockneten Gewürzen ausgekocht.
Gewürzmischungen für Brühen variieren in verschiedenen chinesischen Regionen, aber Kleiner Galgant, Sternanis, Fenchel und Sichuanpfeffer sind eine häufige Wahl; in Sichuan kommen oft noch getrocknete Schalen von Mandarinen und Orangen dazu.
Gewürzte Brühen werden in China oft als Kochmedium verwendet und heißen dann auch *Meistersaucen*; in diesem Fall sind sie besonders opulent gewürzt und oft gesüßt. Für den so genannten Feuertopf („Chinesisches Fondue") benötigt man ebenfalls möglichst aromatische Brühe.

PANDANUSBLÄTTER

Pandanus amaryllifolius

Familie:	Schraubenpalmengewächse
Herkunft:	Tropisches Asien
Pflanzenteil:	Welke oder trockene Blätter

Die Blätter des Duftenden Schraubenbaums haben ein warmes, heuartiges Aroma und werden in ganz Südostasien genutzt. Sie würzen verschiedene Süßspeisen und werden deshalb auch die „Vanille Südostasiens" genannt. Meist verwendet man Pandanus in Form eines dunkelgrünen Extraktes, der damit gewürzten Desserts neben dem Aroma auch eine kräftig grüne Farbe verleiht.

Herkunft und Botanik

Der Duftende Schraubenbaum ist ein sehr merkwürdiges Gewächs, das nur aus Kultur bekannt ist. Die Pflanze blüht so selten, dass nur ein einziges Beispiel einer männlichen Blüte in der wissenschaftlichen Literatur beschrieben wurde – eine weibliche Blüte hat noch niemand gesehen. Da die blühende Pflanze auf den Molukken wächst, nimmt man an, dass die Art dort entstand.

Trotz seiner Sterilität ist der Duftende Schraubenbaum von Sri Lanka bis Neuguinea kultiviert und auch verwildert anzutreffen. Wahrscheinlich ist er eine sehr alte Kulturpflanze, aber es gibt keine Quellen über seine frühe Geschichte.

Chemie

Pandanusblätter bilden ihren nussigen bis heuartigen Geruch erst beim Welken aus. Der zugrunde liegende Aromastoff ist nicht genau bekannt, es könnte sich aber um denselben stickstoffhaltigen heterocyclischen Duftstoff handeln, der auch den Geruch von frischgebackener Weißbrotkruste dominiert.

Im Handel sind verschiedene Formen von Pandanusessenz erhältlich, die das Aroma sehr gut wiedergeben und auch in den Ursprungsländern bevorzugt verwendet werden.

Verwendung

Mit Pandanusblättern oder Pandanusessenz werden in Südostasien vor allem Süßspeisen gewürzt. In Thailand stellt man beispielsweise Desserts aus dem gallertigen Inneren von jungen Kokosnüssen mit Zucker und Pandanusextrakt her.

In Indonesien isst man Puddings (*bubur ketan*), die aus Klebreis, Pandanus und Wasser gekocht und mit Zucker und Kokoscreme serviert werden. Eine ganz andere indonesische Spezialität sind Schichtkuchen (*kueh lapis*), bei denen schichtweise Farbe und Aroma variiert werden. Viele Rezepte verraten den Einfluss der holländischen Backtradition.

Pandanusblätter zeigen eine besondere Affinität zu Reis, da ihr Aroma an das von duftenden Reissorten wie Jasminreis erinnert. Einfachere Reisqualitäten werden oft mit einem Pandanusblatt gekocht, um ihren Geruch zu verbessern. In Indonesien wird Reis oft in Bananenblätter gehüllt und gedämpft, wobei die kompakten Reisbissen *lontong* entstehen, die fast wie Kartoffeln als Beilage gegessen werden. Mit Pandanus- statt Bananenblättern erhält man ganz besonders aromatische *lontong*.

In Pandanusblätter gewickelte Hühnerbissen (*gai ho bai toey*) sind wiederum eine Spezialität Thailands. Das marinierte Fleisch wird in Pandanusblätter gehüllt und danach frittiert, wobei es deren Aroma annimmt.

PERILLA

Perilla frutescensx

Familie: Lippenblütengewächse
Herkunft: Wahrscheinlich China oder Indien
Pflanzenteil: Frische Blätter
Verwendung: In Ostasien und Vietnam werden die Blätter vorwiegend roh zu Salaten oder als Kräutergarnitur verwendet.

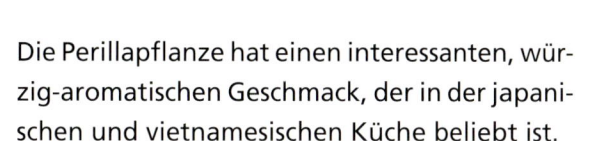

Die Perillapflanze hat einen interessanten, würzig-aromatischen Geschmack, der in der japanischen und vietnamesischen Küche beliebt ist.

Herkunft

Perilla wird heute überall in Ostasien angebaut, aber ihr Ursprung liegt wahrscheinlich weiter westlich, in den Gebirgsregionen Südchinas und Indiens.

Chemie

Wie viele Pflanzen aus der Familie der Lippenblütengewächse ist auch Perilla sehr variabel. Man kennt nicht nur Sorten mit verschiedenen Blattfarben (rot, grün oder zweifarbig), sondern auch in der Zusammensetzung des ätherischen Öls gibt es große Unterschiede innerhalb der Art. Man spricht von „chemischen Rassen" oder „Chemotypen", weil die chemischen Merkmale genetisch stabil bleiben.

Man kennt mindestens sieben Chemotypen von Perilla, die nach ihren Leitsubstanzen benannt sind. Der unangenehm riechende Elsholtziaketon-Typ und die beiden giftigen Typen mit Perillaketon und Perillen sind ohne Bedeutung. Der ebenfalls giftige Phenylpropan-Typ enthält Myristicin, Elemicin und Dillapiol und könnte als Ausgangsmaterial in der pharmazeutischen Industrie wirtschaftlich interessant sein.

Zwei weitere Typen sind sehr wohlriechend und enthalten Duftstoffe, die in der Parfümerie begehrt sind: Citral und Rosenfuran.

Der kulinarisch genutzte Typ enthält Perillaldehyd, das auch in Kreuzkümmel vorkommt, neben weiteren Monoterpenen wie Limonen und Linalool. Durch chemische Umwandlung lässt sich aus Perillaldehyd ein künstlicher Süßstoff gewinnen (*Perillartin*).

Aus Perillasamen lässt sich mit Pressausbeuten von ca. 40 % ein fettes Öl gewinnen, das hohe Anteile der dreifach ungesättigten Linolensäure enthält.

Neben grünblättrigen Sorten gibt es auch solche mit purpurnen Blättern; in Vietnam ist eine zweifarbige Sorte mit purpurnen Ober- und grüner Unterseite der Blätter verbreitet. Die rote Farbe geht auf Anthocyanfarbstoffe zurück.

Verwendung

Die einzige chinesische Regionalküche, die Perillablätter verwendet, ist die der Provinz Hunan. Die scharfen, oft sauren Wokgerichte Hunans werden oft vor dem Servieren mit gehackten Perillablättern bestreut.

Die vietnamesische Küche mit ihrer Leidenschaft für frische Kräuter benutzt Perilla als Grüngarnitur. Gehackte Perillablätter würzen auch Kurzgebratenes, wobei sich Perilla besonders zu mit Sojasauce im Wok gebratenem Rindfleisch eignet.

In Japan wird Perilla vielseitig eingesetzt, am häufigsten als Kräutergarnitur oder als Komponente in pikanten Nudelsalaten. Die rotblättrige Sorte dient oft zum Färben von Eingelegtem wie *ume-boshi*, einem salzigen Pflaumenpickle. Zu *sushi* serviert man immer süßsauer eingelegten Ingwer, der entweder naturfarbig bleich oder mit Perillablättern rosarot gefärbt ist.

Die Verbindung mit eingelegtem Gemüse findet man auch in Korea, wo man manche Sorten *kim-chi* mit Perilla gefärbt und aromatisiert werden. In Korea werden Perillasamen als Streuwürze benutzt, weswegen die Pflanze dort auch „wilder Sesam" heißt.

REISFELDPFLANZE

Limnophila aromatica

Familie:	Rachenblütengewächse, nach manchen Systematiken Wegerichgewächse
Herkunft:	Tropisches Asien
Pflanzenteil:	Frische Zweige

Die Reisfeldpflanze ist ein wasserliebendes Kraut, das besonders oft in tropischen Reisfeldern wächst. Es hat einen einzigartigen Zitrusduft und durch die sukkulenten Stängel auch eine knackige Konsistenz. In Südvietnam wird die Reisfeldpflanze als Kräutergarnitur zu Fleisch- und Fischgerichten serviert.

Herkunft und Geschichte

Diese sehr wenig bekannte Gewürzpflanze stammt aus dem tropischen Asien und wächst heute in einem großen Gebiet von Japan über Thailand bis Nordaustralien.
In den USA wurde die Reisfeldpflanze infolge der Immigration vieler Vietnamesen während und nach dem Vietnamkrieg bekannt. Sie wird heute in Kalifornien industriell angebaut.

Geruch und Inhaltsstoffe

Der Geruch dieses Krauts ist schwer zu beschreiben, erinnert jedoch an Kreuzkümmel und Zitronen; welke Pflanzen nehmen leicht einen seifigen Geschmack an. Im ätherischen Öl wurden Limonen und Perillaldehyd identifiziert.

Verwendung

In Vietnam ist keine Mahlzeit ohne Kräuter komplett. Die oft mild gewürzten Speisen schmecken nur mit der „Kräutergarnitur", einer Mischung verschiedener aromatischer Kräuter wie Koriander, Minze und Basilikum mit zarten und knackigen Salatblättern. Die Zusammensetzung der Kräutergarnitur hängt von den Aromen der Hauptspeisen ab.
Reisfeldpflanze gilt als Kraut der Wahl für Fischgerichte wie die fruchtigen, süß-sauren Fischsuppen Südvietnams (*canh chua*), wo sowohl ihr zitronenartiger Geruch als auch ihre Knackigkeit den Fisch vorteilhaft ergänzen.
In Kambodscha gibt es eine ähnliche Suppe (*samlor manchu trey*) aus Süßwasserfisch und reifer Ananas, die ebenfalls mit Reisfeldpflanze serviert wird.

SCHWARZER KARDAMOM

Amomum subulatum
Nepalischer Schwarzer Kardamom
Amomum tsaoko
Chinesischer Schwarzer Kardamom

Familie:	Ingwergewächse
Herkunft:	Osthimalaya, Südwestchina
Pflanzenteil:	Getrocknete Früchte
Verwendung:	In Indien für Schmorgerichte, in China zu Brühen

Der Schwarze Kardamom ist ein Gewürz aus Indien und China. Die pikant-rauchige indische Variante wird zu vielen deftigen nordindischen Curries verwendet und ist zu Unrecht als „Falscher Kardamom" verschrien; die chinesische Art hat ein kampferartiges Aroma, das gut zum Würzensemble des Fünfgewürzepulvers passt.

Herkunft und Geschichte

Die beiden Arten von Schwarzem Kardamom sind Bewohner subtropischer Gebirge. Die nepalische Art ist im Osthimalaya heimisch und die chinesische Art in der Provinz Yunnan.
In der Antike erreichten verschiedene kardamomartige Gewürze Europa, darunter eines oder mehrere mit dem Namen *amomom*. Diese aromatische Pflanze diente in Rom vornehmlich zur Herstellung parfümierter Haaröle für Männer und wurde nicht in der Küche verwendet.

Ernte und Inhaltsstoffe

Die Kardamomfrüchte wachsen in Bodennähe und werden kurz vor der Vollreife geerntet und getrocknet.
Die großen Früchte trocknen nur bei künstlicher Beheizung zufriedenstellend. Wegen der feuchten Witterung im Himalaya wird traditionell nasses Holz zum Heizen verwendet, dessen heißer Rauch die Kapseln trocknet und ihnen zugleich einen rauchigen Geruch verleiht. Chinesischer Schwarzer Kardamom wird dagegen rauchfrei getrocknet.

Beide Arten von Schwarzem Kardamom enthalten ein ätherisches Öl mit dem Hauptbestandteil 1,8-Cineol, dessen Geruch an Eukalyptus erinnert. Bei der indischen Art wird dieser Eukalyptusduft durch das starke Raucharoma überlagert.

Verwendung in Indien

Schwarzer Kardamom wird in Kochbüchern oft als „Falscher Kardamom" oder „Bastard-Kardamom" bezeichnet, der nur ein minderwertiger Ersatz des echten Grünen Kardamoms sei. Tatsächlich sind die beiden Gewürze sehr verschieden und dienen unterschiedlichen Zwecken. Schwarzer Kardamom wird in Nordindien und Nepal weithin zum Würzen von Schmorgerichten verwendet, z. B. für Lammfleisch in Spinatsauce (*sag gosht*) oder Hühnercurry in Tomatensauce (*murgh masala*). Sein grober Rauch- und Eukalyptusgeschmack passt gut zu den rustikalen Aromen von Ingwer, Knoblauch und Chili. Die Kapseln werden stets ungemahlen verwendet. Das würzige Arome vieler indischer Speisen lässt sich verstärken, indem man sie nach der Zubereitung einige Stunden ruhen lässt. Dieser Effekt ist bei Verwendung von Schwarzem Kardamom besondert deutlich, weil dessen Aroma nur langsam aus der dickschaligen Kapsel in die Speise wandert.

Verwendung in China

Der chinesische Schwarze Kardamom wird vorwiegend in seiner Herkunftsregion gegessen, da die Gebirgsprovinzen eine große Anzahl von Schmorgerichten hervorgebracht haben, die sich gut für Gewürze mit langsamer Aromaentfaltung eignen. Für im Wok kurzgebratene Speisen eignet sich Schwarzer Kardamom nicht.
Schwarzer Kardamom ist jedoch häufig Bestandteil von Gewürzmischungen für Brühen, Meistersaucen und Rotschmormischungen, da deren lange Kochzeiten den harten Kapseln entgegenkommen. Die gemahlenen Samen sind auch manchmal im Fünfgewürzepulver enthalten.

Sichuanpfeffer

Zanthoxylum bungeanum (China)
Zanthoxylum piperitum (China, Japan, Korea)
Zanthoxylum simulans (China, Taiwan)
Zanthoxylum schinifolium (Korea)
Zanthoxylum acanthopodium (Indonesien)
Zanthoxylum rhetsa (Indien)
Zanthoxylum alatum (Nepal, Tibet)

Familie:	Rautengewächse
Herkunft:	Asien
Pflanzenteil:	Getrocknete Früchte
Verwendung:	Zu verschiedenen Speisen und als Streuwürze

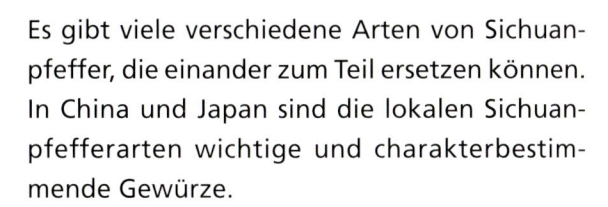

Es gibt viele verschiedene Arten von Sichuanpfeffer, die einander zum Teil ersetzen können. In China und Japan sind die lokalen Sichuanpfefferarten wichtige und charakterbestimmende Gewürze.

Botanik

Die Gattung *Zanthoxylum* besteht aus vielen, schwer voneinander abzugrenzenden Arten, die über Asien, Afrika und Nordamerika verbreitet sind.

Chinesischer Sichuanpfeffer besteht meist aus der Art *Z. bungenum*, die in Sichuan wild vorkommt. Diese Pflanze wird seit dem 1. Jahrtausend v. Chr. als Parfüm und Gewürz verwendet und in anderen Regionen oft durch verwandte Arten ersetzt.

Der Japanische Sichuanpfeffer stammt ursprünglich ebenfalls aus China und wird nun in Japan kultiviert. Die Art ist so variabel, dass man in Japan oft sagt, jeder Baum weise ein charakteristisches Aroma auf.

In Korea kennt man zwei Arten Sichuanpfeffer, die sich in ihrem Aroma unterscheiden und die in der Küche daher nicht austauschbar sind.

Der Indonesische Sichuanpfeffer wächst zwar in einem weiten Bereich von Südostasien bis zum Himalaya, aber er wird nur von einigen wenigen Volksgruppen in Sumatra als Gewürz benutzt.
Der Indische Sichuanpfeffer ist eine Wildpflanze aus dem bergigen Hinterland der indischen Westküste. Er findet nur in einigen westindischen Bundesstaaten Verwendung.
Der Nepalische Sichuanpfeffer gedeiht im Himalaya und wird in Nepal und Tibet zum Kochen verwendet.

Geschmack und Chemie

Die Sichuanpfeffer sind einerseits durch ein starkes Aroma und andererseits durch einen prickelnd-scharfen Geschmack charakterisiert. Für den aromatischen Geruch ist ein ätherisches Öl aus Monoterpenen verantwortlich, das bei den meisten Arten frisch, holzartig oder zitronig riecht. Die nepalische Art duftet jedoch nach Zimt und die koreanische nach Anis.
Der scharfe Geschmack erinnert nicht sehr an die Schärfe von Pfeffer oder Chili, sondern erzeugt ein prickelndes Gefühl auf der Zunge, das von einer leichten Taubheit gefolgt wird.
Die Schärfe geht auf ungesättigte Säureamide zurück, die als Sanshoole bezeichnet werden und die in keinem anderen Gewürz vorkommen; lediglich die Parakresse enthält ähnliche Inhaltsstoffe und schmeckt daher vergleichbar prickelnd-scharf.

Der Geschmack *má*

Die chinesische Küche erkennt vier verschiedene grundlegende Geschmacksnoten an: salzig, süß, sauer und scharf. Jede chinesische Speise soll eine harmonische Mischung dieser vier Typen sein.
In Sichuan unterscheidet man jedoch einen fünften Geschmack *má*, der genau der prickelnden Schärfe von Sichuanpfeffer entspricht und der von der gewöhnlichen Schärfe der Chilis (*là*) streng getrennt wird.
In der Sichuan-Küche bemüht man sich also um eine harmonische Balance von fünf Geschmackstypen, wobei *má* und *là* in vielen Speisen dominieren. Speisen, die sowohl mit Chili als auch mit Sichuanpfeffer geschärft sind, tragen of die Bezeichnung *málà* im Namen, z. B. *málà jī dīng*, scharfes kleingeschnittenes Hühnerfleisch, das mit wenig Sauce im Wok gebraten wird.
In anderen chinesischen Regionen ist *má* nicht so beliebt. Daher wird Sichuanpfeffer in geringerem Umfang verwendet, vor allem als Komponente des Fünfgewürzepulvers und manchmal in Fleischmarinaden.

Die Sichuan-Küche

Sichuanpfeffer wird in der Sichuan-Küche sehr freizügig verwendet und sehr häufig, aber nicht immer, mit Chili kombiniert.
Scharfe Brühe (*hóng tānglǚ*) enthält große Mengen von Chili und Sichuanpfeffer und ist ziegel-

α-Sanshool   β-Sanshool   γ-Sanshool

α-Hydroxysanshool   β-Hydroxysanshool   γ-Hydroxysanshool

rot gefärbt. Sie wird als Kochmedium verwendet, zum Beispiel für den Feuertopf (*huǒguō*), einem Freundschaftsessen, bei dem dünne Fleischscheiben und Gemüse bei Tisch in einem großen Topf mit simmernder Suppe gegart werden.

Als Tischwürze wird in Sichuan gern trocken gerösteter und gemahlener Sichuanpfeffer, pur oder gemischt mit Salz, in kleinen Schälchen gereicht. Dieses Pulver kann man als Streuwürze verwenden, oder jeden Bissen kurz darin dippen, um das *má*-Aroma zu erhöhen.

Ein besonders bekanntes Gericht der Sichuan-Küche ist das „in Wasser gekochte Rindfleisch" (*shuǐzhǔ niúròu*), für das dünne Scheiben Rindfleisch in einer mit Chili und Sichuanpfeffer feurig gewürzten Brühe rasch gegart werden. Vor dem Servieren bestreut man nochmals mit geröstetem Chili und Sichuanpfeffer – eine Anekdote berichtet, dass viele Chinesen, denen die Sichuanküche zu scharf ist, dieses Gericht bestellen, weil „in Wasser gekocht" verhältnismäßig mild klinge.

Japan

In Japan ist Sichuanpfeffer Bestandteil der Streugewürzmischung *shichimi tōgarashi*, die zum Abschmecken von Suppen und Nudelgerichten verwendet wird.

Korea

Die koreanische Küche benutzt zwei verschiedene Arten von Sichuanpfeffer: Die eine Art entspricht der japanischen und wird zum Schärfen von Speisen am Tisch und für eingelegtes Gemüse (*kimchi*) verwendet. Die andere Art hat dagegen einen milden Anisgeruch und kaum merkbare Schärfe; sie wird für süßsaure Saucen und milde Pickles verwendet.

Indien

Sichuanpfeffer taucht in einigen Rezepten aus der Region Bombay und Goa auf. Er wird besonders gern zu Fisch verwendet und nicht mit anderen Gewürzen kombiniert, da sein Aroma als „empfindlich" gilt und leicht verloren geht. Aus diesem Grund ist Sichuanpfeffer auch nicht in indischen Gewürzmischungen enthalten. Allerdings werden die frischen, sehr aggressiv scharfen Früchte manchmal in mit Kokosmilch gebundenen Curries verwendet.

Nepal und Tibet

Der einheimische Sichuanpfeffer ist die traditionelle scharfe Würze in der tibetischen Küche und wird zu Brühen und Eintöpfen verwendet. Das Nationalgericht Tibets (*momos*) sind mit gehacktem Rinder- oder Yakfleisch gefüllte Nudeln, die in Brühe gekocht oder gedämpft werden. Die Füllung wird mit Ingwer und Sichuanpfeffer gewürzt.

Die nepalische Variante des Sichuanpfeffers wird zum Würzen von Pickles verwendet.

Indonesien

In Indonesien wird Sichuanpfeffer nur von einigen Volksgruppen auf der Insel Sumatra verwendet. Die ungemahlenen Früchte werden Eintöpfen mit langer Kochzeit zugesetzt, beispielsweise *sangsang*, einem mit Blut gebundenen Innereien-Fleisch-Eintopf des Stammes der Batak.

STERNANIS

Illicium verum

Familie: Sternanisgewächse
Herkunft: Südchina, Vietnam
Pflanzenteil: Getrocknete Früchte
Verwendung: In China für Brühen, Saucen und Marinaden

Der achtzackige Sternanis wird fast nur in der chinesischen Küche verwendet. Sein süßer Anis-Lakritz-Geschmack ergänzt die Salzigkeit von Sojasauce und wird in allen chinesischen Regionalküchen geschätzt.

Herkunft und Geschichte

Sternanis ist im Grenzgebirge zwischen Südchina und Nordvietnam heimisch und wird auch nur dort und auf den Philippinen angebaut. Nach chinesischen Maßstäben ist Sternanis ein sehr junges Gewürz, das sich in den letzten 400 Jahren in den chinesischen Würzkanon integrieren konnte. Sternanis wurde auch nie in großem Umfang nach Europa exportiert, außer im 18. Jahrhundert: Damals war er als Gewürz für Fruchtmarmeladen in England in Mode. Neuerdings stieg der Bedarf für Sternanis extrem an, weil sich die Früchte für die Gewinnung von Shikimisäure eignen, die wiederum als Ausgangssubstanz des gegen Grippeviren wirksamen Medikaments Oseltamivir (Handelsname: *Tamiflu*) dient.

Chemie

Die getrockneten Früchte enthalten in ihrer Fruchtwand bis zu 8 % ätherisches Öl, das ähnlich wie bei Anis und Fenchel hauptsächlich aus Anethol besteht. Wegen der sehr ähnlichen Zusammensetzung der beiden Öle darf Sternanisöl ohne Kennzeichnung das teurere Anisöl ersetzen; deshalb werden heute viele Anisschnäpse nur noch mit Sternanisöl aromatisiert.

Verwendung in China

Die chinesische Küche verwendet Sternanis in zwei Formen: Einerseits als Bestandteil des „Fünfgewürzepulvers" und andererseits separat in Form ganzer Sterne.
Das Fünfgewürzepulver (*wŭ xiāng fĕn*) besteht in seiner einfachsten Form aus Gewürznelken, Sternanis, Fenchel, Zimt und Sichuanpfeffer; dazu können noch zusätzliche Gewürze wie Süßholz, Galgant und Schwarzer Kardamom treten.

Fünfgewürzepulver dient als Bestandteil von Marinaden, als universelles Gewürz zum Abschmecken von Wokgerichten und als Zusatz zu Ausbackteigen, mit denen Fleisch- oder Gemüsestücke überzogen werden.

Ungemahlener Sternanis gibt sein Aroma nur langsam ab und eignen sich daher nur für Gerichte mit langer Garzeit. Das betrifft manche Schmorgerichte aus den Gebirgsprovinzen Yunnan und Sichuan, und vor allem solche Speisen, die in Brühe gegart werden.

Beim Kochen in „Meistersauce" (*shuǐ lǔ*) wird eine gewürzte, konzentrierte Fleischbrühe als Kochmedium verwendet, in der man Fleisch oder Gemüse butterweich kocht. Die Brühe kann regelmäßig verdünnt und daher unbeschränkt oft verwendet werden. Als Gewürze verwendet man, wie für alle Brühen, Frühlingszwiebeln und Ingwer, aber auch Sternanis, Zimt und Sichuanpfeffer.

Eine verwandte Technik ist das so genannte „Rotschmoren" (*hóng shāo*), bei dem eine Mischung aus Brühe, Sojasauce und Reiswein als Kochmedium dient. Die Rotschmor-Flüssigkeit wird sehr intensiv mit Sternanis, Zimt, Sichuanpfeffer, Süßholz, Kardamom und Nelken gewürzt. Der Alkoholgehalt bewirkt eine sehr effiziente Vermengung der Aromen, und die Sojasauce färbt die Speisen dunkel rotbraun.

Verwendung in Südostasien und Indien

Die Thai-Küche verwendet Sternanis in Form von Fünfgewürzepulver in chinesisch beeinflussten Speisen und zu langsam geschmorten Eintöpfen, Ragouts und Curries aus dem gebirgigen Norden.

Im südlichen Thailand kennt man Sternanis dagegen aus dem Eistee (*cha dam yen*). Dieser besteht aus starkem grünem Tee, der mit Sternanispulver gewürzt und mit Eis und gesüßter Kondensmilch serviert wird.

In Indien wird Sternanis ebenfalls nur wenig verwendet. Er ist in manchen Versionen der *garam-masala*-Gewürzmischung enthalten und wird im Nordwesten zum Aromatisieren von Schwarztee verwendet.

WASABI

Wasabia japonica

Familie: Kreuzblütengewächse
Herkunft: Japan, Korea und Sibirien
Pflanzenteil: Frischer Wurzelstock (Rhizom)
Verwendung: In Japan zu rohem Fisch

Wasabi ist eine nur in Japan gebräuchliche Pflanze mit stark meerrettichähnlichem Geschmack. Die Wurzel wird zu einer blassgrünen Paste zerrieben, die man zu verschiedenen Speisen mit rohem Fisch serviert.

Botanik und Anbau

Wasabi kommt in Ostasien wild vor, gedeiht jedoch nur unter sehr spezifischen Bedingungen: Die Pflanze braucht fließendes Wasser und entwickelt sich am besten in schattigen Gebirgsbächen und in kleinen Flüssen in Ufernähe. Obwohl Wasabi auch in Teichen oder sogar Feldern kultiviert werden kann, gelten die Pflanzen aus fließenden Gewässern als die besten. Der Anbau in Flüssen ist schwierig und arbeitsintensiv, und die Pflanze wächst so langsam, dass sie erst nach zwei oder drei Jahren geerntet werden kann.

Der essbare Teil der Wasabipflanze ist – botanisch betrachtet – ein beblätterter Wurzelstock, der durch die Narben alter Blätter an der Oberfläche rau erscheint. Im Handel wird er als „Wurzel" bezeichnet.

Wasabi ist auch in getrockneter Form im Handel; das blassgrüne Pulver wird einfach mit lauwarmem Wasser zu einer Paste angerührt. Aus Kostengründen wird aber auch oft „Ersatzwasabi" angeboten, der aus Senf und Meerrettich und grüner Farbe besteht.

Chemie

Wasabi enthält, ähnlich wie Senf und Meerrettich, Glucosinolate. Beim Zerreiben reagieren diese zu stechend riechenden und scharf schmeckenden Isothiocyanaten. Die Hauptverbindung ist Allylisothiocyanat, aber daneben wurden auch ω-Methylthio-alkylisotiocyanate identifiziert. Die grüne Farbe geht auf Chlorophyll zurück.

Verwendung

Wasabi wird nur in Japan verwendet. Er ist ein notwendiger Begleiter zu Speisen aus rohem Fisch – durch seine desinfizierenden Inhaltsstoffe hilft Wasabi, den Verderb des rohen Fischs hinauszuzögern.

Die einfachste Form von rohem Fisch in Japan ist *sashimi*: Darunter versteht man dünne Scheiben von Fischfilet, die mit Sojasauce und Wasabi gegessen werden.

Sushi sind Häppchen aus leicht süßsauer gekochtem Reis, die mit speziellen Zutaten belegt oder gefüllt werden – eine japanische Version von Sandwich also, wobei Reis das Brot ersetzt. *Sushi* kann mit rohem oder eingelegtem Gemüse, mit Eierstich oder sogar mit Fleisch zubereitet werden, aber die bekanntesten Versionen enthalten rohen Fisch.

Die Grundform von *sushi* ist ein Reisbällchen, das mit einer geeigneten Zutat belegt wird (*nigiri*). Etwas aufwendiger sind die Röllchen (*maki*), die mit Seetangblättern (*nori*) umwickelt und in Form gehalten werden. In jedem Fall kommt zwischen Reis und Fisch ein Hauch Wasabipaste.

In den letzten Jahrzehnten wurde *sushi* weltweit populär und wurde vielfach mit lokalen Zutaten abgewandelt. Heute bekommt man *Sushi* sogar mit Tomaten und Basilikum oder mit auch mit Frischkäse. *Inside-out-sushi* enthalten die Seetangblätter im Inneren, zwischen Reis und Füllung, und sind an der Außenseite in Sesamsamen oder Fischrogen gewälzt.

Die beliebtesten Fischsorten für *sushi* sind Thunfisch, Butterfisch und Lachs, es gibt jedoch auch Sorten mit Garnelen, Tintenfisch und Aal. Man serviert *sushi* mit etwas zusätzlichem Wasabi, einem Schälchen mit Sojasauce und eingelegtem Ingwer, der immer gegessen wird, wenn man von einer *sushi*-Sorte zur nächsten wechselt.

ZITRONENGRAS

Cymbopogon citratus
Westindisches Zitronengras
Cymbopogon flexuosus
Ostindisches Zitronengras

Familie: Süßgrasgewächse
Herkunft: Indien, Südostasien
Pflanzenteil: Die frischen Stängel und Blätter werden in vielen südostasiatischen Küchen verwendet.
Verwendung: Zitronengrasöl wird in Parfümerie und Kosmetik vielfältig eingesetzt.

Zitronengras ist ein Charaktergewürz des tropischen Südostasiens. Sein milder Zitrusgeschmack erlaubt eine fast universelle Verwendung zu Fleisch und Gemüse. In Indonesien ist Zitronengras die häufigste Quelle von Zitrusduft, während es in Thailand in Konkurrenz zur Kaffernlimette steht.

Herkunft, Sorten und Geschichte

Die Zitronengräser sind die einzigen Grasarten mit ätherischem Öl, wobei nicht alle Arten nach Zitronen riechen. Die Gattung umfasst mehr als 50 verschiedene Arten in Asien und Australien, aber nur zwei davon werden kultiviert.
Das *Westindische Zitronengras* stammt eigentlich aus Südostasien und ist die in der Küche meistverwendete Art. Dagegen ist das *Ostindische Zitronengras* weiter westlich, in Indien, heimisch und wird nur selten kulinarisch genutzt.
Es ist umstritten, ob Zitronengras bereits in der Antike nach Indien kam. Die antiken Autoren erwähnen gras- oder schilfartige aromatische Pflanzen, womit vielleicht Zitronengras gemeint war. Auch das im Alten Testament erwähnte „Würzrohr" könnte Zitronengras gewesen sein.
Gegen Ende des Mittelalters wurde Zitronengras in großen Mengen über den Landweg nach Europa importiert und diente als Parfüm und Gewürz in der Bierbrauerei.

Chemie

Der Gehalt an ätherischem Öl ist mit 0,5 % zwar recht gering, aber das Öl besteht zu 80 % aus den beiden wohlriechenden Monoterpenaldehyden Neral und Geranial, die für ein reines, erfrischendes Zitrusaroma verantwortlich sind. In kleinen Mengen treten auch Monoterpenalkohole auf, die einen süßen Rosenduft beitragen.
Westindisches Zitronengras unterscheidet sich vom Ostindischen Zitronengrasöl hauptsächlich in der Spurenkomponente Myrcen. Diese Substanz verharzt sehr leicht und bedingt die schlechte Lagerfähigkeit von Westindischem

Zitronengrasöl; deshalb wird in der Parfümerie trotz des fast ununterscheidbaren Geruchs die ostindische Art vorgezogen.

Verwendung

Zitronengras wird in Form von Stängeln mit den daran eng anliegenden Blattscheiden verkauft. Die zähen und stabilen Blattscheiden verströmen kaum Aroma und geben ihr ätherisches Öl erst nach Verletzung ab. Daher werden sie meist in dünne Ringe geschnitten, gehackt oder püriert; wenn man ganze Zitronengrasstängel verwendet, müssen sie mit einem Hammer gequetscht werden, oder man löst die einzelnen Blätter und verbiegt oder verknotet sie, um das Öl freizusetzen.

Verwendung in Thailand

Die Thai-Küche verwendet Zitronengras gern zu Suppen und Brühen, in denen kurze Stücke Zitronengras mitgekocht werden, etwa in der sauer-scharfen *tom gai*-Suppe.
Viele Rezepte für thailändische Curries verlangen nach Zitronengras; da diese Speisen aber meist auch mit den sehr stark zitrusduftenden Kaffernlimettenblättern gewürzt werden, kann sich das subtilere Aroma von Zitronengras dabei nur schlecht entfalten.

Verwendung in Vietnam

Der milde Duft von Zitronengras kommt den Prinzipien der vietnamesischen Küche sehr entgegen. Die vietnamesische Küche kennt viele fondueähnliche Freundschaftsgerichte, zu denen bei Tisch in einem großen Topf Fleisch in Brühe gegart wird. Am bekanntesten davon ist das *bo nhung dam* oder „Essigfondue", bei dem die Kochbrühe mit Essig gesäuert und mit Zitronegrasringen gewürzt wird.
Gegrilltes oder in der Pfanne gebratenes Hühner- oder Schweinefleisch wird oft mit einer Mischung aus feinst gehacktem Zitronengras, Chili, Zucker und Fischsauce mariniert. Beim Braten in der Pfanne entwickelt sich aus der Marinade ein überraschend aromatischer Bratensaft (*suon nuon xa ot*).

Verwendung in Indonesien

In Indonesien ist Zitronengras fast überall anzutreffen. Es ist Bestandteil der meisten Gewürzpasten (*bumbu*), mit denen man Fleisch mariniert und Suppen und Curries aromatisiert. Einzelne verknotete Blattscheiden werden oft unter den Reis gemischt, um sein Aroma zu verbessern.
Die Hühnersuppe *soto ayam* ist im ganzen Land beliebt und wird in vielen Versionen zubereitet; mit einigen Beilagen ergibt sie eine sättigende Komplettmahlzeit. Das Huhn wird in einem ersten Schritt zusammen mit gequetschten Zitronengrasstängeln gekocht, und dann bereitet man die Suppe aus der Kochbrühe, einem in Öl sautierten *bumbu* und chinesischen Nudeln. Dazu reicht man scharfen *sambal* und Limettenspalten.
Über Holzkohle gegrillte Fleischspieße (*sate*) sind überall in Indonesien zu haben. Auf Bali kennt man jedoch eine ganz besondere, exotische Variante, bei der Zitronengrasstängel die Rolle der Spieße übernehmen und das Grillgut mit ihrem Aroma bereichern.

Verwendung in Indien

Obwohl Ostindisches Zitronengras im südlichen Indien großflächig angebaut wird und in vielen traditionellen Parfümzubereitungen vertreten ist, wird Zitronengras in der indischen Küche nicht verwendet – man kennt lediglich Zitronengras-Tee als erfrischendes Getränk.
Die benachbarte Insel Sri Lanka ist ebenfalls Anbaugebiet für Zitronengras und verwendet das Gewürz in der Küche in Form von kurzen Stängelsegmenten, die in Curries mitgekocht werden.

Indien

Asant
Bockshornklee
Curryblätter
Fenchel
Indische Lorbeerblätter
Kardamom
Kewra
Kreuzkümmel
Kurkuma
Nigella
Schwarzer Kreuzkümmel

Asant

Bockshornklee

Curryblätter

Fenchel

Kurkuma

Nigella

Asant

Ferula assa-foetida

Familie:	Doldenblütengewächse
Herkunft:	Afghanistan
Pflanzenteil:	Von der Wurzel ausgeschiedenes Harz
Verwendung:	Für südindische Gemüsecurries und als Ersatz für Zwiebeln
Eigenschaften:	Asant wirkt desinfizierend und verdauungsfördernd.

Asant, auch Stinkasant oder Teufelsdreck genannt, riecht nicht gut. Trotzdem war es ein bedeutendes Gewürz der europäischen Spätantike und ist bis heute in Indien populär – bei richtiger Verwendung erzielt man damit einen angenehmen Lauchgeschmack.

Herkunft und Geschichte

Asant stammt aus den Halbwüstengebieten zwischen Iran und Pakistan; die besten Qualitäten kommen aus dem südlichen Afghanistan. Asant wurde 326 v. Chr. während des Indienfeldzuges von Alexander dem Großen für Europa entdeckt: Die Soldaten sahen in der afghanischen Steppe Pflanzen, die sie an das mediterrane Silphion erinnerten. Da dieses „medische Silphion" als minderwertig galt, konnte es sich anfangs nicht durchsetzen; aber Silphion wurde immer seltener und starb schließlich im 1. Jahrhundert n. Chr. aus. Danach wurde Asant ein fester Bestandteil der spätantiken römischen Küche, verschwand aber gegen Ende des Mittelalters aus allen europäischen Küchen.

In der indischen Küche konnte Asant sich dagegen etablieren; da Zwiebel und Knoblauch als unrein galten, konnte ein vergleichbares Aroma nur mit dem ähnlich schmeckenden Asant erzielt werden. Durch islamischen Einfluss ist das Tabu gegen Zwiebel und Knoblauch in Indien heute größtenteils gebrochen, aber Asant wurde dabei nicht vollständig verdrängt.

Ernte und Chemie

Das braune Asantharz ist ein eingetrockneter Milchsaft aus der Wurzel der Asantpflanze. Zu seiner Gewinnung schneidet man die Wurzel ein und gewinnt den heraussickernden Saft, der an der Luft zu einer gummiartigen, rotbraunen Masse eintrocknet.

Das Harz besteht aus einer elastischen Matrix aus Kohlenhydraten und enthält etwa 10 % flüchtige Schwefelverbindungen, größtenteils Di- bis Tetrasulfide, die den starken Geruch hervorrufen.

Indien

Indien und dessen Nachbarländern sind die einzige Regionen, in der heute Asant in großem Umfang verbraucht wird.

Asant kommt in zwei Formen in den Handel: Einerseits als reines Harz, das schwieriger anzuwenden ist, und andererseits als bequemer einsetzbares Pulver, dessen Rieselfähigkeit durch Zusatz von Weizen- oder Reismehl erreicht wird.

Asant wird meist in heißem Fett anfrittiert, wodurch er ein mildes, zwiebelartiges Aroma entwickelt. Asantpulver kann auch ohne diese Prozedur verwendet werden, zum Beispiel für kalte Salate (*chat*), die im Westen Indiens aus gekochtem Gemüse, frischem Chili, Zitronensaft und der asanthaltigen Gewürzmischung *chat masala* zubereitet werden. Insbesondere in Bombay nimmt man für diese Salate statt gewöhnlichem Salz ein dunkel gefärbtes, schwefelig schmeckendes Vulkansalz (*kala namak*). In der warmen Küche wird Asant sowohl im Süden als auch im Norden verwendet. In Bengalen hat sich besonders unter den Brahmanen noch das alte Tabu gegen Zwiebel und Knoblauch erhalten, sodass Asant dort besonders populär ist.

Linsen und andere Hülsenfrüchte werden häufig mit in heißem Öl aufgelöstem Asant aromatisiert; im Süden verwendet man diese Technik auch für gekochtes Gemüse und kombiniert Asant dabei mit Schwarzem Senf und Curryblättern.

BOCKSHORNKLEE

Trigonella foenum-graecum

Familie:	Schmetterlingsblütengewächse
Herkunft:	wahrscheinlich Mittelmeerraum
Pflanzenteil:	Getrocknete Samen und getrocknetes Kraut
Verwendung:	In Äthiopien und Indien geröstet zu Gewürzmischungen

Bockshornklee ist ein eigenartiges Gewürz: Seine harte Konsistenz, sein bitterer Geschmack und der durchdringende Geruch lassen an seiner Eignung als Würzmittel zweifeln. Trotzdem ist er in Indien, Südarabien und Ostafrika beliebt. Die getrockneten Blätter von Bockshornklee dienen in Persien als Grundlage für Kräutersaucen.

Herkunft

Bockshornklee kommt vom Mittelmeer bis Indien spontan vor, aber seine ursprüngliche Heimat ist nicht bekannt. Da die Römer ihn „Griechisches Heu" nannten, kann man seine Heimat im östlichen Mittelmeerraum vermuten. Bockshornklee war in der Antike als Heilkraut bekannt, wurde aber nicht kulinarisch genutzt.

Aroma und Chemie

Getrocknete Bockshornkleeblätter und -samen haben einen würzigen, etwas stechenden Geruch, der entfernt an Liebstöckel oder Fleischextrakt erinnert. Als Hauptaromakomponente wurde Sotolon identifiziert, ein heterocyclischer Duftstoff, der eng mit dem „Maggi-Lacton" aus der gleichnamigen Würzsauce und etwas weitläufiger mit den Aromastoffen des Liebstöckels verwandt ist.

Beim Rösten verstärkt sich das Aroma beträchtlich, und zugleich geht die Bitterkeit deutlich zurück.

Sotolon | Maggi-Lazton

Verwendung in Indien

Bockshornkleesamen werden in Indien vor allem im Osten und Süden verwendet.

In der bengalischen Küche gehören Bockshornkleesamen in die Gewürzmischung *panch phoron*, die außerdem noch Senfsamen, Kreuzkümmel, Nigella und Fenchel enthält. Diese fünf Gewürze werden gemeinsam in Senföl gebraten und aromatisieren dann milde Fleisch- und Gemüsecurries.

In Südindien werden Bockshornkleesamen gewöhnlich trocken bis zu goldgelber Farbe geröstet und dann zusammen mit anderen Gewürzen vermahlen, etwa für die Gewürzmischung *sambar podi* aus dem Südosten oder das *bisi-bele*-Pulver aus dem Südwesten, das durch geröstete Kokosnussraspeln einen besonderen Charakter erhält.

Im Norden Indiens sind Bockshornkleesamen weniger gebräuchlich. Dafür verwendet man manchmal die angewelkten oder getrockneten Blätter als aromatisches Blattgemüse.

Verwendung im Orient

Bockshornklee spielt in den meisten orientalischen Küchen keine Rolle. Ausnahmen sind Äthiopien und der Jemen.

In Äthiopien bereitet man sehr komplexe Gewürzmischungen namens *berbere*, die stark an indische Vorbilder angelehnt sind. Die *berbere*-Mischungen bestehen aus zehn und mehr Bestandteilen, die alle einzeln dunkel geröstet und dann miteinander vermahlen werden – eine für den Orient einzigartige Praxis. Auch die Auswahl der Gewürze, unter anderem Bockshornklee, Ajowan, Langer Pfeffer und Kurkuma, erinnert an Indien. Die Mischungen enthalten einen hohen Chilianteil und sind sehr scharf: Das Wort *berbere* bedeutet eigentlich „Chili". Im Jemen verwendet man ungerösteten Bockshornklee für die Gewürzpaste *hilbeh*, die aus eingeweichten Bockshornkleesamen und Korianderblättern besteht und auch weitere Gewürze wie Chili und Kümmel enthalten kann. Durch die Einwanderung jemenitischer Juden wurde dieses Rezept auch in Israel populär, wo es allerdings meist ohne Korianderblätter zubereitet wird.

Verwendung im Iran

Die persische Küche verwendet getrocknete oder frische Bockshornkleeblätter zusammen mit anderen Kräutern und Bohnen als Grundlage von dicken Kräutersaucen (*ghemeh*). Getrocknete Limetten tragen eine leichte Säure und ein typisches Zitrusaroma bei.

CURRYBLÄTTER

Murraya koenigii

Familie:	Rautengewächse
Herkunft:	Indien
Pflanzenteil:	Frische Blätter
Verwendung:	In ganz Indien zum Würzen von Curries aller Art

Die entfernt zitrusartig riechenden Curryblätter sind im bekannten Currypulver nicht enthalten, da sie getrocknet jeden Würzwert verlieren. Curryblätter sind extrem aromatisch und besonders im Süden Indiens charakterspendend. Sie können fast universell für alle indischen Curries verwendet werden.

Herkunft

Curryblätter stammen von einem kleinen Baum, der auf dem ganzen indischen Subkontinent bis zu den Ausläufern des Himalaya und nach Burma wild vorkommt. Indische Auswanderer transportierten ihn nach Malaysia, Réunion, Südafrika und in die Karibik, wo die indische Minderheit ihn kulinarisch nutzt.

Chemie

Curryblätter sind ein sehr variables Gewürz. Der Gehalt an ätherischem Öl schwankt zwischen 0,5 und 2,7 %. Welken und Trocknen führen rasch zum Aromaverlust. Zudem unterscheiden sich Pflanzen aus Nord- und Südindien in ihren Leitsubstanzen: Nordindische Pflanzen produzieren Monoterpene und südindische Sesquiterpene.

Zur Geschichte des Currypulvers

Das südindische Wort *kari* steht für eine flüssige Sauce oder dicke Suppe aus Gemüse und Gewürzen. Die Briten übernahmen es als *curry* in ihre Sprache und bezeichneten damit alles, was an der indischen Küche scharf und flüssig oder zumindest saucig ist.
Im 19. Jahrhundert baute England seine Position in Indien immer stärker aus. Als Folge davon kamen viele Briten mit indischer Küche in Kontakt und wollten auch nach ihrer Rückkehr nach England die stark gewürzten Spezialitäten des Subkontinents genießen. Die verallgemeinernde Bezeichnung „Curry" für fast alle indischen Fleisch- und Gemüsespeisen führte zu einer sehr vereinfachten Vorstellung der indische Küche: Dass man nämlich eine einzige Gewürzmischung brauche, um alle indischen „Curries" herstellen zu können.
Diese Gewürzmischung wurde „curry powder" genannt. Sie kombinierte Elemente von nord- und südindischen Gewürzmischungen zu einem neuen, anglo-indischen Geschmacksgefüge. Obwohl die beliebtesten Marken in Indien von Indern hergestellt wurden, waren sie doch ausschließlich für den Export nach England bestimmt. Die südindische Stadt Madras (heute Chennai) entwickelte sich rasch zum Zentrum für die Produktion des Currypulvers.
Gutes Currypulver zeigt ein harmonisches Verhältnis zwischen Schärfe (Chili, Pfeffer), Erdigkeit (Kurkuma, Kreuzkümmel, geröstete Linsen) und Aroma (Nelken, Zimt). Es wird in der europäischen Küche vielfältig für Marinaden, Saucen oder Reis verwendet – oft auch in Kombination mit fruchtigen Noten.

Verwendung von Curryblättern

Sri Lanka

In Sri Lanka sind Curryblätter allgegenwärtig. Sie werden meist frisch vom Baum gepflückt und ohne Vorbehandlung in Curries mitgekocht. Ein interessantes Beispiel ist *kottu roti*: Kleine Stücke Fladenbrot werden auf einer heißen Platte in wenig Öl mit grünem Chili und Curryblättern rasch gebraten und schließlich mit einem vorbereiteten Fleisch- oder Gemüsecurry abgelöscht.

Südindien

Curryblätter werden in Südindien für fast alle Arten von vegetarischen Speisen verwendet. Sie werden oft in einer heißen Pfanne getrocknet und zerkrümelt oder mit anderen Gewürzen gemeinsam gemörsert.
Curryblätter werden auch oft in heißem Fett anfrittiert, bis sie sich bräunen, knusprig werden und ein starkes Aroma abgeben. Diese Technik ist in den beiden südlichsten Bundesstaaten Tamil Nadu und Kerala üblich, wo die Curryblätter fast immer mit schwarzen Senfsamen und eventuell auch Chili oder Asant kombiniert werden.
Ein bekanntes Gericht aus Tamil Nadu sind *masala dosai*, knusprige Fladen aus Reismehl mit einer weichen und würzigen Füllung aus Kartoffeln, die mit Senfsamen, Curryblättern und Asant gewürzt sind.

Nordindien

Im kühleren und trockeneren Norden sind Curryblätter nicht ganz so verbreitet wie im Süden. Sie werden häufiger zu vegetarischen als zu nichtvegetarischen Speisen gebraucht.
Samosa sind knusprige, frittierte Pasteten, die gewöhnlich mit einer Kartoffel-Erbsen-Mischung gefüllt sind. Die Füllung wird mit Ingwer, Curryblättern und Kreuzkümmel gewürzt.

Fenchel

Foeniculum vulgare var. *dulce*
Süßfenchel
Foeniculum vulgare var. *vulgare*
Bitterfenchel
Foeniculum vulgare var. *azoricum*
Knollenfenchel

Familie:	Doldenblütengewächse
Herkunft:	Mittelmeerraum
Pflanzenteil:	Getrocknete Früchte
Verwendung:	Vielseitig zu Fleisch und Gemüse
Eigenschaften:	Fenchel lindert den Hustenreiz und wirkt beruhigend und blähungstreibend.

Herkunft

Fenchel stammt aus dem Mittelmeergebiet und ist seit dem Altertum bekannt. Er wurde in der griechischen und römischen Küche als Gewürz verwendet und verbreitete sich im Mittelalter über die Klostergärten nach Mitteleuropa.
Der größte Teil des Fenchels im Handel stammt von einer Kultursorte, dem Süßfenchel. Diese Sorte hat große und grasgrüne Früchte. In sehr geringem Umfang werden auch die kleinen, dunkelbraunen Früchte des Bitterfenchels gehandelt, der im Mittelmeergebiet wild vorkommt.
Eine weitere Sorte ist der Knollenfenchel, der vor allem in Italien als Gemüse dient.

Chemie

Fenchelfrüchte enthalten ein ätherisches Öl mit dem Hauptbestandteil Anethol, der auch in Anis und Sternanis den Geruch bestimmt. Der hohe Anetholgehalt ist Folge menschlicher Zucht; wilder Fenchel enthält nämlich hauptsächlich das würzig riechende und bitter schmeckende Fenchon.

Fenchel in Indien

In Indien ist Fenchel gelegentlich in Gewürzmischungen für Geflügel enthalten. Außerdem ist er einer der fünf Bestandteile der bengalischen Mischung *panch phoron*.
In Sri Lanka ist Fenchel häufig Bestandteil der Gewürzmischungen für Curries. Dafür wird er, wie auch die meisten anderen Komponenten, zuvor dunkelbraun geröstet, wobei sich sein Aroma intensiviert, er aber einen Teil seiner Süße verliert.
In Nordindien wird Fenchel als Digestiv genossen: Nach dem Mahl isst man eine Mischung aus Fenchelfrüchten, bunt gefärbtem Zuckerwerk und weiteren anregenden oder verdauungsfördernden Pflanzen.

Fenchel in China

Der süße Geschmack von Fenchel harmoniert sehr gut mit anderen in China beliebten Gewürzen wie Sternanis und Süßholz. Er ist Bestandteil des Fünfgewürzepulvers und anderer, ähnlicher Gewürzmischungen für Brühen oder spezielle Gartechniken (z. B. das Rotschmoren).

Fenchel am Mittelmeer

Die italienische Küche verwendet Fenchel sehr häufig und würzt damit so unterschiedliche Speisen wie Spanferkel (*porchetta*), marinierte Gemüse (*antipasti*) oder gegrillten Fisch.
In der Toskana ist Fenchel besonders beliebt. Man würzt dort nicht nur mit Fenchelfrüchten, sondern auch mit feingehackten Fenchelblättern und sogar Fenchelpollen, der ein besonders elegantes, ätherisches Fenchelaroma verströmt.
Eine bekannte Spezialität der Toskana ist die Fenchelsalami *finocchiona*, die ihr pikantes Aroma den kleinen Früchten von Wildfenchel verdankt.

Indische Lorbeerblätter

Cinnamomum tamala

Familie: Lorbeergewächse
Herkunft: Südosthimalaya, Burma
Pflanzenteil: Getrocknete Blätter
Verwendung: In der mogulischen Küche zu Fleisch und Geflügel

Die Indischen Lorbeerblätter sind erst seit wenigen Jahren wieder in Europa erhältlich – so wie sie es in der Antike bereits waren. Bis ins frühe Mittelalter wurden die Blätter aus Indien nach Europa importiert und dienten erst zur Herstellung von Parfümölen, später auch zum Kochen. In Indien sind sie ein typisch mogulisches Gewürz.

Herkunft und Geschichte

Der Indische Lorbeerbaum ist eng mit den Zimtarten verwandt und stammt aus dem südöstlichen Himalaya und den benachbarten Gebirgen in China und Burma. Seine aromatischen Blätter wurden bereits vor 2000 Jahren systematisch beerntet und über den Golf von Bengalen nach Europa verschifft.
Die Römer verarbeiteten die Blätter zu duftenden Salbölen und Parfüms, setzten sie aber auch zum Kochen ein, wie einige Rezepte im Apicius-Kochbuch zeigen.

Verwendung

Indische Lorbeerblätter werden nur in Nordindien verwendet. Sie würzen viele mogulische Spezialitäten, allen voran das Reisgericht *biriyani* und *korma*, in einer Joghurt-Nuss-Sauce langsam geschmortes Fleisch oder Gemüse.
Die nordindische Stadt Lucknow ist berühmt für die raffiniertesten *kormas* des Subkontinents. Mit der Technik des *dum pukht* werden Gargut und Schmorflüssigkeit in einem versiegelten Topf ein bis zwei Tage bei geringer Hitze gegart; dabei können sich die Aromen der Gewürze perfekt entfalten.
Indische Lorbeerblätter werden meist ganz verwendet und oft in Fett etwas angebraten. In gemahlener Form sind sie in der mogulischen Variante von *garam masala* enthalten.

Kardamom

Elettaria cardamomum
Gewürzkardamom
Amomum testaceum
Indochinesischer Kardamom

Familie: Ingwergewächse
Herkunft: Südindien, Sri Lanka
Pflanzenteil: Getrocknete Früchte oder Samen
Verwendung: Gewürz für Fleisch, Desserts und Kaffee

Der nach Kardamom duftende Mokka der arabischen Länder ist ein Symbol orientalischer Gastfreundschaft und verbraucht den größeren Teil der weltweiten Ernte. Zum Kochen wird Kardamom dagegen öfter in Indien verwendet, wo er nordindische Curries und viele Süßigkeiten würzt.

Herkunft und Geschichte

Kardamom ist eine hochwachsende Staude, die in Südindien und Sri Lanka heimisch ist; die etwas kürzeren Früchte aus Sri Lanka haben dabei das bessere Aroma. In der Antike wurde Kardamom auch nach Europa eingeführt und zu Parfüm verarbeitet, aber es sind nur wenige Kochrezepte erhalten.

Der meiste Kardamom wird nicht in Asien, sondern in Amerika produziert. Gegen Ende des 19. Jahrhunderts legten deutsche Siedler in Guatemala die ersten Kardamomplantagen an, die heute etwa die Hälfte der jährlichen Welternte produzieren.

Anbau und Qualitäten

Kardamom wird in tropischen Plantagen angebaut. Da die Früchte ungleichmäßig reifen, muss von Hand geerntet werden; deshalb ist Kardamom das drittteuerste der üblichen Gewürze, nach Safran und Vanille.
Die frisch geschnittenen Kapseln sind fast geruchlos und entwickeln erst beim Trocknen ihren typischen, zitronigen Eukalyptusduft.

Die besten Qualitäten werden bei künstlicher Beheizung getrocknet und behalten ihre grasgrüne Farbe. In der Sonne getrocknete Ware bleicht etwas aus und hat ein schlechteres Aroma.
Kardamomsamen verlieren beim Lagern rasch an Aroma; der Verlust beträgt bei ungemahlenen Samen etwa 40 % in einem Jahr. Sie sind aber wesentlich besser haltbar, wenn sie in der Kapsel eingeschlossen bleiben und werden deshalb meist ungeschält als ganze Kapsel gehandelt. Teilweise aufgebrochene Kapseln bieten naturgemäß einen geringeren Schutz gegen Aromaverlust.
Wenn gemahlener Kardamom gebraucht wird, sollte man die Samen aus der Kapsel lesen und ohne die Kapselwand vermahlen, da letztere kein eigenes Aroma mitbringt.

Kardamom in der europäischen Küche

In Deutschland und Skandinavien ist Kardamom ein beliebtes Backgewürz für würzige Kekse und Plätzchen, vor allem in der Weihnachtsbäckerei und für Lebkuchen. In Skandinavien werden auch viele Wurstsorten mit Kardamomöl aromatisiert.

Kardamom als Kaffeegewürz

Mit Kardamom gewürzter Kaffee wird in allen arabischen Ländern getrunken. Meist wird frischgemahlener Kardamom unter das Kaffeepulver gemischt und dann mit Wasser aufgebrüht.
Als Alternative kann man den Kaffee auch mit ganzen Kapseln würzen. In Nordafrika gibt es Kaffeekannen, die im Ausguss Platz für einige Kardamomkapseln bieten; beim Einschenken kommt die heiße Flüssigkeit mit dem Gewürz in Kontakt und nimmt dessen Aroma an.
Eine ganz besondere Kaffeetradition findet man in Äthiopien. Hier werden grüne Kaffeebohnen in Form einer „Kaffeezeremonie" zusammen mit Gewürzen (Zimt, Nelken, Kardamom) in einer heißen Pfanne geröstet und danach gemeinsam vermahlen. Dieser Kaffee kann mehrmals aufgebrüht werden.

Kardamom als Teegewürz

In Nordindien wird Schwarztee oft mit Gewürzen verfeinert (*chai masala*, in Deutschland eher als „Jogitee" bekannt). Die dabei verwendete Gewürzmischung enthält im Sommer stets Kardamom und im Winter stets Pfeffer; andere Zutaten sind Nelken, Zimt und Fenchel.
In Kaschmir trinkt man süßen Grüntee, der immer mit ganzen Kardamomkapseln gewürzt ist.

Kardamom in der indischen Küche

In Indien wird Kardamom zu vielen verschiedenen Schmor- und Reisgerichten verwendet. Meist gebraucht man die ganzen Kapseln, die in einem ersten Arbeitsgang in sehr heißem Fett gebräunt werden, bis sie sich leicht zu öffnen beginnen und ein starkes Aroma verströmen.
Die indischen Reisgerichte des Typs *biriyani* gehen auf persische Vorbilder zurück. Sie bestehen aus Schichten von geschmortem Fleisch oder Gemüse, die sich mit gekochtem Langkornreis abwechseln; als zusätzliche Geschmacksträger sind häufig Nüsse und Trockenfrüchte enthalten. *Biriyani* ist komplex und ausgewogen gewürzt, enthält aber stets eine merkliche Kardamomnote.
Nordindisches, in Joghurt geschmortes Huhn (*dahi murgh*) wird mild, aber mit starker Kardamomnote, gewürzt.
Indische Süßspeisen enthalten dagegen oft gemahlenen Kardamom, der zur Aromaintensivierung in Butterschmalz ganz leicht angebraten werden kann. *Khir* ist eine puddingartige Zubereitung aus Getreideprodukten und Milch, die mit trockenen Früchten angereichert sein kann. Auch das Konfekt *barfi* aus geformter Mandelmasse wird mit Kardamom gewürzt.

Kewra-Blüten

Pandanus odoratissimus

Familie: Schraubenpalmengewächse
Herkunft: Indien
Pflanzenteil: Destillat aus den männlichen Blüten
Verwendung: In Indien zu Süßspeisen und mogulischen Reisgerichten
Eigenschaften: Kewra-Essenzen werden als Bestandteil von Parfüms verwendet.

Die männlichen Blüten der Kewra-Palme haben einen süßen, lieblichen Duft, der manchen indischen Süßigkeiten ihren Charakter verleiht. In der Küche verwendet man hauptsächlich das „Kewra-Wasser".

Herkunft, Botanik und Ernte

Die Kewra-Palme gehört zu den Schraubenpalmen, einer mit den echten Palmen nur weitläufig verwandten Gruppe von Pflanzen, die nur in den Tropen der Alten Welt wachsen. Die Kewra-Palme ist die einzige Art mit duftenden Blüten und kommt nur an der indischen Ostküste im Bundesstaat Orissa vor, wo etwa drei- bis vierhunderttausend Bäume kommerziell beerntet werden.

Eine männliche Palme treibt pro Jahr etwa 60 Blüten, die sofort nach dem Erblühen geerntet und destilliert werden müssen. Die Ausbeute an ätherischem Öl ist ähnlich niedrig wie beim Rosenöl und beträgt nur 0,02 %. Als Nebenprodukt fällt das Kewra-Wasser an, das in der Küche verwendet wird.

Chemie

Das ätherische Öl besteht überwiegend aus 2-Phenylethyl-methylether, das chemisch mit dem 2-Phenylethanol als dem Rosenöl nah verwandt ist.

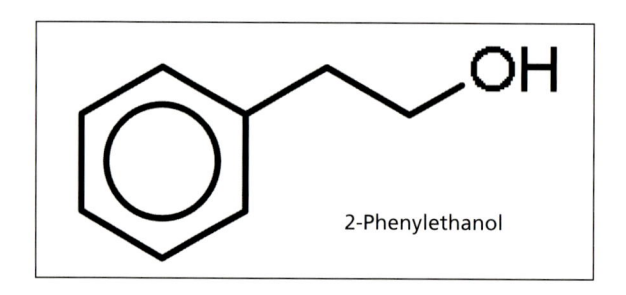

2-Phenylethanol

Kulinarik

Kewra-Wasser wird zum Beduften mancher nordindischer Desserts auf Milchbasis verwendet, wobei es alternativ zu Rosenwasser oder ähnlichen Aromen verwendet wird.

Ras gulla sind kleine Bällchen aus Frischkäse, die in Sirup gekocht und vor dem Servieren mit einer Mischung aus Sirup und einem Blütenwasser übergossen werden.

Gulab jamun werden dagegen aus eingekochter Milch und Mehl geformt und frittiert, sodass sie eine braune Oberfläche und ein karamellartiges Aroma entwickeln; sie werden ebenfalls mit Blütenwasser und Sirup serviert.

Eine weitere Variante sind *ras malai*, Bällchen aus Frischkäse, die in eingedickter Milch gekocht und serviert werden. Sie können mit Blütenwasser oder Safran gewürzt werden.

Seltener verwendet man Kewra-Wasser auch für salzige Speisen wie mogulische Reisgerichte (*biriyani*), die vor dem Servieren damit besprengt werden können.

KREUZKÜMMEL

Cuminum cyminum

Familie: Doldenblütengewächse
Herkunft: Mittelmeerraum
Pflanzenteil: Getrocknete Früchte ("Samen")
Verwendung: Universelle Verwendung

Kreuzkümmel gehört zu den wichtigsten Gewürzen der Welt. Von Marokko bis Burma wird er fast universell eingesetzt und ist auch in fast allen Gewürzmischungen enthalten.

Herkunft und Geschichte

Kreuzkümmel ist eine mediterrane Gewürzpflanze. In Ägypten und Mesopotamien war er als Gewürz und Heilkraut seit dem 2. Jahrtausend in Verwendung, aber wie auch Koriander und Ajowan gelangte er erst durch den Ost–West-Handel zur Zeit des Hellenismus nach Mittelasien und Indien.
In der römischen Küche gehörte Kreuzkümmel zu den wichtigsten Gewürzen und wurde häufig zusammen mit der Fischsauce *garum*, Pfeffer und frischen Kräutern zu salzigen Saucen verkocht, die oft auch mit Wein und Honig süßsauer abgeschmeckt wurden. Diese Saucen wurden meist getrennt zu gekochtem Fleisch oder Fisch gereicht.

Kümmel und Kreuzkümmel

Seit der Antike wird Kreuzkümmel oft mit Kümmel verwechselt; dieser Irrtum ist auch heute noch häufig. So sprechen Bibelübersetzungen regelmäßig von „Kümmel", obwohl in den Originaltexten sowohl des Alten als auch des Neuen Testaments immer von Kreuzkümmel die Rede ist.

Das deutsche Wort „Kümmel" leitet sich von antiken Bezeichnungen des Kreuzkümmels her, z. B. sumerisch *gamun*, ägyptisch *kamnini* und griechisch *kýminon*. Die Bezeichnung „Kumin" für Kreuzkümmel ist im Deutschen weniger gebräuchlich, findet sich aber in vielen anderen europäischen Sprachen.

Chemie

Kreuzkümmelfrüchte enthalten bis zu 4 % ätherisches Öl mit den beiden charakteristischen Aldehyden p-Mentha-1,4-diena-7-al und Cuminal, die ihnen einen stark würzigen Geschmack verleihen.

Beim trockenen oder fettigen Erhitzen von Kreuzkümmelfrüchten bilden sie wie Koriander und Bockshornklee ein starkes Röstaroma aus, das auf heterycylische Duftstoffe der Pyrazinreihe zurückgeht.

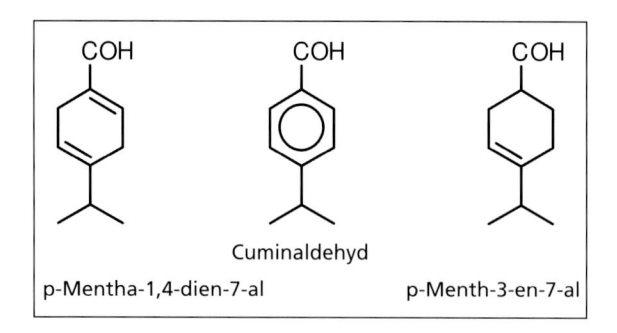

```
        COH              COH              COH
         |                |                |
        (Ring)           (Ring)           (Ring)
         |                |                |
        iPr              iPr              iPr
p-Mentha-1,4-dien-7-al   Cuminaldehyd    p-Menth-3-en-7-al
```

Verwendung von Kreuzkümmel

Orient

Im Orient wird Kreuzkümmel fast immer gemahlen verwendet. Vor dem Servieren kann er als Streuwürze über Salate und kalte Vorspeisen wie das Kichererbsenmus *hummus* oder die Auberginenpaste *baba ghanuj* gestreut werden, oft zusammen mit Paprika und einem Schuss Olivenöl.

Die Kichererbsenbällchen *falafil* sind eine charakteristische Speise der Levante. Sie bestehen aus einem Teig von gekochten Kichererbsen, manchmal mit Saubohnen gemischt, der mit viel Kreuzkümmel und Knoblauch gewürzt ist und knusprig frittiert wird. Sie werden mit Joghurt oder Joghurt-Sesam-Sauce gegessen.

Die nordafrikanische scharfe Sauce *harissa* wird aus frischen oder getrockneten Chilis, Knoblauch und Olivenöl hergestellt. Sie wird mit Koriander und Kreuzkümmel gewürzt, aber es gibt auch Rezepte, die den sonst im Orient unüblichen Kümmel dazu vorschreiben.

Die marokkanischen *tajine*-Gerichte sind Eintöpfe, die in einem speziellen, ebenfalls *tajine* genannten Tontopf mit spitzem Deckel geschmort werden. Sie enthalten häufig Trockenobst oder Honig und sind mit Kreuzkümmel und Zimt pikant-aromatisch gewürzt.

Indien

In Indien, dem Subkontinent der Gewürze, wird Kreuzkümmel ausgiebig verwendet. Viele indische Curries erhalten ihren Grundgeschmack durch Kreuzkümmel, der zusammen mit anderen Gewürzen in einem ersten Arbeitsgang in heißem Fett anfrittiert wird. Kreuzkümmel-Öl-Mischungen werden auch oft über gekochte Hülsenfrüchte oder gekochtes Gemüse gegossen.

Salzige Varianten des Joghurtgetränkes *lassi* werden manchmal auch mit Kreuzkümmel gewürzt.

In Sri Lanka werden Gewürze frisch vor der Verwendung in schweren Eisenpfannen dunkelbraun geröstet und gemahlen. Sri-lankanische Curries haben daher einen sehr vollen, „dunklen" Geschmack, der von Kreuzkümmel dominiert wird.

Indische Gewürzmischungen mit Kreuzkümmel

Die bengalische Gewürzmischung *panch phoron* besteht aus fünf verschiedenen ganzen Gewürzen (Kreuzkümmel, Bockshornklee, Nigella, Fenchel und Schwarzem Senf), die gemeinsam in Senföl angebraten werden.

Gemahlener Kreuzkümmel tritt als Bestandteil der Gewürzmischung *garam masala* auf, die typischerweise Kreuzkümmel und Koriander neben aromatischen Gewürzen wie Pfeffer, Nelken, Kardamom und Zimt enthält. Jede Region Nordwestindiens hat eine eigene Variante dieser Mischung hervorgebracht.

Das *sambar podi* aus dem Südosten dient zum Würzen dünner, suppiger Gemüsecurries. Seine geschmackliche Grundlage sind Linsen oder kleine Bohnen, die trocken geröstet werden. Diese Linsen werden mit einer Anzahl weiterer, ebenfalls trocken gerösteter Gewürze vermengt (Kreuzkümmel, Koriander, Bockshornklee, Chili) und anschließend fein gemahlen.

Currypulver ist kein echtes indisches Gewürz, sondern entstand unter der britischen Kolonialherrschaft, um den indischen Geschmack auch in England zu imitieren. Es enthält neben Kreuzkümmel und Koriander auch Kurkuma, aromatische nordindische Gewürze (Zimt, Nelken) sowie die für Südindien typischen gerösteten Linsen.

Südostasien und Ostasien

Im Fernen Osten wird Kreuzkümmel nur manchmal verwendet, vor allem in Rezepten indischer oder arabischer Herkunft. Ein Beispiel ist der thailändische *masaman*-Curry. Dazu verwendet man eine rote Currypaste, die mit Kreuzkümmel, Zimt, Nelken und anderen orientalischen Gewürzen verstärkt wird.

In der chinesischen Küche gibt es nur wenige Speisen mit Kreuzkümmel. Wokgerichte mit ganzen Kreuzkümmelfrüchten findet man vor allem in Hunan, seltener in Sichuan. Die Küche der Uiguren im äußersten Westen Chinas ist zentralasiatisch geprägt und verwendet oft Kreuzkümmel, zum Beispiel für Lammfleischspieße (*yáng ròu chuàn*).

Lateinamerika

Das nordmexikanische und texanische Nationalgericht *chili con carne* besteht aus Fleisch, das in einer dicken Sauce aus getrockneten Chilis geschmort wird. Als zusätzliche Würze verwendet man Oregano und Kreuzkümmel. Kreuzkümmel ist auch in vielen zentralmexikanischen Speisen wie den *mole*- und *pibil*-Saucen enthalten, meist in gemahlener Form.

In den Anden ist Kreuzkümmel als Fleisch- und Fischgewürz in Verwendung. Bolivianische Schweinshaxe (*fricasé*) oder peruanisches gebratenes Meerschweinchen (*cuy frito*) werden immer mit einem Hauch Kreuzkümmel gewürzt.

Kurkuma, Gelbwurz

Curcuma longa

Familie: Ingwergewächse
Herkunft: Indien
Pflanzenteil: Wurzelstock
Verwendung: In Indien universell
Eigenschaften: Kurkuma wirkt galletreibend.

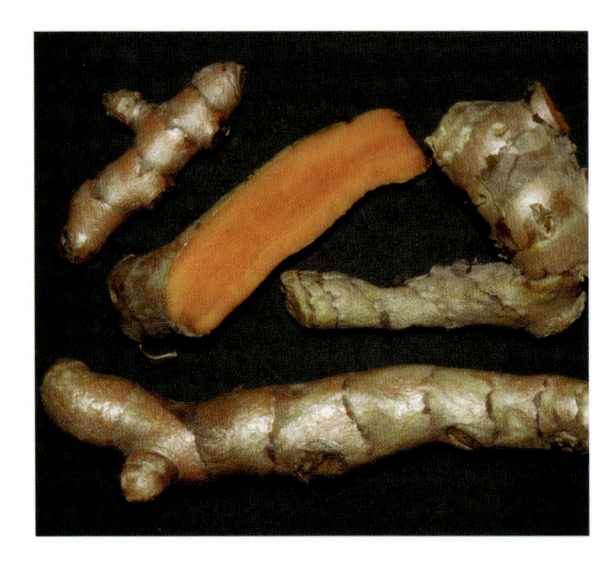

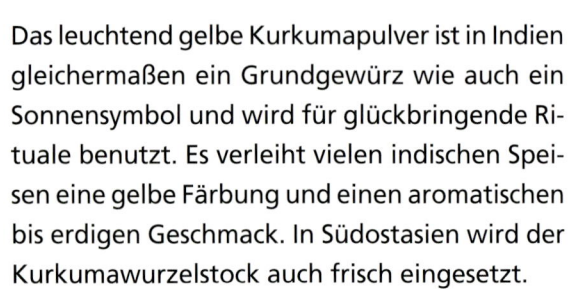

Das leuchtend gelbe Kurkumapulver ist in Indien gleichermaßen ein Grundgewürz wie auch ein Sonnensymbol und wird für glückbringende Rituale benutzt. Es verleiht vielen indischen Speisen eine gelbe Färbung und einen aromatischen bis erdigen Geschmack. In Südostasien wird der Kurkumawurzelstock auch frisch eingesetzt.

Herkunft und Geschichte

Kurkuma ist eine sterile Pflanze, die nur durch menschliche Pflege überleben konnte. Wahrscheinlich entstand sie als zufällige Hybride zweier Wildarten und wurde wegen ihrer ertragreichen und leuchtend gelben Wurzelstöcke von Menschen in Kultur genommen. In Indien wird Kurkuma seit mehr als 4000 Jahren angebaut.

Die gelbe Farbe machte Kurkuma bereits im frühen Hinduismus zu einem Symbol der Sonne und damit des Glücks. Diese Rolle nimmt sie bis heute ein. Deshalb ist Kurkuma Bestandteil vieler Verlobungs-, Hochzeits- und Fruchtbarkeitsriten, mit denen man Glück und Segen beschwören möchte.

Aroma und Chemie

Frisch gemahlenes Kurkumapulver hat einen starken, aromatischen Geruch und einen herben, leicht brennenden Geschmack. Allerdings ist das Pulver nur beschränkt haltbar und kann bei schlechter Lagerung binnen weniger Monate einen faden Geschmack annehmen.

Die gelbe Farbe von Kurkuma geht auf *Curcumin* zurück, das chemisch den Scharfstoffen im Ingwer ähnelt. Anders als diese ist es jedoch farbig und nur wenig scharf.

Verwendung

Indien

Kurkuma wird in praktisch jeder indischen Regionalküche verwendet, und zwar getrocknet und gemahlen. Es wird fast universell eingesetzt und meist in Öl ganz kurz angebraten, was die Färbekraft verbessert.

Hülsenfrüchte haben in Indien eine besonders große Bedeutung, weil sie für Vegetarier eine unverzichtbare Quelle von Proteinen sind; nach der Tradition sollte jede Mahlzeit wenigsten ein Hülsenfrüchtegericht (*dal*) enthalten. Am einfachsten werden Hülsenfrüchte zubereitet, indem man sie mit etwas Kurkuma zu einem Brei verkocht, den man abschließend mit einer heißen Mischung aus Butterfett und Gewürzen (*tadka*) aromatisiert.

Auch Kartoffelcurries werden meistens mit Kurkuma zubereitet. Dagegen ist mit Kurkuma gewürzter gelber Reis (*pullao*) in Indien durchaus nicht so häufig wie in indischen Restaurants in Deutschland.

Äthiopien, Iran und Afghanistan

In diesen Ländern wird Kurkumapulver häufig in Schmorgerichten und Eintöpfen verschiedener Art verwendet.

Südostasien

In tropischen Ländern Südostasiens wird Kurkuma meistens als frischer Wurzelstock verwendet.

Die *gelbe Currypaste* in Thailand verdankt ihre leuchtend gelbe Farbe frischer Kurkuma, die zusammen mit gelben oder roten Chilis und anderen Gewürzen vermahlen wird. Die reine Paste ist eher orange oder sogar zinnoberrot, aber beim Kochen verdünnt sich ihre Farbe zu einem leuchtenden, warmen Gelbton.

Auf der indonesischen Insel Bali, deren Bewohner mehrheitlich Hindus sind, hat Kurkuma eine ähnlich kultische Bedeutung wie in Indien. Bei religiösen Festen wird regelmäßig eine Portion mit Kurkuma gelb gefärbter Reis (*nasi kuning*) im Tempel geopfert.

NIGELLA

Nigella sativa

Familie:	Hahnenfußgewächse
Herkunft:	Mittelmeerraum
Pflanzenteil:	Getrocknete Samen
Verwendung:	Gewürz für Gebäck, in Indien auch für Gemüse

Die samtschwarzen, eckigen Samen werden auf viele ostmediterrane Brote gestreut, spielen aber sonst in den Mittelmeerküchen keine große Rolle. In Indien sind sie ein verbreitetes Gewürz für Gemüsecurries.

Das Gewürz mit den vielen Namen

Nigella ist unter vielen Namen bekannt: Wegen der Ähnlichkeit mit den Samen der Zwiebeln heißt das Gewürz auch „Zwiebelsame", obwohl es mit Zwiebeln nicht verwandt ist. Manchmal wird es auch „Schwarzer Sesam" genannt, was aber leicht zu Verwechslungen führt, da Sesam trotz seines ganz anderen Geschmacks im Mittelmeergebiet oft ähnlich wie Nigella verwendet wird.

Unter dem Namen „Schwarzkümmel" erlebte Nigella vor einigen Jahren als Naturheilmittel, unter anderem gegen Schuppenflechte, kurzlebige Popularität. Wegen ihrer Heilkraft heißt Nigella auf Arabisch übrigens „Segenskörner". Trotz all dieser Namen ist Nigella weder chemisch noch kulinarisch oder botanisch mit Zwiebel, Sesam oder Kümmel verwandt.

Eine weitere Verwechslung betrifft die als Zierpflanze beliebte „Jungfer im Busch" (*Nigella damascena*), die botanisch eng verwandt ist, aber nicht als Gewürz gebraucht werden kann.

Nigella darf nicht mit dem Schwarzen Kreuzkümmel verwechselt werden, einem ebenfalls nordindischen Gewürz mit ganz anderem Charakter.

Chemie

Die schwarzen Samen enthalten Spuren von Alkaloiden und ein fettes Öl mit einem Anteil ungesättigter Fettsäuren. Im ätherischen Öl wurde als Hauptkomponente Thymochinon identifiziert. Diese Substanz ist chemisch eng mit den Phenolen Thymol und Carvacrol verwandt, die das Aroma von Thymian, Oregano und Bohnenkraut bestimmen.

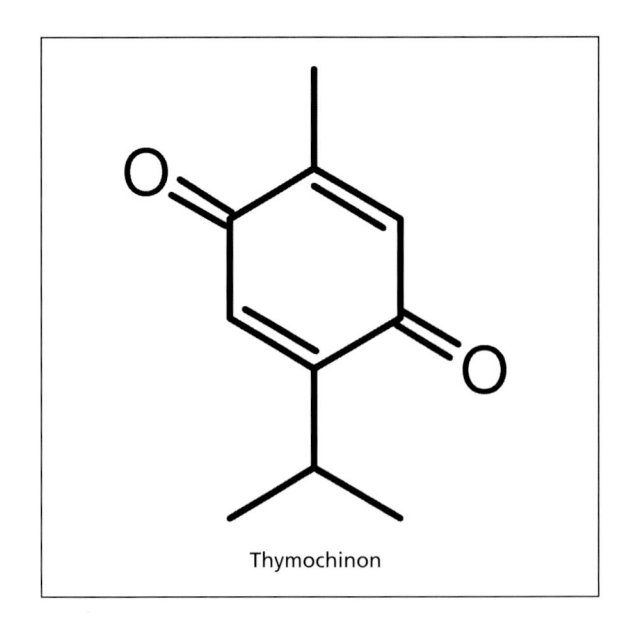

Kulinarische Verwendung

Mittelmeer

Bereits Plinius berichtet, dass man die Nigella-Samen zum Würzen von Brot verwendete, indem man dieses vor dem Backen damit bestreut. Die hohen Ofentemperaturen befördern die Entwicklung eines starken Aromas.

Mit Nigella gewürzte Brote sind heute in Bulgarien und in der Türkei üblich; weiter südlich bestreut man Brotfladen eher mit dem ähnlich schmeckenden Thymian.

Indien

Nigella ist in Nordindien ein beliebtes Gewürz für milde Gemüsecurries. Die Samen werden vor der Verwendung in Fett oder trocken erhitzt. Am meisten werden sie in Bengalen verwendet, wo sie Bestandteil der beliebten *panch-phoron*-Mischung sind.

Schwarzer Kreuzkümmel

Bunium persicum

Familie: Doldenblütengewächse
Herkunft: Iran, Tadschikistan, Pakistan, Kaschmir
Pflanzenteil: Getrocknete Früchte
Verwendung: Als Alternative zu Kreuzkümmel in mogulischen Speisen

Der Schwarze Kreuzkümmel ist eine wenig bekannte Pflanze, die nur in unzugänglichen Gebirgsregionen Zentralasiens wächst. Die schwarzen, schlanken Früchte haben einen erdigen Geruch und werden in der Küche der Mogulen dem gewöhnlichen Kreuzkümmel vorgezogen.

Herkunft

Schwarzer Kreuzkümmel ist eine Gebirgspflanze, die in Zentralasien bis zum westlichen Himalaya wild wächst. Weil er schwierig zu kultivieren ist, stammt ein Teil der Ernte aus Wildbeständen.

Verwechslungen

Schwarzer Kreuzkümmel wird in vielen Büchern mit Kreuzkümmel, Kümmel und Nigella verwechselt.

Verwendung

Schwarzer Kreuzkümmel wird nur in Nordindien verwendet. Die so genannte mogulische Küche ist keine Regionalküche, sondern beruft sich auf die Tradition der muslimischen Mogulen, die von 1556 bis 1707 ganz Nordindien regierten. Am mogulischen Kaiserhof wurde eine Mischküche aus persischen, zentralasiatischen und indischen Elementen perfektioniert, die besonders raffinierte Geschmackserlebnisse versprach.

Viele mogulische Erfindungen wie das Reisgericht *biriyani* oder das in Joghurt geschmorte Lammfleisch *rogan josh* sind heute Bestandteil der nordindischen Volksküchen geworden. Umgekehrt sind viele mogulische Gerichte nur Varianten älterer Rezepte, die dem Geschmack der Mogule angepasst wurden.

Mogulische Gerichte sind mild, häufig chilifrei, und komplex gewürzt; oft werden sie sehr langsam gekocht, um die Aromen perfekt zu verschmelzen. Nach persischem Vorbild kommen oft Trockenobst und Nüsse zum Einsatz. Die Mogule hatten auch eine Vorliebe für Schwarzen Kreuzkümmel und Muskatnüsse. Anders als fast alle anderen indischen Gewürze wird Schwarzer Kreuzkümmel nie in heißem Fett anfrittiert, sondern nur gekocht.

GRANATAPFELKERNE

Punica granatum

Familie: Granatapfelgewächse

Der Granatapfelbaum stammt aus Zentralasien, wird aber heute überall in den Tropen und Subtropen angebaut. Seit der Antike sind Granatäpfel auch im Mittelmeergebiet bekannt.

Die in Indien als Gewürz verwendeten getrockneten Granatapfelkerne stammen von wilden Bäumen, und schmecken saurer als die bekannten Kultursorten. Sie werden gemahlen zum Säuern von Gemüse- und Hülsenfrüchtecurries verwendet. Sie haben einen leicht süßsauren Geschmack, der besonders in dem nordwestlichen Unionsstaat Gujarat geschätzt wird. In der mogulischen Küche werden sie auch ungemahlen zu Schmor- und Reisgerichten verwendet, wobei sie neben ihrem Geschmack auch noch eine leicht knusprige Konsistenz beitragen.
In Georgien und dem Iran schmort man Fleisch in einer mit Kräutern leicht gewürzten Granatapfelpaste.

TAMARINDE

Tamarindus indica

Familie: Johannisbrotgewächse

Der Tamarindebaum stammt aus Indien oder Ostafrika, ist heute aber über die ganzen Tropen verbreitet.

Tamarindenfrüchte sind Hülsen und enthalten Kerne, die in ein klebriges, faseriges, intensiv saures Fruchtfleisch eingebettet sind. Zur Verwendung extrahiert man das Fruchtfleisch mehrmals mit heißem Wasser und säuert die Speisen mit dem dunkel gefärbten, zitronensauren Tamarindenwasser.

Viele indische Curries, vor allem solche aus dem Süden, werden mit Tamarindenwasser leicht oder auch kräftig gesäuert. Das bekannteste Beispiel ist die portugiesisch-indische Spezialität *vindalu*, die auf das portugiesische *porco vinho e alho* zurückgeht. Dazu wird Schweinefleisch mit einer Paste aus Zwiebeln, Essig und Gewürzen mariniert und in Senföl unter Zusatz von Tamarindenwasser gegart.

Tamarindenwasser wird auch in Südostasien viel verwendet. In Indonesien mariniert man Fleisch oder Bohnenkäse (*tahu*) mit einer Mischung aus Tamarindenwasser und stark gesüßter Sojasauce.

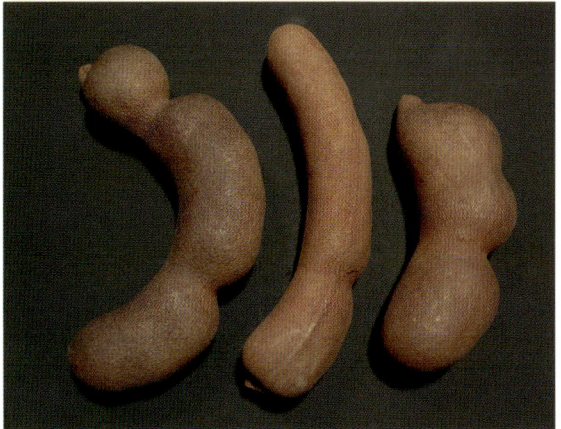

Mango

Mangifera indica

Familie: Sumachgewächse

Die Mango ist in Indien heimisch und wird seit Jahrtausenden kultiviert. Sie gilt den Hindus als eine besonders heilige Frucht.

Mangos als Säuerungsmittel sind nur in Indien gebräuchlich. Dazu erntet man unreife Früchte von sauren, wilden Mangos, die in der Sonne getrocknet werden und dann gemahlen in den Handel kommen. Dieses Pulver hat einen subtil sauer-harzigen Geschmack.
Mangopulver ist ein Bestandteil der Marinaden für nordindische Grillspeisen, die in einem Lehmofen, dem so genannten *tandur*, gegrillt werden. Die Marinaden enthalten neben Mangopulver (oder Zitronensaft) auch oft Fleischzartmacher und Lebensmittelfarbe, die für eine leuchtendrote Oberfläche des Grillguts sorgt. In der Vergangenheit wurde auch Safran zum Färben von *tanduri*-Fleisch verwendet.
Durch die starke Hitze des *tandur* ist ein mariniertes Huhn in etwa 12 Minuten gar.

Orient

Ajowan
Felsenkirsche
Piment
Rose
Safran
Sesam
Sumach

Ajowan

Trachyspermum ammii

Familie:	Doldenblütengewächse
Herkunft:	Mittelmeer
Pflanzenteil:	Früchte
Verwendung:	Bestandteil orientalischer und indischer Gewürzmischungen
Eigenschaften:	Durch den Thymolgehalt auswurffördernd und hustenreizlindernd

Sein starkes Thymianaroma macht den Ajowan zu einem in der Familie der Doldenblütengewächse einzigartigen Gewürz. Er empfiehlt sich ganz besonders zu Hülsenfrüchten.

Herkunft und Geschichte

Ajowan stammt aus dem östlichen Mittelmeergebiet. In der Antike spielte er keine Rolle als Gewürz, galt aber als Heilmittel gegen Verdauungsbeschwerden.

Im Frühhellenismus wurde die „Gewürzstraße" geöffnet, über die die Griechen und Römer asiatische Gewürze importierten. Gleichzeitig wurden jedoch auch mediterrane Gewürze wie Ajowan, Koriander und Kreuzkümmel in den Osten transportiert. In Indien hieß das Gewürz *yavana* „der Ionische" (nach den ionischen Griechen in Kleinasien); davon leitet sich auch das deutsche „Ajowan" ab.

Chemie

Das ätherische Öl von Ajowan enthält als Hauptkomponente Thymol. Dieses Phenol, das auch für das Aroma von Thymian hauptverantwortlich ist, wirkt stark desinfizierend und begründet die Verwendung von Ajowan gegen Husten und bakteriell bedingte Verdauungsstörungen.

Thymol ist auch heute noch in vielen Hustenmedizinen enthalten; früher wurde es auch gegen schwere Krankheiten wie Keuchhusten eingesetzt, ehe es von Antibiotika verdrängt wurde. Bis zur Mitte des 20. Jahrhunderts wurde Ajowan als Thymol-Quelle für die Pharmazie angebaut.

Verwendung

Orient

Ajowan ist ein Bestandteil der äthiopischen *berbere*-Gewürzmischung. *Berbere* besteht aus Chilis, Kreuzkümmel, Koriander, Pfeffer, Bockshornklee, Ajowan und vielen weiteren Gewürzen, die getrennt geröstet und danach miteinander vermahlen werden.

In nordafrikanischen Gewürzmischungen wie dem marokkanischen *ras al-hanut* ist Ajowan ebenfalls oft enthalten.

In der Levante und den Ländern der arabischen Halbinsel wird Ajowan seltener verwendet, aber er taucht in manchen Rezepten für die irakische und kuwaitische Gewürzmischung *baharat* auf.

Indien

Die indische Küche verwendet Ajowan nicht nur in Mischungen, sondern auch als einzelnes Gewürz. Er wird wegen seiner verdauungsfördernden Wirkung besonders häufig zu Hülsenfrüchten verwendet, meist in Form von gewürzter Butter (*tadka*). Dazu brät man Ajowansamen in heißem Butterfett und gießt die Mischung über gekochte Linsen oder Bohnen.

FELSENKIRSCHE

Prunus mahaleb

Familie:	Rosengewächse
Herkunft:	Südeuropa
Pflanzenteil:	Samen
Verwendung:	Gewürz für Süßspeisen

Die Kerne der Felsenkirsche liefern ein Gewürz, das nur im östlichen Mittelmeergebiet bekannt ist. Nach dem Entfernen der harten Schale werden die Keimlinge zum Würzen von Kuchen und Keksen verwendet.

Herkunft und Gewinnung

Die Felsenkirsche oder Steinweichsel ist eine südeuropäische wilde Kirschenart, die vereinzelt bis nach Mitteleuropa vordringt.
Die dunkelroten, fast schwarzen Früchte haben ein sehr dünnes, ungenießbares Fruchtfleisch. In den Hauptproduktionsländern Türkei, Syrien und Iran wird der Baum in geringem Umfang angebaut, aber ein Teil der Ernte stammt aus Wildbeständen.
Nach der Ernte der reifen Kirschen lässt man sie trocknen und knackt dann die Kerne auf. Die ockergelben, tropfenförmigen Keimlinge haben einen bitteren Geschmack und entwickeln nach kurzem Kauen einen aromatischen, etwas an Vanille oder Heublumen erinnernden Geschmack. Wegen ihres hohen Ölgehaltes werden sie rasch ranzig.

Verwendung

Griechenland und Zypern

Das griechische Ostergebäck *tsouréki* ist ein geflochtener Zopf aus einer Art süßem *Brioche*-Teig, der mit gemahlenen Felsenkirschenkernen gewürzt wird. Er enthält noch ein weiteres, sehr spezielles Gewürz: Mastix, das Harz eines nur auf der griechischen Insel Chios wachsenden Baums, das fast nur in der griechischen Küche verwendet wird.

Türkei und Armenien

Im Südosten der Türkei werden Felsenkirschensamen zu Gebäck wie dem ringförmigen, mit Sesam bestreuten Frühstücksbrot *simit* oder dem Teegebäck *çörek* verwendet, manchmal auch zusammen mit Zimt im Milchpudding *muhallebi*.
Von *choreg*, der armenischen Version der Gebäcke *tsouréki* und *çörek*, gibt es zwei Varianten: Es kann entweder als *Brioche*-Zopf gebacken werden, oder es kommt in Form kleiner, knuspriger Kekse als Beilage zum nachmittäglichen Kaffee auf den Tisch.

Levante

In Syrien verwendet man Felsenkirsche auch zum Würzen von Käse. Dazu wird der Käselaib mit gestoßenen Felsenkirschkernen, Nigella und anderen Gewürzen bestreut und danach in Lake gereift. Außerdem werden die Keimlinge in der Levante für eine unüberschaubare Vielzahl von Kleingebäcken verwendet.

Piment

Pimenta dioica

Familie:	Myrtengewächse
Herkunft:	Karibik und Mexiko
Pflanzenteil:	Unreife, getrocknete Früchte
Verwendung:	Beliebt in Europa und im Vorderen Orient

Der Pimentbaum stammt aus Mittelamerika. Das komplexe Aroma der Pimentkörner, das an Pfeffer, Gewürznelken und Muskat erinnert, hat ihnen Namen wie „Allgewürz" und „Nelkenpfeffer" beschert. Als Gewürz ist er in der Karibik, aber auch in Europa und Westasien in Verwendung.

Herkunft und Geschichte

Über die vorkoloniale Geschichte des Pimentbaums in den karibischen und mexikanischen Küchen ist nicht viel bekannt; die Azteken verwendeten ihn jedoch als Würze für ihre Trinkschokolade.

Piment wurde bei der ersten Fahrt des Kolumbus „entdeckt", aber zunächst in Europa nicht viel beachtet. Das Gewürz stieg erst im 17. Jahrhundert zu einem wichtigen Handelsartikel auf. Zu dieser Zeit kontrollierte England den Nelkenanbau in Jamaika.

Im 19. Jahrhundert wurde Pimentholz als Material für Spazierstöcke und Regenschirme populär. Die starke Nachfrage bedrohte die Pimentplantagen in Jamaika so stark, dass der Gouverneur 1882 die Produktion von Pimentstöcken verbieten ließ.

Piment wird auch heute fast nur in Mittelamerika angebaut; 70 % der Welternte stammt aus Jamaika, der Rest größtenteils aus Mexiko, Guatemala und Honduras. In der Alten Welt produziert nur Réunion gewisse Mengen.

Chemie

Die getrockneten Pimentfrüchte enthalten etwa 5 % ätherisches Öl. Dessen Hauptbestandteil ist Eugenol, das auch für das Gewürznelkenaroma verantwortlich ist. Im besonders geschätzten Jamaika-Piment macht Eugenol 80 % des ätherischen Öls aus.

Verwendung

Vorderer Orient

In der Levante ist Piment eines der wichtigsten Gewürze. Es wird auf arabisch oft nur *al-bahar*, also „das Gewürz" genannt, allerdings ist mit dieser Bezeichnung auch oft eine Gewürzmischung gemeint.

Piment ist ein perfektes Gewürz zu Lamm und wird in der syrischen und palästinensischen Küche zu Grillfleisch (*schawarma*) und zum Würzen der Fleischbällchen *kibba* verwendet. In Palästina isst man auch mit Piment bestreutes Fladenbrot.

Die Gewürzmischung *bahar* oder *baharat* kann im einfachsten Fall nur aus Piment und Pfeffer bestehen, enthält aber oft auch weitere Gewürze wie Kardamom, Koriander, Kreuzkümmel und Zimt. In den Golfländern bezeichnet *baharat* eine schärfere Mischung mit Chili und Paprika ohne Piment.

Europa

Durch die historische Verbindung mit Jamaika ist England der europäische Hauptverbraucher. Pimentkörner werden zu Kuchen, geschmortem Fleisch und besonders zu sauer-pikanten Gemüsekonserven (*relish*) verwendet.

Auch in Deutschland verwendet man Piment zu eingelegtem Gemüse wie etwa Gewürzgurken, die meist einige Pimentkörner im Essigsud enthalten. In der Lebensmittelindustrie wird Piment, meist in Form von Pimentöl, für Würste und Schinken verwendet und ist in den meisten süß-pikanten Grillsaucen enthalten.

Karibik

Piment ist ein Hauptbestandteil der *jerk*-Paste, die ein kulinarisches Markenzeichen Jamaikas ist. Mit *jerk* wird Fleisch vor dem Grillen eingerieben – auf karibische Art grillt man besonders gerne mit Pimentholz (*jerked meats*).

Die *jerk*-Paste besteht aus Zwiebeln, Knoblauch, Piment und weiteren Gewürzen. Eine Schlüsselzutat sind die sehr scharfen karibischen Chilis der Sorte *Scotch Bonnet*. Nachdem alle Zutaten zu einer feinen Paste vermengt sind, tritt eine spontane Fermentation auf. Dadurch nimmt die Paste einen etwas säuerlichen Geschmack an und bleibt lange haltbar.

In Mexiko geht man mit Piment wesentlich sparsamer um. Viele Saucenrezepte, etwa für die zentralmexikanischen *moles*, verlangen nach einigen Pimentbeeren zum Abrunden des Geschmacks.

ROSE

Rosa damascena
Damaszener Rose, Ölrose
Rosa centifolia
Hundertblättrige Rose
Rosa gallica
Essigrose

Familie: Rosengewächse
Herkunft: Klein- bis Zentralasien
Pflanzenteil: Blüten
Verwendung: Zu orientalischen Süßigkeiten

Rosenblüten liefern einen der edelsten und teuersten Blütendüfte. Rosenduft spielt in vielen orientalischen Süßigkeiten eine Rolle, aber auch im deutschen Marzipan.

Herkunft und Geschichte

Die Systematik der Rosenarten ist wegen der langen Rosenzucht und vielen, teilweise natürlichen Hybriden nicht mehr klar zu rekonstruieren. Die meisten Rosenarten gibt es in Zentralasien.
Die berühmte Damaszener Rose entstand wahrscheinlich bereits in der Bronzezeit als Hybrid der europäischen Essigrose mit einer kleinasiatischen Art; sie ist seit der Antike bekannt und trat wahrscheinlich zuerst in Anatolien auf. Heute wird sie vom Balkan bis nach Persien kultiviert
Die Hundertblättrige Rose ist vor allem in der Provence beliebt und hat eine komplexe Abstammung; in ihrem Genpool lassen sich sowohl die Essigrose als auch die Damaszener Rose identifizieren.
In der Antike wurde der Rosenduft zu Parfüms verarbeitet, aber er fand in der Küche kaum Verwendung: Lediglich im römischen Apicius-Kochbuch gibt es ein Rezept für mit Rosenblüten gewürzten Wein.

Ernte und Verarbeitung

Das meiste Rosenöl des Handels stammt von der Damaszener Rose, die in Bulgarien, der Türkei und dem Iran großflächig angebaut wird. Die taufrischen Blüten werden vor Ort der Wasserdampfdestillation unterzogen, wobei man im ersten Arbeitsgang nur 0,01 % Rosenöl erhält; als Nebenprodukt fällt Rosenwasser an, das nachträglich zu Rosenöl aufgearbeitet werden kann.

Wegen der geringen Ausbeute wurde die Lösungsmittelextraktion zunehmend populärer. Damit erzielt man etwa 0,1 % Ausbeute, allerdings enthält der Extrakt dann außer den Geruchsstoffen auch noch die wertlosen Blütenwachse. Rosenöl aus Extraktion heißt *Absolue* und wird vor allem in den französischen Anbaugebieten hergestellt.

Verwendung in der Küche

Orient und Indien

In vielen orientalischen Ländern ist Rosenduft für Konfekt und Süßigkeiten sehr beliebt: Das gummiartige, oft blass rosarot gefärbte türkische Konfekt *locoum* begleitet traditionell den türkischen Kaffee und kann sogar in diesem aufgelöst werden. Im Iran wird Speiseeis mit Rosengeschmack hergestellt.
Verschiedene Desserts oder süße Snacks der indischen Küche können mit Rosenwasser aromatisiert werden, beispielsweise *barfi*, ein marzipanähnliches Konfekt aus Mandeln, Zucker, Gewürzen und Rosenwasser. Rosenwasser (oder andere Blütenwässer) werden über in Sirup gekochte Frischkäsebällchen (*ras gulla*) geträufelt und verfeinern das Joghurt-Getränk *lassi*.
Manche orientalischen Reisspeisen verlangen ebenfalls nach Rosenwasser, das man dann erst kurz vor dem Servieren über den fertig gekochten Reis träufelt. Die komplexen, sehr milden *biriyani*-Rezepte aus Indien lassen sich ebenso mit Rosenwasser perfektionieren wie der robuster gewürzte *makhbus* aus Kuwait.

Europa

Rosenwasser ist kein typisches Würzmittel Europas, aber es ist in vielen Arten von Marzipan enthalten.

SAFRAN

Crocus sativus

Familie:	Schwertliliengewächse
Herkunft:	Mittelmeer, wahrscheinlich Kreta
Pflanzenteil:	Narben
Verwendung:	Zu vielen orientalischen Süßspeisen und Reisgerichten
Eigenschaften:	Safran wurde in der Antike als Textilfarbstoff verwendet.

Safran ist das teuerste und daher wohl exklusivste aller Gewürze. Durch seine enorme Färbekraft und sein unvergleichliches Aroma bestimmt Safran den Charakter jeder damit gewürzten Speise.

Herkunft und Geschichte

Der Ursprung des Safrans war lange Zeit umstritten. Bis in die 1970er-Jahre galt ein Ursprung aus Vorder- oder Zentralasien als wahrscheinlich. Safran bildet keine Samen. Er kann nur über Knollen vermehrt werden und ist zu seiner Erhaltung und Verbreitung auf den Menschen angewiesen.

Die botanische Forschung hat jedoch ergeben, dass Safran am engsten mit dem Cartwright-Krokus verwandt ist, der heute nur auf Kreta vorkommt. Daher nimmt man an, dass Safran als zufällige Mutation des Cartwright-Krokus (*Crocus sativus* ssp. *cartwrightianus*) entstand und wegen seiner langen Narben von Menschen in Kultur genommen wurde.

Bereits in der Antike hatte Safran einen hohen Wert. Die minoischen Fresken von Akrotiri auf der heutigen griechischen Insel Santorini zeigen Szenen von der Safranernte. Die Pflanzen sind naturnah abgebildet, und man kann gut erkennen, wie die Safranpflückerinnen die Narben entnehmen.

Die minoische Kultur fand mit dem Ausbruch des Vulkans auf Santorini im 16. oder 17. Jahrhundert ein Ende. Der Safrananbau überlebte aber, und aus den mykenischen Tontafeln des Palastarchivs von Knossos geht hervor, dass Safran auch im 13. Jahrhundert ein begehrtes Handelsgut war.

Im klassischen Griechenland wurde Safran zum Färben und Heilen, aber nicht in der Küche verwendet; außerdem wurde daraus Parfum hergestellt. Lediglich aus der Römerzeit sind einige wenige Safranrezepte erhalten.

In der Küche wurde Safran erst im Mittelalter durch arabische Vermittlung populär. Im maurisch besiedelten Spanien wurde Safran angebaut und auch kulinarisch gebraucht; die Anbaugebiete um La Mancha bestehen seit dem 8. Jahrhundert und sind bis heute produktiv.

Die mittelalterliche Küche verwendete Safran großzügig. Würzpasten aus getrockneten Gewürzen, Salz, Zucker und Safran waren für salzige Speisen beliebt, während Kuchen mit reinem Safran gefärbt und gewürzt wurde.

Im der frühen Neuzeit wurde Safran nicht nur im Mittelmeergebiet, sondern auch nördlich der Alpen, in Deutschland und England, angebaut. Diese Anbaugebiete wurden allerdings im 18. Jahrhundert alle wieder aufgegeben. Lediglich in den Schweizer Alpen hat sich das „Safrandorf" Mund erhalten. Dort, auf ca. 1200 m Seehöhe, produziert man pro Jahr bis zu 4 kg Safran im traditionellen Anbau.

Chemie der Safranfarbe

Safran enthält so genannte „Diterpencarotinioide" (z. B. Crocin), das sind Farbstoffe, die in ihrem Aufbau an Carotine erinnern, aber nur die halbe Molekülgröße haben. Im Unterschied zu den fettlöslichen echten Carotinoiden sind diese Farbstoffe in Wasser löslich.

Die Wasserlöslichkeit der Safranfarbstoffe ist in der Küche sehr wichtig: In vielen Rezepten werden zerstoßene Safranfäden in Wasser oder Milch eingeweicht, bis sie ihre Farbe gut abgegeben haben.

Für das unvergleichliche Safranaroma sind verschiedene Monoterpenaldehyde und Ketone verantwortlich, z. B. Safranal. Sie bilden sich erst beim Welken der Narbe.

Das Safrangewürz ist erheblich giftig. Bereits Mengen von wenigen Gramm führen zu Blutungen, Lähmungen und schließlich zum Tod. Wegen der überaus starken Würzkraft kann diese Menge in der Küche allerdings unmöglich erreicht werden.

Anbau

Safran stellt sehr geringe Ansprüche an Klima und Boden, allerdings verträgt er wenig Nässe. Während der Sommermonate und besonders zur Blütezeit im Herbst wird Niederschlag nur schlecht vertragen.

Safran blüht von September bis Oktober. In der kurzen Blühphase, die nur zwei Wochen dauert, müssen die Felder täglich beerntet werden. Das ist nur in Handarbeit möglich.

Vormittags werden die neu geöffneten Blüten in Gänze geerntet und zu einem Sammelplatz gebracht. Dort trennt man in einem zweiten Arbeitsgang die Narben von den unbrauchbaren Blütenblättern und Staubgefäßen ab. Die Narben werden bei erhöhter Temperatur getrocknet.

Der hohe Preis von Safran erklärt sich aus der geringen Masse der Narben und der aufwendigen Arbeit: Für 1 kg Safran benötigt man etwa 150 000 Blüten oder 2000 m² Anbaufläche. Ein geübter Pflücker kann pro Tag höchstens 100 g ernten.

Die wichtigsten Safrananbaugebiete der Welt liegen im Iran. Der Iran liefert mehr als drei Viertel der weltweiten Jahresproduktion von etwa 200 t getrocknetem Safran.

Verwendung

Europa

Einige Mittelmeerspezialitäten verlangen nach Safran, z. B. die spanische *paella Valenciana*, eine Reispfanne mit Hühnerfleisch, Fisch und Meeresfrüchten. In Frankreich gilt die Fischsuppe *bouillabaisse* als Spezialität der Region um Marseille. Eine weitere südfranzösische Spezialität ist *rouille*, eine pikante Knoblauch-Safran-Mayonnaise.

Die italienische Küche verwendet Safran im berühmten *risotto Milanese*, das aus Rundkornreis, Knochenmark und Kalbfleisch besteht. Auch das Schweizer Safrandorf Mund hat sein eigenes Risottorezept mit Safran, Kalbfleisch und Schinken.

Für Kuchen und Süßspeisen wird Safran dagegen nur selten verwendet.

Orient

Die persische Küche verwendet Safran in großem Umfang. Grillspieße werden in Safran und Zitronensaft mariniert. Gekochter Reis wird entweder mit einer wässrigen Safranlösung „befleckt", oder die man mischt unter den weißen gekochten Reis einige zuvor mit Safran gefärbte, goldgelbe Körner.

Im Iran kennt man auch safranhaltige Desserts; besonders beliebt ist das dottergelbe Speiseeis mit Safrangeschmack.

Indien

Am nordindischen Kaiserhof der Mogulen entwickelte sich ab dem 16. Jahrhundert eine höfische Küche, die persische Elemente mit indischen Traditionen verknüpfte. Ein Resultat dieser Synthese ist *biriyani*, ein komplexes Reisgericht, das nach persischem Vorbild oft Safran enthält.

Im indischen Lehmofen (*tandur*) gegrilltes Fleisch ist ebenfalls eine Errungenschaft der mogulischen Küche. Ursprünglich wurde dieses Fleisch ebenso wie das persische Vorbild mit Safran mariniert, aber heute wird fast universell rote Lebensmittelfarbe benutzt.

Safran wird auch in vielen indischen Desserts verwendet. Zu den bekanntesten gehört *khir badami*, ein Pudding aus Gries, Milch und Mandeln mit intensivem Safranaroma.

Sesam

Sesamum indicum

Familie:	Pedaliaceae
Herkunft:	Wahrscheinlich Indien
Pflanzenteil:	Samen
Verwendung:	Streuwürze im Orient, Ölfrucht

Sesam ist eine der ältesten Ölpflanzen der Menschheit. Es gibt verschiedene Typen von Sesamöl mit unterschiedlichem Geschmack, und ihre Verwendung prägt verschiedene Kochstile zwischen Indien und Japan. Im Nahen Osten würzen die gerösteten Samen Brote, Desserts und Gegrilltes.

Herkunft und Geschichte

Die Herkunft des Sesams ist bis heute umstritten; wahrscheinlich stammt er aus Indien und verbreitete sich bereits in vorhistorischer Zeit in den Mittelmeerraum. Eine Alternative Vermutung zieht Ostafrika als Ursprungsregion in Betracht.

Sesam war allen alten Hochkulturen bekannt. Der Name „Sesam" stammt aus dem Babylonischen, wo er wahrscheinlich „Ölpflanze" bedeutete. Überreste von Sesamsamen wurden in den Ruinen der Industalkultur und in ägyptischen Gräbern gefunden. Sesam gelangte noch in mykenischer Zeit nach Griechenland.

Rezepte für mit Sesam gewürztes Backwerk sind seit der Antike bekannt und ähneln den heute im östlichen Mittelmeergebiet üblichen Rezepten.

Inhaltsstoffe

Sesamsamen enthalten etwa 50 % fettes Öl, das überwiegend aus einfach und doppelt ungesättigten Fettsäuren besteht. Durch einen natürlichen Gehalt an Antioxidantien ist Sesamöl sehr gut haltbar.

Sesamsamen haben wenig Eigengeschmack, entwickeln jedoch beim Backen oder Rösten ein starkes, nussiges Aroma. Dieses Aroma geht auf Röstprodukte zurück, von denen einige auch im Aroma von gerösteten Kaffeebohnen gefunden wurden.

Manche Sorten von Sesam enthalten Anthocyanin-Farbstoffe, die die Samen tiefschwarz färben. Diese schwarzen Sesamsamen werden manchmal mit Nigellasamen verwechselt, denn Nigella und Schwarzer Sesam sehen einander sehr ähnlich und werden gelegentlich auch mit demselben Namen bezeichnet.

Sesamsamen in der Küche

Orient

In den arabischen Ländern verwendet man Sesamsamen als Zutat zu süßem Backwerk wie türkischem *simit*, das sind Ringe aus Hefeteig, die vor dem Backen mit Sesamsamen bestreut werden.

Viele kalte Speisen der Levante werden mit der Sesampaste *tahini* zubereitet, die einen leicht nussigen Geschmack und eine cremige Konsistenz beisteuert. Eine Mischung aus *tahini* und Joghurt wird oft zu gegrilltem Fleisch (*schawarma*) serviert. Auch das Kichererbsenpüree *hummus* enthält meist Sesampaste.

Sesamsamen sind – zusammen mit Sumach und Majoran oder Thymian – ein Bestandteil der jordanischen *zatar*-Gewürzmischung. In der ägyptischen Variante *duqqah* werden sie oft durch Haselnüsse ersetzt.

China

Chinesisches Sesammus (*zhī má jiàng*) besteht aus gerösteten Sesamsamen und hat ein sehr starkes, nussiges Aroma. Es wird vorwiegend in der kalten Küche verwendet.

In der Sichuan-Küche ist Sesampaste die geschmackliche Grundlage für Salatdressing, vor allem zu Salaten aus gekochtem Hühnerfleisch. Das so genannte „seltsam schmeckende Hühnerfleisch" (*guài wèi jī sī*) besteht aus feinen Streifen von Hühnerfleisch mit einem dicken, süß-sauren Dressing und ist mit Chili und Sichuanpfeffer gewürzt. Viele Salate und auch warme Speisen der Sichuanküche werden mit Sesamsamen bestreut serviert.

Japan

In Japan dienen geröstete oder ungeröstete Sesamsamen als Streuwürze zu Suppen oder Nudelspeisen. Häufig verwendet man dazu *gomashio*, eine Sesam-Salz-Mischung, oder man mischt Sojasauce mit Sesamsamen zu einem einfachen Dip. Sesamsamen sind außerdem ein Bestandteil der japanischen Tischwürze *shichimi tōgarashi*.

Manche Variationen des Reisbissens *sushi* sind auf der Außenseite mit Sesam bedeckt. Diese so genannten *inside-out-sushi* enthalten das Algenblatt im Inneren der Reisrolle und sind vor allem in den USA beliebt.

Mexiko

In Zentralmexiko werden Saucen aus getrockneten Chilis zubereitet, die eingeweicht, püriert und mit viel Schweineschmalz langsam gekocht werden. Solche Saucen sind als *moles* bekannt, und die komplexesten bestehen aus vielen verschiedenen Zutaten. Gemahlene Sesamsamen dienen häufig zum Andicken, und durch die lange Kochzeit in dem heißen Schmalz entwickeln sie auch ein deutliches Röstaroma.

Sesamöle

In Europa wird neutral schmeckendes Sesamöl als Speiseöl zum Braten und Frittieren verwendet, oder zu Margarine weiterverarbeitet. In Süd- und Ostasien gibt es dagegen geschmacksintensive Sesamöle, die gekochten Speisen einen nussigen Geschmack verleihen und die nur tropfenweise als Würzöl verwendet werden.

China

Dunkelbraunes chinesisches Sesamöl heißt *xiāng yóu* oder „aromatisches Öl". Es hat einen sehr starken, durchdringend nussigen Geruch und Geschmack und kann nur stark verdünnt zum Kochen verwendet werden.

Chinesisches Sesamöl wird jedoch meist als Würzöl verwendet und erst bei Tisch über die Speisen geträufelt. Man verwendet es für „sauer-scharfe Suppe" (*suānlà tāng*) und viele Wokgerichte aus allen chinesischen Regionen.

In Sichuan lässt man gestoßene rote Chilis in Sesamöl ziehen und verwendet das orangerote, aromatisch-scharfe Öl als Tischwürze.

SUMACH

Rhus coriaria

Familie:	Sumachgewächse
Herkunft:	Mediterran
Pflanzenteil:	Samen, üblicherweise gemahlen
Verwendung:	Streuwürze im Orient und im Iran
Eigenschaften:	Rinde und Wurzel sind sehr gerbstoffreich und wurden in der Lederherstellung genutzt.

Das rotviolette Sumachpulver ist ein nur im Orient verwendetes Gewürz. Es dient als Säuerungsmittel in einfachen Salaten und als Streuwürzmittel für Grillfleisch und Reis.

Herkunft, Geschichte und Botanik

Der zierliche Sumachbaum wächst im östlichen Mittelmeergebiet und ist seit der Antike bekannt. Im Altertum war Sumach eines der wenigen bekannten Säuerungsmittel und wurde meist in Form eines wässrigen Extrakts verwendet.

Sumach ist mit dem bei uns häufig gepflanzem Essigbaum oder Hirschkolben-Sumach (*Rhus typhina*) aus Nordamerika verwandt. Die Früchte des Essigbaums schmecken zwar auch sauer, sind aber borstig behaart und daher zum Verzehr nicht geeignet.

Nordamerikanische Indianer wie die Mikmak oder die Anishinabe bereiteten aus Sumachfrüchten erfrischende, säuerliche Getränke. Sumachhaltige Softdrinks werden in den USA seit einigen Jahren industriell hergestellt.

Sumach in der Küche

Westasien

In der westasiatischen Küche wird Sumach als Streuwürze für kalte Vorspeisen (*meze*) verwendet. Mit Sumachpulver bestreut man in Olivenöl gebratenes Gemüse und gefüllte Weinblätter.

Mit Sumach gesäuerte Zwiebelringe sind eine beliebte Beilage zu südtürkischem Grillfleisch (*döner*). An der Levanteküste wird eine Mischung aus Zwiebeln, Sumach und Petersilie zum Würzen von Grillspießen verwendet.

Iran

In der persischen Küche ist Sumach vor allem ein Reisgewürz. Körnig gekochter Langkornreis wird bei Tisch mit Eigelb und Sumachpulver vermengt und als Beilage zu gegrillten Fleischspießen (*kubideh*) gegessen.

Kulturgeschichte der Gewürze

Entdeckung der Gewürze – für Kult und Medizin im alten Ägypten

Im alten Ägypten, dessen Hochkultur um 3000 v. Chr. begann, fanden Gewürze nicht nur zur Verfeinerung von Speisen und Getränken, sondern auch für kultische Handlungen und medizinische Zwecke Verwendung.

Papyrusrollen, Tontafeln, Wandmalereien, Grabbeigaben und Mumien geben uns heute einen Einblick in die Vielfalt der Gewürze und ihren Gebrauch im alten Ägypten. Eines der bedeutendsten erhaltenen Schriftstücke ist der Papyrus Ebers aus der Zeit um 1550 v. Chr. Die über 18 m lange Rolle wurde nach seinem Käufer Professor Georg Ebers (1837-1898) benannt, der den Papyrus 1873 für das Leipziger Museum erwarb, wo es heute noch archiviert wird. Es beschreibt in Form von Rezepten die Herstellung von Arzneien, für deren Zubereitung Gewürze wie Wacholder, Weihrauch und Kümmel Verwendung fanden.

Gewürze kamen auch als Duft- und Konservierungsmittel zur Einbalsamierung und als Beigabe der Toten zum Einsatz. Nach der Entfernung der inneren Organe legten Priester die Verstorbenen bis zu 70 Tage in Natron ein. Bei der anschließenden Präparierung benutzen sie wohlriechende Kräuter und Gewürze wie Myrrhe und Zimt. Die Augen-, Mund- und Nasenhöhlen füllten sie gelegentlich mit Zwiebeln und Knoblauch und salbten die Haut des Toten mit Ölen, beispielsweise mit Kümmelöl. Darauf folgte die Bandagierung mit Leinenbinden unter die auch Wacholderbeeren gestreut wurden.

Als Grabbeigaben fanden Archäologen beispielsweise bei Tutenchamun (1347-1338 v. Chr.) im Jahre 1922 Reste von Bockhornkleesaat und Cumin. Bei der Mumie von Ramses II (1290-1224 v. Chr.) entdeckten Wissenschaftler bei Röntgen-Aufnahmen 30 Körner schwarzen Pfeffers in seiner Nase und weitere in seinem Leib.

(S.H.)

Entdeckung der Gewürze – bei Arbeit und Handel im alten Ägypten

Zu den Wahrzeichen Ägyptens gehören die Pyramiden von Gizeh. Die älteste und zugleich höchste der Welt ist die Cheops-Pyramide, deren Fertigstellung auf das Jahr 2580 v. Chr. datiert wird. In diesem Bauwerk befindet sich eine Inschrift mit den frühesten uns heute bekannten Hinweisen auf Gewürze.

Die Inschrift besagt, dass die Arbeiter beim Bau der Pyramiden große Mengen an Rettich, Zwiebeln und Knoblauch aßen. So erläutert bereits der griechische Geschichtsschreiber Herodot im 5. Jahrhundert v. Chr. den Text. Auch zur Zubereitung von nahrhaftem Bier verwendeten die alten Ägypter Gewürze. Eine Tontafel aus der

Zeit um 2300 v. Chr. verrät den Gebrauch von Kassia und Thymian zum Brauen.

Eine andere frühe schriftliche Quelle über Gewürze ist die Bibel. Im vierten Buch Mose, Kapitel 11, ist zu lesen, dass sich die Israeliten auf ihrem Weg durch die Wüste Sinai nach Nahrungsmitteln wie dem Knoblauch aus Ägypten sehnten. In der Genesis heißt es, dass Joseph an eine Gewürzkarawane verkauft wurde, die sich auf den Weg nach Ägypten befand. Und im 1. Buch der Könige heißt es, dass die Königin von Saba bei ihrer Ankunft am Hofe von König Salomo selbigem Gold, Gewürze und Edelsteine schenkte.

Woher genau die Ägypter ihre Gewürze bezogen ist unklar. Es wird angenommen, dass sie seit dem 3. Jahrtausend v. Chr. Weihrauch und Myrrhe aus Punt bezogen, einem Land, dessen geografische Lage bis heute umstritten ist, aber meist mit Somalia in Verbindung gebracht wird. Ein Relief im ägyptischen Totentempel der Pharao-Königin Hatschepsut in Deir el-Bahari zeugt von ihrer Reise in dieses Land und dem dortigen Erwerb von Gewürzen. Wegen der Darstellung des Transports von Weihrauchpflanzen in Töpfen gilt diese Expedition als die erste botanische Sammelreise. Bei späteren, teils militärischen Unternehmungen nach Punt im 15. Jahrhundert v. Chr. handelt es sich vermutlich um die ersten Kämpfe um Gewürzwaren und um den Handel mit ihnen.

(S.H.)

ENTDECKUNG DER GEWÜRZE – ZUR ZEIT DES ALTEN ÄGYPTENS IN CHINA

Nicht nur in Ägypten waren Gewürze als Speisezutat oder für Kult und Medizin beliebt und begehrt, auch das weit entfernte China nutzte sie und betrieb schon frühzeitig Handel mit den Ursprungsländern von Gewürzen.

Die ältesten chinesischen Quellen über Gewürze stammen wie die ägyptischen aus dem 3. Jahrtausend v. Chr. Ein Grundlagenwerk der chinesischen Medizin, dessen Ursprünge vermutlich bis in diese Zeit zurückreichen, ist das Huangdi Neijing, das dem so genannten Gelben Kaiser Huáng Dì zugeschrieben wird. Er gilt als Mitbegründer der chinesischen Kultur.

Eine andere medizinische Abhandlung trägt den Namen „Shen Nung Pen Tsao Ching". Sie ist nach dem als Gott angesehenen Kaiser Shen Nung benannt, der um 2700 v. Chr. lebte. Er soll den Auftrag erteilt haben, die Kenntnisse über die Heilkraft von Pflanzen niederzuschreiben. Die früheste Version stammt aus der Han-Dynastie (206 v. Chr. – 220 n. Chr.) und schildert verschiedene Heilverfahren und Behandlungen mithilfe von Gewürzen. Aus derselben Zeit ist überliefert, dass Hofbeamte Nelken kauten, bevor sie sich bei einer Audienz dem Kaiser näherten – vermutlich um ihren Atem zu verbessern und Mundgeruch vorzubeugen.

Auch das Wissen in Europa über China und der Handel mit Asien begannen sich mit der Han-Dynastie zu entwickeln. Die Karawanenstraßen für Seide und Gewürze etablierten sich als wichtige Fernhandelswege, die auch zu späteren Zeiten von großer Bedeutung für den Güter- und Kulturaustausch waren.

(S.H.)

Entdeckung der Gewürze – in Mesopotamien

Einige der frühesten Funde und schriftlichen Dokumente von Gewürzen stammen aus Mesopotamien, dem Zweistromland zwischen Euphrat und Tigris, im Gebiet des heutigen Irak, Syrien und dem türkischen Südost-Anatolien. Im 3. Jahrtausend v. Chr. war die Siedlung namens Uruk, das heutige irakische Warka, das Zentrum der Region. Um 2700 v. Chr. dehnten die dort lebenden Sumerer, ein altorientalisches Volk, ihre Handelsbeziehungen aus. Es entwickelte sich die Keilschrift, die mit Griffeln in Tontafeln geritzt wurde. Eben diese frühen schriftlichen Zeugnisse berichten über die damalige Landwirtschaft, über Warenlisten, über die Zubereitung von Speisen und über die Verwendung von Gewürzen wie Koriander und Kreuzkümmel. Durch die Keilschrifttafeln ist überliefert, dass die Sumerer zur Zubereitung von Bier Zimt und andere Gewürze verwendeten.

Um ca. 2300 v. Chr. kam es zu einem Umbruch. Der Stadtstaatenkönig Sargon (um 2235-2094 v. Chr.) vergrößerte durch Eroberungen sein Reich. Die Stadt Akkad nahm als Regierungssitz die Vormachtstellung ein. Die sumerische Sprache wurde durch die akkadische abgelöst.
Die Erschließung des Zugangs zum persischen Golf ermöglichte seit dieser Zeit einen Handelskontakt über den Seeweg bis nach Indien, von wo aus Gewürze nach Mesopotamien gelangten. Während bis zum 1. Jahrtausend die kostbaren Güter vorwiegend mit Eseln transportiert wurden, nahmen bald Kamele ihren Platz ein. Sie transportierten in Karawanen die Waren von den Häfen über Handelswege zu den Märkten. Die bedeutende Stellung als Transithändler zwischen Asien und Europa verlor Mesopotamien im frühen Mittelalter durch die Expansion des Islams und der arabischen Herrschaft in diesem Gebiet.

(S.H.)

‚Du bist wie Narde und Safran' – Frühe Erwähnungen von Gewürzen

Meine Schwester, liebe Braut [...] du bist gewachsen wie ein Lustgarten von Granatäpfeln mit edlen Früchten, Zyperblumen mit Narden, Narde und Safran, Kalmus und Zimt, mit allerlei Weihrauchsträuchern, Myrrhe und Aloe, mit allen feinen Gewürzen.

(Hohelied Salomos 4,13-14).

Dieser Vergleich der Geliebten mit Narde und Safran aus dem Alten Testament (um ca. 500 v. Chr.) ist ein früher Beleg für die hohe Wertschätzung von Gewürzen.
Doch es gibt noch ältere Hinweise: Sumerische Keilschrifttafeln, die auf etwa 1700 v. Chr. datiert werden, zeigen den hohen Stand der altbabylo-

nischen Küche. An Würzstoffen werden genannt: Salz, Essig, Kümmel, Koriander, Wacholderbeeren, Minze und Senf. Als Gewürz und in der Medizin spielte Knoblauch eine große Rolle, der in den königlichen Gärten angebaut wurde.
Safran wird seit etwa 4000 Jahren verwendet. Das Fragment eines Freskos, das in Akrotiri gefunden wurde und etwa auf die Zeit um 1600 v. Chr. datiert wird, zeigt Safranpflückerinnen. Die früheste Erwähnung von Pfeffer findet sich bei Hippokrates (460- etwa 370 v. Chr.) Er wurde wohl durch die Perser den kleinasiatischen Griechen bekannt gemacht und über die Phönizier der Levante nach Karthago und Sizilien gebracht.

Lukanische Würstchen

‚Man mahlt Pfeffer, Kümmel, Saturei, Raute, Petersilie, Gewürzkraut, Lorbeeren, Liquamen, und es wird feingeschnittenes Fleisch dazugemischt, so dass es wieder damit zusammen gemahlen und zerrieben wird. Zusammen mit dazugemischtem Liquamen, ganzen Pfefferkörnern und reichlich Fett und Pinienkernen fülle es in die Wursthaut, die überaus dünn gezogen sein soll, und so wird es zum Räuchern aufgehängt.'

[Apicius]

Das bekannteste Kochbuch der römischen Antike ist wohl das Werk *De re coquinaria*. Diese Rezeptsammlung wurde dem bekannten Feinschmecker Apicius zugeschrieben. Die überlieferte Fassung stammt aber wohl aus dem 4. Jh. n. Chr. In diesem Kochbuch werden etwa 80 Würzstoffe verwendet, mehr als 70 von ihnen sind pflanzlichen Ursprungs.

(K.E.)

Verschmelzung der Kulturen – Gewürzhandel im Zeitalter des Hellenismus

Die Epoche des Hellenismus umfasst die Zeitspanne vom Regierungsantritt Alexanders des Großen bis zur Einrichtung der römischen Provinz Ägypten im Jahr 30 v. Chr. Das Reich Alexanders erstreckte sich von Nordgriechenland über Kleinasien und Ägypten bis an die Grenzen Indiens.
Alexanders Reich zerfiel nach seinem Tod, doch die Welt von Sizilien bis zum Hindukusch blieb auch unter seinen Nachfolgern griechisch geprägt. Die Übernahme von kulturellen Elementen blieb nicht einseitig. Gerade das wurde zum Wesen des Hellenismus: die historisch einmalige Verschmelzung der griechischen mit der orientalischen Kultur. Das hatte auch Auswirkungen auf die Esskultur. Produkte aus Indien wurden über Ägypten nach Griechenland importiert: Schwarzer Pfeffer, Zimt, Ingwer und Kardamom. Dabei entstanden noch keine direkten Handelsbeziehungen auf dem Seeweg. Diese wurden erst in römischer Zeit etabliert. Der Handel wurde über arabische Zwischenhändler auf den Karawanenrouten betrieben.
Die Griechen lernten so neue, fremdartige Gewürze kennen, die zunächst jedoch fast ausschließlich für medizinische Zwecke verwendet wurden. Zusätzlich bereichern aber auch seit dieser Zeit mediterrane Gewürze wie Koriander und Kreuzkümmel das indische Würzrepertoire.

Silphion: das ‚weiße Gold' von Kyrene

Kyrene, eine Stadt im heutigen Libyen, die in hellenistischer Zeit zum ptolemäischen Ägypten gehörte, gründete seinen Reichtum im Wesentlichen auf dem Handel mit Silphion. Diese bei Griechen und Römern äußerst beliebte Gewürzpflanze ließ sich trotz mehrerer Versuche andernorts nicht kultivieren und starb schließlich im 1. Jahrhundert n. Chr. aus. Die große wirtschaftliche Bedeutung des Silphion zeigt sich daran, dass die Pflanze – oder Teile von ihr – auf den kyrenäischen Münzen sowie auf griechischen Vasen abgebildet ist.

(K.E.)

LUCULLISCHE GENÜSSE – ESSKULTUR IM RÖMISCHEN REICH

Als er einmal allein speiste und nur eine Tafel und ein mittelmäßiges Essen aufgetragen wurde, ließ er den verantwortlichen Sklaven rufen [...]. Als dieser sich verteidigte, er habe nicht geglaubt, dass Lucullus ein üppiges Essen verlangen werde, weil niemand geladen sei, rief er: Wusstest du nicht, dass heute Lucullus bei Lucullus speist?

Plutarch

In den Genuss lucullischer Mähler kam jedoch nur ein geringer Teil der römischen Bevölkerung. Der Großteil ernährte sich einfach. Zum Frühstück gab es Getreidebrei, später auch Brot sowie Kräuterquark, seltener Datteln, Oliven und Gemüse. Das meist kalte Mittagessen war ebenfalls karg: Käse, Feigen, Nüsse, manchmal Gemüse, Eier, Pilze oder Früchte. Zum Abendessen wurden Getreidebrei, Gemüse, vor allem Kohl, seltener auch Fisch oder Fleisch gereicht.

Zu Beginn der Republik waren die Speisen noch allgemein einfach und bäuerlich. Mit der Ausdehnung des Römischen Reiches im Mittelmeerraum ab dem 3. und 2. vorchristlichen Jahrhundert veränderte sich die Esskultur stark – zumindest für die gehobene Schicht.

Die Erweiterung der Grenzen des Römischen Reiches machte neue, fremdartige Nahrungs- und Genussmittel verfügbar. In der römischen Oberschicht wurden zunehmend exklusive Gastmähler mit mehreren Gängen ausgerichtet, bei denen erlesene und seltene Köstlichkeiten serviert wurden, z. B. Kamelfersen oder Flamingozungen. Zur Würzung der Speisen wurden neben einheimischen Kräutern auch exotische, importierte Gewürze verwendet: Safran und Silphion sowie Pfeffer, Narde und Ingwer.

‚Nunc est bibendum' – Nun muss getrunken werden

Zum Essen wurde vorrangig Wasser getrunken. Ein weiteres beliebtes Getränk war die so genannte *posca*, mit Wasser verdünnter Essig. Das Angebot an Weinen war groß: So gab es süße Likörweine, Honigwein, Rosen-, Veilchen und Absinthweine und Weine, die mit Pfeffer, Zimt, Safran und Pfeffer gekocht wurden. Aromakügelchen, z. B. aus Narde und Zimt, wurden dem Wein bei der Abfüllung oder vor dem Trinken beigegeben.

(K.E.)

Kulinarische Romanisierung – Gewürze in den Nordwestprovinzen

Viele Gewürze, die für uns heute selbstverständlich sind, wurden in unserer Region erst im Zuge der römischen Eroberung bekannt und heimisch. Die Einflussnahme Roms in Germanien seit dem ersten Jahrhundert vor Christus hat sich nachhaltig auf die Entwicklung der Landwirtschaft und auf die Esskultur ausgewirkt. Römische Kaufleute, Soldaten, Händler und Handwerker, die sich in den gallischen und germanischen Gebieten niederließen, brachten ihre Esskultur mit. Zahlreiche Gewächse wurden so in den nördlichen Provinzen angepflanzt und schnell heimisch. So z. B. Liebstöckel, Majoran, Melisse, Dill, Bohnenkraut, Borretsch, Kerbel, Petersilie und Sellerie. Andere Gewürzpflanzen, wie z. B. Pfeffer und Koriander, die wegen der klimatischen Bedingungen nicht angebaut werden konnten, wurden importiert. In Germanien und Rätien konnte durch subfossile Pflanzenreste von Pfeffer, Olive, Feigen, Kichererbsen, Mandeln, Datteln und Reis nachgewiesen werden, dass Nahrungsmittel aus dem Mittelmeergebiet, aber auch aus dem fernen Osten importiert wurden. Im Römischen Reich gab es ein gut ausgebautes, weit gespanntes Transportsystem. Der Handelsweg verlief vorrangig über die Flüsse, über den Rhein, über Lippe und Ems.

Safran – Arzneimittel in der Augenheilkunde

Viele Gewürze wurden in der Antike vorrangig nicht für die Zubereitung von Speisen, sondern in der Medizin verwendet. In der Augenheilkunde wurde eine Salbe (*crocodes*) mit dem Zusatz von Safran hergestellt, um Augenentzündungen zu kurieren. Über die Verbreitung in den Nordwest-Provinzen sind wir gut unterrichtet, da zahlreiche Okulistenstempel (Augenarzt- oder Augensalbenstempel) aus dem 2. und 3. Jahrhundert erhalten sind. Diese meist flachen und quadratischen Stempel bestehen aus Speckstein oder Schiefer. Auf ihnen ist der Name des Pharmazeuten eingeritzt. Zusätzlich ist oft das Medikament angegeben, die *crocodes*, die Augensalbe mit Safran, seltener auch die Indikation.

(K.E.)

Entdeckung der Gewürze – während der Völkerwanderungszeit

Zwischen dem 2. und dem 6. Jahrhundert n. Chr. ereignete sich auf dem asiatischen und dem europäischen Kontinent eine Wanderbewegung germanischer Völker. Mit der massenhaften

Umsiedlung verbreiteten sich die Ess- und Trinkgewohnheiten sowie die Verwendung verschiedener Gewürze.

Die aus Zentralasien stammenden Hunnen waren ein Nomadenvolk, das vermutlich durch klimatische Veränderungen und dadurch bedingten Nahrungsmangel für ihre Tiere aus ihrem Ursprungsgebiet flohen. Mit ihren Eroberungen gegen Ende des 4. Jahrhunderts n. Chr., die zunächst das den Alanen zugeschriebene Gebiet am Kaspischen Meer, dann das Reich der Goten und schließlich die Donauregion umfassten, lösten sie eine Verschiebung und Umsiedlung zahlreicher Volksgruppen aus.

In dieser bewegten Zeit hatte der Zerfall des einst mächtigen Römischen Imperiums begonnen. Die Teilung in ein westliches und ein östliches Reich – ohne gemeinsame Regierung – beschleunigte diesen Prozess. Das Weströmische Reich fand durch die Absetzung des letzten Kaisers im Jahre 476 n. Chr. ein Ende. Das Gebiet Ostroms etablierte sich hingegen als byzantinisches Reich. Mit der strategisch günstigen Lage zwischen Europa, Asien und Afrika übernahm bald dessen Hauptstadt Konstantinopel, heute Istanbul, die führende Position im Gewürzhandel. Zwischenhändler aus Äthiopien und Persien brachten die kostbaren Güter aus ihren Ursprungsländern in die Stadt. Von dort aus wurden sie weiter verkauft.

Der Warenaustausch zwischen Europa und Asien nahm erst durch die Ausbreitung des Islam und die arabischen Eroberungen im 7. Jahrhundert n. Chr. ab. Die heute im westlichen Saudi-Arabien gelegene Stadt Mekka, die Geburtstadt des Propheten und Gewürzhändlers Mohammed (um 570- 632 n. Chr.) wurde nun zu einer bedeutenden Handelsmetropole auf der von Südarabien nach Syrien verlaufenden Weihrauchstraße und dem Endpunkt zahlreicher Karawanen.

(S.H.)

Entdeckung der Gewürze – und Karl der Grosse

Karl der Große sprach in seiner Landgüterverordnung den Wunsch aus:

„Volumus quod in horto omnes herbas habeant, id est" –

„Wir wollen, dass wir in unseren Gärten eine große Anzahl an Kräutern haben".

Karl der Große (verm. 748-814) stammt aus dem Geschlecht der Karolinger und war 768 zum König der Franken und im Jahre 800 in Rom mit päpstlichen Segen zum Kaiser des früheren weströmischen Reichs gekrönt worden. Unter seiner Regierung fanden nicht nur bedeutende politische Veränderungen in Europa statt, sondern auch für die Geschichte der Gewürze wichtige Entwicklungen. Eine von ihnen ist die Landgüterverordnung „Capitulare de villis vel curtis imperii". Ein Bestandteil dieses Erlasses ist die Beschreibung von Nutzpflanzen wie Heilkräutern und Obstbäumen sowie die Aufforderung, diese in allen kaiserlichen Besitztümern zu kultivieren. Mit der Maßnahme begann die Geschichte der Klostergärten und die Nutzung der dort wachsenden Kräuter und Gewürze. Im Kapitel 70 der Landgüterverordnung sind auch bis dato nicht-heimische Pflanzen zu finden, wie etwa Rosmarin, Kreuzkümmel oder auch Koriander.

Es wird vermutet, dass einige der bislang in Europa weniger bekannten Gewürze über den Kontakt und die Handelsbeziehung zum Kalifen von Bagdad in seine Gärten kamen. Bagdad, die von Al-Mansur gegründete Stadt, übernahm mit der zunehmenden Ausbreitung des Islam im 8. Jahrhundert eine zentrale Rolle im Gewürzhandel zwischen Asien und Europa ein. Unter dem Enkel des Stadtgründers, Harun ar-Raschid, dem Kalifen von Bagdad (um 763-809), war die Handelsmetropole auf ihrem Höhepunkt. Wie weitreichend die Kontakte und Handelsbeziehungen des Kalifen waren, zeigen Quellen, die davon berichten, dass er um das Jahr 800 Karl dem Großen einen weißen asiatischen Elefanten schenkte. Es ist anzunehmen, dass auch einige kostbare Gewürze für seine Gärten dabei waren.

(S.H.)

ENTDECKUNG DER GEWÜRZE – WÄHREND DER KREUZZÜGE

Gegen Ende des 11. Jahrhunderts begann die Zeit der Kreuzzüge. Christliche Ritter brachten aus dem Nahen Osten unbekannte oder seltene Gewürze und das Wissen über deren Verwertungsmöglichkeiten in die europäische Heimat mit.

Kreuzzüge waren wirtschaftlich wie religiös motivierte Kriege, bei denen europäische Ritter vor allem um die Stadt Jerusalem, die dortige Vormachtstellung und um die im Gewürzhandel tätige Region Levante kämpften. Die aus ganz Europa zusammengestellten Heere brachten von ihren Reisen und Feldzügen aus den damals wenig bekannten Gebieten zahlreiche neue Ess- und Trinkgewohnheiten mit. Begleitende Händler zur Versorgung der Truppen machten ein zusätzliches Geschäft, indem sie Gewürze und andere Waren in den fernen Ländern günstig erwarben, um sie in ihrer Heimat gewinnbringend zu verkaufen.

Ein bedeutender Umschlagplatz für Gewürze im damaligen Königreich Jerusalem war die Stadt Akkon. Deren Zollbestimmungen aus dem 14. Jahrhundert geben einen Einblick über die gehandelten Güter und deren Käufer. So sind dort auch aus dem Fernen Osten stammende Gewürze wie Pfeffer und Zimt verzeichnet.

Als lukrativ erwies sich auch das Geschäft mit dem Transport der Kreuzritter. Da der Landweg durch die Araber weitgehend verschlossen war, boten die italienischen Seefahrerstädte wie Genua und Venedig gegen Bezahlung dem Kreuzfahrerheer die Verschiffung über das Mittelmeer an. Auf dem Rückweg dieser Route beluden sie ihre Schiffe mit kostbaren Waren. Auf diese Weise etablierten sie sich als Zwischenhändler von Gewürzen und Seide aus dem Orient zur Versorgung Europas und nahmen bald den Platz zentraler Handelsmetropolen ein. Mit dem Fall von Akkon im Jahre 1291 endeten die Kreuzzüge, nicht aber der Bedarf an den nunmehr in Europa eingeführten Gewürzen.

(S.H.)

Entdeckung der Gewürze – und der Levantehandel von Venedig

„Aus Indien schließlich werden uns alle Kostbarkeiten überbracht [...]. Von dort kommen Ingwer, Muskatnüsse, Maces, Nelken, Pfeffer in zweifacher Art, Zimtrinde, Kampfer, Aloe und Verzinum."

Tractatus pulcherrimus

Das Tractatus pulcherrimus ist ein Dokument, dessen Informationen über Indien auf den Reisebericht des venezianischen Händlers Nicolo de'Conti (1395-1469) zurückzuführen sind. Die strategisch günstige Lage von Venedig bot zu dieser Zeit gute Möglichkeiten für den Handel zwischen dem weströmischen Reich und dem aus dem oströmischen entstandenen byzantinischen Reich.

Der Ursprung der Stadt liegt vermutlich in der Zeit der Völkerwanderung, als durch Flüchtlinge vor den Ostgoten, den Hunnen und später den Langobarden das dortige Fischerdorf im 5. Jahrhundert n. Chr. Bevölkerungszuwachs bekam. Über das Mittelmeer führten die Venezianer einen regen Handelsverkehr mit der Levante. Der Levantehandel war vor allem bekannt als Umschlagplatz für Waren aus dem Orient. Gewürze und Seide kamen von China, Indonesien und Indien über den Indischen Ozean und wurden von Kamelen über Land in die zentralen Handelsplätze transportiert. Obwohl andere Seefahrerstädte wie Genua und Pisa ebenfalls im Handel tätig waren, konnte sich Venedig ihnen gegenüber durchsetzen. Immer mehr Kaufleute siedelten sich in der Stadt an. Seit dem Jahr 1228 befand sich auch eine Herberge für Deutsche Händler in Venedig. Sie kauften dort die Waren ein, um sie dann über die Alpen zu transportieren und auf Märkten wie in Nürnberg oder Augsburg anzubieten. Erst die Ausbreitung des Osmanischen Reichs und die Handelssperre der Osmanen im 15. Jahrhundert sowie die wachsende Stärke von Spanien und Portugal ließen den Einfluss und die Bedeutung Venedigs und der Levante sinken.

(S.H.)

Entdeckung der Gewürze – und Reiseberichte von fernen Ländern

„Die unglaublich reiche Insel [Java] ist niemandem steuerpflichtig. Es wachsen dort der Pfeffer, die Muskatnuss, die Narde, die Galgantwurzel, der Kubebe-Pfeffer, die Gewürznelken und jedes teure und seltene Gewürz, das es auf Erden gibt."

Marco Polo

Seit dem 7. Jahrhundert begann sich die Seestadt Venedig als größter Gewürzumschlagplatz und Zwischenhändler zwischen Asien und Europa zu etablieren. Dementsprechend kamen viele Handelsreisende aus dieser Stadt. Einer von ihnen war Marco Polo (1254-1324), der vor allem durch seine später weit verbreiteten Reiseberichte bekannt wurde. Die von ihm verfassten Schilderungen aus fernen Ländern geben bis heute keinen Aufschluss darüber, ob sie der Realität entsprechen. Viele Fakten sind ungenau oder unstimmig wie beispielsweise die Herkunft der Muskatnuss und Nelke, die er wie das Zitat zeigt, auf Java vermutet, die sich tatsächlich allerdings auf den indonesischen Inseln der Molukken findet.

Auch der Reisebericht des marokkanischen Forschungsreisenden Ibn Battuta (1304-1377/78) lässt einige Fragen bezüglich der Gewürze offen. Die Aufzeichnungen des venezianischen Kaufmanns und Entdeckungsreisenden Nicolo de'Conti (1395-1469) scheinen glaubwürdiger, da sie beispielsweise erstmalig die Molukken als Ursprungsland der Nelke angeben. Allerdings ist heute bekannt, dass die arabischen Händler Kaufleute und Fernreisende bewusst im Unklaren über die Herkunftsländer der Kostbarkeiten ließen, um einen Direkthandel zu vereiteln. Dennoch dienten die Berichte wie die von Marco Polo, Ibn Battuta und Nicolo de'Conti den Gelehrten des Mittelalters als Grundlage und Anreiz für Entdeckungsreisen. Auch inspirierten sie Martin Behaim zur Anfertigung seines Globusses und waren noch Lektüre für Kolumbus zur Vorbereitung seiner geplanten Reise nach Indien.

(S.H.)

Entdeckung der Gewürze – und das mittelalterliche Weltbild

„Der Hafen Cottonara, wo die Araber und Ägypter für alle Völker den Pfeffer aus Indien herbeiholen."

Ebstorfer Weltkarte

Eine der größten und umfassendsten Darstellungen des mittelalterlichen Weltbildes ist die Ebstorfer Weltkarte aus dem 13. Jahrhundert. Die Karte ist nach ihrem Fundort und dem angenommenen Produktionsort, dem Kloster Ebstorf benannt. Sie weist einen Durchmesser von über 3,5 m auf und besteht insgesamt aus 30 aneinander genähten Pergamentblättern. Im Zentrum der als Leib Christi dargestellten Erdscheibe befindet sich Jerusalem. Die am Orient ausgerichtete Karte ist nicht wie heutige genordet, sondern geostet. In der oberen Hälfte befindet sich Asien, in dem unteren linken Teil liegt Europa und im unteren rechten Teil ist Afrika dargestellt. Die auf der runden Fläche angeordneten Kontinente sind durch Gewässer voneinander getrennt, so dass die Karte T-förmig aufgeteilt ist, weshalb sie auch als T-Rad-Karte bezeichnet wird.

Neben den bildlichen Darstellungen sind zahlreiche Textpassagen auf der Karte zu finden. Die Schriften, die unter anderem die Pflanzen- und Tierwelt schildern, sind auf frühere Autoren wie Isidor von Sevilla (570-636) zurückzuführen, der in seiner auf antiken Werken aufbauenden Enzyklopädie auch Indien und Gewürze wie Zimt und Pfeffer beschreibt. Andere Texte stützen sich auf den Alexanderroman, einen Epos, der durch die Schilderung des Kriegszugs des Makedonenkönigs nach Indien die Vorstellung eines sagenumwobenen Landes voller Reichtümer und Kostbarkeiten entwarf. Die Ebstorfer Weltkarte ist demnach mehr als nur eine Abbildung des geografischen Wissens des 13. Jahrhunderts. Sie ist die Verbildlichung und Beschreibung des mittelalterlichen Weltbildes, das kartografische Details mit religiösen, mythologischen und phantastischen Vorstellungen verbindet.

(S.H.)

Entdeckung der Gewürze – über den Seeweg

„Hol dich der Teufel! Wer hat dich hierher gebracht?" Und sie fragten, was wir so weit in der Ferne suchten, und er antwortete ihnen: „Wir kommen, Christen und Gewürze suchen."

Vasco da Gama

Nachdem sich das arabische Reich ausgedehnt hatte und einige der wichtigsten Handelsplätze zwischen Asien und Europa blockiert waren, versuchten immer wieder einzelne Expeditionen, einen direkten Seeweg nach Indien und damit zu den Gewürzen zu finden. Die ersten, denen das erfolgreich gelang, waren die Portugiesen.

Portugal war im 14. Jahrhundert ein dünn besiedelter, finanziell schwacher Agrarstaat, dessen landwirtschaftliche Erzeugnisse nicht für die Ernährung der eigenen Bevölkerung ausreichten. Die günstige Lage am Atlantik, zwischen Europa und Afrika, bot jedoch gute Voraussetzungen für die Seefahrt und damit die Versorgung des Landes mit Importgütern. Gezielte Entdeckungsfahrten an die nordafrikanische Küste sollten neue Handelskontakte aufbauen.

Einer der bekanntesten Protagonisten der Expeditionen war Prinz Heinrich der Seefahrer (1394-1460). Er sorgte für die nötigen Kenntnisse und Voraussetzungen, um die immer weiter reichenden Schiffsfahrten bei der Erschließung des Seewegs nach Indien und den Handel mit Gewürzen über die weite Distanz verwirklichen zu können. Arabische Schriften der Mathematik, Geografie und Nautik wurden ausgewertet und angeworbene Experten der Kartografie sollten die Entdeckungsfahrten sorgfältig planen. Konstrukteure verbesserten die Schiffe und entwickelten mit der portugiesischen Karavelle einen Schiffstyp, der eine erhöhte Manövrierfähigkeit, Geschwindigkeit und Transportfähigkeit hatte. Erfindungen und Weiterentwicklungen von Karten und Navigations-instrumenten folgten. Nach zahlreichen kleineren Vorstößen entlang der afrikanischen Küste gelang es schließlich Bartholomeu Dias (um 1450-1500) im Jahre 1488 das Kap der Guten Hoffnung zu umschiffen und Vasco da Gama (1469-1524) im Jahre 1498 die Stadt Calicut in Indien zu erreichen.

(S.H.)

Entdeckung der Gewürze – und der Ausbau der Gewürzroute

Erste Handelsbeziehungen mit Gewürzen aus neu entdeckten Gebieten entstanden bereits im 15. Jahrhundert unter Heinrich dem Seefahrer. Er bezog von der westafrikanischen Küste Paradieskörner, die dem Landabschnitt im heutigen Guinea den Namen Paradiesküste gaben.

Auf der Strecke entlang der afrikanischen Küste errichteten die Portugiesen zahlreiche strategisch bedeutsame Stützpunkte. Diese Versorgungsstationen waren eine Voraussetzung für den Ausbau und die Sicherung der Gewürzroute und der Übernahme einer Vormachtstellung im Fernhandel. Eine der bedeutendsten Persönlichkeiten der Expansion und der Erlangung des Gewürzmonopols war der Seefahrer Afonso d`Albuquerque (1453-1515).

Seit 1506 war er als Gouverneur der portugiesischen Gebiete in Asien tätig. Er verteidigte mit militärischen Mitteln die Stützpunkte gegen Einheimische sowie Arabische Händler, die ihrerseits Besitzansprüche geltend machten und versuchten, ihre Position im Handel mit Gewürzen zu behaupten. Im Jahre 1509 wurde d`Albuquerque zum Vizekönig von Portugiesisch-Indien ernannt. Fortan diente Goa als Hauptstützpunkt der Gewürzroute und als Sitz der Gouverneure.

Nur wenig später, im Jahre 1510 kam es mit der Schlacht um die indische Stadt Calicut an der Malabarküste zu einer der schwersten kriegerischen Auseinandersetzungen zwischen den Portugiesen und Arabern. Trotz erfolgreicher Schlachten und Eroberungen konnte Portugal die überseeischen Besitzungen nicht lange halten. Seit dem Aussterben des Königshauses Avis um 1580 verloren sie zunehmend ihre Stützpunkte und damit an Bedeutung auf der Gewürzroute.

(S.H.)

Entdeckung der Gewürze – durch Kolumbus in Amerika

„Überdies werden ihnen Gewürze [...] in jedem gewünschten Ausmaße zu Gebote stehen."

Christoph Kolumbus

Seit den ersten erfolgreichen Entdeckungsfahrten und gewinnbringenden Gewürzlieferungen der Portugiesen von der afrikanischen Küste begann auch das Nachbarland Kastilien, heute eine Region in Spaniens sich für einen Seeweg nach Indien unter Umgehung der arabischen Zwischenhändler zu interessieren. Während es die Portugiesen auf dem süd-östlichen Weg um Afrika versuchten, hatte Christopher Kolumbus (1451-1506) den Plan, auf einer westlichen Route nach Indien zu gelangen. Er unterbreitete sein Vorhaben dem portugiesischen König Johann II. Da zur selben Zeit die Expeditionen nach Afrika erfolgreich verliefen, lehnte der die Finanzierung von Kolumbus zunächst ab. Nach zahlreichen erneuten Versuchen stimmte schließlich am 17. April 1492 der spanische Hof der Unterstützung einer Expedition zu.

Mit einem Empfehlungsschreiben des spanischen Königspaares sowie Zimt- und Pfefferproben an Bord erreichte Kolumbus 1492 jedoch nicht das gesuchte Land, sondern „Westindien". Bereits durch diese frühen Reisen nach Amerika kamen die Spanier in Berührung mit neuen Gewürzen und brachten erstmalig Proben nach Europa. Eines dieser Gewürze ist der Chili, der fälschlicherweise anfangs wegen seiner Schärfe als Pfeffer bezeichnet wurde. Der Bordarzt von Christopher Kolumbus, Alvarez Chanca, benannte die mitgebrachten Pflanzen auf seiner zweiten Fahrt erstmalig als *Capsicum*.

Neben dem Chili soll auch der Piment von Christoph Kolumbus auf den Antillen entdeckt und nach Europa gebracht worden sein. Die Vanille hingegen kam vermutlich durch den Eroberer Hernán Cortés an die spanischen Adelshäuser. Cortés soll der erste Europäer gewesen sein, der Kakao zusammen mit Vanille als Getränk kostete.

(S.H.)

ENTDECKUNG DER GEWÜRZE – UND DIE TEILUNG DER WELT

„Die Gewürze waren die Veranlassung, diese unbekannte neue Welt zu suchen, und nur ihrethalben setzten wir uns so vielen Gefahren und Wagnissen aus."
Antonio Pigafetta, Chronist Magellans

Nach den Expeditionen der Portugiesen nach Indien durch Vasco da Gama und den Expeditionen der Spanier nach Amerika durch Christoph Kolumbus drohte ein Krieg zwischen den beiden aufstrebenden Seemächten und bedeutendsten katholischen Ländern der damaligen Zeit. Um eine Auseinandersetzung zu vermeiden, schlossen Portugal und Kastilien auf Anraten von Papst Alexander VI. im Jahre 1494 in der Grenzstadt Tordesillas einen Vertrag. Dieser sollte schriftlich die Teilung der Welt in eine portugiesische und eine spanische Hälfte, mit der Grenze auf dem 46° westlicher Länge festlegen. Die östliche Hälfte und damit die Gewürzroute nach Indien bekam Portugal, die westliche Hälfte und damit ein Großteil Amerikas bekam Spanien zugesprochen.

Einer der Streitpunkte war die unklare Zuordnung der als Gewürzinseln bekannten Molukken im westlichen Pazifik. Eine Expedition unter der Leitung des portugiesischstämmigen Fernando Magellan (1480-1521), die später als erste erfolgreiche Weltumseglung in die Geschichte einging, war beauftragt, diese Frage für Spanien zu klären. Sie sollten eine westliche Route mit einer Passage zwischen dem Atlantik und dem Pazifik zu den Molukken finden. Nach zahlreichen Rückschlägen erreichten die Spanier ohne den verstorbenen Magellan schließlich im November 1521 die bereits von den Portugiesen entdeckte Gewürzinsel Tidore. Durch Verhandlungen mit dem dortigen Sultan bekamen die Spanier Gewürzlieferungen zugesichert und fanden mit Tidore einen Verbündeten. Das rivalisierende molukkische Sultanat Ternate hatte sich bereits mit den Portugiesen verbündet, die seit 1513 dort eine Faktorei für den Gewürzhandel eingerichtet hatten.

In der Folge der verschiedenen Bündnispartner sowie der ungenauen Ermittlung des Längengrades und damit der Zuordnung des Gebiets nach dem Vertrag von Tordesillas, kam es immer wieder zu Kämpfen um die Gewürzinseln. Nach heutigen Berechnungen hätten die Molukken zu den damaligen portugiesischen Besitzungen gehört.

(S.H.)

Entdeckung der Gewürze – und die Gründung der Niederländischen Vereinigten Ostindischen Companie (VOC)

Mit dem Zusammenschluss von mehreren kleineren niederländischen Verbänden, die im Fernhandel tätig waren, entstand am 20. März 1602 das größte und vorherrschende Handelsunternehmen des 17. und 18. Jahrhunderts – die VOC.

Das Unternehmen der niederländischen Vereinigten Ostindischen Companie, auch „Vereenigde Oostindische Compagnie" oder kurz VOC, war in sechs Kammern unterteilt, die Amsterdam, Seeland (Middelburg), Delft, Rotterdam, Hoorn und Enkhuisen repräsentierten. Jede Kammer stellte – ihrer Größe entsprechend – eine feste Anzahl an Direktoren, die zusammen das Leitungsgremium bildeten.

Nachdem die VOC mit ihren gut bewaffneten Schiffen Anfang des 17. Jahrhunderts den Seeweg zu den gewinnbringenden Gewürzen unter ihre Kontrolle brachte, errichteten sie nach Gefechten und Verhandlungen mit Einheimischen, Portugiesen und Spaniern Stützpunkte auf der Gewürzroute. Die Hauptniederlassung und zugleich der Hauptumschlagsplatz des niederländischen Gewürzhandels befand sich in Batavia, dem heutigen Jakarta, auf der indonesischen Insel Java, südwestlich der als Gewürzinseln bekannten Molukken. Während ihrer erfolgreichsten Zeit Mitte des 18. Jahrhunderts waren über 30 000 Personen gleichzeitig für die VOC tätig. Etwa 3 000 von ihnen waren in den heimischen Kontoren, Werften und Speichern angestellt. Über 12 000 Matrosen navigierten die Schiffe der Flotte von Europa bis nach Asien und etwa 25 000 Personen arbeiteten in den überseeischen Niederlassungen. Von 1602 an waren ca. 4700 Schiffe im Dienste der VOC. Sie transportierten nicht nur insgesamt etwa eine Millionen Menschen, sondern brachten auch beachtliche Ladungen an Gewürzen nach Europa und machten Amsterdam zum führenden Umschlagplatz. Erst nach dem vierten Seekrieg mit England (1780-1784) war das über 150 Jahre lang dominierende Unternehmen finanziell dermaßen geschwächt, dass es sich nicht mehr erholte und 1798 aufgelöst wurde.

(S.H.)

Entdeckung der Gewürze – und der Kampf um die Molukken

Die Molukken sind eine Inselgruppe, die heute zu Indonesien gehört und zwischen dem Indischen Ozean und dem Pazifik liegt. Wegen ihres dortigen Muskatnuss- und Nelkenvorkommens wurden sie als Gewürzinseln bezeichnet und waren stets ein umkämpftes Gebiet.

Die Portugiesen errichteten um 1512, die Spanier um 1521 europäische Stützpunkte auf den Molukken und verhandelten jeweils über Bündnisse mit den Einheimischen. Im späten 16. Jahrhundert kamen dann vermehrt Schiffe der Seefahrernationen England und Niederlande zu den Inseln. Sie wollten ebenfalls in das lukrative Geschäft mit den Gewürzen einsteigen. Die beträchtlichen Gewinne der ersten erfolgreich heimgekehrten Schiffe beschleunigten den Wettlauf um die Vormachtstellung in Übersee. Ein Beispiel ist die von Admiral Jacob Cornelisz van Neck (1564-1638) geleitete Expedition aus acht Schiffen, deren Fracht an Muskatnüssen mit einem Gewinn von 400 % verkauft wurde. Zahlreiche Auseinandersetzungen zwischen Portugal, Spanien, England und den Niederlanden waren die Folge, und es entstand ein harter Kampf um die Molukken und das Gewürzmonopol.

Dabei kam es nicht nur zwischen den europäischen Mächten zu ernsthaften Auseinandersetzungen. Als sich die Bewohner der molukkischen Banda-Inseln den Monopolbestrebungen der niederländischen VOC für Muskatnüsse, Nelken und anderen Kostbarkeiten widersetzten, führte der Generalgouverneur von Niederländisch-Ostindien, Jan Pieterszoon Coen (1587-1629), einen Feldzug gegen sie und ermordete fast alle Einheimischen. Mit derartig martialischen Handlungen brachten die Niederländer die Molukken im Jahre 1669 unter ihre Herrschaft, die bis zum Ende des 18. Jahrhunderts andauern sollte.

(S.H.)

Entdeckung der Gewürze – und das niederländische Handelsmonopol

„Weil auf diesen und herum liegenden Molukkischen Inseln und sonst nirgends die Nelken reichlich wachsen und die Holländer den Nelkenhandel gern alleine haben wollen, mussten wir zu gewissen Zeiten des Jahres (...) die Nelkenbäume ruinieren und abschälen, damit sie verdorren.

Volquard Iversen, VOC Angestellter

Die Niederlande kontrollierten im 17. und 18. Jahrhundert die Gewürzroute nach Indien und zu den Molukken. Durch kriegerische Auseinandersetzungen mit Einheimischen und anderen europäischen Mächten erkämpften sie im Jahr 1669 das Monopol für Nelken, Muskatnüsse, Macis (Muskatblüten) und andere gewinnbringende Kostbarkeiten. Weil einige dieser Gewürze, anders als beispielsweise der Pfeffer, nur auf den Molukken zu kultivieren waren, setzten die Niederländer alles daran, Anbau und Verkauf streng zu kontrollieren.

Um diese Kontrolle zu ermöglichen, zerstörten sie Gewürznelkenplantagen, vernichteten wild wachsende Abkömmlinge und verbrannten Muskatnüsse, wenn die produzierte Menge zu groß ausfiel und den hohen Preis gefährdete. In Amsterdam zündeten die Kaufleute ihre Speicher an, um Überschüsse zu vernichten. Schmuggler, die versuchten, heimlich Muskatbäume zu kultivieren, um das Monopol zu umgehen, wurden mit dem Tod bestraft. Durch diese radikale und aggressive Politik zur Aufrechterhaltung der Gewürzmonopole verteidigten die Niederländer ihre Vormachtstellung im Anbau und Handel mit Gewürznelken und Muskatnüssen.

Der Einfluss der niederländischen Händler war zwischen 1602 und 1770 dermaßen groß, dass einmal jährlich Verkaufspreis und Menge an Gewürzen für den europäischen Markt festgelegt wurden.

(S.H.)

ENTDECKUNG DER GEWÜRZE – UND DIE VERBREITUNG IN ENGLISCHEN KOLONIEN

England war eine der führenden Kolonialmächte vom 17. bis zum 19. Jahrhundert. Während die amerikanischen Kolonien weitgehend der Ansiedlung von Auswanderern dienten, nutzte England die karibischen Kolonien für Anpflanzungen und schufen an afrikanischen und indischen Küsten Umschlagsplätze für den Handel. Die politische Bedeutung der Kolonien stieg mit dem wachsenden Interesse anderer europäischer Länder. Durch den Siebenjährigen Krieg (1756-1763), der mit dem Frieden von Paris im Jahre 1763 besiegelt wurde, übernahm England viele vormals französische Besitzungen in Nordamerika, Indien und der Karibik. Sie konnten ihr Kolonialreich ausbauen und sich gegenüber den Niederländern behaupten.

Der Hafen von Bombay war bereits 1662 als Geschenk zur Hochzeit zwischen dem englischen König Karl II. (1630-1685) und der portugiesischen Prinzessin Katharina von Braganza an England gegangen. Seit 1756 wurde Indien von den Stützpunkten der britischen Ostindienkompanie in Kalkutta, Madras und Bombay kontrolliert und etablierte sich als Ausgangspunkt für den Gewürzhandel.

Mit der Übernahme niederländischer Kolonien wie die Insel Sri Lanka (Ceylon), auf der Zimt wuchs, sowie französischer Gebiete, auf denen Nelken und Muskatnüsse wuchsen, kamen viele Ursprungsländer beliebter und teurer Gewürzen in die Hände der Engländer. Durch Versuche, sie in anderen kolonialen Gebieten anzusiedeln, verbreiteten sich die Gewürzpflanzen schnell.

Die Bedeutung und Größe des aufstrebenden britischen Empires wurde durch die erste internationale Weltausstellung im Jahre 1851 in London öffentlich zur Schau gestellt. In den Hintergrund traten die kriegerischen Auseinandersetzungen, die es auf dem Weg zur führenden Kolonialmacht gab. Vor allem in Indien, kam es immer wieder zu Konflikten mit Einheimischen – wie etwa dem Sepoy-Aufstand in Nordindien im Jahre 1857/58. Dessen Niederwerfung führte zur direkten Kontrolle Großbritanniens über Indien und der späteren Ernennung der Königin Viktoria zur „Kaiserin von Indien" im Jahre 1877.

(S.H.)

ENTDECKUNG DER GEWÜRZE – UND DIE KOLONIALMACHT FRANKREICH

„Das erste Bündel kreolischer Nelken wurde in Anwesenheit einer bedeutenden Versammlung in dem königlichen Garten [von Mauritius] am 14. Oktober 1776 gepflückt und der in Ruhestand gehende Gouverneur, Chevalier de Ternay, brachte sie höchstpersönlich nach Frankreich, um sie dem König zu präsentieren."

Pierre Poivre

Frankreich war eine bedeutende Kolonialmacht, die erste überseeische Besitzungen bereits im 16. Jahrhundert erwarb. Im Bestreben nach dem Ausbau von Handelsrouten konzentrierte sich Frankreich auf den Erwerb von kolonialen Gebieten wie Kanada und Teilen der USA sowie auf zahlreiche karibische und indische Inseln. Der Seehandel zwischen Frankreich und Asien wurde durch die nach niederländischem Vorbild im Jahre 1664 gegründete französische Ostindische Kompanie (Compagnie des Indes Orientales) reguliert. Dieses Unternehmen war von der Krone mit dem Handelsmonopol sowie dem Besitzrecht eroberter Gebiete ausgestattet. Nachdem einige der französischen Besitzungen nach dem Frieden von Paris, dem Ende des Siebenjährigen Krieges, im Jahre 1763 an England übergingen, stieg für Frankreich vor allem die Bedeutung der strategisch günstig gelegenen Inseln Mauritius (Ile-de-France) und Réunion (Ile-Bourbon).

Durch den Schmuggel und heimlichen Anbau von Muskat- und Nelkensetzlingen, die damals nur auf den Molukken beheimatet waren, schaffte der Pflanzensammler Pierre Poivre (1719-1786) um 1770 die Voraussetzung, nur wenige Jahre später erfolgreiche Ernten auf diesen beiden französischen Inseln durchzuführen. Mauritius und Réunion etablierten sich zu den bedeutendsten französischen Gewürzlieferanten und gelten als Ausgangspunkt der Verbreitung von Gewürzpflanzen außerhalb ihres Ursprungsgebiets.

(S.H.)

Entdeckung der Gewürze – und die Verbreitung in französischen Kolonien

„Die Kultivierung von Gewürzen ist das gewinnbringendste, das wir auf der Welt kennen."

Pierre Poivre

Die Verschleppung von Nelken- und Muskatpflanzen von den Molukken auf die französischen Inseln Mauritius (Ile-de-France) und Réunion (Ile-Bourbon), später dann auf die karibischen Inseln St. Vincent und Grenada gelten als Ausgangspunkt für die weltweite Verbreitung von Gewürzen und für ihre Verpflanzung in andere Anbaugebiete als die Ursprungsländer.

Einen ähnlichen weltweiten Siegeszug wie die Nelken und Muskatnüsse machte die in Mittelamerika beheimatete Vanille. Erste Setzlinge kamen durch illegalen Schmuggel und der Umgehung des spanischen Vanillemonopols nach Europa. Mit der Unabhängigkeit des Landes im Jahre 1821 wurden immer häufiger Versuche unternommen, dieses Gewürz außerhalb Mexikos anzusiedeln. Vor allem in Kombination mit der ebenfalls aus Mexiko stammenden Trinkschokolade hatte es bereits Anfang des 17. Jahrhunderts am spanischen, dann am französischen und englischem Hof Einzug gehalten und genoss große Beliebtheit.

Die Franzosen brachten die Vanille zu Beginn des 19. Jahrhunderts auf die Insel Réunion, damals Bourbon genannt. Erste Anbauversuche scheiterten. Die Pflanzen blieben unfruchtbar und bildeten keine Schoten, da die Befruchtung durch mexikanische Bienen- und Kolibriarten nicht erfolgte. Erst mit der Entdeckung der manuellen Bestäubung von Vanilleblüten durch den Lütticher Botanikprofessor Charles Morren (1807-1858) im Jahre 1836/1837 und der Erfindung eines Verfahrens zur künstlichen

Befruchtung durch den auf Bourbon geborenen Edmond Albius (1829-1880), gelang die Züchtung und erfolgreiche Ernte der Vanille außerhalb ihres heimischen Anbaugebietes.

Der Weg zur industriellen Kultivierung dieses Gewürzes war geebnet. Heute noch verweist der Name Bourbon-Vanille auf die für die Verbreitung dieses Gewürzes bedeutsame Insel.

(S.H.)

ENTDECKUNG DER GEWÜRZE – UND DIE ERSTEN DEUTSCHEN KOLONIALEN BESTREBUNGEN

„Der gewisse Reichtumb und das Aufnehmen eines Landes kommen aus dem Kommercium her. Seefahrt und Handel sind die fürnehmsten Säulen eines Estats, wodurch die Unterthanen beides zu Wasser als auch durch die Manufakturen zu Lande ihre Nahrung und Unterhalt erlangen."

Friedrich Wilhelm I., Kurfürst von Brandenburg, Herzog von Preußen

Durch die in Augsburg ansässige Handelsgesellschaft der Fugger und der in Augsburg und Nürnberg beheimateten Großkaufmannsfamilie der Welser hatte Deutschland bereits im Mittelalter Handelsstützpunkte und Faktoreien an den zentralen Umschlagsplätzen für Gewürze. Die in Antwerpen, Lissabon und Venedig ankommenden Waren wurden über kürzere Seewege oder über Land in deutsche Städte gebracht. Die Fugger waren an der ersten deutschen Ostindienfahrt im Jahre 1505/1506 beteiligt und die von 1528 bis 1556 bestehende Welser-Kolonie in Venezuela kann als frühe koloniale Bestrebung Deutschlands angesehen werden. Die immensen Gewinne von kostbaren Gütern aus Amerika, Afrika und Asien weckten das Bedürfnis nach außereuropäischen Besitzungen.

Einer der ersten Versuche, eine deutsche Kolonie zu gründen, war eine von Kurfürst Friedrich Wilhelm von Brandenburg (1620-1688) entsandte Expedition. Im Anschluss wurden Schutzverträge mit Häuptlingen im Gebiet des heutigen Ghana abgeschlossen. Es folgte am 17. März 1682 die Gründung der Kurfürstlichen Afrikanisch-Brandenburgische Compagnie sowie die Errichtung der Festung Groß Friedrichsburg im Jahre 1683. Nach anfänglichen Erfolgen verlief der Handel zu Beginn des 18. Jahrhunderts schleppend. Das Interesse erlosch, und die Besitzungen wurden an die Niederländisch-Westindische Compagnie verkauft.

Zur selben Zeit erfolgte durch zahlreiche deutsche Auswanderer in außereuropäische Gebiete eine Siedlungskolonisation, indem man – wie etwa das amerikanische Germantown im Jahre 1683 – deutsche Städte gründete. Als Kolonialmacht im eigentlichen Sinne trat Deutschland jedoch erst im 19. Jahrhundert in Erscheinung.

(S.H.)

Entdeckung der Gewürze – und die deutschen Kolonien

„Deutschland verpflichtet sich die Schutzherrschaft Großbritanniens anzuerkennen über die verbleibenden Besitzungen des Sultans von Zanzibar mit Einschluss der Inseln Zanzibar und Pemba [...] von wo die deutsche Schutzherrschaft zurückgezogen wird."

Helgoland-Sansibar-Vertrag 1890

Der Kolonialismus und der Wettlauf europäischer Mächte um Besitzungen in Übersee stießen in Deutschland nach der Reichgründung im Jahre 1871 auf wenig Interesse. Reichkanzler Otto von Bismarck (1815-1898) sah nur geringen wirtschaftlichen Nutzen. Mit der Gründung der Afrikanischen Gesellschaft in Deutschland im Jahre 1873 und des Deutschen Kolonialvereins 1882 wurde die Propaganda für deutsche Kolonien zunehmend populär. Durch die Ausstellung von Schutzverträgen für Besitzungen deutscher Kaufleute gab Bismarck schließlich dem zunehmenden Druck der Öffentlichkeit nach.

Zum ersten deutschen Schutzgebiet wurde das von dem Bremer Kaufmann und Tabakhändler Adolf Lüderitz im Jahre 1884 erworbene Territorium Deutsch-Südwestafrika erklärt. Noch im selben Jahr folgten Togoland und Kamerun, wo der Hamburger Übersee-Kaufmann und Reeder Adolph Woermann (1847-1910) bereits seit 1862 Handelshäuser betrieb. Als weitere überseeische Besitzungen erwarb das Kaiserreich Deutsch-Neuguinea (1885–1914), Deutsch-Ostafrika (1885–1919), Deutsch-Witu (1885–1890), das chinesische Kiautschou (1898–1914) und Samoa (1899–1919).

Die Nelkeninsel Sansibar, die eines der bedeutendsten Handelszentren im Indischen Ozean war, zählte hingegen nie zum deutschen Kolonialreich. Das freie Sultanat ging nach dem Helgoland-Sansibar-Vertrag im Jahre 1890 an Großbritannien. Es lag kein Tausch der Inseln Helgoland gegen Sansibar vor. Deutschland erklärte damit vielmehr den Verzicht auf Ansprüche des ohnehin schon von Briten besetzten Gebiets. Mit dem Ende des Ersten Weltkrieges war auch die kurze Zeit der deutschen Kolonien beendet.

(S.H.)

Entdeckung der Gewürze – als synthetische Verbindung

„Man muss über die Sorglosigkeit der Bewohner des spanischen Amerikas erstaunen, welche die Kultur einer Pflanze [Vanille] vernachlässigt, die in den Tropenländern überall, wo Hitze, Schatten und große Feuchtigkeit herrscht, von selbst vorkommt."

Alexander von Humboldt

Alexander von Humboldt (1769 bis 1859) war einer der wenigen Forscher, die mexikanische Vanille-Anbaugebiete untersuchen durften. Das Vanillemonopol der Spanier regulierte lange Zeit den Anbau in Mexiko. Schon bevor Deutschland koloniale Besitzungen in Übersee hatte, in denen Vanille hätte angebaut werden können, wurde nach einem Verfahren gesucht, das beliebte Aroma des teuren Gewürzes künstlich zu erzeugen. Im Jahre 1874 war es den Chemikern Dr. Wilhelm Haarmann (1847 bis 1931) und Ferdinand Tiemann (1848 bis 1899) gelungen, aus dem Rindensaft von Fichten Vanillin zu synthetisieren. Das patentierte Verfahren, das seit 1875 in der Vanillinfabrik Haarmann in Holzminden an der Weser Anwendung fand, war vor allem für die Schokoladen- und Parfümindustrie von Interesse.

Trotz des Erfolgs der Herstellung eines künstlichen Aromas wurden Experimente zur Zucht der Vanillepflanze durchgeführt. Deutschland, das seit 1884 zur Kolonialmacht geworden war, testete in Versuchsgärten seiner überseeischen Besitzungen den Anbau von Kaffee, Kakao, Kola sowie Gewürzen wie Vanille, Pfeffer und Muskatnuss. Die botanische Zentralstelle für die deutschen Kolonien in Berlin war für die Versorgung der Anlagen mit Setzlingen, zur Aufklärung und Dokumentation des möglichen Anbaus und für die Schulung der Gärtner in den Kolonien zuständig. Einige der in den deutschen und anderen Besitzungen erfolgreich wachsenden Pflanzen – wie der Kakao aus Kamerun – fanden den Weg in Kolonialwarenläden, die vielerorts das Stadtbild prägten.

(S.H.)

Entdeckung der Gewürze – als Prestigegüter

Der hohe Gewürzverbrauch im Mittelalter ist begründet in der medizinischen Auffassung dieser Zeit, der aus der Antike übernommenen Viersäftelehre. Um gesund zu bleiben, wurde alles Ess- und Trinkbare intensiv gewürzt: Speisen, Desserts sowie Wein und Bier. Gewürzwein wurde aus medizinischen Gründen getrunken. Im mittelalterlichen Europa setzte sich der Adel durch Reichhaltigkeit, hoher Qualität seiner Speisen und einer strengen Tischordnung vom Essen der breiten Masse ab. Bei höfischen Gastmählern erfreuten sich Pasteten und scharfe Saucen großer Beliebtheit. Gewürzt wurde mit einheimischen Kräutern und mit den teuren, prestigeträchtigen Importgewürzen Pfeffer, Ingwer, Safran und Galgant.

Erste Kochbücher

Zunächst wurden die Rezepte und Zubereitungsweisen mündlich weitergegeben. Zur Ausbildung des Nachwuchses und des Küchenpersonals entstanden im Spätmittelalter handschriftliche Rezeptsammlungen, die in Klöstern, fürstlichen und adligen Haushalten angelegt wurden. Daraus entstanden dann die ersten Kochbücher, die gedruckt als Lehr- und Haushaltsbücher verbreitet wurden. Die ersten Verfasser dieser Kochbücher waren Berufsköche für den Adel und verfügten über damals seltene und teure Zutaten. Außerdem konnten sie für die aufwändigen Zubereitungen auf Küchenpersonal zurückgreifen.

„Daz buoch von guoter spise" entstand 1350 in mittelhochdeutscher Sprache und gilt als das älteste deutsche Kochbuch. Im 15. und 16. Jahrhundert erschienen Kochbücher für gebildete bürgerliche Haushalte, wobei die „Kuchemaistrey" (erstmals 1485 anonym in Nürnberg erschienen), allein bis zum Jahr 1500 dreizehnmal aufgelegt und bis zum Jahr 1674 immer wieder neu gedruckt wurde.

Der kurfürstliche Mundkoch Marx Rumpolt gab 1581 in Frankfurt am Main „Ein new Kochbuch" heraus, das als Lehrbuch für die Unterrichtung des Nachwuchses gedacht war. Neben Rezepten für aufwändige fürstliche oder bischöfliche Schaugerichte, mit den entsprechenden Gewürzen wie Safran, Pfeffer, Muskat und Ingwer, berücksichtigt er jedoch auch bürgerliche und bäuerliche Festspeisen mit weniger teuren Zutaten.

Ab Ende des 16. Jahrhunderts erschienen erstmals Kochbücher, in denen Hausfrauen ihr über viele Jahre erworbenes Wissen weitergaben. „Ein köstlich new Kochbuch" von Anna Weckerin erschien 1598 in Amberg und bietet einen Einblick in die gehobene, städtische Küche der frühen Neuzeit.

(E.K.)

Entdeckung der Gewürze – als Geschmackserlebnis

Warum essen Menschen gerne scharf?

Die brennende Schärfe von Chili, die im Mund beginnend nach und nach den gesamten Verdauungstrakt erfasst, wird vom Gehirn wie ein Verbrennungsschmerz wahrgenommen. Zur „Feuerbekämpfung" werden Endorphine ausgeschüttet, die den Schmerz dämpfen und, ähnlich wie Morphium, ein anschließendes Hochgefühl auslösen.

Bereits die Menschen im vorspanischen Mexiko (ca. 7000 v. Chr.) und Peru (ca. 600 v. Chr.) schätzten die scharfen und Vitamin-C-reichen Chilis, wie Funde aus archäologischen Grabungen belegen. Die übrige Welt lernte den Chili durch Christoph Kolumbus kennen, der den „spanischen Pfeffer" mit seiner ersten Reise im Jahr 1493 nach Europa brachte. Dort wurde die Pflanze zunächst in den bischöflichen und fürstlichen Parks als exotische Zierpflanze angebaut. Im Verlauf des 16. Jahrhunderts gelangte sie dann aus den Klostergärten heraus in die Töpfe der Bevölkerung, blieb jedoch auf Südwesteuropa beschränkt. Mit den portugiesischen Seefahrern reiste der Chili dann entlang deren Handelsstützpunkten nach Afrika und Asien. Von Kleinasien aus gelangte die Frucht mit Hilfe der Osmanen zurück nach Europa.

„Wenn du Paprika hast, hast du alles"
ungarisches Sprichwort

Im Zuge der Expansion des osmanischen Reiches lernten die osmanischen Türken Chili erst in portugiesischen Stützpunkten am Persischen Golf kennen und bauten ihn für ihren eigenen Bedarf an. Unter osmanischer Herrschaft übernahmen die Menschen des Balkan einige Ess- und Würzgewohnheiten der Besatzer. In Ungarn diente der Gewürzpaprika zunächst als billiger Ersatz für Pfeffer, wurde aber bald in den bäuerlichen Gärten angebaut und nicht nur zum Würzen, sondern auch als Konservierungsmittel für Speck und Schinken verwendet.

Im 17. Jahrhundert stieg die Nachfrage nach Gewürzpaprika. Ende des 18. Jahrhunderts wurde die Pflanze großflächig angebaut und der Gebrauch von Gewürzpaprika war in ganz Ungarn üblich. Während der napoleonischen Wirtschaftsblockade zu Beginn des 19. Jahrhunderts diente ungarischer Paprika als Pfefferersatz und ist seitdem aus dem europäischen Gewürzhandel nicht mehr wegzudenken.

Die verschiedenen Gewürz- und Gemüsepaprika, die alle zur Familie des Chili gehören und weltweit das beliebteste Gewürz darstellen, sind heute einer der wichtigsten Exportartikel Ungarns. Paprika war zu Beginn des 19. Jahr-hunderts so fest in der ungarischen Kultur verwurzelt, dass er ab 1830 in der Figur des „Paprikahannes" (vergleichbar dem deutschen „Kasperle") Eingang in das Volkstheater fand. Béla Bartók benannte 1937 eine Szene seines „Mikrokosmos" nach dieser Figur und Weöres Sándor veröffentlichte eine Serenade auf den „Paprikajancsi". Noch heute ist diese Figur auf vielen Volksfesten zu finden.

(E.K.)

Entdeckung der Gewürze – als Konservierungsmittel

Gewürze als Konservierungsmittel

Bestimmte Gewürze können als Konservierungsmittel (durch antibakteriell wirkende Inhaltsstoffe und fettstabilisierende Antioxidantien) dienen, nicht jedoch als Desinfektionsmittel. Einmal verdorbene Nahrungsmittel oder Speisen werden durch die Zugabe von Gewürzen nicht wieder genießbar, ein entsprechender Geschmack lässt sich nur bedingt überdecken. Bereits die alten vorspanischen Kulturen Südamerikas nutzten Chili als Nahrungs- und Konservierungsmittel. In der Kultur der Nasca im heutigen Peru (ca. 200 v. Chr. bis 600 n. Chr.) ist Chilipfeffer die am häufigsten dargestellte Nahrungspflanze. Sie ist bis heute unverzichtbar, da die wichtigsten proteinhaltigen Nahrungsmittel Fisch und Meerestiere traditionell in Chili eingelegt werden.

Europa im Mittelalter

In Europa galten Nahrungsmittel lange Zeit auch als Heilmittel und wurden gemäß der Humoralpathologie oder Viersäftelehre eingesetzt. Man nahm an, dass sowohl Kräuter als auch Gemüse und Fleisch eine Wirkung auf den menschlichen Organismus hatten. Man aß also auch, um gesund zu werden oder es zu bleiben.

Fleisch galt beispielsweise als stärkend und damit als geeignete Speise für Kranke. Auch Fleischgerichte wurden immer frisch zubereitet.

Die Annahme, dass der Geschmack von verdorbenem Fleisch mit Gewürzen kaschiert wurde, stimmt zumindest ab dem Mittelalter, nicht (mehr). In den Städten West- und Südeuropas galten strenge Hygienevorschriften, insbesondere für den Verkauf von Fisch und Fleisch. Die kritische Kundschaft legte großen Wert auf Herkunft und Qualität der Waren, und so wurden die Tiere öffentlich geschlachtet und zerlegt, und meistens noch am selben Tag verkauft.

Ein Fleischer, der mit verdorbener Ware seine Kunden vergiftete, riskierte den Pranger oder sogar den Tod am Galgen.

Ohne eine Möglichkeit, das Fleisch eines Tieres innerhalb eines Tages komplett zu verwerten oder über einen längeren Zeitraum (tief) zu kühlen, hielt sich die Landbevölkerung an den christlichen Kalender. Die Kirche gab als Schlachtzeitraum die Zeit von Allerheiligen bis Fastnachtsdienstag vor, da während dieser Zeit keine Fliegen vorhanden sind, die der Qualität des Fleisches vor dessen Haltbarmachung durch Räuchern, Salzen oder Trocknen schaden können.

(E.K.)

Entdeckung der Gewürze – als Teil von Alltags- und Festkultur

Viele Feste sind ohne besondere Speisen nicht denkbar, wie zum Beispiel Weihnachten und Lebkuchen. Diese Verbindung hat eine lange Tradition. Sie beginnt mit der Herstellung von Honiggebäcken im Alten Ägypten, die von Griechen und Römer übernommen und verändert wurde.

Mit der römischen Expansion gelangten diese Gebäcke in viele europäische Regionen, wo sich unterschiedliche Rezepturen entwickelten. Im Mittelalter besaßen die Klöster die erforderlichen Zutaten zur Herstellung dieser Gebäcke. Sie verfügten über weitreichende Handelsbeziehungen und damit über jene Gewürze, die zu den üblichen Arzneien einer Klosterapotheke gehörten.

Mit der Entwicklung der Städte, insbesondere derer, die an den großen Handelswegen lagen (wie z. B. Nürnberg), verlagerte sich die Produktion. Jetzt waren es Gewürzkrämer und Laienapotheker, die die Zutaten für Lebkuchen verkauften.

Zutaten

Wichtigster Bestandteil der Lebkuchengewürze in Kontinentaleuropa war Hypocras, ein mit Zimt, Nelken und Zucker gewürzter Wein, der als Genuss- und Heilmittel getrunken wurde. Weitere Zutaten des Lebkuchens waren (und sind) Anis, Ingwer, Kardamom, Koriander, Macis, Orangeat und Piment. Eine Ausnahme bildet England – dort ist Ingwer seit etwa 800 Jahren das Hauptgewürz von Lebkuchen, wie es auch im Namen „ginger bread" deutlich wird.

Anlässe

Zunächst diente dieses gut haltbare und kalorienreiche Gebäck Soldaten und Seeleuten als Proviant; europäische Nonnen und Mönche aßen es als Beigabe zum Vespertrunk, der aus Bier oder Wein bestand.

Der süße Kuchen wurde aber auch als Opfergabe an die Götter verwendet, und als im 3. Jahrhundert das christliche Weihnachtsfest bereits bestehende religiöse Feste ablöste, wurden die dazu gehörenden Bräuche beibehalten.

Auch heute noch haben Lebkuchen, Pfefferkuchen und Co. ihren festen Platz in der Advents- und Weihnachtszeit sowie bei besonderen Anlässen wie Volksfesten und Jahrmärkten.

(E.K.)

Gewürze als Statussymbol

Ein Teil vom Paradies

Seit der Antike galt Indien für die Menschen in Europa als das irdische Paradies. Durch die Verwendung der von dort kommenden Gewürze konnte man daran teilhaben – so die Vorstellung.
Dies war jedoch nur den wohlhabenderen Bevölkerungskreisen möglich, die dies auch öffentlich präsentierten.

Muskat

So galten vom 17. bis zum 19. Jahrhundert Muskatreiben als Statussymbol. Kleine Reiben waren wertvolle persönliche Gebrauchsgegenstände. Sie wurden in Etuis mit aufwändigen Schnitzereien oder Einlegearbeiten aus Elfenbein und Perlmutt am Gürtel getragen und kamen bei Tisch zum Einsatz. Der frisch geriebene Muskat würzte Bier oder Wein und sollte so, in der antiken Tradition verhaftet, gesundheitsfördernd wirken oder auch als Liebeszauber dienen.

Pfeffer

Seit der Antike gelangte Pfeffer beinahe ohne Unterbrechung regelmäßig nach Europa, mit der Ausbreitung des Römischen Reiches auch nördlich der Alpen. In der Spätantike war Pfeffer auch für Menschen mit mittlerem Einkommen erschwinglich, was sich mit dem Untergang des Römischen Reiches 395 n. Chr. änderte.
Durch die Kreuzzüge war Pfeffer in Europa dann wieder günstiger zu erwerben und eignete sich daher weniger gut zu Repräsentationszwecken – was einen geringeren Verbrauch des Hochadels nach sich zog.
In der ständischen Gesellschaft des Mittelalters wurden die teuren fremdländischen Gewürze höher geschätzt als die einheimischen, was den gesellschaftlich höher stehenden Kreisen eine Möglichkeit zur sozialen Abgrenzung bot. Es galt als Prestige, Gewürze wie Ingwer, Galgant, Zimt, Nelken, Muskat und Safran in großen Mengen verwenden zu können. Den sozial niedriger stehenden Schichten waren Gewürze wie Kerbel, Knoblauch, Kümmel, Petersilie, Minze, Anis, Salbei, Zwiebel, Meerrettich und Fenchel vorbehalten.

(E.K.)

Gewürze in der heutigen europäischen Alltagskultur

Gewürze überall

Gewürze finden sich heute – oft auch unbemerkt – in fast jedem Bereich der europäischen Alltagskultur. Einheimische Gewürzkräuter sind, frisch oder getrocknet, ganzjährig im Angebot der Supermärkte, genauso wie exotische Gewürze aus Übersee.
Gewürze sind Bestandteile bzw. Inhaltsstoffe von Speisen und Getränken, Kosmetika, Parfums und Reinigungsmitteln, sie dienen als Geschmacks-, Farb- und Duftstoffe.

Speisen und Getränke

Viele Speisen und Getränke erhalten durch Gewürze erst ihren typischen Geschmack. Zimt würzt Kaugummi ebenso wie Lebkuchen, Cola-Getränke, Liköre und Wurstwaren, Nelken sind Bestandteil von Bitterlikören, Weihnachtsgebäck, Obstkompotten und Wildgerichten. Kurkuma und Safran dienen außerdem auch als Lebensmittelfarbstoff.

Kosmetika und Parfums

Die ätherischen Öle von Vanille, Rose, Lavendel, Nelken und Ingwer, teilweise auch Safran sind Grundlage für Parfums und Rasierwasser. In der dekorativen Kosmetik dient z. B. Kurkuma als Farbstoff für Puder und Cremes.

Im öffentlichen Raum werden, vom Geruchssinn oft unbemerkt, die ätherischen Öle mancher Gewürze genutzt. So verwendet das Krankenhaus Neuperlach in München Zimt- und Lavendelöl als Zugabe zu Putzmitteln, die sowohl der Vernichtung von Keimen als auch der Beruhigung der Kranken dienen sollen.
Der Frankfurter Flughafen gibt wenige Tropfen Zimtöl in die Klimaanlage des Verbindungsganges zwischen Terminal I und II, um so bei den Reisenden ein Entspannungsgefühl hervorzurufen und evtl. vorhandene Flugangst zu mindern.

(E.K.)

Gewürze und Festkultur in Indien am Beispiel von Gelbwurz

Kurkuma (Gelbwurz), mit ihrem erdigen, leicht bitteren Geschmack, ist in der indischen Küche ein wichtiger Bestandteil von Gewürzmischungen.

Darüber hinaus hat sie auch eine sehr alte rituelle Bedeutung, die in ihrer auffallend gelben Farbe begründet ist, die als glücksbringend gilt.

Viele Situationen im sakralen und profanen Leben werden von rituellen Handlungen mit Gelbwurz begleitet. Ihre glückbringende Wirkung wird besonders geschätzt in Phasen des Überganges, in denen ein Individuum einen neuen sozialen Status erwirbt.

Nach der ersten Menstruation einer jungen Frau reibt diese sich von Kopf bis Fuß mit Gelbwurzel ein, und auch das Badewasser wird mit Gelbwurzpulver eingefärbt.

Die Geschenke zur Verlobung sind mit einem Stück Gelbwurzel versehen, und die Einladungen zur Hochzeitsfeier sind häufig gelb eingefärbt.

Bei der Hochzeitszeremonie werden die Eheleute durch ein mit Gelbwurz gefärbtes Schnürchen miteinander an den Handgelenken verbunden, das Hochzeitsessen ist mit Kurkuma gefärbt. Ein Stück Gelbwurzel begleitet die Braut in das Haus ihrer Schwiegereltern, in dem sie nun leben wird.

Nach der Geburt eines Kindes reiben sich viele verheiratete Frauen mit der Wurzel ein, um durch ihren gelben Teint diese erfreuliche Veränderung anzuzeigen. Angehörige einiger Kasten binden den Neugeborenen zum Ritual der Namensgebung gelbe Schnürchen um Taille, Brust und Handgelenke und befestigen ein Stück Gelbwurz am Arm.

Auch bei Todesereignissen wird Kurkuma verwendet, jedoch nur, wenn es sich um einen „guten" Tod handelt, der nach einem erfüllten Leben und ohne längeres Leiden eintritt. Stirbt eine Ehefrau früher als ihr Mann, so gilt dies als Zeichen für eine gute Wiedergeburt und ihr Gesicht wird gelb eingerieben.

(E.K.)

Entdeckung der Gewürze – für Räucherungen
Räucherungen für religiöse und magische Zwecke

Das Phänomen des Räucherns ist sehr alt und findet sich weltweit. Menschen suchten und suchen dadurch entweder Kontakt zu Gottheiten und Geistwesen, oder sie versuchen, deren schädlichen Einfluss fernzuhalten. Dadurch haben viele Pflanzen, die Räucherstoffe liefern, eine große kulturelle Bedeutung erlangt – manche gelten sogar als heilig.

Handelsbeziehungen und Kulturaustausch

Durch intensive Handelsbeziehungen zwischen Indien, Arabien und dem östlichen Mittelmeer verbreitete sich seit etwa 1000 v. Chr. auch die Kultur des Räucherns. Neben den transportierten Waren wurden auch Bräuche, Anschauungen und Gedankengut ausgetauscht.

Die indianische Räucherkultur entwickelte sich dagegen innerhalb Mesoamerikas.

Vorderasien

Grundlage aller Räuchermittel bei den Völkern des Altertums war Olibanum (*Boswellia sacra*), ein Weihrauch, der in Wäldern entlang der arabischen Küste kultiviert wurde. Von dort aus gelangte das Harz der kleinwüchsigen Bäume auf dem Seeweg nach Ägypten, Griechenland und Indien sowie mit Karawanen auf der so genannten Weihrauchstraße in die Städte und Tempel der antiken Welt. Dort diente es in vielen religiösen Zeremonien und auch am römisch-byzantinischen Hof als Räuchermittel.

Seit dem 4. Jahrhundert wird Olibanum in der christlichen Lithurgie verwendet und dient heute noch als Grundsubstanz des Weihrauchs in der katholischen und den orthodoxen Kirchen. In der arabischen Welt wird es weiterhin auch im alltäglichen Leben gebraucht.

Neben Harzen wurden im antiken Griechenland und Rom auch Gewürze für Räucherungen eingesetzt, wie z.B. Thymian, Myrte, Kassia-Zimt, Myrrhe und Rose als Opfergabe an die Liebesgöttin Aphrodite.

Ostasien

Ausgehend von Indien breitete sich die Kultur des Räucherns bis nach Ostasien aus.
Hauptbestandteile der asiatischen Räuchermischungen sind Gewürznelken, Rose, Fenchel, Rhabarber, Narde, Ingwer und Zimt.
In Zentralasien und im Himalajagebiet spielen Beifuß und Wacholder nach wie vor eine große Rolle bei religiösen Ritualen und Festen. Viele Völker verwenden diese Pflanzen als Räucherstoffe bei schamanischen Ritualen.
Über Korea und China gelangte der Brauch des Räucherns etwa im 6. Jahrhundert nach Japan. Hier entwickelte sich aus dem chinesischen „Duft-Hören" der japanische Kōdō, der Weg des Räucherns. Holzfreie Räucherstäbchen (Joss sticks), die in den Tempeln nach eigenen Rezepturen hergestellt werden, dürfen bei keiner buddhistischen Zeremonie oder Andacht fehlen. Heute werden sie auch bei Zeremonien der shintoistischen oder katholischen Religion eingesetzt.

Europa

In germanischen und keltischen Ritualen, wie z.B. zur Sommersonnenwende, hatte Beifuß (*Artemisia vulgaris*) als Räuchermittel große Bedeutung. Durch das Verbrennen sollten die Dämonen des vergangenen Jahres vertrieben werden.
Viele dieser vorchristlichen Bräuche sind bis in das 19. Jahrhundert und sogar bis in die heutige Zeit überliefert. So wurden Kränze aus Beifuß in das Johannifeuer gegeben, um sich aller Übel zu entledigen, die Viehställe geräuchert, um die Tiere vor „Hexen" und „giftigen Würmern" zu schützen.
Das heute noch übliche Würzen der Martinsgans mit Beifuß geht auf das germanische Opferfest für Wotan zurück. In der Nacht der Wintersonnenwende wurden Beifuß und Wacholder für Wotan verbrannt. Mit der Christianisierung wurde der Gott der Erkenntnis durch den heiligen Martin abgelöst, die Gans als das ursprüngliche Opfertier wurde jedoch beibehalten.

Mesoamerika

Auf dem amerikanischen Kontinent hat Räuchern ebenfalls eine lange Tradition, wie archäologische Ausgrabungen gezeigt haben. Viele dafür notwendige Substanzen wurden bereits vor etwa 10 000 Jahren verwendet.
In den präkolumbischen Bilderhandschriften der Maya, Azteken und Mixteken sind Räucherwerk und Weihrauchbrenngefäße überliefert und die frühesten schriftlichen Quellen aus der Kolonialzeit erwähnen Räucherwaren und deren Verwendung in kultischen Handlungen.
Maya und Azteken verwendeten unterschiedliche Nadelbäume als Lieferanten für Harz- und Räucherstoffe. Das heute weltweit verwendete Wort für Harze aller Art ist „Copal", das von der aztekischen Bezeichnung des Baumes „Copalquahuitl" übernommen wurde.
Der Weiße Salbei (*Salvia apiana*) der Westküste Nordamerikas wird seit präkolumbischer Zeit als rituelles Räuchermittel zur Reinigung der Häuser und zur Klärung des Geistes verwendet. Ebenfalls zur rituellen Reinigung wird amerikanischer Wacholder (*Juniperus virginiana*) bei der nordamerikanischen Peyotezeremonie für Teilnehmer und Ritualgegenstände eingesetzt.

(E.K.)

RÄUCHERUNGEN IN DER MEDIZIN

Neben magischen Eigenschaften wurden Räucherungen mit aromatischen Harzen oder Gewürzpflanzen auch medizinische Eigenschaften zugeschrieben. Aromatische Substanzen waren wertvoll und begehrt, ein Wohlgeruch galt als paradiesisch, Gestank dagegen wurde mit der Hölle gleichgesetzt.

Der griechische Arzt Hippokrates (460–370 v. Chr.) empfahl Räucherungen und aromatisch riechende Kräuter als Schutzmaßnahme gegen Seuchen wie z. B. der Pest. Im Lauf der Jahrhunderte wurden immer wieder auch Gewürze wie Nelken, Wacholder, Salbei oder Thymian gegen die Pest eingesetzt. Zum Schutz vor einer eigenen Ansteckung füllten Ärzte Nelken in den Schnabel ihrer Pestmasken oder verbrannten sie zur Desinfektion auf öffentlichen Plätzen oder in den Häusern der Kranken.

Ein Vorschlag der medizinischen Fakultät der Universität Paris von 1348 zur Reinigung der Luft durch das Verbrennen von Weihrauch oder Kamille wurde teilweise so übertrieben, dass die Kanarienvögel in den Stuben erstickten und die Spatzen von den Dächern fielen.

In Helmstedt verordnete ein Professorenkollegium 1597 den täglichen Wechsel des Räuchermittels. Wacholder, Wermut, Lavendel und Eichenlaub wurden als besonders nützlich angesehen.

Im 17. Jahrhundert wurden in Europa Räucherpulver zur Reinigung der Luft verwendet. Eine Mischung wurde unter dem Namen „schwarzer Weihrauch", „Brandenburger Räucherkerze" oder Thymiana bekannt. Hauptbestandteil war Thymian, dem u. a. Lavendel und Rosenwasser zugesetzt wurden.

Mit Wacholder (Rauchholter, dem Räucherstrauch) wurden in der Schweiz bis in die Neuzeit hinein während der kalten Jahreszeit Schulhäuser und Krankenhäuser ausgeräuchert.

(E.K.)